"十二五"国家重点图书出版规划项目

思想與社會

Logos & Polis

第　八　輯

洛克
与自由社会

吴　飞　主编

上海三联书店

目录

导言

导言

　　约翰·洛克不仅在英美思想传统享有崇高的声望,也是理解现代自由社会绕不开的思想人物。自由、自然权利、社会契约、家庭、革命、财产、宗教宽容、现代教育等概念的现代含义,无不与洛克的名字紧密联系在一起。不过,由于洛克的文字相当枯燥和拖沓,造不成多少阅读和理解的挑战,他在各个问题上的基本观点,长期以来也被当做定论,引不起研究者的很大兴趣。

　　但随着1948年拉乌雷斯(Lovelace)档案的公布,半个多世纪以来的洛克研究呈现出非常繁荣的局面。洛克思想的前后矛盾使人们质疑他思想体系的一贯性,而他生活细节的公布也使他和英美历史上诸多大事件的关系变得暧昧不清,学者们开始重新审视洛克思想中的各个方面。很多关于洛克的固有说法遭到了质疑,一些本来看似极为简单的问题,重新进入了洛克研究者的讨论领域。不过,洛克研究上的这些变化倒未必只是因为新的材料激发了学者们新的研究兴趣,其更深层的动力,反映了人们重新理解现代自由社会的学术努力。尽管很多问题变得更加复杂或暧昧,但经过仔细探究之后,我们未必完全抛弃传统上的固有说法,却可以在这些说法之中发现更加丰富的含义,更曲折的思想轨迹,和更需认真对待的张力。对于刚刚进入现代社会的中国来说,对洛克思想的进一步研究无疑具有非常重要的意义。因此,我们将《思想与社会》第八辑的主题研讨定为"洛克与自由社会"。

洛克在现代自由社会中的地位,与他同英国光荣革命和美国独立战争的关系密不可分。一方面,他的《政府论两篇》被当作英国光荣革命的理论辩护和总结;另一方面,此书又被当做美国独立战争的理论纲领,而《政府论》中关于革命权利的讨论,更使洛克思想与这两次革命天然地联系起来。但近些年来的研究却大大动摇了洛克与这两场革命的历史关联。李猛的论文"革命政治——洛克的政治哲学与现代自然法的危机"就从这一问题出发。李猛认为,尽管洛克与两场革命的历史关联没有那么紧密,但洛克的政治理论却为革命提供了最深层的辩护,而他进行辩护的根基,却在于他对自然法思想的改造,这种改造,正是早就产生的自然法危机的继续。洛克彻底否定了自然法的天赋性,使执行和认识自然法的困难都空前地暴露出来。

宗教问题和革命问题同样重要和敏感。传统认为,洛克的《论宽容书》既是对辉格党宗教政策的总结,也是现代宗教信仰自由传统的纲领。但是,拉乌雷斯档案显示,洛克早期却是反对宽容的。洛克的这种思想转变究竟意味着什么?吴飞的"在良心与自然法之间——洛克宗教宽容论的思想张力"就试图揭示这一转变的思想实质。吴飞认为,洛克在宗教问题上的观点变化除了有对现实政治与宗教格局的考虑之外,同样来自他自然法思想的内在张力。洛克一方面继承了自然法是道德法的传统观点,另一方面又否认自然法是天赋的。他最终认为宽容是解决宗教危机的办法,并不是因为任何宗教都具有同等的价值,而认为拯救之路只有一条,但应该把寻找拯救之道的工作交给每个人的理性能力。所以,宗教宽容必须辅之以成熟的自由教育。

王楠的论文"培育自由——洛克的教育哲学解读"针对的就是教育问题。在洛克的思想体系中,教育有着至关重要的地位,因此洛克不仅亲身从事过教育实践,而且写下了关于教育问题的很多文字,其《教育漫话》(王楠译为《教育思议》)和《论指导理解力》中都有非常重要的讨论,教育也是《人类理解论》中的重要主题。而对教育的这些讨论又建基于他的人性论,因而对洛克教育思想的研究,也可以丰富对洛克人性论的理解。王楠认为,洛克的教育正是从白板出发,培养出具有自由生活能力的现代公民。因而,洛克理想中的自由社会仅仅靠革命或宽容是远远不够的,更重要的是接受了自由教育、生活在社会中的成熟公民。而对教育问题的重视,既反映了洛克对自由价值的充足信心,更透露出他对现代社会的深刻忧虑。

革命政治
——洛克的政治哲学与现代自然法的危机

李 猛[1]

> "除非我们以为理性的造物想要社会,构成社会,只是为了使社会解体……"
>
> ——《政府论》(II. 98)[2]

■ 目 录

---

[1] 作者单位,北京大学哲学系,北京大学外国哲学研究所。本文为国家社科基金项目"中世纪晚期至十八世纪初自然法与现代道德哲学的兴起研究"(课题编号 10czx045)阶段性成果。

[2] 本文引用和参考的洛克主要著作采用以下版本:*Two Treatises of Government*, ed. by Peter Laslett, Cambridge: Cambridge University Press, 1988(中译本《政府论》,叶启芳、瞿菊农译,商务印书馆,1964 年),引用时注明篇目和节的序号;*An Essay concerning Human Understanding*, ed. by Peter Nidditch, Oxford: Clarendon Press, 1975(中译本《人类理解论》,关文运译,商务印书馆,1997 年),引用时注明卷、章和节的序号。

一、不合时宜的洛克

  传统上,洛克作为政治思想家的声誉是和两次革命联系在一起的。洛克在 1688 年的"光荣革命"之后出版的《政府论》为这场"不流血"的革命提供了强有力的辩护,成为英国立宪君主制的纲领。而将近百年后,这一纲领又启迪了美国的建国者,鼓舞他们对抗宗主国的暴政,建立一个独立自由的共和国。第一场革命揭示了洛克思想对时代精神的深刻反映,而第二次革命则体现了洛克思想持久而广泛的影响。通过这两场革命,洛克的自由主义政治哲学成了大西洋两岸的政治现实,奠定了现代西方政治制度的基本框架。③

---

③ J. G. A. Pocock 扼要地概括了这一"老观点"："Locke had provided the orthodox justification of the English Revolution, and by the same series of arguments had inspired the American Revolution"("The Varieties of Whiggism from Exclusion to Reform", in his *Virtue , Commerce , and History : Essays on Political Thought and History* , Cambridge: Cambridge University Press, 1985, p. 217)。学者们偏爱引述 Leslie Stephen 明快的表述作为这一观点的范例："Locke expounded the Principles of the Revolution of （转下页）

　　不过,晚近历史学的研究似乎表明,洛克这个"现代自由宪政之父"的辉格党史学形象颇值得推敲。在 1950 年代,依据细致的文献研究,剑桥学者拉斯莱特指出,洛克《政府论》的主要部分不可能写于"光荣革命"之后,更谈不上为这场"革命"辩护了。这部著作真正的历史语境(context)不是"革命",而是在 1679—1681 年间发生的所谓"排除危机"(the Exclusion Crisis)。当时以莎夫茨伯里伯爵(the first Earl of Shaftesbury,Anthony Ashley Cooper)为首的所谓"第一批辉格党人"(the first Whigs)在议会中数次提出旨在将查理二世信仰天主教的弟弟约克公爵(即后来在"光荣革命"中丢了王位的詹姆斯二世)排

(接上页)1688,and his writings became the political bible of the following century. They may be taken as the formal apology of Whiggism"(*A History of English Thought in the Eighteenth Century*,London:John Murray,1927,Vol. 2,p. 135)。Stephen 认为,直至法国大革命带来新的问题和思考方法之前,在 18 世纪,洛克阐述的"1688 年原则"一直在政治理论中享有很高的权威。Pocock 将 Stephen 提及的"1688 年革命的原则"替换成了所谓的"对 1688 年革命正当性的正统辩护",从而将一个政治哲学或政治理论的问题,变成了他所谓"政治思想史"的问题(这一区别参见 J. G. A. Pocock,Gordon Schochet,and Lois Schwoerer,"The History of British Political Thought:A Field and its Futures",in David Armitage ed. *British Political Thought in History*,*Literature and Theory*,*1500 - 1800*,Cambridge:Cambridge University Press,2006,p. 11)。但我们这里关心的不是"政治思想"或者"政治话语",而是休谟所谓和政治联系在一起的"哲学或思辨的原理体系"(a philosophical or speculative system of principles. David Hume,"Of The Original Contract",in his *Essays*:*Moral*,*Political and Literary*,Indianapolis:Liberty Fund,1985,p. 464),具体而言,就是普赖斯-伯克-潘恩辩论关注的"光荣革命的原则"(the principles of the Glorious Revolution)。Richard Price,*Political Writings*,ed. by D. O. Thomas,Cambridge:Cambridge University Press,1991,pp. 188 - 192(在 1789 年纪念光荣革命一百周年时发表的布道);Edmund Burke,*Reflections on the Revolution in France*,Indianapolis:Liberty Fund,1999,p. 89(中译本,伯克,《法国革命论》,何兆武等译,商务印书馆,1998 年);Thomas Paine,*Rights of Man*,in *Thomas Paine*:*Political Writings*,ed. by Bruce Kuklick,Cambridge:Cambridge University Press,1997(中译本收入《潘恩选集》,马清槐译,商务印书馆,1981 年),pp. 63,68 - 71,108,esp. p. 164("以往世界上发生的革命都没有什么可以引起大部分人类的兴趣。这些革命只限于改变人头或是措施,而不是原则")。普赖斯认为,这些原则主要包括三项权利:(1)宗教事务方面的良心自由;(2)反抗遭到滥用的权力;(3)选择我们自己的统治者,因其行为不端罢黜他们,以及为我们自己建立一个政府。后来伯克以及潘恩的争论主要针对的是第三项权利,而这项权利显然是革命的原则。普赖斯认为,"光荣革命"就是基于这三项权利,特别是第三项权利,否则"光荣革命就不是对权利的认可,而是侵犯,不是革命,而是叛乱"(*Political Writings*,pp. 188 - 193)。

除在王位继承权之外的"排除"法案,导致了下议院(尤其是其中的辉格党激进派)与国王的尖锐对立,从而引发了自 1660 年斯图亚特王朝复辟以来最大的政治危机。[④] 伴随这场危机产生或暴露的政治冲突,直至"光荣革命"后才在一个新的宪政框架中得到了稳定的处理。[⑤] 但早在这场政治危机中,影响"光荣革命"之后英国政治稳定的两个主要因素,王室或行政权力对立法机构的微妙操纵和议会中的党派政治,都已初现端倪。当时,为了对抗王室权力,这批辉格党人既采用了各种合法的议会政治手段,也诉诸非法的阴谋和煽动,来实现他们的政治目标。洛克《政府论》的原始手稿大概就是辉格党政治宣传战的一部分,只是当时没来得及公开罢了。[⑥] 尽管学者们对洛克撰写《政府论》的具体历史细节和潜在意图仍有争论,[⑦]但今天,学者们已经普遍接受拉斯莱特的基本结论,即洛克并没有为捍卫或指导"光荣革命"而创作《政府论》。[⑧]

④ J. R. Jones, *The First Whigs: the Politics of the Exclusion Crisis 1678 - 1683*, London: Oxford, 1961;有关当时英国史事的基本情形,参见王觉非主编,《近代英国史》,南京大学出版社,1997 年,第三章。

⑤ J. H. Plumb, *The Growth of Political Stability in England 1675 - 1725*, London: MacMillan, 1967;参见收入 Geoffrey S. Holmes 所编 *Britain after the Glorious Revolution, 1689 - 1714*(London: MacMillan, 1969)中的有关文章。

⑥ Peter Laslett, "The English Revolution and Locke's 'Two Treatises of Government'", *Cambridge Historical Journal*, Vol. 12, no. 1(1956), pp. 40 - 55。这一文章的主体部分后来收入作者的"Introduction" to John Locke's *Two Treatises of Government*, pp. 3 - 126(中译本,《洛克〈政府论〉导论》,冯克利译,三联书店,2007 年)。在这方面,洛克的《政府论》和锡德尼(Algernon Sidney)的《政府论》(*Discourses Concerning Government*)或他的朋友 James Tyrrell 的《君主非家长论》(*Patriarcha non Monarcha*)的性质基本类似,而且三本著作的出发点都是对菲尔默的神授王权理论的批评。参见 Jonathan Scott, *Algernon Sidney and the Restoration Crisis, 1677 - 1683*, Cambridge: Cambridge University Press, 1991。

⑦ 目前争论的焦点是两个相互关联的问题,即《政府论》两部分的撰作次序,以及《政府二论》的主要部分是否写于 1680 年前,或者 1681 年之后,甚至更晚的时候。有关 Laslett 和 Ashcraft 的基本看法,分别见 Richard Ashcraft, *Revolutionary Politics and Locke's Two Treatises of Government*, Princeton: Princeton University Press, 1986; Laslett, "Introduction"(特别参见 pp. 121 - 126 对 Ashcraft 观点的批评性附言), cf. J. R. Milton, "Dating Locke's Second Treatise", *History of Political Thought*, 16(1995), pp. 356 - 390。

⑧ Pocock 强调,这一发现对于理解早期现代政治思想史来说具有决定性的意义:"The Varieties of Whiggism From Exclusion to Reform", pp. 217, 222 - 223。

　　拉斯莱特和他的同道对洛克撰写《政府论》的历史语境的研究,从一个意想不到的历史细节出发,根本冲击了辉格党史学围绕洛克和"光荣革命"建立的神话。[⑨] 这个神话在将洛克树立为"光荣革命"的思想象征的同时,却坚决否认洛克本人曾经直接卷入任何叛乱或阴谋活动。据说,"作为哲学家,洛克痛恨暴政和迫害,但他的理智和性情却使他免于党派的暴力",他不会因为个人遭受的不义而诉诸暴力,而是安静地隐居,以避免遭受可能的政治迫害。[⑩] 作为"光荣革命"的哲学家,洛克本人的"政治纯真"似乎成了这场"不流血"的神奇革命的"光荣"缩影。然而,今天我们知道,洛克的"理智和性情"并没有使他超脱党派政治。相反,他很深地牵涉进了莎夫茨伯里伯爵领导的辉格党激进派的活动,帮助起草了许多重要的政治文稿。而且在流亡荷兰期间,即使在莎夫茨伯里伯爵死后,洛克仍然继续积极参加激进分子的各种政治活动。[⑪]

　　在思想史学者们试图从不同的视角出发理解光荣革命与政治话语之间的关系同时,许多政治史学者却从日益保守的角度来理解"光荣革命"本身。[⑫] 传统的辉格党史学始终将1688年的"光荣革命"及其建立的立宪君主制看作是英美从大宪章开始的自由宪政历程的关键

---

⑨ Laslett,"Introduction",pp. 45ff.

⑩ Lord Thomas B. Macaulay, *The History of England from the Accession of James II*, ed. by C. H. Firth, London: Macmillan and Co. 1914, Vol. II, Ch. V, pp. 538 – 539.

⑪ Ashcraft, *Revolutionary Politics and Locke's Two Treatises of Government*, ch. 8 – 10;拉斯莱特本人并不接受洛克的激进派形象:"洛克无论如何不能算是通常意义上的革命派"(Laslett,"The English Revolution and Locke's 'Two Treatises of Government'", p. 55)。但洛克思想在17世纪甚至17世纪上半期的英国政治话语光谱中接近极端激进的一端,已经基本是学者的共识。特别考虑到即使辉格党的政治家和理论家,也倾向于在光荣革命后采取更加保守的立场来捍卫革命后的体制,洛克原本针对"排除危机"表达的激进立场,就更加显得不合时宜,参见 H. T. Dickinson, *Liberty and Property: Political Ideology in Eighteenth-Century Britain*, London: Weidenfeld & Nicolson, 1977, pp. 70 – 77,81(虽然 Dickinson 多少低估了洛克思想的革命性)。

⑫ 参见 Steven Pincus 对"光荣革命"的新保守解释的批判性考察,*1688: The First Modern Revolution*, New Haven: Yale University Press, 2009, ch. 2。"光荣革命"的历史编纂学本身就是一个值得深入研究的题目,参见 Lois Schwoerer,"Introduction" to *The Revolution of 1688 – 1689: Changing Perspectives*, Cambridge: Cambridge University Press, pp. 1 – 13。

环节。⑬ 但许多当代历史学家却认为，对于英国历史来说，真正的历史转折点不是"光荣革命"，而是之前的"清教革命"。⑭ 与翻天覆地的"圣人的革命"相比，光荣革命似乎更像是一场阴谋或者"宫廷政变"，而不是什么革命。它既缺乏和"革命"这个概念联系在一起的民众暴力（一场不流血的革命难道不是自相矛盾的概念吗？），也不具有辉格党历史学家们赋予它的那种历史必然性。在 20 世纪 60 年代开展的一系列研究中，许多历史学家日益关注"光荣革命"的保守性。这些历史学家提醒我们，1688 年的事件之所以被后世称为"光荣革命"，恰恰因为这是一场几乎完全避免暴力，由社会精英和政治权贵们领导的权力变

⑬ 这一看法至今仍然支配着对英美宪政历史的理解，例如 Elizabeth Wicks, *The Evolution of a Constitution: Eight Key Moments in British Constitutional History*, Oregon: Hart, 2006, ch. 1; G. M. Trevelyan, *The English Revolution 1688 - 1689*, London: Oxford University Press, 1938, p. 3, "Conclusion"。对"革命"和宪政进程的这种理解无疑是所谓"辉格派历史解释"的一个主要标志。Herbert Butterfield, *The Whig Interpretation of History*, New York: Norton, 1965, p. 41.

⑭ 对比 Christopher Hill 在简述 17 世纪英国史时分别对"清教革命"和"光荣革命"的讨论: *The Century of Revolution 1603 -1714*, New York: Norton, 1961, pp. 187 - 190, 275 - 277。1640 年的"英国内战"或"叛乱"，当时并没有多少人称之为"革命"(Edward Earl of Clarendon 的理解不仅代表托利党的立场: *The History of the Rebellion and Civil Wars in England*, Oxford, 1707。作者在卷首告知他的读者，这本书旨在描述"波及整个王国，如此全面巨大的变动和骚乱"。such a total and prodigious alteration and confusion over the whole Kingdom)。后来之所以人们称之为"革命"，很大程度上是法国大革命在思想上的"追溯":"两个革命(引者按:指 1640 年英国革命和 1789 年法国革命)是如此值得相提并论，甚至我们可以说，如果第二个革命不曾在历史上发生过，那么我们就无法彻底了解第一个革命"。基佐《一六四〇年英国革命史》，商务印书馆，1985 年，"第一版著者前言"，第 10 页。值得指出的是，基佐几乎是第一位用"革命"来谈及 1640 年政治事件的历史学家，而他本人在 1848 年革命之后，多少改变了自己对英国革命史的理解。在《英国革命为什么成功?》中，基佐认为，1640 年的"革命"完全是失败的，革命党人的傲慢和短视，肆意侵犯传统，没有及早让革命停下来，也无法建立稳定统一的政府，反而将国家带向了内战，一种充满压迫的无政府状态；真正成功的"革命"反而是目标有限，不去动摇社会基础，旨在建立法治政府的 1688 年革命。在政治上更加成熟的基佐对 1640 年、1688 年和 1776 年三场革命考察的最终结论无疑是我们这一研究面临的关键问题:"正如对于革命所颠覆的伟业一样，革命精神对于它所树立的伟业也是致命的。只有保全国家的政治措施，才能终止革命，为革命奠基"。F. Guizot, *Why was the English Revolution Successful? A Discourse on the History of the England Revolution*, London: David Bogue, 1850, pp. 1, 13, 23, 26, 68 - 69, 78; cf. R. Richardson, *The Debate on the English Revolution*, London: Methuen, 1997, pp. 65ff.

动。⑮ 奥兰治亲王威廉之所以能"兵不血刃"地驱逐了他的岳父詹姆斯二世,其中起决定性作用的不是新教的异见者和传统的共和派分子,而是因为反对詹姆斯二世推行的政治和宗教政策而在他执政晚期被日益排除在权力中心之外的国教派和托利党人。⑯ 但詹姆斯二世在1687年之后与托利党人的政治决裂,甚至对他们的政治清洗,并不能简单视为宫廷政治权谋上的一时失算,背后有更深的政治原因。和斯图亚特王朝的几位前代君主一样,詹姆斯二世也试图仿效法国的路易十四,建立一个绝对王权的君主国,这一努力与英国传统的政治架构,特别是地方权力精英发生了直接的冲突;而且在复辟晚期的党派政治格局中,当詹姆斯二世试图采用宽容政策与新教异见人士和天主教徒结盟时,他并没有获得期望中的支持,反而招致了占人口大多数的中间力量的怀疑、敌意乃至反对。斯图亚特王朝建设现代国家的努力,最终反而因为瓦解了王朝统治的社会基础而失败。⑰ 在1688年的危机中,尽管有不少辉格党分子参与了"光荣革命",但正是传统上忠诚王室的力量的倒戈,才建立了辉格党和托利党的联盟,从而轻而易举地推翻了拥有英国历史上最大一支常备军的詹姆斯二世的统治。⑱ 因此,这场革命与其说是在自由和宽容的原则指引下的辉格党革命,不

---

⑮ J. R. Western, *Monarchy and Revolution*: *The English State in the 1680s*, London: Blandford Press, 1972, p. 1.

⑯ R. Jones, *The Revolution of 1688 in England*, London: Weidenfeld and Nicolson, 1979.

⑰ 在许多学者看来,詹姆斯二世政策失败的关键就是王室权力试图直接干预地方事务,从而导致与"托利党"联盟的破裂。Plumb, *The Growth of Political Stability in England 1675 - 1725*, pp. 60 - 62; Jones, *The Revolution of 1688 in England*, ch. 3 - 5。

⑱ 英国演员 Colley Cibber 的自传 *Apology for the Life of Colley Cibber* (London: R. Dodsley, 1750)说明了当时人们对这一点的看法(他称自己为 we of the vulgar):"I question if in all the histories of empire there is one instance of so bloodless a Revolution as that in England in 1688, wherein Whigs, Tories, princes, prelates, nobles, clergy, common people, and a standing army were unanimous. To have seen all of England of one mind is to have lived at a very particular juncture"。不过 Cibber 承认自己和许多人一样在这场革命中"在必然性的旗帜下拿起了武器"(took arms under the banner of necessity, p. 52,参见 pp. 58ff 他对自己当时所闻的描述)。晚近的研究已经在很大程度上质疑了"光荣革命""不流血"的神话(Pincus *op. cit.*)。而且正如 Jonathan Israel 在一 (转下页)

如说是一场"托利党的政变"。⑲

　　而且，与传统的辉格党历史叙事最大的不同在于，在新托利派的修正史学家们看来，威廉通过 1688 年革命建立的体制，更多诉诸的是古老宪政的传统，而不是新的自然权利学说。这一洛克衷心支持的新体制似乎并不愿意采纳洛克倡导的政治哲学，将自身理解为是一场"革命"的结果，而宁愿看作是以往传统的延续。⑳ 构成新政权的意识

---

* （接上页）篇非常有影响的文章中敏锐指出的，对"光荣革命"的这种历史理解，掩盖了当时各派政治态度上深刻的分歧。"光荣革命"在最初阶段实现的政治"共识"，如果脱离威廉入侵的国际政治情势，本身并不足以完成革命，并最终建立所谓的 1689 年体制。参见 "General Introduction" to The Anglo-Dutch Moment: Essays on the Glorious Revolution and its World Impact, Cambridge: Cambridge University Press, 1991, pp. 1 - 43。在政治立场的分歧背后是当时整个英国社会结构的问题与复辟时期政治进程的冲突（参见 Tim Harris, Restoration: Charles II and His Kingdoms, 1660 - 1685, London: Penguin, 2005; Revolution: The Great Crisis of the British Monarchy 1685 - 1720, London, Penguin, 2006）。有意掩盖革命的暴力因素，忽视革命的国际政治背景，强调革命基于国内的政治共识，甚至历史传统，正如我们在后面会看到的，这些都是"光荣革命"的辉格党官方解释的要素。但在这一权威解释确立之前，即使对于辉格党人来说，这一"孤立主义"的理解也是个神话。洛克和奥兰治的威廉本人都非常注意从英国的国际政治处境来理解光荣革命的意义（参见 James Farr and Clayton Roberts, "John Locke on the Glorious Revolution: A Rediscovered Document", The Historical Journal, Vol. 28, no. 2, 1985, pp. 385 - 398）。这方面另一个值得重视的例外是休谟，他预示了晚近对这一革命研究的两大重要倾向：对英国革命国际政治意涵的强调，将发生在英格兰与爱尔兰和苏格兰一起考虑的"不列颠史"的视野（David Hume, The History of England: from the Invasion of Julius Caesar to the Revolution in 1688, Indianapolis: Liberty Fund, 1983, Vol. Ⅵ）。其实，即使"光荣革命"辉格党解释的奠基人麦考莱自己也曾一度承认，这场革命尽管是"幸福的革命"，"有用的革命"，但却并非"光荣的革命"，至少不是英格兰人的光荣。这场事件，是由人性中许多丑恶的东西——"精神的卑微和道德的漠然"（a meanness of spirit and a looseness of morality）——造成的。Lord Macaulay, "Hallam's Constitutional History" (1828), Historical Essays: Contributed to the Edinburgh Review, Humphrey Milford: Oxford University Press, 1923, pp. 71 - 73。

⑲ "今天的历史学家慎重地不把 1688—1689 年的那些事件称为辉格党人的凯旋，甚至如果按照'革命'这个词通常的用法，也不称之为革命"（Laslett, "Introduction", pp. 40—41）。

⑳ 饶有趣味的是，洛克本人正是用这一点来证明人民是多么不愿意革命："在我们这个王国发生的许多次革命中，在这个时代和过去的时代，仍旧使我们保留由国王、上议院和下议院所组成的我们的旧的立法机关，或经过几番无结果的尝试之后仍使我们重新采用这一制度。尽管我们的有些君主在义愤面前被迫退位，但那种义愤却并未使人民另找别的王室为君"（II. 223）。从最后一句话的语气看，正如编者 Laslett 指出的，这段内容很可能是洛克在"光荣革命"之后针对这场革命添加的论述。

形态基础,不仅有辉格党人的原则,也同样包含了许多托利党人信奉的观念,这些托利党的因素在很大程度上冲淡了那些辉格党激进派试图从革命的角度来理解1688年事件的努力。㉑ 仿佛这场"革命"只是带来了新的国王,而不是新的王朝,更不是新的体制。㉒ 威廉和玛丽名义上的共同执政,以及后者所拥有的王位继承权,也在很大程度上使我们接受新政体以及其后把持政权多年的"体制派辉格党人"(the establishment Whigs)或所谓"宫廷辉格党人"(the court Whigs)对1688年事件的妥协甚至保守解释。

这样"光荣"的革命自然和思想史的语境学派在洛克的《政府论》中侦查到的激进阴谋分子的形象相去甚远。因此,无论在"光荣革命"前的英格兰还是"革命"后的最初阶段,洛克的《政府论》都不能代表英国政治思想的主流观点,甚至在辉格党人中都显得太过激进了。㉓ 今天被视为政治哲学经典著作的《政府论》,当年在发表后并没有马上产

㉑ J. P. Kenyon, *Revolution Principles*: *The Politics of Party 1689 - 1720*, Cambridge: Cambridge University Press, 1977; Pocock, "The Varieties of Whiggism from Exclusion to Reform", p. 224; H. T. Dickinson, *Liberty and Property*; H. T. Dickinson, "The Eighteenth-Century Debate on the 'Glorious Revolution'", *History*, Vol. 61(1976), p. 32. 相反的观点参见 Richard Ashcraft and M. M. Goldsmith, "Locke, Revolution Principles, and the Formation of Whig Ideology", *The Historical Journal*, Vol. 26, no. 4 (1983), pp. 773 - 800。比较持平的观点,参见 Lois Schwoerer, *The Declaration of Rights*, *1689*, Baltimore: The John Hopkins University Press, 1981; "Locke, Lockean Ideas, and the Glorious Revolution", *Journal of the History of Ideas*, Vol. 51, no. 4 (1990), pp. 531 - 548。在一份最近重新发现的文献中,我们可以发现洛克本人对这场革命及其体制的理解,Farr and Roberts, "John Locke on the Glorious Revolution", pp. 385 - 398。

㉒ 对比 W. A. Speck 有感而发的说法:"仅仅将詹姆斯国王换成威廉国王,是王朝政变,而非革命。1689年体制不只是王位的更迭,而是宪政体制的根本变革。改变的不仅是君主,而且是君主制。革命阻止了通往绝对君主制的趋向,建立了有限君主制或者说立宪君主制"。"1688: a Political Revolution", in David Parker ed. *Revolution and Revolutionary Tradition in the West 1560 - 1991*. London: Routledge, 2000, p. 57。

㉓ Ashcraft, *Revolutionary Politics and Locke's Two Treatises of Government*, pp. 572 - 589; Michael Zuckert, *Natural Rights and the New Republicanism*, Princeton: Princeton University Press, 1994, Part 2。

生什么影响。㉔ 修正史学通过提升托利党的重要性，强调辉格党的复杂性，将洛克及其《政府论》置于政治话语的极端和边缘位置，从而有效地斩断了辉格党史学家在洛克与光荣革命之间建立的联系。对洛克的历史语境研究，最终实际上是从历史语境中排除了洛克的位置。考虑到洛克与光荣革命的紧密联系实际上是辉格党史学阐述的自由宪政的普遍历史的关键环节，这一努力可以说是修正史学家迈向所谓"非洛克的思想图景"的重要一步：洛克不再是规定英国 18 世纪上半叶政治思想的关键人物。㉕

　　然而，对洛克作品的历史语境的分析，以及对洛克本人政治活动的考察，本身并没能帮助我们充分理解洛克思想的真正意涵。思想的意图，既需要放在语境中考察它赖以生成的契机，更需要放在身后的历史中，观察它的影响和效应。前者可以向我们指示思想的出发点，而后者往往让我们能够目睹思想的高度。㉖ 晚近思想史研究将洛克的

㉔ Martyn Thompson，"The Reception of Locke's Two Treatises of Government 1690 – 1705"，*Political Studies*，vol. 24(1976)，pp. 185 - 191；Kenyon，*Revolution Principles*，pp. 17 - 20(这是一本系统地从革命后思想图景中清除洛克影响的著作)。但政治哲学著作的时代影响，是一件非常难以判断的事情。思想上难以判断的历史，统计也无能为力。不过，根据 Mark Goldie 收集的事实，当时出版的政治宣传品中，洛克未署名的《政府论》以及明显剽窃他的这一作品的 *Political Aphorisms*，印刷超过 3 版，如果排除那些可能受到政府明显支持的宣传作品，并没有多少作品达到这样的流行程度("The Revolution of 1689 and the Structure of Political Argument：an Essay and an Annotated Bibliography of Pamphlets on the Allegiance Controversy"，*Bulletin of Research in the Humanities*，LXXXIII，1980，pp. 479 - 480；比较 Ashcraft and Goldsmith，"Locke，Revolution Principles，and the Formation of Whig Ideology"，pp. 774 - 775)。Goldie 承认，"修正主义是有益的，但不免言过其实。在 18 世纪最初十年，洛克的《政府论》事实上已经获得了突出的地位"("The English System of Liberty"，in Mark Goldie and Robert Workler ed. *The Cambridge History of Eighteenth-Century Political Thought*，Cambridge：Cambridge University Press，2006，p. 48)。

㉕ James Tully，"Placing the 'Two Treatises'"，in Nicholas Phillipson and Quentin Skinner ed. *Political Discourse in Early Modern Britain*，Cambridge：Cambridge University Press，1993，p. 254；cf. Pocock，"The Varieties of Whiggism from Exclusion to Reform"。

㉖ Gordon Schochet 在评论 Ashcraft 的 *Revolutionary Politics and Locke's Two Treatises of Government* 一书时，就批评 Ashcraft 采用的语境方法混淆了思想的"契机"(occasion)和"意义"(meaning)："Radical Politics and Ashcraft's Treatise on Locke"，*Journal of the History of Ideas*，Vol. 50，no. 3(1989)，p. 508。

《政府论》与"光荣革命"脱钩，很大程度上摧毁了对洛克历史地位的辉格党解释。语境研究忠实地叙述了诡谲多变的政争，发覆了许多藏而不露的阴谋，还艰苦地勾辑出与洛克同时代的许多政治作品，这些水准不一的政治小册子中不乏对政治形势敏锐而尖刻的分析，广泛利用了从古典政治哲学、传统的基督教神学，直至晚近盛行的自然法思想（甚至包括臭名昭著的霍布斯的理论）中继承或窃取来的语汇。在这一新的历史思想图景中，政治局势的细微动荡、政治人物的合纵连横和政治话语的错综复杂取代了休谟、麦考莱，乃至屈勒味林笔下具有整体眼光的历史。而洛克的身影在光怪陆离的思想世界中也成功地变得模糊不清了。

通过历史语境来理解《政府论》的一个重要结果是，洛克为什么在西方政治思想史中具有如此重大的影响，成了一个更难回答的问题。如果说在传统的辉格党神话中，洛克是因为温和的哲学性情，才具有广泛影响的话，[27]那么通过语境研究呈现的洛克，看起来却似乎是因为随政治形势不断改变自己观点，从未受到一套僵化的理论体系的束缚，不惮于自相矛盾，从而才与众不同。但缺乏一贯性，即便可以解释洛克本人思想的复杂和演变，似乎也很难解释洛克的思想史甚至历史意义。一个人或许会因为平庸或者迎合平庸而赢得一时的赞誉，但大概

---

[27] 对洛克的这一"印象"在很大程度上基于哲学史中广为流传的洛克形象，即洛克是一个经验主义的常识哲学家。据说，洛克的这种哲学性情恰好体现了英格兰的民族性格（"洛克绝对是个绅士"。Paul Hazard, *The European Mind, 1680-1715*, Cleveland: Meridian Books, 1963, p. 241）。在许多人看来，洛克的思想之所以非常受欢迎，正是因为这种"平庸"的才情。用桑塔亚纳的话说，"如果洛克的思想更深刻些的话，他的影响恐怕要小些"（George Santayana, *Some Turns of Modern Philosophy*, New York: Charles Scribner's Sons, 1933, ch. 1, "Locke and the Frontiers of Common Sense", p. 4）。不过，人们在欣赏洛克性情"温和"的同时，似乎也在惋惜和原谅他心智的"肤浅"、"零碎"、"狭隘"，乃至不一致（Leslie Stephen, *A History of English Thought in the Eighteenth Century*, Vol. 1, pp. 35-36。施特劳斯出于不同的理由，得出了类似的结论："在《政府论》中，洛克更多的是一个英国人而非一个哲学家，他的发言针对的不是哲学家而是英国人"。《自然权利与历史》，彭刚译，三联书店，2003年，第225—226页）。洛克固然不是卢梭，但洛克同样不是伯克（对比萨拜因，《政治哲学史》，邓正来译，上海人民出版社，2010年，下卷，第220—221页）。要把握一个哲学家真正的哲学性情，必须系统考察他的思想，而不仅仅是他的生活外表。

很少会仅仅因为不一致,哪怕是极度不一致(profoundly incoherent)而深刻影响历史。㉘

如果一个问题难以回答,那么最好的办法是让它变得无需回答:或许洛克根本就没有那么大的影响? 这项任务主要是由研究大洋彼岸的另一场革命的历史学家和政治学者几乎同步完成的。与大西洋彼岸的历史学家的工作遥相呼应,美国革命研究晚近"历史学革命"的柱子就是用所谓"古典共和派"的思想代替以洛克为代表的自由主义思想作为理解美国革命的关键。㉙

在相当长一段时间里,洛克的自由主义被公认为是理解美国革命最核心的政治思想。美国革命前后的政治思想深受洛克《政府论》的影响。国父们口中的"伟大的洛克先生"堪称为革命时期"美利坚的哲学家"。㉚洛克的《政府论》被尊奉为"美国革命的教科书"。㉛ 美国革命的领袖在

㉘ "Locke is, perhaps, the least consistent of all the great philosophers"(Laslett, "Introduction", p. 82); "Locke's own ideas remain for his entire life profoundly and exotically incoherent"(John Dunn, *The Political Thought of John Locke*, Cambridge: Cambridge University Press, 1969, p. 29); "His historical importance lies in these contradictions"(Hill, *The Century of Revolution 1603 - 1714*, p. 295).

㉙ 如果我们把光荣革命和美国革命都放在波考克大力倡导的所谓"不列颠史"(British History)的视野里来看的话,在这两个历史研究领域发生的修正主义革命之间有着非常内在的关联,分享了共同的政治旨趣,这一点集中体现在波考克本人的著作,特别是他对辉格党史学,尤其是洛克支配的现代政治思想史的不懈批评上。Gordon Wood 在一篇尖刻批评 John Diggins 著作(*The Lost Soul of American* Politics: Virtue, *Self-Interest, and the Foundation of Liberalism*, Chicago, The University of Chicago Press, 1984)的书评中简明地指出了波考克的宗旨,"波考克事实上决定用马基雅维利代替洛克作为美国文化的守护圣人"("Hellfire", *New York Review of Books*, 1985 年 2 月 28 日)。参见 *Three British Revolutions*: 1641, 1688, 1776, ed. by J. G. A. Pocock, Princeton: Princeton University Press, 1980;有关不列颠史的主张,见 J. G. A. Pocock, "British History: A Plea for a New Subject", *Journal of Modern History*, Vol. 48(1975), pp. 604 - 628。

㉚ Merle Curti, "The Great Mr. Locke: America's Philosopher, 1783 - 1861", *The Huntington Library Bulletin*, no. 11(1937), pp. 107 - 108.

㉛ 转引自 Steven M. Dworetz, *The Unvarnished Doctrine*: Locke, Liberalism, and the American Revolution, Durham: Duke University Press, 1990, pp. 5 - 6。华盛顿的私人朋友 Jonathan Boucher——一位美国革命的托利派反对者——的话,颇能证明这一点:"Mr. Locke had the good fortune to enjoy a pre-eminent reputation for political (转下页)

洛克的学说中找到了他们事业的哲学依据,从而为革命奠定了基础,正如洛克的思想在一百年前为 1689 年的体制提供辩护一样。[32] 洛克的思想贯穿了《独立宣言》等重要的美国政治文献,堪称美国建国的"政治福音"。[33] 用哈茨(Louis Hartz)广为人知的说法,美国全国上下都接受了洛克的信条,美国社会是一个洛克式的社会,她对洛克发展了一种"无条件的、不讲理的依恋"(absolute and irrational attachment),虽然许多美国人可能根本不知道洛克何许人也,但洛克却已经成了美国全民族的精神。洛克所谓的"自然自由主义"(natural liberalism)是理解美国革命的基本前提,而且直到美国内战时期,洛克式的观念都在美国思想中始终占据着支配地位。[34]

洛克对美国革命的巨大影响这一所谓"美国历史学流传已久的套话",正如洛克思想在 18 世纪前期英国历史中的命运一样,在最近半个世纪遭到了修正史学家们的猛烈批评。修正史学家认为,这种观点对观念史的理解颇为幼稚肤浅,也不了解美国社会和美国革命的性质。美国当时并没有多少人读过洛克的著作,他在美国人心目中的声

---

* (接上页)wisdom longer than most men who have degraded great abilities by employing them to promote the temporary purposes of a party. Till the American war, he was looked up to as an oracle; and the whole nation implicitly pinned their faith, in politics, on his dogmas"。In Mark Goldie ed. *The Reception of Locke's Politics*, Vol. 3: *The Age of the American Revolution*, London: Pickering & Chatto, 1999, p. 301.

[32] 帕灵顿,《美国思想史:1620—1920》,陈永国等译,吉林人民出版社,2002 年,第 168—169 页,译文略有改动(Vernon Louis Parrington, *Main Currents in American Thought*, Harcourt, Brace & Company, 1927, Vol. 1, pp. 188—190)。帕灵顿的表述代表了二战前大西洋两岸史学界对洛克的普遍看法。

[33] 《独立宣言》的表述与洛克的《政府论》(特别是下篇)如此相似,以至于批评杰弗逊的人指斥他抄袭了洛克。卡尔·贝克尔,《论〈独立宣言〉:政治思想史研究》,彭刚译,江苏教育出版社,2005 年,第 15—16 页。值得一提的是,贝克尔的这本著作被 Pocock 明确指定为修正史学的靶子。"The Varieties of Whiggism From Exclusion to Reform", p. 217。

[34] 哈茨,《美国的自由主义传统》,张敏谦译,中国社会科学出版社,2003 年,第 5,8—9 页,第 2 章。哈茨其实在他的书中并没有深入分析洛克本人的思想,用一位评论家的话说"除了作为社会和文化安排的一个标签,洛克对哈茨派学者来说几乎无关紧要"。这一点后来成为"共和派"史学家集中批评的一个方面。罗杰斯,"共和主义:概念之旅",孟军译,收入应奇、刘训练编《共和的黄昏:自由主义、社群主义和共和主义》,吉林出版集团,2007 年,第 27 页,原文见 Daniel T. Rodgers, "Republicanism: the Career of a Concept", *The Journal of American History*, Vol. 79, no. 1(1992), p. 13。

誉更多来自《人类理解论》,而不是《政府论》;在政治思想方面,洛克其实无法和格劳秀斯或普芬多夫的权威相比。所谓洛克对美国革命乃至整个美国政治思想的影响,更多是对洛克的粗俗理解导致的;是洛克的名字而非他的学说,政治修辞术,而非政治的理性分析,建立了洛克的伟大地位。㉟

如果不是洛克,又是谁呢?贝林追随罗宾斯研究的指引,㊱通过对美国革命期间政治文献的研究发现,共和派而非自由派思想才是美国革命真正的思想渊源。作为"共和派"颠覆"自由派"解释美国革命的标志,贝林指出,"加图"㊲的重要性要远远超过洛克,是对美国革命期间政治思想影响最大的作家。㊳ 在这一所谓"共和派综

㉟ 著名的洛克学者邓恩指出,洛克的《政府论》引导了美国 18 世纪政治思想的说法,"很大程度上是错误的";洛克对法国思想的影响也缺乏文献的支持,有许多不过是历史编纂方面的"神话"而已。Dunn, *The Political Thought of John Locke*, pp. 7 – 9; cf. John Dunn, "The Politics of Locke in England and America in the Eighteenth Century", in his *Political Obligation in its Historical Context*, Cambridge: Cambridge University Press, 1980, pp. 53 – 54, 70 – 71, 64 – 65, 75 – 76(最初发表于 John Yolton ed. *John Locke: Problems and Perspectives*, Cambridge: Cambridge University Press, 1969)。

㊱ Caroline Robbins, *The Eighteenth-Century Commonwealthmen*, New York: Atheneum, 1968.

㊲ John Trenchard 和 Thomas Gordon,两位辉格党激进派,在南海泡沫期间在《伦敦杂志》(*London Journal*)上发表了一系列严厉批评政府的文章,以《加图来信》的名义,对美利坚殖民地的政治思想产生了广泛的影响,与洛克的《政府论》和锡德尼的《政府论》一同构成对美国革命影响最大的英国政治思想著作。不过,是否"加图"的名字就意味着"共和传统"的代言人,仍是聚讼不休的问题。《加图来信》Liberty Fund 版的编者就认为,"这些书信中所表达的政治信念与辉格党激进派作家,特别是洛克在其《政府论》下篇中秉持的自然法和自然权利理论若合符节,丝丝入扣"。Ronald Hamowy, "Introduction" to his *Cato's Letters, or Essays on Liberty, Civil and Religious and other Important Subjects*, Indianapolis: Liberty Fund, 1995, p. xxi. 参看 Thomas Pangle 对"加图"思想现代性一面的分析:*The Spirit of Modern Republicanism: The Moral Vision of the American Founders and the Philosophy of Locke*, The University of Chicago Press, 1988, Ch. 4; 尤其参见 Zuckert 对于《加图来信》的深入研究,他的研究很有说服力地证明了,《加图来信》正是美国革命期间洛克的思想吸纳其他辉格党政治思想的因素,逐渐成为辉格党主流思想的一个标志。*Natural Rights and the New Republicanism*, pp. 297 – 305。

㊳ Bernard Bailyn, *The Ideological Origins of the American Revolution*, Harvard: Belknap, 1992(首版于 1967), p. 36. 贝林并没有完全否认洛克对美国革命思想的影响,只不过洛克的名字往往淹没在弥尔顿、斯威夫特、笛福,甚至博林布鲁克和休谟之中: ibid, p. 8, 28,不过参见 p. 59。贝林似乎并没有注意到,他所研究的对象对政治(转下页)

合"㊉的解释图景中,美国革命对社会秩序和政治制度的重新安排完全是围绕所谓"共和主义的意识形态"进行的,对公共的善和美德的追求,对古老共和传统的迷恋,对腐败和暴政的痛恨,取代财产和自然权利,成为美国革命的核心问题。㊇ 保存德性的乡村与腐败的宫廷在意识形态上的对立,要比传统所谓"辉格党"和"托利党"的政治对立,能更加充分恰当地解释美国早期的政治思想。㊈ 共和派解释的兴起,不仅努力矫正比尔德(Charles Austin Beard)以降的新马克思主义在研究美国革命时对经济利益的片面强调,㊒而且还似乎可以更加贯通地解释革命阶段与制宪阶段的美国政治思想,克服以往对美国革命和制宪理解上的"非历史"倾向,从而试图全面理解指引美国革命的政治观念。㊓

不过,著名历史学家波柯克马上提醒我们,美国革命的这个所谓"全新的政治观念"其实是在西方政治思想史上源远流长的"公民人文

---

* (接上页)哲学家这种"肤浅",乃至"混乱"的引用是否证明他的研究途径具有内在的缺陷。Gordon Wood 也承认,殖民地作家的许多作品对各种哲学思想的引用经常是"不准确、混乱和兼收并包的"(*The Creation of the American Republic 1776 - 1787*,Chapel Hill:The University of North Carolina Press,1969,p. 8)。观念史与政治史之间的关系,或者更一般而言,观念与现实的关系,无疑是探讨革命问题非常关键的问题,因为"革命"的根本特征似乎就是打破了观念与现实之间巴门尼德式的一致。有关具体方法(特别是所谓影响或渊源的"内证"和"外证"问题)的讨论,参见 Dworetz,*The Unvarnished Doctrine*,ch. 2;下面提到的 Shalhope 和 Pocock 的文献都讨论了有关的问题,并参见 Pangle 在 *The Spirit of Modern Republicanism* 第一部分对以往研究的检讨。

㊉ Robert Shalhope,"Toward a Republican Synthesis:The Emergence of an Understanding of Republicanism in American Historiography",*The William and Mary Quarterly*,Vol. 29,no. 1(1972),pp. 49 - 80,特别参见 pp. 71—72 对这一"综合"核心思想的概括。

㊇ Wood,*The Creation of the American Republic 1776 -1787*,esp. ch. 2;参见伍德,《美国革命的激进主义》,傅国英译,北京大学出版社,1997 年,第二编。

㊈ J. G. A. Pocock,"Machiavelli,Harrington and English Political Ideologies in the Eighteenth Century",*The William and Mary Quarterly*,Vol. 22,no. 4(1965),p. 552。美国社会与英国社会相比的独特性在于它是没有"宫廷"的乡村(a Country without a Court):J. G. A. Pocock,*The Machiavellian Moment:Florentine Political Thought and the Atlantic Republican Tradition*,Princeton:Princeton University Press,1975,p. 509。

㊒ Shalhope,"Toward a Republican Synthesis",pp. 53 - 54.

㊓ Wood,*The Creation of the American Republic 1776 -1787*,pp. viii - ix.

主义"(civic humanism)或"古典共和派"(classical republicanism)传统的一部分。这个传统可以上溯至亚里士多德和西塞罗,在马基雅维利和意大利的人文主义者手中发扬光大,在哈灵顿及其后继者那里成为支配大西洋两岸政治思想的主流。弥尔顿、锡德尼和哈灵顿,而非洛克,才是决定美国革命前后政治语汇的最重要人物。[44] 把洛克看作是决定英美政治思想的关键人物,忽视了这一传统的丰富和复杂。[45] 相反,通过对所谓"新哈灵顿派的公民人文主义"(neo-Harringtonian civic humanism)传统的研究,倒是可以多少无需提及洛克作品,就能考察早期美国的政治思想。[46] 如果之前,对于新保守派眼中的光荣革命来说,洛克的思想显得过于激进的话,现在,对于新共和派笔下的美

---

[44] Pocock,*The Machiavellian Moment*,esp. pp.506ff.

[45] 波考克指出,在讨论"光荣革命"后的政治思想时,学者们过于关注洛克绝无仅有的作用了(Locke et praeterea nihil),这一课本教条亟须修正(Pocock,"Machiavelli,Harrington and English Political Ideologies in the Eighteenth Century",pp.551 – 552)。对洛克思想地位的重估,或者更明确地说,对洛克神话的摧毁,无疑是所谓"新共和派综合"的主要特征,参见 Shalhope,"Toward a Republican Synthesis"开篇;"共和学派的破产",第71 – 74页;Isaac Kramnick,"Republican Revisionism Revisited,"*The American Historical Review*,Vol.87,no.3(1982),pp.632 – 633。

[46] Pocock,*The Machiavellian Moment*,pp.579 – 580。波考克当然承认洛克在英美政治思想中的地位不可完全抹煞。因此,他退一步承认,在研究这一阶段的政治思想中不再强调洛克的作用只是"战术性",而只有通过战术上有意忽视洛克的作用,才能构建一个重新理解洛克思想的"历史语境"。但问题是,波考克从来没能证明他如何能从这一战术性撤退实现战略性的反攻。事实上,波考克后来明确承认,无法在洛克思想中找到多少"公民共和主义"的因素。Pocock,*The Machiavellian Moment*,p.424,比较 J. G. A. Pocock,"The Machiavellian Moment Revisited:A Study in History and Ideology,"*The Journal of Modern History*,Vol.53,no.1(1981),p.65。

正如我们在下面的讨论中将要看到的,用思想的"战术"研究达到战略目标,使这一研究途径注定无法真正理解洛克思想的"革命"意义。而且这一研究途径,最初反对英美政治思想中洛克神话的理由是后者的非历史性,然而,不顾历史事实地排除洛克在美国政治历史中的核心作用,这种做法恰恰是极端非历史的。有关洛克思想影响的历史证据,参考 Dworetz 和 Pangle 前引书的讨论(Dworetz 的研究虽然存在严重缺陷,但至少从文本证据上证明了洛克思想的支配性影响)。Cesare Vasoli,"The Machiavellian Moment:A Grand Ideological Synthesis,"*Journal of Modern History*,Vol.49(1977),pp.661 – 670. cf. Pocock,"The Machiavellian Moment Revisited:A Study in History and Ideology",p.52。波考克对自己立场最有力的澄清见 J. G. A. Pocock,"Between Gog and Magog:The Republican Thesis and the Ideologia Americana",*Journal of the History of Ideas*,Vol.48,no.2(1987),pp.325 – 346。

国革命来说，洛克的思想似乎又过于保守了。[47]

在这一波解释美国革命的"历史学革命"中，或许最突出的一个变化就是，美国革命的焦点问题不再是生命、财产和对幸福的追求，而变成了对美德的关注，公民参与的自由概念取代了自然权利的自由概念成了这场革命的核心概念。[48] 正是在这一点上，"新共和派综合"在某种意义上响应了阿伦特稍早时候对美国革命独特性的界定。[49]

阿伦特指出，一个令人惊讶的事实是美国革命对现代世界革命的整个进程几乎毫无影响，这表明美国革命与法国大革命乃至20世纪绝大多数的革命有很大的不同。美国革命的独特性，首先就在于美国的政治革命并没有伴随相应的社会革命，因此，缺乏通常和法国革命联系在一起的那种历史必然性和暴力。[50] 然而，这一托克维尔在《美国的民主》中率先表述的洞察，哈茨早就奉为理解美国革命的金科玉律，把它作为指引自己代表作的题辞：美国人的巨大优势在于，他们无需经受一场民主革命，就已经达到了一种民主状态，他们是生而平等的，而不是成为平等的。[51] 但也正因为美国人是生而平等的，没有洛克的

---

[47] Schochet，"Radical Politics and Ashcraft's Treatise on Locke"，p. 492。不过，Appleby 敏锐地指出，表面上激进的"新共和派"解释，实质上相当"保守"。因此，从政治思想的图景中去除洛克，其实是因为洛克的政治哲学，对于"新共和派"来说，有些过于冒犯了。Joyce Appleby，*Liberalism and Republicanism in the Historical Imagination*，Cambridge：Harvard University Press，1992，pp. 132 – 133。

[48] 早在 1977 年为波考克的 *The Machiavellian Moment* 撰写书评时，著名美国历史学家 J. Hexter 就敏锐地指出 Pocock 在书中过于强调以"free to"为特征的公民参与性自由，而忽视了同样历史悠久，尤其在 18 世纪英语世界政治中扮演关键位置的"free against"的自由概念。后者在英国的《权利法案》和美国的《独立宣言》中都是主导性的主题。值得注意的是这种源于罗马法的法律自由传统，正如我们下面检讨洛克思想时会发现，被重新注入了自然法的灵魂。"Review"，*History and Theory*，Vol. 16，no. 3(1977)，pp. 331 – 337。

[49] 虽然波考克批评阿伦特是"新保守派"或"新崇希派"，但波考克本人的工作，特别是他对古代共和思想的了解，受到阿伦特对亚里士多德解读的深刻影响（*The Machiavellian Moment*，p. 550；Harvey Mansfield，*Machiavelli's Virtue*，Chicago：The University of Chicago Press，1996，p. 319 n. 30)，甚至波考克对美国国父的阅读，也在一定程度上受到阿伦特的影响。Paul A. Rahe，"Thomas Jefferson's Machiavellian Political Science"，*The Review of Politics*，Vol. 57，no. 3(1995)，pp. 449 – 481，esp. p. 479 n. 81。有关"新共和派"解释对阿伦特观点的继承和批评，参见伍德，《美国革命的激进主义》，导言。

[50] 阿伦特，《论革命》，陈周旺译，译林出版社，2007 年，第 13 页，及前三章。

[51] 哈茨，《美国的自由主义传统》，中译本令人遗憾地遗漏了这一指导性的题辞。

自由主义思想所针对的"封建压迫"，他们对洛克"不讲道理"的信奉才赋予了洛克的思想以"特殊的意义"。他们只关注洛克主张中显白的一面，即对国家的限制，却忽视了洛克话里隐含的对国家的捍卫。[52]

不过，哈茨敏锐发现的洛克思想在美国社会经历的这一改变，在阿伦特那里，恰恰可以说明美国革命另一个重要的独特性：这场革命成功地实现自由建国，即革命阶段与制宪阶段并不相互对抗，而是能够通过革命创立全新的政治权威形式。用阿伦特的形象表述，就是"美国革命并没有吞噬自己的孩子"。[53] 但与哈茨的讲法不同，洛克在阿伦特的这个故事中只不过是个边缘性的小角色。阿伦特试图在革命传统中找寻的所谓"失落的珍宝"，更接近共和传统关注的问题，[54] 而不是洛克和他的自然权利或社会契约。[55] 阿伦特相信，在危险的大众政治运动和缺乏政治参与的代议体制两极之间，革命中最值得珍视的是所谓"行动的潜能和成为全新事物的开创者这一令人自豪的特权"。[56]

---

[52] 哈茨，《美国的自由主义传统》，第51—52页（中译本此处译文有误，英文版，pp. 59—60）。

[53] 阿伦特，《论革命》，第33页。

[54] 对比 Pocock, *The Machiavellian Moment*, p. Ⅶ。通过公民的积极参与构成的共同体，被看作是共和派传统关注的核心问题。但无论现代共和派是否是亚里士多德的意大利、英国或者美国传人，波考克都承认，共和派在现代面临新的历史意识的挑战。马基雅维利笔下的 *virtù* 与 *fortuna* 的对抗，在现代政治中最深的体现，其实正是革命问题。而革命政治的形成，最终取代了马基雅维利的这对概念，成为现代政治哲学的焦点。

[55] 阿伦特，《论革命》，后三章，特别值得注意的是第154页以下对所谓"社会契约"的讨论。这一点多少预示了"新共和派"史学家的观点，他们认为正是哈茨描述的洛克自由主义取代了美国思想的共和主义传统，才导致了美国革命共和时代的终结。1787年的美国宪法，在某些共和派的修正史学家看来，是"古典政治的终结"（the end of classical politics）。将政府全面奠基在自利和同意的基础上，意味着人民革命时代的结束，和一种缺乏运动能量的秩序政治的开始。Wood, *The Creation of the American Republic 1776-1787*, p. ⅷ, pp. 606-615；"共和主义：概念之旅"，第35页。不过，这一相似可能只是表面上的。伍德认为美国制宪的争论标志着共和主义的瓦解和洛克—哈茨式的自由主义支配的开始，而阿伦特却恰恰认为制宪是美国革命的伟大成就。这一分歧多少表明，共和派在面对现代政治中革命和政治秩序的关系问题仍然莫衷一是。其根源或许在于他们仍然未能准确把握革命的"现代"意涵。

[56] 阿伦特，《论革命》，第217页。

　　无论《论革命》是否恰当地理解了革命在政治中的奠基和"开启"的哲学意涵,[57]阿伦特的这一著作无疑触及了革命政治的核心问题。革命不是叛乱、造反、骚动或者阴谋,革命是政治的开端,是政治原则的重建。[58] 然而,这一重建面临了双重困难,一方面,革命必须在没有政治原则的地方建立起政治的原则,或者更准确地说,革命通常是在彻底摧毁传统的政治原则的地方建立起新的政治原则,这一过程自然伴随着暴力与动荡。而另一方面,和所有的政治形式一样,通过革命建立的政治原则同样需要稳定的政治权威才能得以持久的保全。政治稳定不是革命本身的特征,但却是革命的目的和归宿。[59] "成功"的革命不仅能够让自己安静地从政治生活中隐退,而且能够永久地杜绝自己的再次现身。美国革命的特殊性,似乎在于能够同时解决了这两个困难,从而成为政治史上一个不可复制的"奇迹"或"传奇"。

　　但传统上,这一政治"传奇"的历史声誉属于 1688 年的英国革命。用伯克多少有些悖谬,甚至容易引起误解的著名表述,1688 年的"革命",实质上"不是闹了一场革命,而是防止了一场革命"。[60] 这场革命之所以被称为"光荣革命","节制的革命"(revolution of moderation),

---

[57] Paul Rahe, *Against Throne and Alter*: *Machiavelli and Political Theory under the English Republic*, Cambridge: Cambridge University Press, 2008, p. 8 n. 13.

[58] 阿伦特,《论革命》,第一章。

[59] 政治稳定有时恰恰不是通过缓慢的成长,而是通过危机甚至"革命"突然实现的。这一反伯克的立场正是 Plumb 有关"光荣革命"后政治发展的研究最重要的洞察力(*The Growth of Political Stability in England 1675 - 1725*, p. xvii)。

[60] "What we did was, in truth and substance, and in constitutional light, a Revolution not made, but prevented . . . In the stable fundamental parts of our constitution, we made no revolution; no, nor any alteration at all. We did not impair the monarchy. Perhaps it might be shewn that we strengthened it very considerably". 伯克 1790 年 2 月 9 日在下院的演说, "An Appeal from the New to the Old Whigs", in *Further Reflections on the Revolution in France*, ed. by Daniel Ritchie, Indianapolis: Liberty Fund, 1992, pp. 136 - 137。类似的表述也出现在伯克驳斥普赖斯有关"光荣革命"的理解中: "The Revolution was made to preserve our *antient* indisputable laws and liberties, and that *antient* constitution of government which is our only security for law and liberty". *Reflections on the Revolution in France*, p. 119. 下文的讨论可以清楚地表明,我们认为,究竟伯克,还是潘恩或普赖斯,真正秉承了洛克的精神,把握了英国"光荣革命"和美国革命的"政治原则"。

或者"通情达理的革命"(a sensible revolution),[61]恰恰在于它能像后来的美国革命一样,避免了大多数激进革命在这两方面的失败。而英国"光荣革命"和美国革命,之所以能够解决这两个困难,传统的观点又是和洛克的名字联系在一起的。这是理解洛克政治哲学的历史地位的关键。不过,在如何理解革命的政治哲学问题上,我们必须回到"辉格党史学"的出发点。尽管近半个世纪以来,无论政治史学者,还是思想史学者,都竭力摆脱麦考莱的辉格党史学对英国早期现代历史的理解。[62]但对光荣革命"保守"性质的强调,恰恰是麦考莱《英国史》的核心主题。

1835 年,麦考莱为《爱丁堡评论》(*The Edinburgh Review*)撰写了一篇有关 James Mackintosh 未完的《1688 年英格兰革命史》(*History of the Revolution in England*, *in 1688*, *Comprising a View of the Reign of James the Second from his Accession to the Enterprise of the Prince of Orange*)的评论。[63]在这篇评论中,深谙现实政治的麦考莱敏锐地指出,对 1688 年事件的评价,起起落落受到当代政治处境的深刻影响,而尤其受到法国大革命进程的左右。[64]麦考莱之所以推崇 Mackintosh 的历史,就是赞赏后者在激进党人和休谟的托利党立场之外力图探寻一条中间立场。这正是"1688 年原则"的重要性。在麦考莱看来,如果英格兰的历史确实是"进步的历史"(the history of

---

[61] Trevelyan, *The English Revolution 1688 - 1689*, p. 3, 129。当时许多人并不相信这是一场"光荣"的革命,这一说法大概来自革命后的辉格党政治宣传,参见 James R. Hertzler, "Who dubbed it 'the Glorious Revolution'", *Albion*, Vol. 19, no. 4(1987), pp. 579 - 585。Plumb 不无道理地指出:"1688 年的革命导致了对英国史的一次大伪造", *The Growth of Political Stability in England 1675 - 1725*, p. 16。

[62] Western, *Monarchy and Revolution*; Jones, *The Revolution of 1688 in England*; Pocock, "The Varieties of Whiggism From Exclusion to Reform";但对比 Kenyon, *Revolution Principles*, p. x。

[63] Lord Macaulay, "Sir James Mackintosh", *Historical Essays*, pp. 272 - 334。学者们广泛同意,这篇评论对于理解麦考莱的立场具有非常重要的意义:Charles Harding Firth, *A Commentary on Macaulay's History of England*, London: Macmillan, 1938, p. 4; Hugh Trevor-Roper, "Introduction" to Lord Macaulay's *The History of England*, Penguin, 1979, pp. 12 - 13,17。

[64] Macaulay, "Sir James Mackintosh", pp. 281 - 286。

progress），那么就不能贬低 1688 年的革命："任何人，如果最恰当地估量我们制度近来所做的改善的价值，也就恰恰最不愿意貌视 1688 年所做的事情。这些人将这场革命看作是一次改良（reform），尽管不够完善，但对于英国人民乃至整个人类来说，仍然是最有裨益的；作为改良，1688 年的革命此后引发了各种丰硕的改良成果，而且作为改良，我们此刻就能感受到它令人欢欣的效果，无论是在我们自己的国家，还是在欧洲半数的君主国中，甚至在俄亥俄密林的深处"。⑥

在麦考莱心目中，人类历史，特别是英国史，是不断进步的，而 1688 年革命在其中发挥的关键作用恰恰是通过所谓"改良"实现的。通过"改良"实现进步，不仅被麦考莱视为"1688 年革命的精神和倾向"，也被界定为整个英国政治的内在气质（"我们是改良者"）。⑥

在 1848 年 11 月出版的巨著《英格兰史》前两卷中，麦考莱运用几近完美的历史叙事发挥了他十几年前的立场，在某种意义上完成了 Mackintosh 未竟的工作。身处宗教改革以来欧洲最动荡的时刻，麦考莱将 1688 年的革命与过去 60 年间欧陆发生的一系列革命做了比较，突出了英国革命的"特殊性"（peculiar character）。英国革命成功地避免了 18—19 世纪欧陆历次革命的巨大灾难：这些革命大多在无政府和暴政两个极端之间摇摆，深受革命的暴力与同样暴力的反动的交错摧残，瓦解了一切旧制度，抛弃了民族所有的传统和惯例，甚至那些许多时候保护个人自由的特权，但最终却无法在孩子气的抽象理论的指导下建设真正有效的新制度。麦考莱庆幸，英国的革命，恰恰因为它是"保卫性的"（defensive），才避免了其后革命的这些灾难。面对斯图亚特王朝政府的统治疏失，英国并没有试图寻找一种全新的宪政体制，而只是捍卫了人民古老的权利，尊重国家古老的宪政传统（Our Revolution was a vindication of ancient right；The remedy for these evils was to assert the rights of the people"）。正像 1689 年临时议会通过的《权利宣言》那样，其中没有给予人民任何新的权利，法律也没

---

⑥ Macaulay, "Sir James Mackintosh", pp. 294 - 295.
⑥ Ibid., p. 321,287 - 288.

有丝毫变动。⑥⑦在麦考莱看来,正是英国革命的这种清醒、保守、尊重传统的态度,才使英国革命成为所有革命中暴力最少,但功效最大的革命。使英国在 17 世纪时避免了欧陆在 18—19 世纪遭受的灾难。用麦考莱自己的话说,对 1688 年革命最高的赞美就是"它是我们最后一场革命",这次革命建立了在宪政体制内部完成宪政改良的信念。在麦考莱看来,1688 年的革命是一道分水岭,决定了英国与欧陆的不同命运:"正是因为我们在 17 世纪有了一场守成的革命(a preserving revolution),我们才不会在 19 世纪面临一场毁灭的革命(a destroying revolution)。"⑥⑧而之所以英国革命能够做到这一点,正如他在《爱丁堡评论》发表的文章中所指出的,这一革命的主宰者不是满怀梦想的学究,而是熟谙国家大事的政治家。实践智慧而非抽象原则,使英国人避免了欧洲大陆革命者的厄运或者噩梦。⑥⑨

然而麦考莱对"光荣革命"的保守解释却使他似乎忘记了自己的敏锐洞察。在论述詹姆斯二世的政治失策导致革命时,麦考莱指出,詹姆斯国王以为,他借助宗教"宽容"建立新国家的政策颇有成算,因为托利党人受制于被动服从的学说,认定所有反抗都是罪恶,不会起身反对,而新教异见分子则会乐于看到他的这一政策给他们带来的解脱。但历史证明,他对双方的估计都错了:"詹姆斯的希望是托利党人会奉行他们的原则,而不服国教派的成员(Nonconformists)会依照他们的利益。但情况恰恰相反。大部分托利党人为了利益牺牲了不抵抗的原则;而大部分不服国教派则坚守他们的原则,拒绝接受国王提供的虚幻好处。"⑦⑩

---

⑥⑦ "The change seems small. Not a single flower of the crown was touched. Not a single new right was given to the people. The whole English law, substantive and adjective was ... exactly the same after the Revolution as before". Macaulay, *The History of England*, Vol. III, pp. 1308 - 1309.

⑥⑧ Macaulay, *The History of England*, Vol. III, pp. 1310 - 1312.

⑥⑨ Macaulay, "Sir James Mackintosh", pp. 287,322 - 323.

⑦⑩ Ibid., pp. 318 - 321; Hugh Trevor-Roper 有类似的讲法,辉格党为革命提供了必要的推动力;托利党,议会多数;而激进派,哲学的感召。*From Counter-Reformation to Glorious Revolution*, London: Secker & Warburg, 1992, p. 231.

　　"光荣革命"，和所有革命一样，并不单纯是利益的一致或者妥协，而涉及原则的决断。尽管最终辉格党的原则必须通过与托利党"利益"的妥协（实际上，托利党人的利益，同样是在原则的指引下），才能结晶成为 1689 年的体制，从而将一场政治危机导向一种长久发挥作用的宪政安排。无论"光荣革命"的"光荣"在多大程度上取决于当时政治家的实践智慧，这种智慧不是没有原则或者放弃原则来交换利益的智慧，而恰恰是将政治原则转变为宪政体制的智慧。这一点突出体现在 1689 年体制的核心——《权利宣言》——上。根据晚近历史学家对《权利宣言》各项条款细致而深入的研究，⑦尽管《宣言》自称，其中各项条款不过是重申"无人怀疑的""古老权利和自由"（their ancient rights and Liberties ... their undoubted Rights and Liberties），对詹姆斯二世的指斥也完全基于"本王国广为人知的法律、敕令和自由"（the knowne Lawe and Statutes and freedome of this Realmes），⑦但实际上，这些条款都是"长期以来国王与议会反对派争执的焦点"，条款中只有 6 项确实是在重申英格兰的法律传统，而倒有 8 项权利，很难算得上"无人怀疑"和"古老"，大多是"排除危机"以降辉格党人主张的政治立场。在议会两院中负责起草《宣言》和推动《宣言》通过的三个委员会中，与"排除危机"和"第一批辉格党人"有着千丝万缕联系的人占据了主导地位。正是他们运用各种政治策略，有效地将这些激进的政治原则伪装成为"无人怀疑"的"古老"权利，最终借助《权利法案》将其宣示为明确的法律，从而为所谓"1689 年体制"奠定了牢固的宪政基础，最终使 1688 年的革命留下了所谓的"光荣"。

　　"最后一场革命"？那么仍然是一场革命。这场革命驱逐了一位合法继承的国王（这位国王自己反复声明，他并未主动放弃王位）；接

---

⑦　以下讨论根据 Lois G. Schwoerer 对《权利宣言》的出色研究：*The Declaration of Rights*，*1689*，ch. 2 - 4，esp. pp. 100 - 101 的总结讨论。

⑦　Macaulay 几乎完全接受了《权利宣言》的这一修辞说法。"Sir James Mackintosh"，p. 322。

纳了一位外国入侵者，将他立为国王（尽管他与詹姆斯的女儿一同执政，多少掩盖了这一"篡夺"或者"征服"的事实）；在英格兰土地上没有流的血，其后在苏格兰和爱尔兰流得更加惨烈；而最重要的制宪会议，因为缺乏国王的令状，其实并非合法的议会，而是革命的机构，尽管它竭力想表现得像一个常规的议会。⑦④

因此，晚近修正史学的新保守倾向，尽管表面上已经不再像麦考莱那样信奉人类政治不断进步的所谓"进步宗教"，但至少在一个关键

⑦ 正如历史学家指出的，制宪会议本身非常不愿意接受这样一个具有"主权"色彩的定位，这其实是 1689 年宪政体制各种模棱两可的特征的真正根源（Howard Nenner，"Constitutional Uncertainty and the Declaration of Rights"，in Barbara Malament，ed. *After the Reformation*：*Essays in honor of J. H. Hexter*，Philadelphia：University of Pennsylvania Press，1980，pp. 291－308）。而制宪会议本身的犹疑究竟应该归为人性的软弱，还是政治家的智慧，或者二者在历史中的奇妙结合，不是我们这里关心的问题。

④ 伟大的英国历史学家梅特兰的观察对于我们今天来说仍然颇有教诲意义："对于任何法律学家来说，坚持认为没发生过革命是非常困难的。主导这场革命的人力图（我们完全可以说他们是非常明智地试图）使这场革命看起来尽可能地小，并充分发挥其天赋使之看起来像是进行了一道法律程序……在我看来，我们必须将 1688 革命视为一场革命，一场非常必要而且明智引导的革命，但它仍是一场革命。我们无法将其纳入我们的宪法之中"。《英格兰宪政史》，李红海译（北京：中国政法大学出版社，2010 年），第 183 页。正如梅特兰敏锐注意到的，制宪会议采用詹姆斯二世"逊位"（abdicated）这一模糊的术语来描述光荣革命的政治危机处境本身就意味着将这场革命纳入既有宪政框架的明智尝试和根本困难。晚近有关这一问题的历史学争论无疑证明了这一点：Kenyon，*Revolution Principles*，pp. 7－13；Thomas P. Slaughter，"'Abdicate' and 'contract' in the Glorious Revolution"，*The Historical Journal*，Vol. 24，no. 2(1981)，pp. 323－337；John Miller，"The Glorious Revolution：'Contract' and 'Abdication' Reconsidered"，*The Historical Journal*，Vol. 25，no. 3(1982)，pp. 541－555；Kenyon，*Revolution Principles*，pp. x－xv。"废黜"一位合法即位的国王，并把王位转移到另一个人手中，在原则上，这一非常事件不可能通过常规的法律手段获得合法性，而只能求助于更根本的政治原则。比如制宪会议提及的"国王与人民的原初契约"（1689 年 1 月 22 日下院决议，2 月 2 日上院同意这一表述）。仅就这一努力而言，制宪会议就具有绝对不容抹煞的革命色彩。Kenyon 坚持"契约"或"原始契约"的用法是非洛克式的，并没有错。但辉格党试图用历史的思路来理解"原始契约"的法律努力，正如其论争对手指出的，并不能掩盖其与激进政治思想的内在联系。如何解释这一点，正是理解洛克革命政治守成效果的关键。参见 Howard Nenner 立场多少不同的简要描述："The Convention of 1689：A Triumph of Constitutional Form"，*The American Journal of Legal History*，Vol. 10，no. 4(1966)，pp. 282－296。

的地方,与他们不断批评的麦考莱的辉格党历史有一个共同点:1688
年的事件并不是一场革命,至少不是现代意义上的革命。[75] 甚至并非
保守派的阿伦特,所强调的美国革命的独特性,在其通过政治革命建
立有效的政治体制,但同时又避免了社会革命的危险方面,都酷似麦
考莱笔下的英国革命。[76] 然而一场政治革命,在何种意义上是"改良",
从而能建立一个稳定而又日新的政治体制,并避免或至少掩盖革命暴
力的危险呢?

二、革命与最高权力

1. 现代政治与革命

拉斯莱特等剑桥学者对洛克撰写《政府论》历史语境的考察,最初
的目的其实相当谦逊。他们并不认为这一历史考察本身能在根本上
改变对洛克政治哲学的整体理解。但拉斯莱特却预见到,它或许将促
使政治科学家修正他们对"革命"这一概念的理解。只不过,在拉斯莱
特看来,他的工作在这方面的意义恐怕更多是解构性或治疗性的:现
代历史学家通常将"革命"这种突发性政治变动和社会、思想等方面的
全面变革联系在一起。然而洛克撰作《政府论》的真正语境却与被称
为英国"光荣革命"的政治事件并没有直接的关联。因此,该放弃和革

---

[75] "To us, who have lived in the year 1848, it may seem almost an abuse of terms to call a proceeding, conducted with so much deliberation, with so much sobriety, and with such minute attention to prescriptive etiquette, by the terrible name of Revolution". Macaulay, *The History of England*, Vol. III, p. 1310.

[76] 对于美国革命的解释,正如前面我们看到的,至少表面上并没有如此强烈地受到这种保守倾向的影响,但同样有历史学家认为,美国革命是一场"保守"的革命,而这种保守性在很大程度上就在于美国革命是没有教条的,而这一点将美国革命与英国传统联系起来,而与法国革命迥然不同("The American Revolution ... because it was conceived essentially affirming the British constitution, did not create the kind of theoretical vacuum made by some other revolutions". Daniel Boorstin, *The Genius of American Politics*, Chicago: The University of Chicago Press, 1953, ch. 3, "The American Revolution: Revolution without Dogma", pp. 94 - 96)。

命这种一般概念联系在一起的由混乱肤浅的概括组成的体系。⑰

无论历史学家或思想史学者对于政治哲学的抱怨是否有道理，我们都必须承认，"革命"这个现代政治哲学的核心概念本身仍有待进一步澄清。而这一问题，对于理解洛克思想在现代政治哲学中的位置，具有根本的重要意义。

研究"革命"概念的历史学家提醒我们注意，通过暴力变更政府的"革命"是一个相当新颖的现代概念。⑱ 我们不能把这个概念简单等同于古代希腊人关注的"政体变动"甚至"内乱"，⑲马基雅维利津津乐道的"阴谋"，甚至法国学者发明的"政变"（coup d'état）这些概念。在现代政治的话语中，这个词缓慢地从一个用来表达民众骚乱的意大利地方俗语（rivuluzione）转变为西方政治思想的关键概念，代替战争和政体问题，成为现代政治的核心问题。⑳

---

⑰ 在其较早讨论这一问题的经典文章的结尾处，拉斯莱特指出，"《政府论》撰作的历史对于洛克研究来说，并不能说非常重要……这一研究对于撰写通史的历史学家也不会带来太大的分别。历史学家在说明洛克政治体系与英国革命的关系时或许会有些修正……〔但〕洛克的自由主义是在 1688 年之前而不是之后构想出来的，这一点将会很容易为大家所接受，或者说忽视"。值得注意的是，在将这篇文章实质纳入他有关《政府论》的导论中时，他删去了这段结论（Laslett, "The English Revolution and Locke's 'Two Treatises of Government'", p. 55）。波考克认为，正是拉斯莱特的工作用历史的方式复活了已经暂时死亡的政治哲学。不过，借历史情境的"形体"所返还的究竟是"政治哲学"的灵魂，还是政治话语的言辞，就是学者必须谨慎判断的一个问题了。拉斯莱特判决"政治哲学暂时死亡"的语境，见 Peter Laslett, "Introduction" to *Philosophy*, *Politics and Society*, Oxford: Basil Blackwell, 1970, p. vii; J. G. A. Pocock, "Introduction: the state of the art" to his *Virtue*, *Commerce*, *and History*, pp. 2 – 4。

⑱ 以下有关"革命"的概念史讨论，特别受惠于 Ilan Rachum 的全面研究: *"Revolution": The Entrance of a New Word Into Western Political Discourse*, Lanham: University Press of America, 1999。M. I. Finley 认为，在古代希腊、罗马的历史中，很难找到"革命"这一概念的位置（尽管他对"革命"的理解与本文存在相当大的差别）: "Revolution in Antiquity", in R. Porter and M. Teich ed. *Revolution in History*, Cambridge: Cambridge University Press, 1986, pp. 47 – 60。

⑲ 在《政治学》第 5 卷对类似问题的著名讨论中，亚里士多德使用的概念是政体的变动（μεταβολή）、毁灭（φθορά）或内乱（στάσις），在根本上，亚里士多德将之看作一种"运动"（κίνησις，例如 1301b18，1302a35），最终具有自然意义上的原因。

⑳ Rachum, *"Revolution"*, p. 49。当然，"革命"的问题并不能完全摆脱古典政治哲学的核心问题——"最佳政体问题"（pp. 4, 52）。但正如我们后面会看到的，现代政治哲学家一般把"政体"问题看作一个从属于政治社会的起源和目的的问题，而后者却与"革命"有着更为密切的关系。

从文艺复兴到 17 世纪，这个词在从意大利向英法扩散流传的过程中，有两个特别值得注意的事实，具有政治哲学上的重要性。首先，rivuluzione 在政治上的新含义逐渐与 revolutio 在天文学或自然哲学中"转动"、"轮替"或"往复"的含义结合在了一起。[31] 在某种意义上，这是对政治动荡和政府形式变更的亚里士多德式理解的一个现代翻版，只不过背后的自然哲学发生了根本的变化。[32] 而在 1640 年代的"清教革命"之后，这个词又被赋予了越来越多的基督教神学色彩，它从加尔文神学中吸收了神意对地上事物的支配这样的观念，从而从一种没有方向的自然循环变动，变成一种具有超政治意涵的政治行动。[33] 在这一概念演变的过程中，拉丁语的自然哲学因素和神学因素的加入，逐

---

[31] Felix Gilbert, "Revolution", *Dictionary of the History of Ideas*, ed. P. Wiener, New York: Charles Scribner's Sons, 1973, Vol. IV, pp. 152 - 154. 不过 Rachum 指出的，这个概念并不像阿伦特以为的那样，来自天文学术语（《论革命》，第 30—33 页），而且早期的大量用法（特别是意大利的用法）中，也没有任何迹象表明这一概念的政治用法和天文学用法之间有关联（阿伦特的研究，主要是基于德国学者 Karl Griewank 的研究，对文献的批评性讨论，参见 Rachum, *Revolution*, p. 11），但这一概念在 17 世纪初叶的辞典中，就已经同时意味着"命运的轮回"（révolution de fortune），"星辰的旋转"（révolution des astres），以及"国家的变革"（révolution d'état，拉丁语为 publicae rei commutatio。Rachum, *Revolution*, p. 59, cf. p. 68）。在拉丁世界里，revolutio 的"政治"意涵，不可避免地和这个词的"天象"或自然现象的意涵之间发生关联：Vernon Snow, "The Concept of Revolution in Seventeenth-Century England", *The Historical Journal*, Vol. 5, no. 2 (1962), pp 167 - 169。

[32] 这一点尤其体现在霍布斯的用法中。正如学者指出的，霍布斯主要是在讨论几何学和自然哲学时使用这一表述。但在描述英国内战的《比希莫特》一书接近结尾处，霍布斯指出："在这次革命中，我已经目睹了主权的循环运动"（I have seen in this revolution a circular motion of the sovereign power ...）。然后，霍布斯就描述了主权如何从国王查理一世手中"运动"到长期议会，然后辗转回到他的儿子，查理二世手中（*Behemoth, or The Long Parliament*, Chicago: The University of Chicago Press, 1990, p. 204）。虽然对这一段落的理解仍有争议，但考虑霍布斯的整个哲学架构，霍布斯这里恰恰把"革命"理解为一种具有循环意义的自然现象，一种"运动"。参见 Christopher Hill, "The Word 'Revolution'", in his *A Nation of Change and Novelty: Politics, Religion and Literature in Seventeenth Century England*, London: Routledge, 1990, p. 95; Rachum, *Revolution*, pp. 95 - 96, 不同的意见参见 Mark Hartman, "Hobbes's Concept of Political Revolution", *Journal of the History of Ideas*, Vol. 47, no. 3(1986), pp. 487 - 495。

[33] 学者们经常引述的一段克伦威尔在议会中的演讲（1655 年 1 月 22 日）最好地说明了这一点："And I say this, not only to this assembly, but to the World, that that man liveth not, that can come tome, and charge me that I have in these great Revolutions （转下页）

渐使这个出身卑微的佛罗伦萨土语（造反）在现代政治哲学中开始扮演了日益中心的角色。

然而，构成现代"革命"概念的这三个因素之间，却包含了难以克服的紧张关系。无论是"内乱"、"动荡"，还是"造反"或"阴谋"，古典政治哲学家和历史学家，尽管非常关心这些问题，但他们的关心却始终和政体的保全问题联系在一起。"革命"是"最佳政体"在时间上不可避免的败坏，或者是为了返回开端，改变政体形式的一种势不得已的强制手段，因此，仍然从属于最佳政体的问题。[84] 但以"清教革命"为代表的现代激进政治思想的出现，赋予了这种民众骚乱或者政府的危机以新的意涵，使它们成为实现神意的某种工具。然而，即使有"神意"的指引，地上仍然需要它自身的秩序。这一秩序的建立和维持只能依赖人性，而不是神意的佑护或者天使的智慧。那么，在这一"自然"的基础上，革命的动荡，如何能够回复秩序的起点呢？"革命"这个词尽管给面对 17 世纪危机的政治行动者提供了理解这种"危机"的某种中性概念，[85] 但仍然需要一种真正的"革命"理论，能够将人民的造反、对神意的诉诸和秩序的复归，结合成一个真正可行的政治理论。

从表面上看，洛克的《政府论》在这方面的意义并不突出。[86] 早在

---

* （接上页）made necessities. I challenge even all that fear God. And as God has said, 'My glory I will not give unto another,' Let men take heed, and be twice advised, how they call his Revolutions, the things of God, and his working of things from one Period to another, how I say, they call them necessities of men's creation, for by so doing, they do vilify and lessen works of God... And God knows what he will do with men when they shall call His Revolutions humane Designs, and so detract from his Glory, when they have not been forecast, but sudden Providences in things"（转引自 Rachum, "*Revolution*", p. 91。在"光荣革命"之后，在为"革命"辩护的作品中克伦威尔的这种用法非常盛行，Ibid，尤其是 pp. 131 - 135。比较 Burnet 与克伦威尔的演讲，p. 133）。有关"清教革命"对这一概念变化的影响，特别参见 Hill, "The Word 'Revolution'", pp. 83 - 83, 92。

[84] 参见亚里士多德，《政治学》1301a19—25。

[85] Rachum, "*Revolution*", ch. 4.

[86] 洛克本人并没有明确使用"革命"这一表达的倾向。参见 Felix Gilbert, "Revolution", p. 154；Rachum, "*Revolution*", p. 107。

这本书之前,欧洲政治思想中并不缺乏各种反抗理论。[37] 但这些反抗理论,一般将反抗权利追溯至国王权力来自人民的中世纪政治观念,但却很少愿意把反抗的权利直接赋予人民,而更多把废黜暴君的权利交给代议机构或行政官员,而这种谨慎的原因不外乎是人民直接反抗容易导致内战或其他比暴政更大的危险。[38] 甚至当时辉格党主流的反抗理论,核心主张也是议会主权,带有浓厚的贵族政治的色彩。[39] 换句话说,反抗是在宪政架构内政治的自我矫正,无论是通过行政手段,还是借助代议机构。人民虽然是政治权力的理论渊源,但却并非革命的直接行动者,这是反抗,但仍然不是真正意义上的"革命"。而《政府论》的结论却是:个人在参加社会时交给社会的权力,在某种特殊条件下,从议会重新回到社会,而最终,"人民有权利,作为最高者来行动,由他们自己继续掌管立法机构,或者建立一种新的形式,或者在旧的

[37] 参看斯金纳对早期现代反抗理论从路德宗到加尔文宗直至洛克的著名研究,《现代政治思想的基础》,段胜武等译,求实出版社,1989 年,第三部分(cf. Martin van Gelderen, "'So Meerly Humane': Theories of Resistance in Early-modern Europe", in Annabel Brett and James Tully with Holly Hamilton-Bleakley ed. *Rethinking the Foundations of Modern Political Thought*, Cambridge: Cambridge University Press, 2006, pp. 149 - 170);参见 Robert Kingdon 和 J. H. M. Salmon 分别综述新教和天主教反抗理论的文章,收入 Tim Burns ed. *The Cambridge History of Political Thought 1450 - 1700*, Cambridge: Cambridge University Press, 1991. 洛克当然也受到这些理论的影响,参见 Ashcraft, *Revolutionary Politics and Locke's Two Treatises of Government*, p. 295 n42.

[38] Julian Franklin, "Introduction", to *Constitutionalism and Resistance in the Sixteenth Century: Three Treatises*, pp. 25 - 26, 36, 41, esp. p. 35. 其中一篇反抗文献对这一点的论述尤其值得引用:"但一个统治者,即使被其人民认定为可能滥用了其管治权,却仍然对私人意义上的臣民保有权威,因为服从他的义务是借助共同同意而以公共方式订约的,不能由一个私人任意取缔或废除。否则,会带来比暴政本身还要糟糕得多的无穷动乱,而借口清除一个暴君,会冒出千百个暴君来"。(p. 109)

[39] "一般来说,在辉格党的话语中,'人民'这个词就意味着立法机构"。Lois Schwoerer, "The Right to Resist: Whig Resistance Theory, 1688 to 1694", in Phillipson and Skinner ed. *Political Discourse in Early Modern Britain*, pp. 232 - 252 on p. 242;特别见 Ashcraft, *Revolutionary Politics and Locke's Two Treatises of Government*, pp. 298 - 305, ch. 7 passim. 洛克对于传统反抗理论的"革命"突破,在美国革命中,对于美国人民反抗宗主国的议会主权,尤其具有决定性的理论意义。特别参见 James Otis 的讨论及在 *Boston Gazette* 上发表的政论,收入 Goldie ed. *The Reception of Locke's Politics*, Vol. 3: *The Age of the American Revolution*, 1760 - 1780, pp. 1 - 61, 89 - 95.

形式下把立法机构交到他们认为好的新人手中"（II. 243）。换句话说，人民具有革命的权利。这一结论，不仅是《政府论》第十一章"论政府的解体"的结论，而且可以看作是整个《政府论》的核心问题和最终结论。[⑩] 在这个意义上，洛克或许是第一位将革命问题置于政治哲学中心的政治哲学家。[⑪]

2. 革命政治下的政治权力结构

在洛克看来，革命的条件就是所谓"政府的解体"（the Dissolution of Government）。[⑫] 在《政府论》的最后一章中，洛克考察了政府解体的种种情形。与外来的征服相比，[⑬]洛克更关心政府从内部的解体。这种解体，根据洛克的考察，主要可以从两条"途径"入手分析：一条是所谓"立法权的变更"，另外一条则是立法者或君主与人民之间的信托关系的破坏（II. 212，221）。洛克的这两条途径，实际上以相互关联的

---

⑩ 邓恩指出：《政府论》是在理论上宣示"革命的最终权利"，在这个意义上，它关心的不是"告诉人们怎么做的政治实践智慧"（political prudence），而是由自然法知识规定的政治权利的界限。在邓恩看来，《政府论》这部著作无关如何构建政府或者何时有必要去反抗，而是为什么在某些情况下，人们具有反抗的权利"（*The Political Thought of John Locke*，pp. 48，50）。这一观察无疑相当敏锐，不过邓恩忽视了，在洛克看来，如何构建政府的问题恰恰最终无法摆脱"革命的最终权利"，如何在根本上考虑革命的可能性的前提下树立政府的原则，是困扰现代政治哲学的根本问题。因此，毫不奇怪，邓恩并不认为洛克的政治思想在"革命"的现代概念史具有重要的意义：John Dunn，*Interpreting Political Responsibility*，Princeton：Princeton University Press，1990，ch. 6，"Revolution"，p. 88。波考克也强调洛克著作的革命性，但同样缺乏深入的分析：洛克的《政府论》"与其说是立宪的宣言，不如说是革命的宣言"（a revolutionary rather than a constitutionalist manifesto）。J. G. A. Pocock，"The History of British Political Thought：The Creation of a Center"，*The Journal of British Studies*，Vol. 24，no. 3（1985），p. 301。

⑪ "Locke . . . becomes the most clear-cut philosopher of revolution yet to appear in Western thought"。Michael Zuckert，*Launching Liberalism：On Lockean Political Philosophy*，Kansas：University Press of Kansas，2002，p. 7。

⑫ J. G. A. Pocock and Gordon Schochet，"Interregnum and Restoration"，in J. G. Pocock，Gordon Schochet，and Lois Schwoerer ed. *The Varieties of British Political Thought*，*1500 - 1800*，Cambridge：Cambridge University Press，1993，p. 154。

⑬ 实际上，借助"战争状态"的概念，洛克将外来的征服视为和内在的解体在性质上相同的"叛乱"（II. 176，217，comp. 197）。

方式,提供了理解国家和社会最高权力构成的基本入手点,是洛克"主权"理论的核心。

(1) 两种政府最高权力

洛克明确将立法权力界定为国家的最高权力。立法权作为国家的灵魂,赋予后者以"形式、生命和统一性"(the Soul that gives Form, Life, and Unity to the Commonwealth)。建立立法权力,是社会的"首要和根本的行为";当社会将立法权置于某些人手中之后,它就是神圣不可变更的(II. 131 - 132,212,134)。因此,变更社会设立的立法权,就是改变国家的"形式、生命和统一性",自然会导致政府的解体。这一政府解体理论一直被看作是洛克自由宪政理论的核心。

但这一理论比初看上去要复杂得多。立法权作为国家的最高权力,首先体现在通过制定具有永久义务的稳定规则,支配社会生活,从而使社会成员能够"在和平和安全中享受他们各自的财产"(II. 65, 134),而立法权实现这一目的的"伟大工具和手段"(the great instrument and means)就是"向人民公布的,人人皆知的,持久有效的法律"(established standing laws, promulgated and known to the people),而不是各种临时的命令(II. 134,131,136,137)。人们在社会生活中,可以依靠这种持久有效、支配所有成员的法律,也受到后者的约束,这是居于政府之下的人的自由(Freedom of Men under Government)的主要意涵(II. 22):"一方面使人民可以知道他们的义务并在法律范围内得到安全和保障,另一方面,也使统治者被限制在他们的适当范围内"(II. 137)。洛克对具有持久效力的公布法律的强调,特别是将它与各种临时的、不受限制的命令之间的对立,突出了立法权作为政府最高权力建立的自由宪政秩序的稳定性。

不过,立法机关及其持久有效的法律,之所以能够构成人们安享财产的保障,是因为其中包含了对社会成员之间违法行为加以惩罚的规定。没有这一点,立法权也就谈不上是"生杀予夺"了(the legislative power of life and death. II. 86)。制定法律,正如洛克指出的,实际上是"设置人世间的裁判者(a judge on earth),他有权判定一切争端,并救济国家的任何成员可能遭受的损害"(II. 89)。既然"人世间的裁判者"不可能在没有惩罚的条件下完成法律,执行权的运用对于立法权持久有效地发挥作用,就是必不可少的了。没有执行权支持的立法权,根本无法成为财产和自由的保障。

但在考虑立法权力与执行权力之间的关系时,洛克的立场与后来大陆盛行的宪政"法治国"的立场有很大的差别,后者将执行权仅仅看作是适用立法机关所制定的法律。[④] 而在洛克的政府理论中,执行权却远非立法权的应用这么简单。

正像我们已经看到的,立法权在宪政体制中的至高地位,体现在保障自由与财产的关键作用上,而这一作用取决于具备持久效力的法律,而不是立法者。可是,尽管立法权是最高权力,但"必须经常加以执行,且具有持久效力的法律可以在短期内制定",因此,立法机构"既无经常存在的必要,经常存在也并不方便","立法机关经常频繁集会,没有必要长时间持续的集会,对于人民不能不说是一个负担,有时还必定会引起更危险的不利情况";[⑤] 而与之相对,为了保障这些法律的持久效力,负责惩罚的执行机构却需要始终存在。这样,常设的执行权力和非常设的立法权,形成了鲜明的对照(II. 143 - 144,153,156)。立法权力发挥作用的关键在于法律的"持久有效",但这一要求恰恰决定了立法权力和执行权力的不同性质,即行使立法权力的机构是奠基性的,它在短期内制定了长期有效的法律,但却不必也不应该"长时间持续的集会",而相应负责惩罚的执行权力,却需要通过常设机关来保证立法机关制定的法律长期有效地发挥作用。因此,虽然立法权是国家的"灵魂"与"形式",但执行权却在很大程度上是保持国家政府运

---

④ Pasquale Pasquino,"Locke on King's Prerogative",*Political Theory*,Vol. 26,no. 2 (1998),pp. 198 - 199。这一点突出体现在 Pasquino 引用的康德受孔多塞学说影响的观点:"执行权"对应的是实践三段论中的小前提,也就是作为大前提的(体现主权者意志的)普遍法则的应用,这就是依法行事的命令。《道德形而上学》第一部"法权论",第 45 节,张荣、李秋零译,《康德著作全集》第 6 卷,中国人民大学出版社,2007 年,第 323—324 页。

⑤ 一个主要的危险就在于经常存在的议会容易侵夺人民的财产,这种危险与立法权在绝对主义君主国中集于一人之手的情形类似(II. 138)。

转、构成人民整体的实际力量:"法律不是为了法律自身而被制定的,而是通过法律的执行成为社会的约束,使国家的各部分各得其所,各尽其应尽的职能,但这完全停止的时候,政府也就以可见的方式停止了,人民就变成了没有秩序或联系的杂乱群众。"(II. 219)

正是立法权和执行权这两种权力在性质上的差别,构成了洛克分权学说的基础,⑤⑥而且进一步在此基础上形成了他对英格兰混合体制的理解。

洛克讨论的"立法权变更"的情形虽然关注的是政府解体的一般原则,并不限于任何特定的政府形式(II. 135),但从洛克的具体分析看,他主要针对的却是一种特殊的政体形态,即由君主、上院和下院共同掌管立法权的混合体制:"立法权同时掌握在三种不同的人格(persons)手中"。这种体制,除了一个由有任期的民选代表组成的议会(下院)和一个由世袭贵族组成的议会(上院)以外,还包含了"一个世袭的个人,他拥有经常性的最高执行权,以及与之相伴随的,在一定期间内召集和解散其他二者的权力"(II. 213)。这个"世袭的个人"——君主——既拥有持续发挥作用的最高执行权,又有权召集或解散分享立法权的其他两个部分,因此,他在某种意义上是这一"复合或混合的政府形式"(II. 132)运转的轴心。

从历史语境的角度来看,无论考虑1679—1681年的"排除危机",

---

⑤⑥ 洛克与后来孟德斯鸠(或一般理解的孟德斯鸠)在这一问题上的差别,不仅在于孟德斯鸠区分的是立法、行政和司法三种权力,而洛克区分的是国家的立法权、执行权和所谓"对外权"(Federative Power. II. 143 - 148);更重要的地方在于,从洛克对君主分享立法权力的讨论可以看出,洛克对"分权"的简要讨论主要涉及的仍然是传统混合宪政体制中各种权力的"均衡"(不过参见 II. 107),而非旨在确立政治自由的政体原则(这一细微的差别同样可以在布莱克斯通从洛克逻辑来吸收孟德斯鸠学说的做法中看到,对比孟德斯鸠,《论法的精神》,第11章第5—6节,许明龙译,商务印书馆,2009年,第166—176页;布莱克斯通《英国法释义》导论第二节,第61页以下),更没有像美国联邦派那样有意识地运用政府三种权力的"分立和制衡"来控制政府滥权(《联邦论》,第51篇,尹宣译,译林出版社,2010年,第353页以下)。这并不是说洛克忽视对政府权力的限制,而在于洛克将这一任务直接交给了人民的革命。在这一点上,"明智的洛克"比他的许多仰慕者要激进得多,特别对比麦迪逊的主张,无论定期,还是不定期直接向人民呼吁(appeal to the people),不是预防或纠正违宪的适当办法(《联邦论》,第49—50篇)。cf. Ruth Grant, *John Locke's Liberalism*, Chicago: The University of Chicago Press, 1987, p.95n. 58。

还是 1688 年的"光荣革命"前后,洛克对混合的宪政体制及其解体的危险的分析,似乎都和英格兰当时的政治情况丝丝入扣(II. 223)。⑰不过,洛克的理论,却并非仅仅是针对当时情势的政治宣传。在 17 世纪英国政治危机的历史语境中,洛克发掘出对于理解现代政府形式至关重要的政治哲学问题。

洛克指出,一旦常设的执行权力,系于一人之手,而这个人同时又分享立法权,那么这个人也可以在宽泛的意义上被称为"最高权力者",不过他的这个最高权力,不是立法意义上的最高权力,而是因为他拥有"最高执行权"。臣民对他的效忠,也不是因为他是最高立法者,而是作为法律的最高执行者(II. 151)。但虽然君主是在"执行权"方面被称为"最高权力者",但如果他仅仅拥有执行权,他就显然隶属立法者,并应该向立法者负责,立法者可以任意改变或调换他:"因此,免于隶属关系的不是最高的执行权力,而只有当最高执行权系于一个分享立法权的人才是这样,这个人既然分享立法权,则除了他自己参加并同意的立法机构外,他并不隶属于其他更高的立法机关,也没有这样的机关需要他为之负责"(II. 152)。

从洛克对君主作为"最高权力者"的复杂分析可以看出,洛克并不支持议会主权的立场,⑱而是赋予君主在立法权方面非常重要的角色。但君主在这一宪政体制中的真正位置究竟是什么呢?洛克此处的讨论,似乎充满了含混和不一致的地方。君主的最高权力是最高执行权,但他之所以被称为是最高权力者,不隶属于其他权力,却不仅因为他掌握了常设的执行权,而且还因为他分享了立法权。如果君主仅仅具有最高执行权,仍然隶属立法权,是不能称为"最高权力者"的。君主对立法权的分享,经常被认为是和否决权联系在一起的(参见 II.

---

⑰ 洛克提到的几种政府解体的情况,几乎恰恰是"光荣革命"前詹姆斯二世采取的政治措施,Schwoerer, "The Right to Resist", p. 246;有关混合政体下抵抗理论面临的困难,见 Julian Franklin, *John Locke and the Theory of Sovereignty: Mixed Monarchy and the Right of Resistance in the Political Thought of the English Revolution*, Cambridge: Cambridge University Press, 1978, passim。

⑱ Franklin, *John Locke and the Theory of Sovereignty*, p. 91.

218）。但洛克的实际讨论却多少超出了这一范围。洛克此处关心的问题并不仅仅是英格兰混合宪政体制在立法权方面的问题，而毋宁说是现代国家的执行权在实质上所具有的宪政意涵。⑨ 更进一步说，是涉及传统君主体制权力安排的人身性质与现代执行权力的法治性质之间的复杂关系。因此，对《政府论》这一政治哲学文本的分析，也必须从语境的分析进入到对现代政治根本问题的哲学理解。

（2）专权

考虑到"人事的变化无常"（the uncertainty and variableness of human affairs，II. 156），洛克指出，"立法者不能预见并以法律规定一切对共同体有利的事情"，因此，拥有执行权的法律执行者，就有权在国家制定的法律所没有做出规定的场合，"根据共同的自然法，享有利用自然法为社会谋福利的权利"（the executor of the Laws，having the power in his hands，has by the common Law of Nature，a right to make use of it，for the good of the Society. II. 159）。这种权力就是执行权在法律规定之外，甚至有时违背成文法律而依照自由裁量进行行动的"专权"（prerogative）。⑩ 只有借助这种权力，政府才能对那

---

⑨ 有关洛克在"执行权力宪政化"（constitutionalizing the executive）过程（也就是确定执行权力在宪政中的角色）中的枢纽性位置，参见曼斯菲尔德，《驯化君主》，冯克利译，译林出版社，2005 年，第 7 章。不过，洛克的这一观点是否最终意味着"将暴政的必然性宪政化"（第 216 页），却仍需要细致的分疏。曼斯菲尔德敏锐地察觉到洛克在这里陷入的两难："洛克在他的分权学说中接受了现实中的君主政体及其专权的假设，同时也接受了立法权至上的国家学说"。因此他认为洛克似乎摇摆于对英国当时政治事务的权宜考量和抽象的理论思考之间（第 22 页）。这一理解多少低估了洛克面临困难的性质。洛克思想上的张力其实体现了立宪君主制处理君主与法律关系始终面临的理论困难。

⑩ 根据布莱克斯通的定义，"prerogative 这个词指的是国王依据其君王的尊位，可以凌驾于众人之上，并且超出普通法的日常规定的，某种特殊的优先权（special pre-eminence，which the king hath，over and above all other persons，and out of the ordinary course of the common law，in right of his regal dignity）"（《英国法释义》，游云庭、缪苗译，上海人民出版社，2006 年，第 267 页）。主张议会主权的戴雪，在其名著《英宪精义》中，大力批评布莱克斯通完全误解了王室专权在当时（布莱克斯通撰作《释义》以来）英国政治中的位置，断定"专权"之恣意与英宪"法治"原则存在根本冲突，而所谓专权不过是"自由裁量权威或专断权威的残余"罢了（the residue of discretionary or arbitrary authority）。但戴雪也不得不承认，布莱克斯通对"专权"的理解算不上错，只不过搞错了时代。从诺曼征服直至光荣革命，恰恰是这种"专权"体现了王位所具有的"主权"性质（《英宪精义》，（转下页）

些不可预见的，但却与公众有关的"偶然事故和紧急事态"（Accidents

---

* （接上页）雷宾南译，北京：中国法制出版社，2001 年，第 426 - 427，90 - 91，232，244，138 页）。事实上，无论是都铎君主对这一权力的审慎运用，还是这一权力作为斯图亚特王朝国王与议会纷争的焦点，都表明"专权"是英格兰国王或者王位权力的核心部分，在英格兰政治体制中扮演了关键角色（cf. G. R. Elton, *The Tudor Constitution*：*Documents and Commentary*，London：Cambridge University Press，1982，pp. 17 - 26，esp. pp. 19 - 20，Thomas Smith on the King's Prerogatives in his famous *De Republica Anglorum* II. 3，but comp. I. 8）。我们可以说，英国的现代国家理论，在很大程度上，是通过澄清王位专权的法律性质（特别是其自然人身与抽象人格之间的关系），厘定王位权力与普通法之间的关系（例如 St. German 有关 *ius regale* 和 *ius regale politicum* 的区别就已经和这一问题直接相关了，参见 Alan Cromatie，*The Constitutionalist Revolution*：*An Essay on the History of England*，*1450 - 1642*，Cambridge，2006，pp. 55 - 58），而不是明确君主的绝对主权逐渐发展起来的（W. S. Holdsworth，"The Prerogative in the Sixteenth Century"，*Columbia Law Review*，Vol. 21，no. 6，1921，pp. 554 - 571，以及 Ernst Kantorowicz 的经典研究：*The King's Two Bodies*，Princeton：Princeton University Press，1957）。而霍布斯在这方面对英国政治思想的革命性影响，在很大程度上是间接通过菲尔默与洛克等人的争论实现的，在这些植根历史情境的政治争论中，新的主权概念实现了对英国政治理论的传统权力架构的逐渐改造。参见 Western，*Monarchy and Revolution*，ch. 2 - 3。

从历史的角度看，Prerogative 诚为"特权"（特别是所谓 Praerogativa regis），但从都铎王朝到斯图亚特王朝，它却逐渐从国王的封建特权演变为现代执行权力自由裁量的权威。因此在本文中，我们选择将它翻译成"专权"（但它不一定是专制的 despotic，更不用说"专政"dictatorship，或"绝对"absolute 的了），而不是像《政府论》、《英国法释义》和《英宪精义》的中译者那样翻译成"特权"，后面这种译法容易和 privilege 混淆（试阅读《政府论》I. 44 与 I. 45 的中文翻译，在这里，现有的翻译选择带来了明显的混乱，"特权"被交替用来译 privilege 和 prerogative。有关二者的关联和不同，参见戴雪《英宪精义》，第 428 页，该书在此处将 privilege 译为"特殊利益"）。而且，正如休谟敏锐指出的，"专权"与"特权"的争执是理解光荣革命的关键（1752 年 9 月 24 日致亚当·斯密的信，见 *The History of England*，vol. Ⅵ，ch. lxx，pp. 472ff）。

培根对"专权"的著名立场尤其值得注意。他强调，国王的专权并不间接来自法律，而是直接来自上帝。而在国王的专权中包含了双重权力（double power），他委派日常法官来执行的是在法律下的常规权力，但他自身（in his own person）始终保有另一种权力，能够以公共善的理由直接行事（Francis Bacon，"A View of the Differences in question betwixt the King's Bench and the Council in the Marches，" in James Spedding ed.，*The Letters and Life of Francis Bacon*，London：Longman，Green，Longman & Roberts，1861 - 1872，Vol. III，pp. 368 - 382，参见戴雪《英宪精义》，第 390 - 391 页）。从培根对"专权"的这一理解可以看出，"专权"的关键在于国王是否具有法律的"日常规定"不同的非常规权力，一种超出法律限制的自由裁量权（C. C Weston and J. R Greenberg，*Subjects and Sovereigns*：*the Grand Controversy over Legal Sovereignty in Stuart England*，Cambridge：Cambridge University Press，1981，chap. 1，esp. pp. 11 - 18）。专权的这一含义，詹姆斯一世在位时的首席法官 Thomas Fleming 被广泛引用的说法最具 （转下页）

and Necessities)做出反应(II. 159 - 160,164)。在这个意义上,可以说"专权"才真正贯彻了"人民的福利就是最高法律"的基本原则(II. 158)。

专权的必然性,恰恰表明了立法机关用来奠定政治秩序的"持久有效的法律"无法以一劳永逸的方式扎紧保障财产和自由的篱笆。现代政治多变的"命运"需要另外的力量来面对。

值得注意的是,这种属于执行权的"专权",和自然法支配下的自然状态中的自然执行权一样,都是自由裁量权(比较《政府论》下篇第 2 章和第 14 章的论述);⑩虽然一般来说,洛克始终强调立法权力对于执行权力的统属(II. 151),但这种"专权",就其定义而言,却恰恰不是对立法机构负责,而是对人民直接负责。⑩ 因此,当具有专权的执行权力与立法机构发生冲突时,在政府体制内就找不到具有超然地位的裁判

---

* (接上页)代表性:"国王的权力是双重的,日常的和非常的(ordinary and absolute),它们具有不同的法律和目的。日常权力的目的是为了个别臣民的好处,通过民事法律的执行,确保每个人所有的财产,这是由日常法庭中的衡平和司法来完成的……而国王的非常权力则和私人事务无关,其行使也不是为了个别臣民的好处,而只针对人民的一般好处,涉及的是人民的幸福(salus populi),就像君主是人民这个身体的头颅"(in J. R. Tanner, *Constitutional Documents of the Reign of James I 1603 - 1625*, Cambridge: Cambridge University Press, 1960, pp. 340 - 341)。Fleming 的王权立场,洛克不见得会接受,不过,这种对"非常权力"的理解仍然和洛克的学说有很大关联。值得指出的是,Fleming 所说的 absolute power,更多是指 extraordinary power,与洛克所批评的 absolute power 并不一样(但即使在洛克这里,仍然多少保留了类似用法的痕迹,最典型的例子就是 II. 139 论"绝对权力"并非专断的),参见 James Daly, "The Idea of Absolute Monarchy in Seventeenth-Century England", *The Historical Journal*, Vol. 21, no. 2(1978), pp. 232 - 233; Holdsworth, "The Prerogative in the Sixteenth Century", p. 561。

⑩ 专权与自然法执行权的类似,还特别体现在洛克指出的一个重要的政治事实:执行权与对外权这两种权力"几乎总是联合在一起的"。不过具体而言,对外权比起执行权来,远不能为早先固定的、经常有效的实定法(antecedent, standing, positive laws)所指导,所以有必要由掌握这种权力的人们凭他们的智慧和明智,为了公众福利来行使这种权力"(II. 147)。对外权力在这方面与"专权"的类似之处就在于,"对于外国人应该怎样做",在很大程度上没有固定的法律可以指导,而不得不依赖人们在法律之外把握"人事的变化无常"的"明智"(prudence)。明智与执行权的关联(II. 154,156),参见 Pasquino, "Locke on King's Prerogative", pp. 201 - 202。

⑩ 尽管也可以运用明文法律在一定程度上对这种"专权"加以限制,但正如洛克指出的,人民会倾向于给予贤明善良的君主以最大程度的"专权",而不愿意用明文法律来限制他(II. 164 - 165,不过参见我们下一节对绝对权力的讨论)。

者(作为最高权力的立法权并不能裁判拥有专权的执行权力),只有人民作为"裁判者"才能决定君主的专权是否使用得当,最终只能由人民通过"诉诸老天"(appeal to Heaven)来决定,也就是最终取决于所谓"革命权利"(II. 168,cf. 240)。

这样看来,洛克之所以称君主为"最高权力者",背后真正的考虑很可能是因为君主的执行权力(特别是"专权")中,包含了某种与立法机构制定的法律具有同等效力,但是在某种意义上更接近政治权力来源的因素。而现代政治中这一不可或缺的权力,也恰恰是最危险的权力。如何在宪政体制中安置现代国家的行政权力的这种独特作用方式,无疑是洛克政治哲学中最富远见的部分。[103]

(3) 绝对权力

正是因为洛克敏锐地觉察到行政权力(或者说执行权力)对于现代国家的关键意义,他才特别关注这一权力蕴藏的巨大危险(II. 166)。根据洛克的分析,政府解体的最大危险,并不在于拥有最高国家权力的议会,而在于拥有最高执行权的君主。不过,在洛克看来,作为革命前提的政府解体,并非由于君主侵占本属他人权力的"篡夺"(usurpation. II. 199,cf. II. 197)。甚至一般意义上的"僭权"(tyranny),即"越权运用权力(the exercise of power beyond Right. II. ch. 18,cf. II. 214),也不会在所有时候都导致革命,许多这样的损害可以诉诸法律手段,也就是诉诸政府权力本身,来获得救济(II. 207)。而且,正如我们已经看到,洛克明确承认,君主有在法律之外,甚至违背法律行事的"专权"。那么,什么是专权,甚至僭权和政府解体之间的关键差别呢?

但是,如果这些非法行为已使人民的大多数受到损害,或者

---

[103] 英国 1689 年体制的确立在很大程度上是通过制宪会议的《权利宣言》,并最终通过《权利法案》对君主专权进行系统性限制的结果。《权利宣言》各项条款关注的焦点就是专权(参见 Schwoerer, *The Declaration of Rights*, 1689, pp. 59 - 64)。虽然戴雪在《英宪精义》中对专权的理解未能充分把握英国在"旧制度"时代的政治体制,但从他对"专权"始终一贯的反对,倒恰恰可以反衬出洛克对这个问题不同寻常的见解。

在有些情况中,尽管只是少数人受到危险和压迫,但先例和后果使所有人都受到了威胁,他们相信他们的良心、他们的法律,从而他们的产业、自由和生命,也许还包括他们的宗教,都处于危险之中,那我就不知道该怎样阻止他们反抗运用到他们头上的非法暴力了。(II. 209)

尽管"僭权"或者所谓"非法暴力"损害的范围是一个重要的影响因素,但却不是唯一的决定因素,洛克注意到,不仅"管治稍有疏失"(every little mismanagement)并不会导致政府的解体,甚至"对于统治一方的重大失误,许多错误和不适当的法律,乃至人的弱点所造成的一切过失,人民都会加以容忍,不致反抗或口出怨言"(II. 225)。但在另外一些情形下,即使只有少数人受到侵害,但只要所有人都"相信"或"以为"他们受到了威胁,[104]他们就可能起身反抗。洛克断定,当人民"普遍疑惧"政府的时候,政府就陷入到最危险的状态中(II. 209)。

但何以未受到侵害的人们会产生疑惧呢?或者更进一步说,为什么那些受到侵害的人会最终转而诉诸自然状态下的原初自由和权利,而不再信赖他们所建立的政府可能提供的"政治"救济和补偿呢?洛克提醒我们,人民的疑惧,其根源与君主执掌的权力的独特性质有着内在的关联。

君主的执行权力,特别是君主的"专权",本身就具有专断的色彩(an Arbitrary Power,II. 210),只不过它并不是一种绝对的专断权力(II. 135)。但这种"专断"权力在行使时所具有的自由裁量性质,使君主的意志并不像在明文法律中表现的共同体意志那样明确清楚。正如洛克指出的,与君主的权力相比,"立法机关的其他部分或人民,他们却不能自行企图变更立法机关,除非是发动很容易引起注意的公开的和显而易见的叛乱"(open and visible rebellion,apt enough to be taken notice of ... II. 218)。国家内的任何其他权力,如果要改变政

---

[104] "如果人民整体并不以为事情与他们有关,一个或少数被压迫者就不可能动摇政府"(II. 208)。

府形式,其行动往往是"公开的和显而易见的";而对于君主所行使的权力来说,其真正企图或图谋,是否"是为了造福人民而不是祸害人民",恰恰是人民无法确知的(II. 210, 222)。正是怀疑君主试图发展"绝对权力"的图谋(design),才使那些具体的私人侵害事件,本来可以为人民所容忍,现在却在人民那里激起了普遍的疑惧,使人民把君主"僭权"视为"政府的解体"或者说是君主的叛乱,从而导致革命。因此,绝对权力的图谋,是人民普遍疑惧的关键(II. 222, 225, 230):"如果一连串的滥用权力、渎职行为和阴谋诡计都殊途同归,使其图谋为人民所见"(make the design visible to the people. II. 228),[16]那么人民就会起身反抗。

因此,人民所疑惧的,不是个别统治者单纯的私利、贪权或僭权,而是洛克在整个《政府论》上下两篇一贯批评的君主试图具有的"绝对、恣意、无限也不可受限制的权力"(an Absolute, Arbitrary, Unlimited, and Unlimitable Power. I. 9)。

然而,这种绝对权力的"图谋",很容易被人民看作是君主作为"最高权力者"的自然倾向。正如我们已经看到的,洛克承认,君主在某种意义上是"最高权力者",但这种"最高"权力,实际上是由最高执行权和君主分享的立法权共同构成的。现代君主在宪政体制中的这一模糊定位和多重角色,正是"疑惧"的一个潜在原因。一旦人们认为,君主不仅拥有这两种权力,还试图"一身独揽立法权和行政权"(both Legislative and Executive, Power in himself alone, II. 91),那么他就从分享立法权力的"最高权力者",变成了"绝对君主"。鉴于君主的人性与普通人没什么不同,他像所有人一样喜爱"他自己的权力、利益或强大",那么,当他进一步拥有绝对权力时,他并不会表现出更多的"对人类和社会真正的爱"。绝对权力不仅不会"纯洁人的气质,矫正人性

---

[16] "祸害已带有普遍性,统治者的恶意图谋已经变得可见,或他们的企图已经被大部分人所发觉"(the mischief be grown general, and the ill designs of the rulers become visible, or their attempts sensible to the greater part ... II. 230)。在洛克对政府解体的整个分析中,"图谋"或"企图"是否"可见"都是决定祸害是否普遍从而引起人民"疑惧"的关键。参见 Nathan Tarcov, "Locke's Second Treatise and 'The Best Fence Against Rebellion'", *The Review of Politics*, Vol. 43, no. 2(1981), pp. 210 - 213。

的卑劣",相反,还会因为这种权力"会找出学说和宗教来为他居于他的臣民的一切行为辩解,而刀剑可以立刻使一切敢于质疑他的权力的人们保持缄默",也就是说,绝对君主会变成一个拥有完备的武力,但却因为"学说和宗教"的"逢迎"(flattery)而品德更加败坏的人。而这样一个人带来的"所有不幸和不便",在绝对权力的情形下,不可能另有"裁判者"可以求助。甚至连问起如何"防止这一绝对统治者的暴力和压迫",都会被视为"谋反和叛变的呼声",从而"死有余辜"(II.91 - 93)。从人性的基本假定出发,证诸人类学或历史的实际观察,在执行权日益膨胀的现代政治中,人们自然很容易引起对绝对君主的疑惧。

人民对君主的"普遍疑惧"针对的是君主将自己掌管的权力从分享立法权的最高执行权发展成为"绝对权力"的"图谋"或"企图"。而对于人民来说,确定这一图谋的关键就是君主对财产的侵犯:君主或立法机关试图"成为人民的生命、自由或财富的主人或任意处分者"(II.221 - 222)。因为财产是"人们联合成为国家,置身于政府之下的重大的和主要的目的"(II.124),所以,君主建立绝对权力的"图谋",实质上就是君主试图悄悄地改变政府的目的和形式。

根据洛克的这一分析,真正试图颠覆政府的,就是引起疑惧的君主,而不是察觉到这一意图而公开革命的人民:

> 因为叛乱不是反对个人,而是反对唯以政府的宪法和法律为根据的权威;不论什么人,只要以强力破坏法律并以强力为他们的违法行为辩护,就真正是地道的叛乱者(truly and properly Rebels)。因为,人民由于参加社会和组成公民政府已经排除了强力,并采用法律来保护他们的财产、和平和他们之间的统一,这时凡是违反法律重新使用强力的人,就是实行造反(Rebellare)——即重新恢复战争状态——而成为真正的叛乱者。(II.226)

无论立法机关,还是君主,只要"用强力侵犯并试图废除"人民的权利和财产(II.227,cf.138),就是真正的"叛乱者"。洛克对"叛乱"

的这一理解,几乎彻底颠覆了传统对叛乱或造反的看法。这样,真正的叛乱者不是人民,而是君主或立法机关。这一理论上的"造反"是洛克证成革命权利的关键一步。

但人们不免疑虑,洛克在革命和政府理论方面的"颠覆",难道不是本身就将巨大的"疑惧"因素带入到现代政治之中吗?传统对"革命"和"造反"的理解,是与针对君主个人的"阴谋"(conspiracy)联系在一起;[106]而与此相对,君主治国却不能完全依靠公开的手段(arcana imperii)。[107]通过洛克对"叛乱"的重新界定,"治国秘术"与造反或颠覆的"阴谋"合二为一,成为困扰现代政治的根本"疑惧"。

而如果说对"绝对权力"的"图谋"的疑惧,是政府解体、人民革命的主要原因,那么其根源正体现在君主身上的现代国家最高执行权力的悖谬特点:君主的最高执行权力,特别是超出普通法律——即立法机关"向人民公布的,人人皆知的,持久有效的法律"——日常规定的"专权",既是面对现代社会中"人事的变化无常",从而有效确保人民福祉的便宜手段,却又同时是蚕食和威胁人民财产的最大危险。[108]君主的执行权注定无法像公开的法律一样"显而易见"。对君主推行执行权,尤其是"专权"的"图谋"、"企图"或"计划",人民只能加以猜测。而且根据洛克的革命理论,人民不能等待这种"图谋"真正实行,即绝对暴政已经建立之后,才着手反抗,而是要在"对他们的危害尚未实施

---

[106] 马基雅维利,《论李维》,第 1 卷第 2 章,第 3 卷第 6 章,薛军译,《马基雅维利著作全集》,吉林出版集团,2011 年,第 1 卷,第 150、453—476 页。

[107] Peter Donaldson, *Machiavelli and Mystery of State*, Cambridge: Cambridge University Press, 1988.

[108] 人们加入政治社会,是为了保护财产,这使其非常警惕危及这一权利的权力的扩张:"所以,谁握有国家的立法权或最高权力,谁就应该以既定的、向全国人民公布周知的、持久有效的法律,而不是以临时的命令来进行统治"(bound to govern by establish'd *standing Laws*, promulgated and known to the People, and not by Extemporary Decrees. II. 131),但君主的专权恰恰与人们为了保护财产建立政治社会的这种基本预期相冲突。但从某种意义上,之所以现代政治难以摆脱专权这种执行权力,在根本上,又是因为财产的自由享用作为规定人世生活的基本方式促进了生活方式的多样性,导致现代政治无法将人的生活一劳永逸地完全纳入长期有效的法律规则之中,这正是"人事变化无常"的真正根源。因此,专权的必要性与专权的潜在危险,都与保护财产作为政府目的之间有着内在的关联。

之前就加以防止"(II. 239)：

> 人类并不处于这样悲惨的状况,以致非到时机已过(too late)
> 而无法寻求任何办法时才能采用这一补救方法。当旧的立法机
> 关由于受到压迫、阴谋诡计或被交给外国权力而消失以后,才告
> 诉人民说,他们可以为自己打算,建立一个新的立法机关。这不
> 啻是在病入膏肓(too late)已来不及救治的时候才对他们说可以
> 希望药到病除。事实上,这等于叫他们先成为奴隶,然后再争取
> 自由;在他们戴上枷锁以后,才告诉他们说,他们可以像自由人那
> 样行动。如果真就是这样,这是愚弄,而不是救济。如果人们在
> 完全处于暴政(tyranny)之下以前没有逃避暴政的任何方法,他
> 们就不能免遭暴政的迫害。因此他们不但享有摆脱暴政的权利,
> 还享有防止暴政的权利。(II. 220)

因此,面对君主隐秘的叛乱("压迫、阴谋诡计"),革命就不仅是人民
"摆脱暴政的权利",更是人民"防止暴政的权利",是"防范叛乱的最好
保障和阻止叛乱的最可靠手段"(II. 226)。革命之所以不再只意味着
政治的危机或者社会的骚动,而是具有宪政意义的"防范"机制,正因
为革命是"先发制人"的暴力。[109] 革命的这一性质,要求革命在"病入膏
肓"之前,能够见微知著,洞察绝对权力的"图谋"或"企图",用革命的暴
力防止最终无药可救的危机或政治和社会的彻底崩溃。作为宪政机制
的革命权利的证成,也意味着政治生活中猜忌与敌意的正当性。现代君
主权力的根本性质,使其注定无法摆脱这一根深蒂固的"疑惧"。[110]

---

[109] Tarcov, "Locke's Second Treatise and 'The Best Fence Against Rebellion'", p. 209.

[110] 使行政权力彻底摆脱君主,摆脱人身统治的束缚,无疑是从"光荣革命"到法国革命的重
要历史线索。但砍掉行政权力庞大身躯的头颅,是否就捕获了现代政治的"利维坦",还
是反而将利维坦变成了许德拉(Hydra),就是需要另外的研究来回答的问题了。但无论
现代君主的"头颅"变形成什么样子,对现代行政权力的疑惧,并没有因为砍掉君主的头
颅而消失,相反,却因为"头颅"的消失,从政治的疑惧转变为生活方式的根本疑惧,这是
任何一个读过卡夫卡小说的现代人都无法忘怀的。

洛克在《政府论》中以革命的方式重新界定"叛乱"的努力，带来了一个对现代政治而言相当悖谬的结果：君主有效推行最高执行权的努力，在根本上是和这种权力潜在的普遍疑惧联系在一起的。而正是针对这一悖谬，洛克主张，是绝对主义的权力理论，而不是他的革命理论，将加剧现代政治的"疑惧"，从而带来政府的解体和人民的革命。

许多学者认为，斯图亚特王朝两位不幸的国王，查理一世和詹姆斯二世，都致力于在英格兰建设一个类似路易十四在法国建立的绝对主义君主国。[⑪] 不过，在英格兰，这一仿效法国模式的努力在许多方面遇上了传统体制的阻碍、抵触乃至反弹：无论是常备军这样的军事体制，财政政策，还是外交政策和宗教政策，建设绝对主义国家的种种努力，都意味着要彻底改造英格兰传统的宪政体制与生活方式。[⑫]

[⑪] 斯图亚特王朝的这一"图谋"在多大程度上克服了英国政治的"古代宪章"传统，构成了一种系统建设现代国家的理论和现实规划；而"光荣革命"究竟像辉格党史学认为的那样是恢复自由传统的"拨乱反正"，还是相反，一次更加隐蔽、有效地建立现代政治集权或者"寡头统治"的尝试，仍是当代学者们广泛争论的问题。不过，在这两个问题背后，隐含了直至20世纪仍然相当有影响的欧洲政治思想主题，英格兰宪政是古老日耳曼自由传统的现代继承人或者守护者（例如，孟德斯鸠，《论法的精神》，第十一章第6节，第176页）。不过，这一看法在强调英格兰自由宪政的"古老传统"和"现代精神"方面不免有左右为难之处。正如戴雪指出的，英国议会主权借助议会主权确立的"法治"其实是"现代"的政治形态，倒是法国围绕行政法建立的"旧制度"形态，与英国1688年之前的政治体制更加类似（特别见《英宪精义》，第390页以下论法国行政法与英格拉的"法治"，参见第303，365页）。英国式自由的现代拥趸有时忽视了这一"古老"传统，不仅一方面在很大程度上是辉格党政治宣传策略成功建立的历史神话，而且更重要的是，古老宪章中的政治自由，与传统君主体制有着内在的关联，后者既非现代绝对君主，但也绝非立宪意义的现代有限君主。不过，这里我们主要关心的是洛克政治哲学在"绝对权力"的隐秘"图谋"与"革命"之间建立的理论关联。而这一点之所以成为一个关键问题，不能摆脱整个西欧现代国家面临的现实政治问题，无论是法国模式，还是荷兰模式，至少从实际的政治运作上，都不是简单地回到中世纪的"古老宪章"，而是面对现代领土—人民国家构成的国际政治经济处境所采取的国家政权建设策略，其关注的根本焦点仍然在于如何奠立组织和引导共同体集体力量的最有效方式。

[⑫] 这方面带来的巨大冲突，最突出体现在围绕宗教"宽容"（toleration）——无论是指教会内的"包容"（comprehension），还是教会外的"容许"（indulgence）——展开的一系列的政治问题，这不仅构成了洛克政治哲学的一个重要主题，也是整个斯图亚特王朝晚期政治的焦点。洛克最初撰写《政府论》的历史语境，所谓"排除危机"，恰恰体现了宗教、国际政治与国家体制之间的复杂关联。在"辉格党人"的宣传战中，约克公爵詹姆斯二世的天主教信仰和法国绝对主义政治模式是"法国病"两个密切相关的症状。而詹姆斯即位（转下页）

建设绝对主义国家的努力,同样也体现在政治哲学方面。学者们普遍承认,绝对主义以及保皇党的政治哲学对于洛克的政治思想的形成提供了不可忽视的起点。⑬ 在《政府论》上篇对菲尔默的批评中,洛克不仅致力于证明,根据《圣经》中的记载,亚当所谓的"绝对支配"(absolute Dominion),无论是对其他生物、妻子(夏娃),还是孩子,都是有限的权力,他并不能侵夺他人的财产(I. 39),更不用说生命与自由了(I. 9,41, cf. 49,51,63 - 64),因此亚当作为家长并不具有绝对君主式的权力(a monarchical, absolute, supreme, paternal power in Adam. I. 124),而且,也无法找到法律的理由或者历史文献的根据能将这一不存在的"绝对权力"从亚当推及到现在在位的君主(I. 106ff)。

从历史的角度看(II. 105 - 106),洛克承认,国家最初一般都是在"一个人的统治和管理之下","政府始于父亲"。在从家庭向政治社会过渡的过程中,无论从被统治者的信任,还是自身的能力,父亲都最适宜充任统治者(II. 105,74 - 76)。但父权远非绝对权力(II. 65,170)。作为这个"小国家"(a little Common - Wealth)中的"绝对君主",家长拥有的不过是"一种非常短暂分散的权力"(a very shattered and short Power),在时间和范围上都是有限的。而且,虽然从家庭向国家的转变中,父亲是自然意义上的统治者,但这种自然史意义上的家—国关联,在洛克这里仍然受制于自然法意义上的同意:父亲在政治意义上的统治基于子女明确或隐含的同意(II. 75,106,110);父亲充当统治

---

* (接上页)之后的政治措施,被认为是证明了辉格党人的宣传(Jones, *The First Whigs*, p. 217)。Burgess 晚近的研究多少质疑了这一观点,认为绝对君主制并非斯图亚特王朝君主的政治追求,更多恐怕只是议会或者辉格党宣传战的"策略",不过即使 Burgess 本人也承认,对"绝对主义"皇权的这一"疑惧",在 1660 年之后有更多的事实基础(Glenn Burgess, *Absolute Monarchy and The Stuart Constitution*, New Haven: Yale University Press, 1996, pp. 19 - 20, esp. p. 20n.5, ch. 7)。Jones 后来的进一步研究,更加全面勾画了他称为"詹姆斯二世革命"的政治创新,这一观点在某种意义上倒是印证了洛克当年对菲尔默绝对主义政治理论"新异性"的指控。J. R. Jones, "James II's Revolution: Royal Policies, 1686 - 1692", in Jonathan Israel ed. *The Anglo - Dutch Moment*, pp. 47 - 69。

⑬ Mark Goldie, "John Locke and Anglican Royalism", *Political Studies*, Vol. 31, no. 1 (1983), pp. 61 - 85; J. F. Sommerville, "Absolutism and Royalism", in Burns ed. *The Cambridge History of Political Thought 1450 - 1700*, pp. 347 - 373.

者,仍然取决于被统治者的信任,与洛克对政府的理解在原则上并无冲突:"父亲的慈爱使他们的财产和利益在他的照料下得到保障"(II. 105);而且,政治自然史中常见的早期君主国,越接近源头,一般来说都是选举性质的(II. 106)。

但洛克对家长制的绝对君权理论提出的批评,并不只限于对父权原则的澄清,而是在勾画从家庭向政治社会过渡的自然史过程中,找到了对绝对君权理论更深入的批判,即其可能导致革命的危险。这也是为什么,洛克反复指出,菲尔默倡导的"神圣权利建立和佑护的绝对君主制"其实是一种创新性的理论(I. 3,II. 239)。⑭ 这种"绝对权力"的新说不仅自相矛盾(I. 69 - 71),实际上还是一种真正危险的学说。

在洛克看来,之所以人们自然会选择一人支配的君主制作为政府形式,不仅因为儿时的习惯,还因为这种君主制反而是"最简单明显"的(simple, and most obvious to Men)。君主制的"便利和安全"(easie and safe),是因为

> 经验既没有教导他们政府的种种形式,统治的野心和横暴也没有教训他们提防专权的侵占和绝对权力的不端(the Encroachments of Prerogative, or the Inconveniences of Absolute Power),而这些权力,恰恰是其后君主制惯于主张,并施加到他们头上的。所以,当他们将权威赋予一些人来统治他们时,他们当时并没有费力去想出种种办法,来限制这些统治者的胡作非为,并将政府权力的各个部分分别由不同人执掌来制衡政府的权力,这是毫不奇怪的。他们既没有经历过暴君支配的压迫,而当时的状况,以及他们占有的东西或生计方式,都很少能成为贪婪或野心的目标,使他们没有任何理由来担忧或防范这种压

---

⑭ 从历史语境的角度看,绝对主义对于欧洲政治而言,也是一个新的现象,洛克本人对此的体会,无疑来自他在法国游历期间对路易十四宫廷的印象,参见 Marshall, *John Locke: Resistance, Religion and Responsibility*, Cambridge: Cambridge University Press, 1994, pp. 91ff. 。

迫：因此，难怪他们就置身于这种政府形式中，这种形式不仅像我说过的那样，最明显简单，而且也最适合他们当时的处境和状况。（II. 107）

因此，虽然在政府自然史的开端，政治集权于一人之手，但这种"君主制"却仍然"便利和安全"，原因就在于，这种君主制并没有由这种一人的自由裁量权力发展成为系统的专权，更不用说绝对权力了。在"一种简单而贫乏的生活方式下的平等"下，人的欲望有限，纠纷很少，侵害行为和犯罪者也不多，所以无需太多法律来加以裁决，也不需要相应的司法机构和官吏。在这样的占有关系和财产方式下，自然不需要同时建立长期稳定的立法秩序和有效灵活的执行权力，以及为了平衡这两方面的政治要求所设计的复杂政治安排。在简单君主制之外的其他政府形式并没有进入"经验"的视野，而政治支配中常见的野心和横暴也尚非人们熟知的事例。政治中最大恐惧仍然是"外敌的入侵和伤害"，而不是对国内统治者的猜疑和防范（II. 107）。当政治从对外和战的决断转向了对内权力的制衡，"国家"也从其需要"保姆式的父亲"的襁褓阶段走向了成熟（II. 110）。在洛克笔下，这一成熟阶段也意味着"黄金时代"——一个"贫乏但有德性的时代"（poor but virtuous Age）——的纯真、诚实和信赖[15]让位于恐惧与猜疑（II. 107，110 - 111）：政治的前理性阶段"有较好的统治者和不甚恶劣的臣民"（better Governours, as well as less vicious Subjects）；前者的标志在于并不试图伸张专权来压迫人民，而后者的标志则在于并不挑战特权以削减或限制行政长官的权力。因此，在这一政治的前理性阶段中，"统治者和人民之间没有关于统治者或政府问题的争斗"。而正是统治者的野心和臣民的猜疑，或者用洛克本人的说法——"较糟的统治者和更恶劣的臣民"——结束了这一天真时代："可是到了后世，统治者在野心

---

[15] 洛克并非卢梭，他承认，初民社会的这种"纯真"很大程度是以一种"漫不经心和缺乏预见的纯真"（II. 94）。换言之，这是一种类似尚被父母管治的孩童的"纯真"，缺乏理性的成熟（II. 57 - 59，洛克明确指出了个人成长与国家形成在这一点上存在类似之处，II. 101，110）。

和奢侈的怂恿下,想要保持和增长权力,却不去做这一权力赋予他们时所指定的事务,加之逢迎使君主认为自己具有与他们的人民截然不同的利益,于是人们发觉有必要更加小心地考察政府的起源和权利,找出一些办法来限制胡作非为,并防止滥用权力。"(II. 111)

逢迎在败坏政治黄金时代中统治者与臣民的"信赖"关系方面发挥了双重作用:既助长了君主的野心,又激发了人民的猜疑;使前者沦为"较糟的统治者",而后者则成了"更恶劣的臣民"。我们前面看到,革命的根源在于人民对君主图谋绝对权力的普遍猜疑,而这一猜疑的根源其实是现代政治中"专权"的必然性。在政治的前理性时代,并非没有这种"专权"。实情恰恰相反。在"政府的襁褓阶段","政府几乎完全就是专权"(the Government was almost all Prerogative),当时只有少数的制定法律,大部分政治事务交由"统治者的裁量和审慎"来处理。明文法律对君主使用"专权"的限制,恰恰是因为后者在"逢迎"下出于私人目的而非公共福祉来运用这种权力。这样的君主,在洛克看来,是"暗弱之君"(weak princes. II. 162)。而英格兰的历史告诉我们,对于那些"最贤明善良的君主",当人民观察到他们的行动具有公众福祉的倾向,反而会允许他们享有最大程度的专权(II. 165)。这种"神一般的君主"(God-like princes),从未采纳绝对权力的理论,但人民却有理由认为"应该欢迎这些君主在没有法律规定或与法律的字面规定相抵触的场合有所作为,默认君主的所作所为,并且没有丝毫怨言地让他们随意扩大他们的专权"(II. 165 – 166)。

然而,在"逢迎"的作用下,"简单明显"的君主制,反而成了最引人猜疑的政体。专权的运用,从君主品德和明智的象征,变为野心的工具。其实在洛克看来,即使"神一样的君主"也不能完全摆脱这样的猜疑,因为虽然他们本人具有"上帝的智慧和善良品德",也不能保证他们的后继者具有同样的智慧和品德,而这些不那么贤良的君主一旦援引"神一样的君主"的专权作为先例,就会导致最大的危险(II. 166)。因此,根据洛克的分析理路,用实定法律来限制专权,并非人民对专权的蚕食,而不过是标志着统治者和臣民相互信赖的政治的纯真时代的结束,人民需要理性地考察政府的起源、权利、种种形式,从而重新规定那些"他们曾不加限定地交给君主或其祖先手中的权力"(II. 162 - 163)。

政治的理性阶段是和对政府的猜疑联系在一起的,《政府论》对政府的起源、权力和种种形态的小心考察,本身就是政治超越了纯真和信赖的结果。"逢迎"当然不是引发这种猜疑的唯一原因,甚至不是主要的原因。真正的根源仍然在于生活方式的改变。财产和生计方式的改变,特别是货币的引入,自然会催生"邪恶的占有欲"(amor sceleratus habendi),而人的自然虚荣和野心也会伴随权力的增长而增长,从而最终瓦解黄金时代的纯真和诚实(I. 10,II. 35 - 38,45,48 - 49,111)。⑩ 但在洛克看来,绝对主义的君权理论,用"绝对"带来的光辉和诱惑来装点权力,刺激了人性本来就很强烈的自然野心,"使人们更加热衷于争权夺势,从而为无休止的纷争和动乱埋下了永久的祸根",即使臣民遭受"暴政和压迫的最大不幸",也同样"动摇了君主们的称号,并震撼了君主们的宝座"(I. 2,3,6,10,II. 91,esp. I. 106)。

因此,这种绝对主义学说本身在"教导君主,使他们认为自己具有与人们截然不同的利益",而人们会更加努力"限制专横,防止权力的滥用"(II. 131)。君主手中拥有的权威和暴力,加上周围人的"逢迎",使人们倾向于认为君主"最可能"成为叛乱者。绝对君权的学说反而"为无休止的争斗和混乱埋下了永久的祸根"(lay a sure and lasting Foundation of endless Contention and Disorder)。所以在洛克看来,主张君主绝对权力的学说,就是引诱或者败坏君主,同时引发人们猜忌,从而激发叛乱的学说,而相反,坚持人民有权革命,从而以新的立法机关来重新为自己谋安全的学说,反而成了"防范叛乱的最好保障和阻止叛乱的最可靠手段"(I. 106,II. 226)。正因为现代政治存在着专权必然性与人按照明确法律规则生活二者之间的内在张力,高声鼓吹不受限制的专断权力的绝对主义理论,才和闭眼不顾行政权力在现代政治扩张这一事实的种种浪漫民主理论一样,都既是幼稚的,也是

---

⑩ 参见 Richard Ashcraft 对洛克有关论述的细致梳理,"Locke's State of Nature:Historical Fact or Moral Fiction",*American Political Science Review*,Vol. 62(1968),pp. 910ff. 。

有害的("他们的政治建言,那样新,那样危险,对于统治者和人民双方都那样有危害……"II.239)。

(4) 政治的基础权力:财产与信托

洛克分析政府解体的另一个重要入手点是统治者与人民的信托关系。根据洛克对政府解体的分析,无论立法者,还是君主,行事有悖于人民对他们的信托(Trust)之时,就是政府解体之时(II.221)。

借助普通法中"信托"这一法律手段,来理解君主的政治地位,是英格兰宪政史中广泛采用的一种方式。只不过,保皇党认为,国王是受上帝的委托为了人民的福祉来执行统治,而激进派则主张委托人和受益人都是人民,人民对君主有条件的效忠,基于人民对君主的这种信托关系。[117] 洛克的政治哲学将这一信托概念与自然法的社会契约理论和同意理论结合在一起,用来解释政府权力的性质和来源,这是洛克思想颇为激进的一面:任何政治权力,究其根源,都来自更为基础的权力,来自这种权力的所有者"明确或默许的委托",因此,其目的必定是为了后者的福利(II.111,171)。政治权力不是根本的奠基性权力,而是某种派生性的权力。思考政治权力的路径,必须从财产的构成出发。洛克的这一信托理论,不仅明确了财产是设置政府首要甚至唯一的目的("政府除了保护财产之外,没有其他目的"。II.94,cf.II.123,138),而且还进一步将处置财产的私法模式延伸到政府设立中。这一"信托关系"的模式无疑准确地界定了洛克式"政府"在私法和公法之间的含混地位。[118]

财产作为政治社会的基础以及各项权力的焦点,并不仅仅意味着对政治权力的限制,而是以更为根本的方式重新厘定了政治权力在规定共同体生活方式方面的意义。洛克仍然承认,立法权和执行权作为

---

[117] Howard Nenner, "Loyalty and the Law: The Meaning of Trust and the Right of Resistance in Seventeenth-Century England", *The Journal of British Studies*, Vol. 48, no. 4 (2009), pp. 859–870.

[118] Nenner 认为采用"信托"概念是将私法中的法律概念通过类推的方式应用到政治领域(Ibid, p. 866)。不过,参见梅特兰,《国家、信托与法人》,北京大学出版社,2008年,樊安译,第97页。

政府权力,是通过制定和执行法律来引导人们的生活,人们根据这些稳定的规则来生活(II.57,22)。然而政治权力对人的生活的规定这一古典观念,在洛克这里,从属于财产的基本原则。因为法律对人们的指导,根本就是"指导一个自由而理智的人去追求他自己的利益"(the direction of a free and intelligent Agent to his proper Interest. II. 57),或者说"和平安全地享用他们的各种财产"(II.134)。立法权和执行权这样的政府权力借助法律来指导共同体或者说国家的力量(II. 143),但这种力量本身取决于人自由处置其财产的生活。无论对于人的生活,还是共同体的力量,财产都是真正起决定作用的概念。

财产权在洛克式的政治社会中扮演的关键角色,多少可以从他对菲尔默相关论点的批评中看出。菲尔默主张所谓"父权和财产权共同构成了主权的源泉"(I. ch. vii: Of Fatherhood and Property considered together as Fountains of Sovereign)。在洛克对菲尔默学说自相矛盾和概念含糊的修辞攻击背后,真正的问题是财产权与政治权力的分别。洛克反复强调,财产权和父权都不是政治性支配权(political dominion,I.74 - 75)。当菲尔默试图从亚当的"财产和私人支配"(this Property and Private Dominion of Adam,I.32)中推出"君权"(Monarchy)、"王室权威"(Royal Authority)、"绝对支配"(Absolute Dominion),甚至"决定生死的绝对权力"(absolute Power of Life and Death)时,洛克断然指出,菲尔默这里犯了双重错误,上帝赐予亚当的,只不过是人相对于低等造物的某种"支配",⑲它在根本上并非王权(绝非一个人对另一个的支配,I.21 - 43),而只不过指向了某种财产权(I.23,87 尤其是 I.39 的明确澄清);而且,这种财产权意义上的"支

---

⑲ 考虑到 dominium 概念,及其与 ius 概念的分辨,在现代自然权利理论发展中的重要性,洛克的这一作法本身就揭示了他在自然权利理论方面的立场。参见 Richard Tuck, *Natural Rights Theories*,Cambridge: Cambridge University Press,1979。值得注意的是,无论菲尔默,还是洛克,他们所谓的 dominion,都不能简单地理解为"统治权"。Dominion,既和 possession,right 或 property 一样,是"权利"的某种形态,也可以是某种 rule,或者更含糊的 superiority。我们这里权且将 dominion 译为"支配",但正如洛克反复强调的,这种"支配"并不一定是政治性的。

配"是所有人类共享的,并非私人性的。在洛克看来,菲尔默显然未能澄清亚当的权威或者"支配"究竟是财产性质的,还是政治性质的,也根本不理解亚当对其它造物的"支配",与他对夏娃及二人所生子女的"支配",以及与政治支配之间到底有什么区别(I. 14 - 15,41,49,63 - 65,67,75)。因此,当菲尔默说,"政府的根据和原则必定要依赖财产权的起源"(I. 73)时,他并没说错,只不过因为他既没有搞清楚"政府的根据和原则"与"财产"的真正不同,也对"财产"的性质缺乏准确的理解,[120]他也不可能明白二者之间的这种"依赖"关系究竟是什么性质的。

自从 13 世纪多明我会和方济各会关于使徒贫困的著名争论以来,财产的社会性质就成为至关重要的政治神学问题。[121] 人的自然生活,是否涉及财产和权利,或者更准确说,人的权利乃至财产,究竟是社会生活及其法律规定的产物,还是前政治性的。属于人的自然禀赋甚至超自然的恩典,就成了考察政治共同体根源或目的的关键问题。从这一脉络出发,我们可以发现,《政府论》上篇洛克与菲尔默那些表面琐碎的文字争论,与洛克在下篇探讨的核心问题有着深刻的关联。

在洛克的自然状态中,财产首先是上帝赐予的,这种菲尔默错误地当成了亚当的"私人财产"实际上是人类共有的东西。对于这种共有意义上的"财产",所有人都可以"为了生活和便利的最大好处而加以利用"。在这个意义上,共有财产是与人的自我保存权利联系在一起的(II. 25 - 26,I. 86 - 87,92)。自我保存权利相对于共有意义的财产而言,是更基本的权利(I. 56,88,II. 6)。因为严格来说,"所有人对

---

[120] 有关洛克和菲尔默对财产的不同理解,见 James Tully, *A Discourse on Property*:*John Locke and His Adversaries*, Cambridge, 1980, pp. 60 - 62,96 - 100。

[121] 有关这一争论的系统讨论,见 Gordon Leff, *Heresy in the Later Middle Ages*, Oxford:Manchester University Press, 1967, Vol. 1, part 1;Tuck, *Natural Rights Theories*, pp. 20 - 24。财产的性质和所谓"主观权利"这一概念的历史生成有着密切的联系,我们这里不可能深入处理这一复杂的问题。但值得指出的是,考察所谓现代"主观权利"的问题,不能孤立地考虑这一概念构想和传布的历史,而必须着眼于这一概念背后隐含的自然秩序与灵魂概念的深刻变化。参见 Michel Villey, *La Formation de la pensée juridique moderne*, Paris, Vrin, 2003;Tuck, *Natural Rights Theories*;Brian Tierney, *The Idea of Natural Rights*, Emory:Wm. B. Eerdmans, 1997。

所有东西的财产权"(II. 25)并不能延伸到人自己:"土地和一切低等造物为一切人所共有,但是每个人对他自己的人身享有一种财产权,除他以外任何人都没有这种权利"(every Man has a Property in his own Person. This no Body has any Right to but himself. II. 27)。⑫ 人对于自身的这种自我所有权,而非菲尔默以为的人对于土地和低等造物的"支配",才是"财产权的伟大基础"(II. 44,cf. II. 173)。事实上,对所谓"所有东西"的共有,正是来自于人是自己主人,对自己拥有无可争辩的所有权这一点:"凡是自己主人,能够主宰自己生活的人,也对保存这一生命的手段享有权利"(II. 172,comp. II. 25)。与这种自我所有权联系在一起的自我保存,既建立了自我保存手段的共有,又进一步要求人们在"利用"这些共有的财产过程中构成私有的财产。⑬

　　私有财产的构成,关键在于劳动。从自我所有权出发,人通过自己的劳动,将所有物从自然的共有状态"变成自己的"(appropriated,II. 27 - 29)。这种占有,是通过个人的劳动实现的,不是政治性的,因此并不像在格劳秀斯那里,需要人们"明确或默许的协议"(pactum.. aut expressum.. aut tacitum)。⑭ 洛克认为,它甚至不大可能产生社

---

⑫ 对比霍布斯的有关论述,我们可以更好地理解洛克笔下自然状态中人的不同生活图景。霍布斯指出,在自然状态下,每个人对所有东西都具有权利,这种权利甚至包括别人的身体(every man has a right to everything, even to one another's body. Hobbes, *Leviathan*, ed. Edwin Curley, Indianapolis: Hackett, 1994, I. xiv. 4;中译本,《利维坦》,黎思复、黎廷弼译,商务印书馆,1985 年,第 98 页)。

⑬ Cf. Tully, *A Discourse on Property*, ch. 3 - 5.

⑭ Hugo Grotius, *De Jure Belli ac Pacis*, A. W. Sijthoff: 1919, II. ii. 2. 5(英译本: *The Rights of War and Peace* ed. by Richard Tuck。Tuck 使用的 Jean Barbeyrac 注释版的章节号与 1919 年拉丁文版的多有不同,引文章节号悉以拉丁文版为准)。值得注意的是,洛克本人早年就持有类似的立场,"Morality"(1677 - 1678), in John Locke, *Political Essays*, ed. by Mark Goldie, Cambridge, Cambridge University Press, 1997, p. 268。菲尔默对此的有力批评,见 *Observations upon H. Grotius De Jure Belli & Pacis*, in Robert Filmer, *Patriarcha and Other Writings*, ed. by Johann P. Sommerville, Cambridge: Cambridge University Press, 1991, pp. 208, 234。有关的讨论参见 Tully, *A Discourse on Property*, pp. 64 - 94。Tully 特别指出了洛克的财产学说是为了回应菲尔默对格劳秀斯的批评(p. 64)。不同的看法,参见 Karl Olivecrona, "Appropriation in the State of Nature: Locke on the Origin of Property", *Journal of the History of Idea*, Vol. 35, no. 2(1974), pp. 220 - 221。

会性的争执(II. 39)。与政治权力下人们凭借法律的指导来生活不同，劳动的生活是自由的，是个人——作为"自己的主人，自身和自身行动或劳动的所有者"(Master of himself，and Proprietor of his own Person，and the Actions or Labour of it. II. 44)——将自然的共有物转变为具有道德或社会色彩的私人"权利"的过程。因此，当菲尔默在亚当夏娃被逐出伊甸园中看到了"政府的原初授予"时，洛克看到的却是，上帝命令人做"终生的劳动者"(I. 44 - 45)。

劳动作为最基础的人的活动，将自然转变成人的世界。但这一世界，首先是自由人"自己的"，是其对自身的人身和自由的所有权的延伸。[125] 如果人的生活基本是围绕财产的享用和处置进行的话，那么这种生活，就其自然状态而言，并不需要凭借人的权威或实定法律这样的生活规则来建立其准则和秩序，而是来源于自由的个人，面对上帝的赐予或者自然自发的生产，在前政治意义上的"自由生活"及其劳动。虽然契约和同意是洛克政治哲学的核心概念，但私人财产的构成，却无需任何人的同意，也无需"全体共有者之间的明确协议"(any express Compact of all the Commoners. II. 25,28)。[126] 相对而言，政治社会的权力却是从每个个人尊重彼此的财产这一点出发形成的(II. 11,95)，政治社会汇集的集体力量，最终只是为了建立充分安全有效的规则，能够让"每个人都可以知道什么是属于他自己的"(II. 136)。人的社会性(II. 77)，并不是对这种财产形态的自由生活的否定，而恰

---

[125] 劳动本身就是财产，而且显然是私人意义上的财产："劳动者无可争议的财产"(the unquestionable Property of the Labourer，II. 27)。

[126] 契约或协议的基本意义在于确定"由劳动和勤劳所开创的财产"(II. 45)。不过，一旦人们借助"同意"创立了政治社会，特别是政府，那么法律就开始"管治"(regulate)社会成员的财产(II. 120)。财产及其生活方式对于洛克式社会的意义，首先在于其奠定了这一政治社会的基础和目的，但洛克从不认为在此基础上建立的政府没有对私人财产的管辖权。否则很难理解洛克对同意与财产继承权的复杂分析(II. 116 - 122)，参见 John Dunn，"Consent in the Political Theory of John Locke"，*Historical Journal*，Vol. 10，no. 2 (1967)，pp. 162 - 165(但邓恩对财产作为基本生活方式优先于政府运用法律的"管治"这一点，以及财产权的自然地位，都缺乏充分的重视)；Olivecrona，"Appropriation in the State of Nature"，pp. 211 - 217，222ff.。

恰是其理性实现。[127] 对一种前政治性的人的自由活动的发现,并围绕它建构了整个政治社会的基础,无疑是洛克自然法学说,相对于其霍布斯形态而言最重大的发展。

财产的基础权利与政治权力的关系,就是洛克所谓的"信托"。从信托的角度来看,政府解体的实质就是受托人违背了人民的"信托"。具体来说,要么是受托人逾越了委托的权限,从而越权使用人民委托的权力(the exercise of power beyond right),这就是所谓的"僭权"(tyranny, II.199);要么是受托人利用委托的权力,转而谋求自身的利益,甚至损害委托人的利益。正如我们前面指出的,在洛克看来,后者是决定革命的真正原因。甚至,严格来说,只有当越权使用人民委托的权力,不是"指向人民财产的保全",而是旨在追求与人民利益不同的私人利益时,这种越权才真正构成了"僭权"(II.199 - 201)。

从信托关系的角度来理解人民与统治者之间的关系,明确了统治者运用人民授予的权力需要服务的所谓"公共的善"的真正性质:这种所谓公共的善,不过是在相互保证的条件下稳定、安全地享用财产(I.92 - 93, II.135, esp. II.123)。[128] 这种"公共的善"本质上的私人性质,并没有因为财产意涵的扩大,而有所改变。洛克笔下的财产,包含了"生命、自由和地产"(Lives,Liberties and Estates. II.123),甚至一

---

[127] 人们从自然状态进入社会,固然放弃了"平等、自由和执行权",但这并不意味着他会从财产规定的生活方式转变为由政治权力(特别是持久有效的法律)规定的生活方式。政府权力对这些移交的权力的处置,仍然只是"出于每个人更好地为自己保存其自由和财产的动机",这就是洛克所谓的"社会的善"(the good of the Society)或所谓"共善"(the common Good. II.131)。"篱笆"(fence, II.17,136,222)终究只是篱笆,而不是土地或艰苦的劳动,后者才是洛克式个体的自由生活。洛克的做法并非特例,他的财产概念不过是以系统的方式发展了格劳秀斯将个人权利与社会性结合起来的重要尝试:"社会就是要努力实现,在共同体的活动和协作下,每个人完好地享有他自己的"(societas eo tendit ut suum cuique salvum sit commmuni ope ac conspiratione. De Jure Belli, I. ii. 1)。我们将在"社会的构成"一文中更深入地探讨这一问题。

[128] 洛克理解"公共的善"的另一个重要的倾向是将它定义为"人民的善"(II.161 - 166,209,229)。正如我们将会看到的,这两种用法的并存揭示了洛克革命概念中"公共"行动与私人生活秩序之间的内在关联,以及革命与秩序的关系。

个人的一切,而这不过是确保了社会中的每个成员都具有财产。⑫ 绝对权力的政治理论,必然要假定一个与这些私人财产享用不同的利益,从而在根本上威胁了洛克式政府的社会基础(II.138)。

(5) 人民的最高权力

根据洛克,立法机构是在人们的同意下建立的,它受人民的委托来制定法律,从而借助立法机构正式公布的法律来确保人民能够享有和保障他们的财产(II.21,134,136,139,141,142,149)。而这种信托关系,也同样存在于执行者与人民之间,特别是君主与人民之间(II.155-156,161,164,167)。因此,作为"最高权力者"的君主,就和人民建立了一种"双重信托"关系(double trust,II.222)。

从信托关系的角度看,立法权力和执行权力都来自人民:人民将最

---

⑫ 尽管有时洛克的表述似乎也有将"财产"等同于"地产"(II.192),甚至"财物"(goods)的倾向(II.138),但总体来说,这些不精确的用法无意替代这里的精确表述,而且对于洛克的财产理论来说,"地产"或"财物"是"所有"(property,propriety)延伸后的意涵,而生命和自由才是更基本意义的"所有"(cf. Karl Olivecrona,"Appropriation in the State of Nature",pp.218-220)。在这方面,Macpherson意识形态色彩过强的著名解读忽略了洛克思想的复杂性,混淆了洛克政治哲学的历史处境与理论原则(特别是Macpherson对洛克的"资产阶级"权利概念和理性概念的分析。Tully不无道理地指出,Macpherson的解读在某种意义上更适用于菲尔默,后者的《父权论》倒似乎更能代表新兴的资本主义社会。A Discourse on Property,p.79)。洛克的政治理论对人类基本生活方式的理解当然是"资产阶级"的,但其意涵却远不是Macpherson的阶级分析方式所能把握的,因为这种阶级分析方式本身正是他所批评的洛克式原则不太情愿的继承人。意识形态阅读的浅薄之处就在于,它从来不能通过阅读来提升自己,而只不过是借助阅读来表白自己。正是受到这种意识形态阅读方式的损害,Macpherson敏锐的洞察往往伴随着对文本惊人的"视而不见"(尤其是他有关洛克的财产理论如何逐渐超越所谓自然法的限制的讨论,Dunn在批评Macpherson对洛克的解读时也不得不承认,"probably the most brilliant piece of analysis for any part of Locke's text yet produced". The Political Thought of John Locke,p.215n.9)。C. B. Macpherson,The Political Theory of Possessive Individualism:Hobbes to Locke,Oxford:Oxford University Press,1962,pp.247-248,and pp.203-221,229-238。从更根本的历史问题看,对洛克财产理论的解释,其实涉及英国革命的"社会解释"和"政治解释"之间的潜在冲突,以及在何种意义上"光荣革命"是有产者或者资产阶级的"革命",参见J. G. A. Pocock精要的梳理:"Introduction" to Three British Revolutions:1641,1688,1776,pp.3-20;cf. Christopher Hill,Reformation to Industrial Revolution,1530-1780,Middlesex:Penguin,1969,p.113;Angus McInnes,"The Revolution and the People",in Holmes,Britain after the Glorious Revolution,1689-1714,pp.80-83。

高权力授予立法机关;但同时又授予执行权力召集立法机关依照正当形式进行选举和集会的权力(II. 153 - 154);甚至在立法机关的组织办法因为世事的变动而不再适用时,变更立法机关构成的方式(II. 157 - 158)。但无论是执行权力召集议会和安排选举的权力,还是其调整立法机关代表比例的权力,都并没有使执行权力成为凌驾于立法权力之上的"最高权力"。原因就在于,二者仍然都是人民的委托权力(II. 156)。根据洛克的原初契约—信托—政府解体的理论,真正的最高权力,既不是作为最高执行者的君主,也不是受委托制定法律的最高立法机关,而是人民:

> 在一个建立在自己的基础上并根据自己本性——即为了保全共同体——而行动的国家中,虽然只能有一种最高权力,即立法权,其余一切权力都是而且必须处于隶属地位,但既然立法权只是一种为了某些目的而行使的受信托的权力(a fiduciary power to act for certain ends),那么在人民那里,就仍然存在一种最高权力,当人民发现立法行为违背他们交给立法者的信托时,可以用来废除或变更立法者。因为所有为达到某种目的通过信托而给予的权力,受限于这一目的,一旦这一目的明显被忽视或反对,这一信托关系就必然被取消,而权力就回到当初授权的人们手中,他们可以重新把它授予他们认为最有益于他们安全和保障的人。因此共同体始终保留了一种最高权力,以保卫自己不受任何人或机构(甚至他们的立法者)的企图或图谋。(II. 149)

因此,在洛克的政府分析中,在最高的立法权,以及君主通过掌握最高执行权并分享立法权而拥有的"最高权力"之外,还有第三种最高权力,这就是人民的最高权力。考虑到立法机关的最高权力和君主的最高执行权,都来自于人民的委托或授权,那么人民的最高权力,是本原意义上的最高权力,是一种根本权力。

但人民的这种最高权力,在性质上却与另外两种最高权力不同。无论是非常设的立法权力,还是分享立法权力、执掌专权的最高执行权,都是政府运作的权力,是政治社会建立后,在契约—同意—信托关系的基础上人为设置的权力。这两种最高权力,都是被"建立"的国家(Constituted Commonwealth)的一部分。而人民的根本权力则不同。人民的根本权力源于自然状态中人们的原初权力,就其根源而言,人民的这种根本权力是先于"政治"的。但就其性质而言,这种权力却并非自然状态下的个体权力,而是某种先于政府的共同体权力,因此,仍然是一种政治权力(II. 243)。所以,洛克才在我们刚刚引用的这段话结尾指出:"共同体在这方面总是最高的权力,但不是就共同体处于任何形式的政府之下,因为这种人民的权力只有当政府解体时才发生作用"(II. 149)。而在社会构成政府后,只要政府存在,严格来说,人民的这一权力就无法得以行使(the People, when the legislative is once Constituted, having in such a Government… no Power to act as long as the Government stands. II. 157)。

但这种人民似乎很少有机会行使的最高权力,恰恰构成了革命权利的基础,是洛克政治哲学的关键。在洛克看来,人民的共同体始终保有这一权力。无论是立法机关还是君主,背弃信托关系,图谋绝对权力,这种权力就成了人民所拥有的最重要的救济方式:

> 立法机关一旦侵犯了社会的这个基本规则,并因野心、恐惧、愚蠢或腐败,力图使自己握有或给予任何其他人以一种绝对的权力,来支配人民的生命、权力和地产时,他们就由于这种背弃委托的行为而丧失了人民出于相反目的曾给予他们的权力。这一权力便归属人民,人民享有恢复他们原初自由的权利(Right to resume their original Liberty),并通过建立他们认为合适的新立法机关以谋求他们的安全和保障,而这些正是他们所以加入社会的目的。我在这里有关立法机关的一般论述也适用于最高的执行者……(II. 222)

人民"恢复他们原初自由的权利",就是重新行使其前政府的最高权力的权利(cf. II. 166)。洛克指出,无论在执掌专权的执行权和由执行权召集的立法机关之间,还是在立法机关或实施专权的执行权和人民之间,一旦出现权力运用是否得当的问题,就不再能够根据国家设置的政府权力统属关系来指定裁判者,在这种情况下,在人间没有中立的裁判者可以诉诸时,虽然人民无法凭借"社会的宪政安排"(the Constitution of that Society)具备做出有效判决的更高权力,但却"凭借一种先于人类一切实定法,并凌驾其上的法律,为自己保留了属于一切人类的最终决定权;决定他们是否有正当理由可以诉诸老天"(II. 168)。也就是说,人民所具有的"最终决定权",是一种源于自然法的前宪法意义上的权力。但是这样一种更类似自然状态下的权力,而非政府权力的权力,何以在政治社会建立之后仍然能够继续存留在"共同体"中呢?

洛克为了解决这一革命理论的关键问题,明确将政府的解体和社会的解体区分开来。外国武力入侵和征服,摧毁的是政治社会的整体,终止了人们脱离涣散的自然状态(the loose state of Nature)结合而成的整体,在征服者的刀剑之下,不仅政府被连根拔除,而且社会被打碎,人民离散成为个体或群众,仿佛飓风或地震之后的一堆瓦砾;而"立法权变更"和"违背信托关系",导致的却并非社会的解体,而只是政府的解体,就像房屋骨架的变动一样(II. 211)。值得注意的是,恰恰在政府解体的情况下,社会中人民共同体的形态才展现出来。⑩ 当政府瓦解时,权力并没有回到孤立的个体那里("每个人在参加社会时交给社会的权力,只要社会继续存在,就决不能重归于个人"),而是"始终留在社会中"。在危机时刻,由人民整体来行使社会的"最高权力",这一事实恰恰证明了非政府的政治共同体的存在。这一共同体就是洛克所谓的"人民的整体"(the Body of the People. II. 168, 205, 208, 211, 233, 242):"处于自然状态中的任何数量的人,进入社会,构成一

---

⑬ 在讨论"谁是和谁不是共同处于一个政治社会中"时,洛克的标准仍然是成文法律和有权执行法律的司法机关。在这种常规情况下,结合在一个共同体中的人民,诉诸的是政府,而不是老天(II. 87)。

个人民，一个政治体，处于一个最高政府之下"（where-ever any number of Men，in the state of Nature，enter into Society to make one People，one Body Politick under one Supreme Government. II. 89，cf. II. 14）。但在政治社会中，政府架构的瓦解并不必然意味着摧毁了社会的基础结构。[⑬] 这种能够在政府解体的情况下仍然存在，并动用个体移交给社会的自然法执行权来反抗绝对权力的"人民共同体"是革命的基础。正是以这一政府解体不能摧毁的人民共同体为基础，洛克重新界定了革命的性质：革命并非许多暴民孤立、混乱行动的集合效果，也不是少数社会精英的阴谋或政变，而是共同体力量的整体行动方式，因此是政治社会展现其根本原则和最终目的的极端方式。不过，这一革命权利尽管先于社会的宪政安排，从而最接近自然状态，但其基础却仍然不是个人的自然权力，而是共同体力量的集体运用，因此，革命权利虽然是前政府的，但却是某种特殊的政治权力（II. 87）。

如果说洛克在政府支配的政治社会中另外设立了一个人民共同体意义上的社会，是洛克证成革命权利的关键步骤（II. 158），那么只有当我们充分注意到《政府论》中洛克对人民的理解，才能把握这一努力

[⑬] 唯一一处，但非常重要的文本例外是 II. 219："当法律完全停止的时候，政府显然停止了，人民也变成了没有秩序或联系的混乱群众"（the People become a confused Multitude，without Order or Connection）。拉斯莱特在剑桥版的注释中指出，这一段明显与洛克在别处区分政府解体与社会解体的做法矛盾，因此很可能是 1689 年针对詹姆斯二世放弃王位的政治宣传。不过，正如拉斯莱特承认的，II. 220 和 II. 219 两段很可能是同时写成的，而 II. 220 对政府解体和人民革命的论述，并未排除人民在革命时仍然构成"社会"的做法（"社会从未丧失其保存自身的天然的原初权利"）。恐怕语境的解释并不足以消除这一文本上的困难。真正的问题在于革命的人民共同体在丧失了政治体的政府架构后，靠什么矗立在那里，而不成为一堆废墟呢？革命究竟是政治社会的完全终止，自然状态的重现（II. 87，94），还是政治社会中共同体力量在极端状态下的非常运用，洛克的犹疑暴露了这一革命理论在自然法学说方面的根本困难，见本文最后部分的讨论。对这一段的解释，学者存在广泛的分歧，参见 Laslett，"Introduction"，pp. 128–129；Dunn，*The Political Thought of John Locke*，p. 181. n2；施特劳斯，《自然权利与历史》，第 237 页注 100；Tarcov，"Locke's Second Treatise and 'The Best Fence Against Rebellion'"，p. 206。Tarcov 根据政府解体后是否会立即伴随社会的瓦解，区分了洛克讨论的两种不同情形，这仍然是至今对这段文本最好的解释。

的激进色彩。

在《政府论》中，洛克对人民的理解最容易被今天的读者所忽视的正是他几乎完全放弃了在早期现代政治哲学家那里广泛存在的对人民与群众或暴民的区分。即使与洛克同时的辉格党激进派思想家也往往通过将人民与暴民（mob）、大众（the vulgar）与群众（multitude）区分开来，倡导一种"贵族式"的人民定义。[132] 更值得注意的是，这正是洛克本人早年作品的立场：[133]

> "人民的声音就是上帝的声音。"我们从非常不幸的经历中得知，这一规则是多么不确定，多么骗人，凭借多么强烈的党派热情和多么残酷的设想，这一不祥的箴言能够在大众（in vulgus）那里带来多少邪恶。因此，如果我们愿意倾听这一声音，仿佛它通报了神法一般，我们最终大概就根本不会相信神的存在了。实际上，还有什么比没有理智的群众的同意或者更准确说，阴谋（multitudinis insanientis consensus sive potius conjuratio）所提倡的东西，更穷凶极恶，更不虔敬，更与一切人法和神法相悖吗？（Questions. VII. f. 62）

---

[132] Judith Richards, Lotte Mulligan, John K. Graham, "'Property' and 'People': Political Usages of Locke and Some Contemporaries", *Journal of the History of Ideas*, Vol. 42, no. 1（1981），pp. 40ff。特别参见 Kenyon 对 Tyrrell 和 Sidney 人民观念的讨论，*Revolution Principles*，pp. 47ff, pp. 57-59。菲尔默当年就曾批评激进派的思想中人民的意涵模糊不清（Filmer, *Patriarcha and Other Writings*，pp. 202-203）。但我们在理解洛克的激进政治方面不能走得太远，Ashcraft 在分析洛克反抗思想时得出的两个结论，洛克将人民延伸到社会底层，并将人民看作是道德力量，而非政治组织的力量，似乎都缺乏充分的文本支持（Ashcraft, *Revolutionary Politics and Locke's Two Treatises of Government*，p. 311，参看 Schochet 的批评，"Radical Politics and Ashcraft's Treatise on Locke"，pp. 501ff）。而且，特别值得注意的是，洛克对人民的革命政治的倡导，并不意味着洛克是社会平等派甚至民主派的支持者，倒是有许多文本证据支持相反的情况。但这一表面上的"不一致"正是洛克革命政治能够结合"革命"与"守成"的一个关键。参见有关的讨论：David Wootton, "John Locke and Richard Ashcraft's *Revolutionary Politics*", *Political Studies*，Vol. 40（1992），pp. 79-98；Richard Ashcraft, "Simple Objections and Complex Reality: Theorizing Political Radicalism in Seventeenth-century England", *Political Studies*，Vol. 40（1992），pp. 99-115。

[133] Cf. John Marshall, *John Locke: Resistance, Religion and Responsibility*，pp. 24-27.

在这一时期的作品中,洛克笔下的"大众"或"群众"与在霍布斯或斯宾诺莎那里没什么不同:人民无知、乖戾、贪得无厌,易受激情和迷信的左右,像大海一样,狂风暴雨,洪水泛滥,难以控制;因为"人民的气质"(the temper of the people)仿佛未经驯服的野兽,所以必须在人民顽固的项上套上政府权力的辔头。政府对宗教事务的管治就是约束民众的"篱笆"。⑬⑭

然而在《政府论》中,当有人以早期洛克的口吻来质疑洛克将革命权利赋予人民的做法时,洛克却指出,人民的气质并不像这些人想象得那么易变、放肆,反而毋宁说是"保守"的,对君主的专权统治并不苛求细节、斤斤计较,能容忍政府因为人性的弱点而导致的"管治疏失"(II. 223,230,161)。"人民"尽管不见得有洞见几微的智慧,但却"具有理性造物的感觉,能就他们所见所感的事情进行思考"(II. 230)。当人民由不羁的野兽变成了理性的造物,洛克在政治社会中发现了更加危险的野兽的踪迹,而面对这样凶猛的野兽,革命而非政府权力,倒成了"防范叛乱最好的篱笆"(II. 226)。

3. 战争状态与绝对权力

我们已经看到,洛克对革命理论的阐发包含两个方面:首先,洛克赋予人民以本原性的最高权力,从而使立法机关的最高权力和君主的最高执行权都成为来自与人民共同体的信托关系的衍生性权力。这样,统治者对绝对权力的图谋,而不是人民的造反,因为威胁了政治社会的根本权力,就成了革命的真正原因。所以,在洛克的革命理论中,真正叛乱的不是人民,而是统治者。进一步,洛克强调人民能够在政府借助明文法律引导生活的这种共同体形态之外独立地构成另一种共同体——"人民的整体",从而为革命提供了政治行动的基础。

洛克对革命的重新界定,最终将这两个方面紧密地结合起来:统治者,无论是立法权力,还是执行权力,违背与人民的信托关系,侵犯

---

⑬⑭ "Two Tracts on Government"(1660 - 1662),in *Political Essays*,pp. 55,53,39,31.

民众的生命和财产,都包含了绝对权力的图谋,从而不仅是针对个人的伤害,而是与人民整体的战争(II. 155,222)。正如我们反复指出的,洛克将侵犯人民权利和财产,图谋绝对权力的统治者视为真正的"叛乱者",而且因为人民本来将这些统治者造就为自身和平的"保护者和护卫者"(the Protectors and Guardians of their Peace),他们却反过来处于与人民的战争状态,他们的叛乱才"罪大恶极"(with the greatest aggravation. II. 228,231)。

但在何种意义上,统治者违背信托关系,侵犯财产的行为是真正的"战争"呢?洛克的回答非常清楚:违反法律重新使用强迫手段(set up force again in opposition to the Laws)造成了战争状态(II. 226)。洛克从不否认,政府或统治者需要采取强迫和暴力手段来确保臣民遵守法律(II. 3,66,131,135,143,155)。从我们对君主专权的讨论可以看出,洛克甚至认为统治者有在法律条文之外动用暴力的权力。但导致战争状态的暴力强迫手段,是一种针对人民的没有权威的暴力(Force upon the People without Authority. II. 155,227)。无论常规执行权力采用各种惩罚手段确保法律的实施,还是专权动用强力促进公共福祉,这些暴力强迫手段的使用,都与政治社会中政府和法律作为共同体成员之间纷争的裁判权力有关,最终是为了保护共同体成员更好地享用自身的权利和财产。政治社会作为和平状态,正是借助合法暴力手段,解决社会成员的争执,才将战争状态排除在政治社会之外(II. 212)。而将政治社会重新带入战争状态的关键,就在于解决纷争的裁判权力,或者因为统治者的野心和滥权,或者因为民众的疑惧,丧失了仲裁纷争的权威,使受到伤害的人认定他不再能够诉诸法律获得救济,而不得不求助于法律之外的暴力手段。因此,只有在法律及其执行权力失效的情形下,所谓"没有权威的强力"才打破了政治社会的和平,引发了同样不基于法律的暴力,从而使人们重新暴露在战争状态的威胁之下:"当受害者可以得到救济,他的损害可以通过诉诸法律而得到赔偿的时候,就没有诉诸强力的理由,强力只应该在一个人受到阻碍无法诉诸法律时才被运用。只有那种使诉诸法律的救济成为不可能的强力,才可以被认为是含有敌意的强力。也只是这种强力才使一个运用它的人进入战争状态,才使对他的反抗成为合法"(II. 155)。革命就是以暴易暴。

如果作为现代政治的宪政基础,革命在根本上是集体暴力的运用,那么对于理解现代政治而言,就必须进一步澄清,革命中蕴含的敌意和毁灭,何以能够成为奠立政治秩序的关键环节。对革命的认可与对法治的依赖——现代政治的这两个突出特征——如何能够统一在同一种政治生活中呢?

根据霍布斯对自然状态的著名描述,在自然状态下,"因为没有共同的权力使大家敬服,人们便处于所谓战争的状态下",在这种状态下,一切人是一切人的敌人。[135] 在这一点上,洛克明确反对霍布斯,坚持自然状态"显然"不同于战争状态:在自然状态下,人们按照理性共同生活,尽管没有裁判他们纠纷的人间权威,他们的生活仍然是"和平、善意、互助和保存"的生活;而在战争状态下,则是"敌对、恶意、暴力和相互毁灭"的生活(II. 19)。在霍布斯的自然状态下,人不仅无法安全地生活,而且也没有勤劳(industry)的位置,因为无人能确保其成果。在这样的状态下,霍布斯认为也没有正义和财产权,更谈不上"你的"和"我的"之分,因为这些都最终与"社会中的人相关,而不是独处的人的性质"。[136] 而在洛克的和平的自然状态中,尽管和战争状态下一样,没有人间裁判者,但人们却能按照理性生活,从而通过自己劳动将上帝赐予的共有物转变为自己的私有财产。洛克和霍布斯的根本分别在于,洛克认为,"勤劳和有理性的人"(the Industrious and Rational)可以在没有政治权力的状态下,独自通过其自由的劳动,建立你的和我的区分,从而建立财产权。[137] 这一区别不仅使洛克可以

---

[135] Hobbes, *Leviathan*, I. xiii. 8 - 9;《利维坦》,第 94 页。

[136] Ibid, I. xiii. 13;《利维坦》,第 96 页。

[137] 洛克与霍布斯思想的关系,特别是在自然状态、自然法和自然权利的学说方面,无疑是洛克解释的一大关节点。在这方面,像洛克自己那样断然否认霍布斯的影响(参见洛克答复 John Edwards 的指控——《基督教合理性》借用了霍布斯《利维坦》中的思想,*A Second Vindication of the Reasonableness of Christianity*, *The Works of John Locke*, (转下页)

明确地将财产权置于比政治权力更优先的地位，而且，也使他能真正揭示革命的根源和性质，从而最终明确了革命在政治秩序中的奠基作用。

在洛克看来，战争状态从自然状态剥夺的，最重要的就是人的自由劳动及其财产。在洛克笔下，战争并非自然权利的自然后果或社会后果，而是财产及其自由享用的对立面。就根本而言，战争和财产是人动用其自身力量的两种截然不同的方式。在围绕财产构成的生活方式中，人们通过自由地将其力量赋予外物，使世界成为自己的，并借助这种所有权建立人和人之间的社会关系。而在战争中，人的力量指向敌意的对方，指向另一个人或共同体，指向与自己同处于一个世界，但却因为没有上级权力，从而无法使彼此各自的生活和平共处在一个世界中的"敌人"（I. 131）。

表面上，尽管洛克不同意霍布斯将自然状态等同于战争状态的做法，但他对战争状态的理解却似乎和霍布斯是一样，是指一个人对另一个生命的"图谋"（II. 16），也就是霍布斯所谓"暴死"（violent death）的威胁。[⑬] 但实际上，洛克战争状态的关键并不指向生命，而是自由和财产。在回答绝对权力侵夺财产和自由的企图或图谋，何以意味着威胁生命的战争时，洛克指出：

> 谁企图将另一个人置于自己的绝对权力之下，谁就将自己置于同那人的战争状态中，这应被理解为是对后者生命的图谋。因为，我有理由得出结论，凡是不经我同意将我置于其权力之下的人，在他已经将我置于那一处境之后，可以任意使用我，甚至随意毁灭我。（II. 17）

---

* （接上页）London，1794，Vol. Ⅵ，p. 420），无疑是十分牵强的，但将洛克看作是一个更加谨慎、明智的霍布斯，不仅低估了洛克思想的激进性，而且也多少掩盖了整个现代自然法学派面对的真正困难。参见施特劳斯，《自然权利与历史》，第 206，211 - 213，225 - 226，236 - 237 页；Zuckert, *Launching Liberalism*, pp. 7ff，ch. 7；Laslett, "Introduction", pp. 67 - 92；Ashcraft, "Locke's State of Nature", *passim*。

⑬ Hobbes, *Leviathan*, I. xiii. 9；《利维坦》，第 94 页。

在洛克看来,当权力通过侵犯财产、危及自由,从而图谋"绝对"的时候,它也就剥夺了我自我保存的唯一保障。一个人之所以可以合法杀死一个盗贼,就是因为"尽管盗贼一点也没伤害他,也没有对他的生命表示任何企图,而只是使用强力把他置于他的权力之下",但这种"没有权利,却使用强力,将他人置于其权力之下"的做法,在拿走自由的同时,可能夺去一个人的"任何其他东西"(II. 17 – 18)。⑬ 绝对权力之所以与政治社会不相容,正在于在这种情形下,人们在面临财产纠纷的时候,既没有了自然状态下动用自然法执行权保卫自己权利的方式,又被实际上排除了诉诸政府的裁判来维护自己的自由和财产的救济手段。绝对权力在将共同体成员转变为"奴隶"的过程中,在根本上破坏了财产生活方式的保障(II. 90 – 91)。而绝对权力建立的完全的奴役状态,在洛克这里,大概不只是战争状态的继续(II. 24),更是战争状态的终极结果(II. 175 – 176,180)。因此,战争状态的真正根源,是通过剥夺一个人的自由,将他非法或不义地置于自己的权力之下,从而可以随意"使用"他,这是用暴力建立一个人对另一个人的所有权。征服只不过是这种逻辑在共同体层面的体现(II. 176)。正是在根本威胁和颠覆财产这种生活方式的意义上,战争状态才在洛克这里成为了敌对和毁灭的状态(II. 16,21)。

战争对财产的生活方式构成了根本的威胁,这不仅因为它夺走了这一生活方式的"篱笆"——自由(II. 17),而且还因为,战争对暴力的运用本身就意味着对财产权根本基础的背离。因为,战争暴力所针对的人的生命,恰恰是上帝的财产。而人作为上帝的制作产品(Workmanship),说明上帝对人的所有权是人从自我所有权出发通过自由劳动建立财产权的基础(I. 53,II. 56,II. 6,comp. II. 27)。绝对

---

⑬ 因此,虽然霍布斯和洛克在理解导致战争的"含有敌意的强力"(Hostile Force)时,都强调"敌意"的作用,都认为战争状态并非开始于暴力,而是对这种敌意或者图谋的认定,但二人的侧重点并不相同。在洛克对敌意的"图谋"的关注中,正如他对绝对权力的分析一样,不仅涉及到战争或暴力的"先发制人"的问题,而且还涉及了财产的自由生活方式本身的脆弱性。围绕财产所有权建立的生活方式,始终需要小心提防侵犯的危险,最终需要正义这种提防性的道德。

而恣意的权力（Absolute，Arbitrary Power）之所以是"不自然的"，就在于这种指向"奴役"的权力是一种人对于自己生命也不具有的"恣意权力"（II. 23）。而在绝对权力导致的战争中，率先进入战争状态的"侵犯者"实际上是放弃了自己的生命权和结合成人类社会的理性，从而将自己降格为野兽（II. 181）。

根据洛克的分析，人类的社会生活有两种最基本的关系，一种是和平，在这种相互关系中，自由、理性的人通过劳动建立财产，并进一步通过同意建立政治社会，明确财产的所有权，保障财产的安全享用；而另一种则是战争，是敌意、暴力、征服与毁灭的关系。洛克坚持认为，后面这种人类关系从来不是政治社会的真正起源（II. 175，比较 II. 1，16）。即使对于正义战争的征服者来说，他也无法将其使用暴力的权力转变为一种财产的生活方式，从而建立真正的人类生活共同体。尽管对被征服的一方，他拥有一种可以称为"完全主宰"的权力（purely Despotical），但他的权力只限于那些赞同用不义的武力攻击他的人们；而即使他对这些人的生命具有绝对权力，他仍然无权侵夺他们的财产，更无法将这种绝对权力延伸到他们的妻子儿女（II. 178 – 183）。最终，征服者仍然必须通过被征服者的同意，才能有效地将暴力的事实转变为真正的政治生活（II. 189）。

正是基于对人类生活的这一基本理解，洛克指出，任何绝对权力的"图谋"都意味着将人们从理性的和平生活带回到野蛮的战争中。绝对权力，意味着对人民发动战争，这种非理性的行为使战争的发动者不仅是"我个人自我保存的敌人"（II. 17），而且是"社会和人类的公敌"（II. 11，93），"人类的害虫"（II. 230），一种"危险和有害的造物"（II. 16）。因此，在洛克这里，严格来说，并不存在一切人针对一切人的战争，而是"狼"或狮子对人的和平生活的暴力侵扰（II. 16，II. 11，93）。战争最终意味着社会从人的生活方式堕落到野兽的状态。

正是从绝对权力导致的战争状态出发，我们才能理解为什么洛克在意识到战争状态对人类共同体基本生活方式的毁灭性力量的同时，还会主张人民具有诉诸革命,以暴抗暴的权利。绝对权力的"奴役",其实意味着人从理性状态降格为野兽状态。一方面,在洛克看来,当一个人的财产受到绝对君主的侵犯时,如果他没有申诉和获得救济的权利,他"就好像从理性造物的共同状态中贬降下来"一样(II. 91),没有自由保障的绝对君主的臣民,不过是像菲尔默笔下上帝赐予亚当支配的"牲畜、野兽和爬虫"。但臣民是在绝对权力下被迫"仿佛贬降"一样,而绝对君主自身却因为率先动用"战争的强力来达到他对另一个人不义的目的,叛离人类而沦为野兽,用野兽的强力作为自己的权利准则"(II. 172)。如果说,革命作为战争状态,其根源是绝对君主的图谋而非人民的造反,那么这一造反首先就体现在君主对人类的理性生活方式的"造反"(revolting from his own kind to that of Beasts),而其次体现在人民为了恢复和平的财产生活方式,而同样动用暴力:"在一切状态或情况下,对于没有权威的强力的真正救济,就是用强力对抗强力。没有权威使用强力,常使使用强力的人处于战争状态而成为侵略者,因而必须把他作为侵略者来对待(II. 155, cf. II. 230, 235)。在这个意义上,革命作为战争状态是在不能享有财产这一生活方式的"野兽"之间的暴力对抗。

洛克将革命视为战争状态的学说,揭示了革命最终的"反革命"目标。革命的爆发是因为绝对权力的"图谋"导致了人从理性、自由、和平地享用财产的生活方式跌入了暴力毁灭的战争状态中;而革命的真正目的,并不是延续这一敌对和毁灭的状态(奴役才是这一状态的持续),而是终止这一状态。革命作为暴力,是为了结束暴力而运用的暴力。革命作为战争是为了结束战争,恢复和平。革命的最终目的一定是"光复"已有的生活秩序,而不是指向无休止的革命。而人民之所以是本性保守,是因为财产才是人民的生活方式,他们起身革命,动用暴力,就是为了恢复和平享用财产的生活方式。

从战争状态来理解革命,这无疑既赋予了洛克革命理论以非常激进的色彩,又为其保守归宿提供了桥梁。而人民共同体使用革命暴力的方式,进一步揭示了革命所具有的激进和复原的双重特性。

表面上看,革命可以说是在自然状态下建立政治社会的反向运动,只不过在建立政治社会的过程中,人们协议联合成一个共同体,树立人间的裁判权力,而革命则是人民所委托的权力背弃了人民,与人民为敌的结果;前者"排除了战争状态"(II.87,212),而后者则是谋求绝对权力的政治权力将人民重新带入战争状态的结果。不过仔细考察,我们会发现,革命并不是"自然状态"在政治社会中的简单重现。这里有一个关键的区别:自然状态中发生的"战争"是在个别人之间,而革命的战争状态,则是以人民的政治共同体为一方,以图谋破坏共同体的"统治者"为另一方。双方动用的不是个人的权力,而是像政治社会彼此之间的战争一样,动用的是"社会的暴力"或"共同体的暴力"(the force of the society, the force of the commonwealth 或 the force of the community II.148,3)。革命的双方,无论是试图非法动用暴力侵夺财产的统治者,还是试图通过革命来捍卫自己权利、恢复自由生活方式的人民,双方使用的都是"共同体化的力量",或者说组织化的力量。在这个意义上,革命更类似于国家之间的战争。与自然状态中的争斗相比,革命才是真正名副其实的战争。在这里,洛克的革命理论,以出乎意料的方式,重新阐释了革命作为内战的古典政治哲学主题。[140]

不过,革命的战争与国家之间的战争尚有一点重要的不同:革命的战争,双方并非真正对等的双方,因为人民的革命权利并非与政府权力同等地位的政治权力,而是更为根本的最高权力:"在这种情况下,如同在其他所有没有人间裁判者的情况一样,人民没有别的救济,只有诉诸老天"(II.168, cf. II.176)。在革命中现身的人民的最高权力,其实是一种来自"老天"的权力——"上帝给予人们抵抗强暴的共同庇护"(II.222)。因此,尽管革命的战争双方都是"共同体化的暴

---

[140] 伯克将"光荣革命"理解为一场情势所迫的"内战"(Burke, *Reflections on the Revolution in France*, p.118),这一看法使波考克相当诧异,但这一讲法与洛克的理论之间的关联比波考克意识到的要紧密得多。Cf. J. G. A. Pocock, "The Fourth Civil War: Dissolution, Desertion and Alternative Histories in the Glorious Revolution", *Government and Opposition*, Vol.23(1988), pp.151 – 166。

力",但双方的法理基础并不相同。统治者往往借助实定法律或者专权来要求人民的服从(II. 20),而人民共同体集体运用的共同体力量,在洛克看来,其真正依据却不是"人间"性质的,因为如果人间的政治权力能够裁决的话,革命根本就不会爆发(II. 21,87, comp. II. 88 - 89)。革命,作为政治的危机,将政治从人间的政治生活,带到了上帝直接作为裁判者的非常状态中(II. 21,241)。

不过当菲尔默试图从神意(providence)中直接推演出政治社会的原则,甚至对政治统治者的"委派"或"任命"时,洛克却拒绝将神意等同于对人类生活及其政治安排的直接干预。人的生活,仍然是由"人类的法律和各国的习俗"规定的,只不过,这种规定最终具有"自然的基础"。上帝并没有直接或明确地委派统治者,只不过他一方面赋予人以共同的能力,确立人的"自然自由",另一方面为"统治"这种自由确立了"自然法"(I. 16,47,67,121)。[14] 当人民"诉诸老天"之时,洛克的"神意",并没有像在克伦威尔那里那样直接现身,而是化身在人民革命的"自然法"中。革命本身就是神意,因为这似乎是上帝的自然法最直接的作用方式。只不过,我们还不知道,在革命的"自然法"中,人民究竟是直接面对了上帝,还是在镜中模糊地看到了自己?

三、革命与自然状态:洛克的自然法政治原则

洛克将革命理解为人民共同体在没有人间裁判者的情况下,诉诸老天,动用集体暴力的手段恢复和平的生活秩序的尝试。这一革命概念,作为洛克政治哲学的核心,通过对人民革命权利的证成,不仅确立了革命对于现代政治体制的奠基意义,而且使其成为宪政体制的一个内在构成部分。但无论是革命政治中各种形态的政治权力的分疏和排序,还是人民革命权利性质的澄清,都明确以自然法、自然状态和自然权利的学说为理论前提(II. 4,I. 2 - 3, preface)。洛克自己在向年

---

[14] Marshall, *John Locke: Resistance, Religion and Responsibility*, pp. 147ff.

轻绅士推荐研究政治的书目时,特别是有关"社会的起源,以及政治权力的兴起和限度"方面的书目时,也把《政府论》和胡克(Richard Hooker)、普芬多夫这些自然法作家的书放在一起。[⑫] 然而令许多洛克学者奇怪的是,与霍布斯和普芬多夫这些现代自然法学派代表人物不同,洛克似乎始终回避对自然法中最核心的理论问题给予明确系统的阐发。作为洛克政治哲学基础的自然法学说,在《政府论》中却只有非常零散和片段的表述。[⑬] 令洛克学者更加困惑的是,洛克在《政府论》中对自然法的有限讨论,似乎还与他在《人类理解论》中的根本主张有许多扞格难通之处。这成了洛克思想缺乏内在一贯性的一个主要标志。[⑭] 尤为奇怪的是,在洛克生前,他的许多朋友就曾反复请求他发表有关自然法的论文,来消除人们的这些困惑,为其政治哲学提供更加系统的基础,而洛克却始终对此置之不理。[⑮] 20 世纪中叶,洛克早年自然法讲座手稿的发现,不仅没有解决这些问题,反而强化了大家的困惑。[⑯] 既然自然法学说在洛克的政治哲学中发挥如此基础的作用,那么洛克为什么不愿意像格劳秀斯和霍布斯,甚至胡克那样,明确

[⑫] "Some Thoughts Concerning Reading and Study for a Gentleman", *Political Essays*, p. 352；cf. John Locke, *Some Thoughts concerning Education*, ed. by Ruth Grant and Nathan Tarcov, Indianapolis：Hackett, 1996, p. 139；中译本,《教育片论》,熊春文译,上海人民出版社,2005 年,第 249 页。

[⑬] "在这里讨论自然法的细节,或其惩罚的尺度,有些偏离我当前写作的目的；但可以确定的是,自然法存在,而且对于一个有理性的造物和自然法的研究者来说,它就如同国家的实定法一样可以理解,一样明显,甚至可能还要更明显些"(II. 12)。拉斯莱特一针见血地指出,"对于洛克来说,证明自然法的存在和内容似乎总是'偏离他当前写作的目的'"(Laslett, "Introduction", p. 82)。对洛克政治哲学这方面缺陷的不满不仅限于洛克学者："洛克的整个政治理论都有赖于对自然法……确切含义的解释。他至少有义不容辞的责任阐明自然法即使在不存在实施或执行机构的情况下仍具有约束力的原因。实际上,他根本没有对自然法做过任何认真的分析"。萨拜因,《政治哲学史》,下卷,第 212 页。

[⑭] Laslett, "Introduction", pp. 79－92.

[⑮] 考虑到 Lovelace 自然法讲座手稿的存在,这一点尤其令人困惑。相信这也是洛克那些知晓手稿存在的朋友们(如 James Tyrrell)的困惑。参见 Laslett, "Introduction", pp. 79－81。

[⑯] 学者们大都认为,这一手稿"充斥大量显而易见的自相矛盾之处"。Robert Horwitz, "John Locke's *Questions Concerning the Law of Nature*：a Commentary," *Interpretation*, Vol. 19, no. 3(1992), p. 252；cf. W. von Leyden, "Introduction", to John Locke's *Essays on the Law of Nature*, Oxford：Clarendon, 1954, pp. 43－60。

阐述他的自然法学说呢？在洛克的政治哲学中，革命是现代政治的中心问题，因此，自然法就不再像在霍布斯那里，是上帝的一次性推动，而是神意的不断显现。但这一始终在场的自然法，面目却若隐若现，模糊不清。对洛克阐发的革命政治的理解，最终仍然要求我们深入检讨洛克自然法学说的根本问题。

1. 自然法的执行权

在《政府论》对自然法学说的有限阐述中，自然法的执行权力（the executive power of the law of Nature）无疑占据了一个非常突出的位置。根据洛克的这一学说，在自然状态下，每个人都有权利惩罚违反自然法的人，从而阻止这个人对他人权利或者说自然法的侵犯，从而充当自然法的执行人（II. 7 - 8）。这一自然法的执行权既是政府权力的渊源（II. 89, 127 - 131），又是人民通过革命体现最高权力的隐秘基础（II. 205，comp. II. 168, 20 - 21, 125；II. 172, 180）。也就是说，在洛克的政治哲学中，无论是常规的政治生活，还是政府解体导致的政治危机，都基于从自然法执行权发展或衍生出来的原则。

作为理解政治权力的出发点，自然法的执行权这一概念本身却并非无可争议的公认学说。洛克自己承认，这一学说可谓"非常异议可怪之论"（a very strange Doctrine，II. 9, 13）。[40] 这一学说的真正奇怪之处，并不在于"自然状态"的假定（II. 14 5），因为自从霍布斯以来，这一概念早已成为现代自然法学派的基本出发点，虽然许多像菲尔默

---

[40] 学者们往往倾向于认为，洛克的这一说法未免言过其实（Laslett，"Introduction"，p. 97；斯金纳，《现代政治思想的基础》，第 392 页，但比较施特劳斯，《自然权利与历史》，第 227—228 页有关的辨析，参见 Zuckert, *Natural Rights and the New Republicanism*, pp. 221ff）。我们对这一争论的理解，从下文的讨论可以看出来。不过，有必要预先指出的是，自然法的执行权问题，并不完全等同于自卫（参见 Zuckert 有关胡克观点的辨析）复仇或正义战争（参见施特劳斯提及的托马斯和格劳秀斯的观点，《自然权利与历史》第 227 页注 83，格劳秀斯的情况无疑复杂一些，特别见 *De Jure Belli*，II. xx），甚至不仅限于国家惩罚的问题（有关普芬多夫和格劳秀斯在这一问题上的争论，参见塔克，《战争与和平的权利》，罗炯译，译林出版社，2009 年，第 191—198 页），而是涉及现代自然法在"自然"和"法"方面具有根本意义的两难处境。

这样的学者竭力反对这一概念,但这个概念本身却很难称得上"非常奇怪"。洛克这一学说真正的"奇怪"之处在于,在坚持自然状态下人的自然权利的同时,却同时主张自然法的执行权。也就是说,一方面出于自然状态下自然平等的原则,洛克承认,没有人"自然上,享有高于别人的地位或者对于别人享有管辖权"(II.7,5),但另一方面洛克却认定,作为自然法的执行者,每个人都拥有"权利"和"权力"来进行惩罚。如果我们把洛克与霍布斯、格劳秀斯和普芬多夫这些现代自然法哲学家的有关学说略作对比,我们会发现,洛克的自然法的执行权与自然状态学说之间存在着根本的张力,从而能够真正理解洛克这一学说的奇怪之处。

霍布斯虽然承认有自然状态,但他却认为,在这种状态下,"没有可见的权力使人敬服",因此,也就无法借助惩罚的恐惧来迫使人们履行盟约或自然法(Leviathan, II. xvii. 1)。惩罚的权力属于主权者(II. xvii. 14, xx. 3, xxvi. 39)。霍布斯描述的人类在自然状态下的不幸处境,根源正在于没有强制性权力(potentia coerciva,英文版为 a common power, I. xiii. 8)防止自然状态成为战争状态。自然状态下的自然平等,使一个人不可能让另一个人拥有对他的暴力权利(II. 2)。当然,霍布斯承认,在自然状态下,为了自我保存,一个人有权做任何事情,而且严格来说,这种在自然状态下的权利,恰恰是国家惩罚权利的"根基"(II. 2)。但霍布斯仿佛是针对洛克的自然法执行权学说明确指出,这种在自然状态下施加暴力的权利,其意旨只是为了自保,并无意于使另一方服从法律(哪怕是自然法)。因此,它不是惩罚,而只是一种敌意行为,是自然状态作为战争状态的标志(对比 II. xxviii 和 I. xiii. 4, 8, 13)。从洛克的角度看,否定自然法的执行权,正是霍布斯将自然状态与战争状态混为一谈的真正根源。

不过,霍布斯对自然状态下缺乏真正安全保障的论述,导致了一个严重的困难。在从自然状态过渡到政治社会的关键环节中,需要自然权利转变为自然法(I. xiv. 3 - 4)。在自然法的基础上,通过契约(contract)让渡自然权利,并通过盟约(covenant)建立政治权威,从而进入政治社会。但契约的有效性,却有赖于对强制性权力的恐惧(I. xiv. 18,29,31, xv. 3 - 4),这就不免有陷入恶性循环的危险。霍布斯从自然状态到政治社会的自然法学说,关键在于从自我保存的理性中找到无需借助自然法的执行权来跨越这一困境的手段(I. xv. 5)。而霍布斯自己承认,"没有刀剑佑护的盟约,只是言词而已,完全没有力量保障任何一个人的安全。因此,虽然有自然法……如果没有建立一个权力,或者这一权力不够强大能够保障我们的安全",我们就仍然处于战争状态(II. xvii. 2)。虽然,霍布斯含糊地承认存在自然惩罚。但自然惩罚其实是神罚,不是人的权威施加的惩罚(II. xxxi. 40, xxviii. 8),而对这种惩罚的恐惧,其力量恐怕也不足以约束每个人遵守契约或盟约(I. xiv. 31)。因此,自然惩罚并非足以保障自然法的真正力量。[18]

格劳秀斯为了证成"战争具有和和平一样的法权",力图将适用于个别公民的自然权利,延伸到国家与国家的关系(De Jure, prol. 16,21),权利和法并不只限于和平时期,永久性的法权同样支配战争(25,26)。作为这种自然权利(jus naturale)基础的正当理性(recta ratio)和社会性(natura societatis),都并不禁止所有类型的暴力;在不冒犯他人权利(jus)的情况下,为了防止不义而使用暴力,没有什么不正义的(I. ii. i. 5 - 6,I. iii. i. 2)。与我们这里的问题相关的是,格劳秀斯认为,即使在法庭设立之后,这种防止不义或伤害的自然权利仍然继续存在,在无法诉诸司法保护的条件下,一个人仍然可以正当地杀死一个入户行窃的盗贼。这种格劳秀斯称为"私人战争"的权利与自然权利并不抵触(I. iii. ii. 1 - 2)。但格劳秀斯笔下这种正当的"私人战争",其实是一种"自卫权"(jus defensionis),直接来自自然所指示的自我保存的权利,而非针对他人的不义或罪过本身(II. i. iii),因此并非严格意义上的惩罚[19]。因为严格来说:"(惩罚的)权利属于谁,并不是自然本身决定的,因为理性虽然指示可以惩罚作恶者,但却没有指示谁应

---

[18] 比较 Samuel Pufendorf, *De Jure Naturae et Gentium*, Oxford: Clarendon, 1934, VII. ii. 5。

[19] 对比 *De Jure Belli ac Pacis*, II. xx. i. 3:惩罚是对罪的惩罚;惩罚权来自于过失(cf. xx. ii. 3)。

该去惩罚"(II. *xx. iii.* 1)。⑬⑩

针对格劳秀斯有关惩罚权的含糊回答,普芬多夫追随霍布斯明确指出,既然在自然状态下人和人之间没有臣属关系,那么也就不存在惩罚,惩罚权是主权的一部分(VIII. iii. 7)。普芬多夫甚至进一步据此批评霍布斯在这一点上缺乏一贯性——霍布斯把自然状态下的自然保存权利视为国家惩罚权利的基础,根本就是混淆了性质完全不同的两种东西。在自然自由状态下,以战争方式对违法侵害进行补偿,或者提防未来侵害,这些都不过是从潜在或实际受害者本人的自我保存权利发展而来的自卫,因此外人绝对无权涉入(De Iure, VIII. iii. 1)。

虽然霍布斯、格劳秀斯和普芬多夫对自然状态下的战争和惩罚的理解,存在广泛的分歧,特别是对自然状态下人的理性和社会性能否建立和平状态,持有针锋相对的观点。但他们几乎都从战争与自卫的角度来理解自然状态下暴力的运用问题。无论是违法侵害的一方,还是自卫防范的一方,暴力都是自我保存的手段,因此,在某种意义上,是一种"战争"行为,而非和平状态下执行法律惩罚罪犯的行为。因此,在某种意义上,暴力既属于自然权利的延伸,也暴露了这种自然权利的运用在自然平等的状况下可能引发的冲突和恐惧。

在承认自然状态下的自然平等和自然自由方面,洛克与现代自然法学派的这些代表人物没有根本分歧。但洛克却坚持,在这样的自然状态下,不仅每一个人必须保存自己,而且每个人还负责执行自然法。这样,在洛克的自然状态下,每个人不仅可以运用暴力反抗侵害其权

---

⑬⑩ 格劳秀斯接着说,似乎只有"更高者"(superior)适合去惩罚。在格劳秀斯这里,所谓"更高者"仍然在很大程度上指的是古典意义上的适合统治的有德者(xx. iii. 2, xx. vii. 1,对比普芬多夫,"更高者"或"上级"即主权者,*De Jure Naturae et Gentium*,Ⅷ. iii. 1)。而出于自然平等的人之手的惩罚,必须要基于某种惩罚之外的目的(xx. iv. 3, xx. vi. 2):改造作恶者(xx. vii)、防止未来的再次伤害(xx. viii),或共同体的善(xx. viii)。对于自然上平等的人来说,"仅仅为了惩罚而惩罚是不正当"(xx. v. 4);没有道德意义上必需的目的,对违法者并不要求实施惩罚(xx. xxii. 1)。格劳秀斯并没有赋予每个人绝对的、没有任何限制的惩罚权利。特别是在讨论从受害者角度出发,针对未来再次伤害的自卫性惩罚时,格劳秀斯尤其慎重,施加了许多限制,以防止我们在"惩罚"时受到感情的败坏或怒气的支配(cf. *De Jure Belli ac Pacis*, xx. vii. 4, esp. 6; cf. Zuckert, *Natural Rights and the New Republicanism*, pp. 230 - 231)。

利的人，而且更进一步，甚至"有权惩罚违反自然法的人"（II. 7）。因此，与他的自然法前辈们不同，洛克明确区分了两种不同的权利：一种是自然法的惩罚权，而另一种则更类似自然权利中的自卫和对自己遭受的伤害谋求补偿的权利。而政治社会中的惩罚权力，严格来说，来自于前者，而不是后者（II. 11）。因此，洛克所谓的"自然法的执行权"似乎赋予了自然状态下的人们一种自然法学者通常愿意留给政治社会中实定法执行的惩罚权力：

"自然法和这个世界上涉及人的一切其他法律一样，如果在自然状态中没有人拥有执行自然法的权力，以此来保护无辜、约束违法者，那么自然法就毫无用处了（in vain）"（II. 7）。

也就是说，如果没有这种"自然法的执行权"，从而使每个人都能平等地充当自然法的执行者，自然法就失去了效力，根本不可能发挥作用。换句话说，洛克的学说尽管在许多地方与霍布斯有所不同，但两个人在探讨这一问题时所关注的是现代自然法学派的一个共同困难：如果自然法不能找到执行这一法律的权力的话，自然法就成了虚设的东西（in vain）。只不过，考虑到洛克是从这一概念出发，界定政治权力的性质，赋予人民以革命的权利，一旦自然法的执行权不存在，不仅自然状态与战争状态的区分难以保证，而且革命也必定从具有内在正当性的奠基性政治权力，沦为一种无法证成自身的叛乱或者颠覆。㉝ 自然法执行权在洛克政治哲学中的枢纽地位，恰恰以最突出的方式暴露了整个现代自然法政治哲学的根本症结。

2. 现代自然法的危机：自然法的力量与理性

现代自然法学派面临的这一问题，其实是苏亚雷斯在自然法学说中整合托马斯路线和"现代路线"的一个遗产。这位巴洛克时代的伟

㉝ 在这里，洛克与援用马基雅维利的"内战有益论"（《论李维》I. 6）和格劳秀斯的"正义战争"理论的锡德尼并不同，正如我们看到，洛克对革命权利的证明，是基于"自然法执行权"的概念，这一概念与"正义战争"的理论在结果上是一样的，但理由却有所不同。Comp. Scott, *Algernon Sidney and the Restoration Crisis*, pp. 238 - 241。

大经院哲学家,在《论法律与上帝作为立法者》(*De Legibus ac Deo Legislatore*)中,借助对托马斯有关学说的注疏,系统阐述了他的自然法学说。[152]

苏亚雷斯的自然法学说,其性质可以从他对托马斯有关"法"的定义的修正看出来。在苏亚雷斯看来,托马斯将"法"(lex)定义为"规矩与尺度"(regula et measura)[153]未免太过宽泛了,是将"法"与建议或劝告混为一谈了(*De Legibus*. I. i. 1, cf. I. xii. 3 - 4)。严格意义上的"法",必须强加某种义务或者说约束力(I. i. 7)。法作为规定行动方式的道德秩序而言,使用理性的人,才能受到法律的统治或管治,但从立法者的角度出发,法律必须具备管治理性的人的力量(I. iv. 2)。而且,"严格来说,就形式而言,法是在立法者那里(II. iv. 6)。因此,严格意义上的"法",总是指向了某种上级与下级的命令或支配关系(II. ii. 9)。苏亚雷斯对法的这一理解已经多少超出了托马斯的立场,具有浓厚的意志论色彩(II. iii. 4 - 5)。苏亚雷斯在两种法的观念之间采取的中间路线(via media. I. v. 20, II. vi. 5),要求"充分完备意义上的法",要同时具备依靠意志行为的约束力和凭借理智行为的自然知识这两个方面的规定(I. v)。[154]

不过,正如苏亚雷斯自己承认的,这一结合理智论和意志论两大传统的法的概念,在处理自然法问题时,似乎面临很大困难(I. iv. 9, I. v. 22):"没有发布规定者的意志(行为),也就没有严格意义上的,规定色彩的法律……但自然法却并不依赖任何规定者的意志,因此,自然法不是严格意义上的法。"(II. vi. 1)所以,有些学者就仅仅从"理性自然"(natura rationalis)的角度出发理解自然法,把它等同于行动内在固有的"正当"或"丑恶"(II. v. 2 - 5),这样,自然法就并非来自上帝作为立法者的意志,在自然法这里,也体现不出上级的意志(II. vi. 3);

---

[152] Francisco Suarez, *De Legibus ac Deo Legislatore* (1612), with English translation in *Selections from Three Works of Francisco Suarez*, 2 Vols, Oxford: Clarendon, 1944.

[153] Respondeo dicendum quod lex quaedam regula est et mensura actuum, secundum quam inducitur aliquis ad agendum, vel ab agendo retrahitur. *ST*. Ia-IIae, q. 90, art. 1.

[154] 苏亚雷斯有关法的最终定义(lex est commune praeceptum, justum, ac stabile sufficienter promulgatum. I. xii. 5)体现了这两个传统的共同影响。

而另一些追随奥康的威廉的学者,则主张所谓"自然法"就是上帝作为自然的造作者和管理者的神圣命令(II. vi. 4)。在苏亚雷斯看来,前者忽略了自然法作为法的约束力和命令一面,会带来很多荒谬的结论,比如上帝也要服从自然法(II. v. 5 - 7),而后者理解的自然法,实际上成了神圣实定法(II. vi. 4)。但如果"自然权利是真正的权利,自然法是真正的法"(II. v. 5),那么自然法作为"自然理性的指令",就不仅作为自然理性本身,指示行动本来的善恶,而且也包含了对恶的具体禁止和对善的具体规定。自然法的理性判断不仅指示善恶(所谓"人的道德行动在客观上的善"),而且还指示能产生相关义务的命令(imperium. II. v. 6)。因此,自然法实际上是在行动本来自然的善恶(先于上帝的神圣判断,并不取决于其意志)之上添加了神圣命令的约束力,使其成为道德义务:"所有自然法指令为恶的东西,都是上帝通过专门的规定和意志来约束我们,凭借他的权威的力量,让我们服从这些指令。"因此,自然法不仅像某些学者以为的只是所谓"指示性的法"(lex indicans),也同样是"规定性的法"(lex preceptua),其中包含了真正意义上的命令的成分(II. v. 8,II. vi. 11,对比 II. vi. 3)。

苏亚雷斯在自然法这里发现的双重性(自然本身的善恶与上帝意志的约束)突出体现在他对自然法约束力问题的处理上。苏亚雷斯遵循托马斯等人的做法,强调自然法是在良知方面具有约束力(II. ix)。但自然法的约束力如果是真正的义务(II. vi. 10),那么这种约束力,并不是单纯的自然倾向,而是某种经常被称为"自然义务"(obligatio naturalis. II. ix. 4)的专门的道德义务。自然法的约束力所建立的这一道德义务,在苏亚雷斯的整个法律神哲学中占据了枢纽性的地位。它不仅是自然法的本质要求,而且是所有其他法律约束力的前提。作为宣示给人,从而在人的此世生活中具有约束力的法律,自然法建立了上帝的永恒法和人这种造物在时间中的道德关系(II. iv. 4 - 5,9 - 10)。

但在苏亚雷斯的综合中,自然法的约束力恰恰有赖于人的自然理性对于其道德行动受到神圣意志的约束这一点的把握。自然法的道德判断除了要指示行动本来的善恶,还要指示这一善恶的"额外"道德约束力的权威来源："由此我们的最终结论是,自然法,就其存在在我们这里而言,不仅指示恶,而且约束一个人不去作恶,因此自然法不仅展现这样恶的行为或对象,与理性自然在自然上的不和谐,而且也是神圣意志禁止这一行为或对象的一个标志(II. vi. 13,cf. II. vi. 5 - 7)。苏亚雷斯强调自然法命令性或规定性的一面,反而赋予了其指示性一面更高的要求,自然法必须被充分地显示给人。自然法的充分宣示不仅对于自然法,而且对于所有其他法律的约束力,都具有至关重要的意义(II. i. 1,9 - 11,II. iii. 2,III. xviii. 21)。

苏亚雷斯"综合"的问题框架强有力地支配着现代自然法学派的发展脉络。苏亚雷斯用严格的法律概念取代托马斯宽泛的法律概念,迫使自然法学者不得不努力说明自然法在何种意义上是真正的"法"。现代自然法学派始终面临的一个重大困难,就是如何解决自然法作为"法"所具有的约束力问题。[155]

3. 洛克的困境

洛克早期有关自然法的讲稿——《自然法问答》,[156]正是现代自然法学派解决苏亚雷斯综合遗留问题的一次重要尝试。在这一讲稿中,无论洛克对自然法的界定,还是他分析自然法的整体框架,都可以看出"苏亚雷斯综合"的深刻影响。[157]

---

[155] 这一问题的重要性和复杂性,普芬多夫的讨论提供了一个范例:Pufendorf, *De Jure Naturae et Gentium*, I. vi。

[156] 对这本书的性质,甚至"书名",剑桥学派和施特劳斯学派的理解存在尖锐的分歧,参见 von Leyden, ed. *Essays on the Law of Nature*; R. Horwitz, J. S. Clay, and D. Clay, ed. *Questions Concerning the Law of Nature*, Ithaca: Cornell University Press, 1990; Horwitz, "John Locke's Questions Concerning the Law of Nature: a Commentary", p. 253; Strauss, "Locke's Doctrine of Natural Law", in his *What is Political Philosophy? And Other Studies*, Chicago: The University of Chicago Press, p. 197, "disputations"。

[157] 整个手稿基本上围绕"苏亚雷斯综合"所建立的自然法的双重性来考察自然法问题,即在初步界定自然法,并确定其存在(Q. I)之后,分别考察自然法的所谓"质料"问题(即自然法的可知性问题,Q. II - VII)和自然法的形式问题(也就是自然法的约束力问题,Q. VIII - XI)。将自然法的双重性分别看作自然法的"质料"(或内容)和"形式",这本身就是苏亚雷斯的典型做法。

从《自然法问答》开始对自然法意涵的澄清，我们就可以看出洛克处理自然法问题的基本思路：

> 因此，自然法（lex naturae）可以这样描述，即它是神的意志的指令，对于自然之光是可知的，它指示了什么与理性自然是和谐的，什么是不和谐的，并且仅仅借助这一点命令或禁止。(ordinatio voluntatis divinae lumine naturae cognoscibilis，quid cum natura rationali conveniens vel disconveniens sit，indicans eoque ipso jubens aut prohibens. I. f. 11 - 12)

根据洛克的定义，自然法既包含"指示性"的一面，即根据道德行动是否与理性自然一致来指示道德行动本身的善恶；也包含了命令性的一面，即自然法是体现上帝意志的指令。自然法虽然是理性法，但是理性本身并不能奠立或者指定法律（"理性……不能给我们法律"），而只不过是"发现和探察"由更高权力规定并植入我们内心的法律。洛克明确指出，自然法具备所有法律的基本要素：自然法"宣告了上级意志"（这一点被称为是自然法的形式特性，ratio formalis）；自然法规定了什么该做，什么不该做；自然法对人具有约束力（I. f. 12）。

在洛克这里，像在苏亚雷斯那里一样，自然法的指示性和命令性是紧密联系在一起的，自然法的命令性恰恰建立在自然法的指示性上，也就是说，自然法的约束力取决于自然法对于自然理性而言的"可知性"。在洛克看来，之所以自然法能够满足"任何法律的义务"的必需条件，不仅因为上帝的意志想要自然法成为"我们习俗与生活的尺度"，而且还因为上帝"充分宣示"（sufficienter promulgavit）这一点，从而使每个人，只要他肯费时费力去认识它，就都可能知道上帝的这一意志（VIII. f. 88，cf. V. f. 52 - 56）。"因为，只有一个立法者以某种方式使我们知晓，或者宣示出来的东西，我们才受其约束"（f. 87），而自然法的约束力是与上帝这一"上级"的意志联系在一起的，那么，上帝意志的可知性或者"充分宣示"就成了自然法约束力的基本前提(I. f. 12)。而在洛克这里，自然法与神圣实定法的唯一差别就在于在自然法这里，上帝是通过所谓"自然之光"，而不是借助启示，向人们宣示其意志的。⑩ 作为自然法"充分宣示"基础的"可知性"问题是洛克解决"苏亚雷斯综合"的自然法双重性的关键，但正是这一点，成了洛克自然法哲学最薄弱的环节。

洛克有关自然法的早期手稿留下了他受到笛卡尔"新哲学"影响的痕迹(IV. f. 49, cf. IV. f. 38)。不过，洛克逐渐意识到，这一新哲学在很大程度上与整个自然法学说的基本前提有内在的冲突。

在《自然法问答》第一讲讨论自然法的含义时，洛克就注意到，前辈学者经常将自然法等同于正当理性(recta ratio)，但他们往往未能清楚区分"理智能力"和"某些确定的实践原则"(I. f. 11, cf. II. f. 23, V. f. 49 - 50)，这直接导致了他们将人的理性能力等同于自然法，从而犯了"天赋论"的错误。而在洛克眼中，理性不过是一种"灵魂从已知到未知的推理能力"；理性本身并不能为自然法奠定基础，甚至根本算不上认识自然法的手段，而是有赖于感觉为推理提供原初质料(V. f. 50, II. f. 23)。从感觉出发，人的理性能力能够逐渐建立普遍自然法。感觉，而非传统或者天生的实践原则，才是自然法可知性的真正本原(II. f. 31)

因此，洛克所谓可以知道自然法的"自然之光"，就并不是像从托马斯直至格劳秀斯的自然法哲学家以为的"由自然植入人的某种内在光明，它始终可以告诫人们，什么是他的道德职责，带他走上不会偏离的正道"(II. f. 22 - 23)。洛克对天赋论的批评使他得出了与自然法传统相当抵触的结论：在我们心灵中，并没有铭刻着自然法的实践原则。我们的心灵在降生时，不过是能够接受各种印象的白板(rasa tabula. IV. 37 - 38)。所谓"对于自然之光是可知的"，不过是指，一个人如果正确地运用自然提供给他的理性能力，他就无需他人帮助自己可以获

---

⑩ "Second Tract on Government", *Political Essays*, p. 63。《自然法问答》明确将"超自然的神圣启示"排除在考察范围之外(II. f. 22)。

得自然法的知识(II. f. 23)。但洛克对这样一种"非常舒服便宜的认识方法"(percommoda congnoscendi methodus)的批判,却威胁了整个自然法的认识基础。洛克的批判,斩断了自然法传统借助天赋道德原则在自然法和人的自然理性之间建立的自然关联(IV. f. 37 - 38)。那些通常被当作自然法规定的道德原则,并非来自自然,而不过是由父母老师等其他社会成员灌输的:"人不是由自然教导的,而是由人教导的"(IV. f. 42)。

因此,洛克的自然法学说能否成立,至少就其早期手稿的形态而言,取决于理性与感觉的合作能否从"感官对象"出发逐渐导出整个自然法的道德原则(V. f. 47 - 51),最终取决于这一合作能否证明上帝的存在,从而满足自然法形式定义的根本要求(V. f. 52 - 56)。但如果"大部分人都没有自然法的知识"(II. f. 33),那么这一自然法是否算得上真正"充分宣示"了呢?⑯ 而如果自然法的约束力,有赖于自然法的这种充分宣示的话,在自然法的"可知性"无法普遍得到保证的话,我们又怎么能说,"世界各地的所有人都受这种法律的约束"(X. f. 99 - 100)呢?

洛克在《人类理解论》中对"新哲学"的系统发展和改造,对传统形而上学的"解构",加剧和深化了《自然法问答》中的这一根本困难。

众所周知,洛克为了解决道德和宗教方面的困惑才着手撰写《人类理解论》一书。⑯ 而《自然法问答》中触及的自然法的可知性问题,正是洛克思考道德与宗教原理的一个关键性问题。天赋论是自

---

⑯ "一个人不能受不是对他宣示的法律的约束,而这一法律既然仅仅借助理性来宣示,或者仅仅通过理性才成为可知的,那么如果他还不能运用理性,就不能说是受这种法律的约束"(*Treatises*, II. 57),cf. Zuckert, *Natural Rights and the New Republicanism*, p. 195。

⑯ 最著名的无疑是 James Tyrrell 对洛克撰写《人类理解论》契机的说明,洛克的最新传记作者指出,洛克此时依旧关注他在早期自然法手稿中讨论过的那些问题。R. Woolhouse, *Locke: A Biography*, Cambridge: Cambridge University Press, 2007, p. 98。洛克自己在《人类理解论》"致读者信"中的回忆证实了 Tyrrell 的说法(cf. von Leyden, "Introduction", pp. 60ff)。洛克的 18 世纪读者往往也清楚《人类理解论》对于政治哲学和道德哲学的重要意义,cf. Goldie, "The English System of Liberty", p. 49。

然法传统表述的重要基石,⑯而洛克在《人类理解论》第一卷中对这一学说的彻底批判,无疑意味着对自然法的可知性基础的重新界定。因此,《人类理解论》中有关人类知识基础的考察,实际上是洛克在《自然法问答》中解决"苏亚雷斯综合"遗留问题的尝试的继续和发展。

正如在《自然法问答》中对"铭刻说"的批评一样,洛克在《人类理解论》指出,"乳母的迷信,老妇人的权威,可能是因为年深日久的缘故,邻里的同意,就在宗教和道德中升格,获得了原则的尊贵地位"。这些在儿童心灵的"白纸"或者"白板"上书写的字迹,就在其成长的过程中,成为"他们建立他们的宗教和习俗的基础和根基,并因此逐渐获得了不可质疑、自明,甚至天赋真理的名誉"(I. iii. 22)。因此,传统理解的"自然法",其实不过是"意见法"或者"名誉法"而已。但却因为后者在许多地方与自然法这种真正不变的道德准则一致,人们就把这种依靠毁誉荣辱这种社会中"隐秘的同意"(a secret and tacit consent. II. xxviii. 10)当成了自然法(II. xxviii. 11)。这种洛克称为"风尚法"(the Law of Fashion)或"私人评判"(Private Censure. II. xxviii. 13)的所谓"法律"其实只是"私人的同意"(the Consent of private Men),缺乏足以创制法律的真正权威,特别是缺乏对于任何法律而言必不可少的本质条件:执行这一"法律"的权力(II. xxviii. 12)。"意见法"或"舆论法"这种法与真正自然法的区别正在于前者缺乏执行自然法的权力。而在《人类理解论》中,真正的自然法被洛克归入所谓"神法",即上帝凭借"自然之光"宣示给人的法律。但与《政府论》不同,这一被称为"神法"的自然法,其基础是上帝在来世施加具有无限长度和强度的奖惩,从而强制执行这一法律(II. xxviii. 7 - 8)。

但问题是,洛克并不比霍布斯更相信上帝这种永罚权的有效性:

---

⑯ Yolton, *Locke and the Way of Ideas*, pp. 31 - 33; John Colman, *John Locke's Moral Philosophy*, Edinburgh University Press, 1983, Ch. 3; cf. Merio Scattola, "Before and After Natural Law," in *Early Modern Natural Law Theories: Contexts and Strategies in the Early Enlightenment*, ed. T. J. Hochstrasser and P. Schroder, Dordrecht: Kluwer, 2003, pp. 3 - 4。

"破坏了上帝的法律,虽然会遭到惩罚,可是多数人,或者绝大多数人,很少认真反省这回事;至于在那些能反省的人中,还有许多在破坏法律时,总想着将来可以和解,可以补偿这种违法行为"(II.xxviii.12)。虽然洛克承认,"上帝的意志和法律"是"道德的真正根基",但他却清醒地认识到,"此世的自利和好处使许多人,只是外表承认和赞同这些道德原则,但他们的行动却足以证明,他们很不在意规定这些原则的立法者,更不在乎他为惩罚这些犯法者所指定的那个地狱"(I.iii.6)。洛克对天赋实践原则的批判,断然否定了"道德法则"可以通过"天赋"、"烙印"或"铭刻"在人心上,从而将法律"充分宣示"给所有人,而缺乏这一可知性无疑也是这些法律没有约束力的真正原因:

> 设立道德的法律是要约束和限制人泛滥的欲望,要做到这一点,这些法律必须以奖赏和惩罚来胜过人们在违反法律自己设想会得到的满足。因此,人的心智中如果真的烙印上某种像法律的东西,那么所有人必定具有一种确定而不可避免的知识,都会知道,一旦违反法律一定会导致确定、不可避免的惩罚……因此,一种天赋的法律,一定伴随了一种自明的、不可置疑的知识,知道有不可避免的惩罚,足以使任何违法成为不值得选择的行为。(I.iii.13)

洛克运用丰富的"人类学"文献证明,不仅个别人不知道道德的实践原则,而且整个民族都不知道(I.iii.11 – 12)。《人类理解论》中彻底的反天赋论,对自然法的可知性提出了相当严峻的挑战。但洛克自己并不认为自己对天赋法的批判否定了自然法。自然法不是"原初烙印在人的心智上的",而是我们开始无知,但通过使用我们的自然能力获得了有关的知识。这正是洛克在《自然法问答》中坚持的立场,只不过在《人类理解论》中借助"观念"的概念进行了更加系统的阐述。道德知识,作为复杂观念,往往需要"冗长而并非总能成功的严格推理的劳动"(IV.xix.5),需要对有关的各种观念建立关联,进行组合,加以比较(II. xxii. 1,4，II. xxviii. 4，IV. xvii. 14 - 17，III. xi. 15 - 17)。而对于自然法的理性知识来说,最重要的是上帝观念这一极为复杂的问题。

　　虽然洛克声称人类对于上帝的知识是"人类理性最自然的发现","可以从我们知识的任何部分自然地推演出来"(I. iv. 17,9),这样看来,似乎"上帝的存在在各方面来说都很明显,而我们对上帝的服从与理性之光如此契合,从而大部分人类都能见证自然法"(I. iii. 6)。但既然上帝观念并不是"天赋"的,上帝存在的证明就不像洛克宣称的那样容易。⑯ 上帝观念是一个复杂观念,是我们借助无限观念"放大"一些"有胜于无的性质和能力"的结果(II. xxiii. 33 - 34)。但洛克却承认,所谓有限无限,实际上是量的样态,因此原来只适用于那些可以划分为部分的事物。上帝是"不可把握的无限"(incomprehensibly infinite)。也就是说,将无限观念用于上帝及其属性,更多是"在比喻意义上"(figuratively),其实上帝的能力、智慧、善或其他属性都是"无尽和不可把握的"(II. xvii. 1)。而且,通过重复、扩大和增加等理性手段所形成的无限观念,即使在时间和空间这样的量上,也是"非常模糊混淆的"(very obscure, and confused. II. xvii. 6 - 8)。因此,尽管洛克声称,我们上帝存在的知识,"是理性所发现的最明显的真理",和数学确定性一样自明(IV. x. 1),但其实他有关上帝存在的证明在很大程度上是依靠这些"非常模糊混淆"的观念,这也就难怪莱布尼茨认为这一证明存在致命的漏洞。⑯ 事实上,洛克很可能非常清楚自己有关上帝存在的证明并不完善。在《教育漫话》中,洛克建议要早早在孩子心智中印上"上帝的真正想法",但只需要有助道德的想法就够了,不必过多探究,特别是"不恰当地教他去理解无限存在不可把握的本质"。这一点不仅对孩子适用,也同样适用于成人:"而且我认为倘若人们通常就止步于这样一个关于上帝的观念,对于这一大家都承

---

⑯ 在《自然法问答》中,洛克对上帝存在的证明,虽然很难说是成功的,但对于证明自然法的理性基础而言,是非常关键的环节(V. f. 52 - 61)。

⑯ 莱布尼茨,《人类理解新论》,陈修斋译,商务印书馆,1996 年,第 511—512 页。

认不可把握的存在者,不要想得太好奇,也就最好不过了"。[164] 考虑到上帝作为神法的立法者,严格来说,上帝观念是所有道德关系的复杂观念的核心要素,既是道德科学作为证明科学是否成立的基础,[165]也是整个自然法学说的基础。[166] 没有对上帝的充分知识,自然法哲学面临严峻的困难。因此,上帝观念本身的困难无疑成为洛克整个道德哲学的症结。

《人类理解论》以系统的方式继续了《自然法问答》中的工作,全面借助"新哲学"彻底重建道德和宗教的基础。《人类理解论》对天赋论以及实体形而上学的批判,力图杜绝人类理性的懒惰、无知、虚荣和狂热,从而为自由政治社会培养具备自由理性精神的公民提供哲学上的向导(这正是这本书在美国革命期间发挥的作用)。自由社会的理性公民必须通过理性的自由"劳动",才能建立这一政治的道德基础(I. iii. 1, cf. IV. iv. 5, III. xi. 15 - 17)。在这个意义上,洛克对天赋论的批评本身不仅无意否定自然法的存在,而且试图重新界定自然法的"理性"基础。

但无论是人心作为白板的人性理解,还是有关上帝观念等复杂道德观念的讨论,洛克的努力都对自然法的可知性提出了相当严峻的挑战。从这一点出发,我们可以更好地理解,在自然法问题上,《人类理

---

[164] *Some Thoughts concerning Education*,pp. 102 - 103;《教育片论》,第206页。"对于当前这个可见的世界,我们尚且知之甚少,而对于那个理智的世界,我们更是一无所知……上帝和我们的救主就他的国有着怎样的商定,我们根本无从知晓。……从自然理性迄今完成的一点点工作来看,单凭理性自身,它实在难堪重任,以清晰而令人信服的理性之光,将道德完全建立在真正的基础上"。John Locke, *The Reasonableness of Christianity*, ed. by John Higgins-Biddle, Oxford: Clarendon, 1999, Ch. XIV, pp. 141 - 142,148;《基督教的合理性》王爱菊译,武汉大学出版社,2006年,第128,133页。

[165] "道德的善恶只不过是我们的自愿行动是否符合某种法律,而这种法律,来自立法者的意志和权力,能在我们这里导致好坏,也就是说,根据立法者的指令,如果遵守法律,就好,就快乐,而违反法律,就坏,就痛苦,这就是所谓的奖赏和惩罚"(II. xxviii. 5, cf. IV. iii. 18)。

[166] "可是哪里去彻底知道并认可它们(引者按,指"是非的正义尺度",those just measures of Right and Wrong)的约束,并把它们当作法律的指令呢?甚至是作为最高的法律,自然法?不清楚地知道并承认立法者及其对服从者的巨大奖赏,对不服从者的巨大惩罚,这就不可能"。Locke, *The Reasonableness of Christianity*, Ch. XIV, p. 154.

解论》与《政府论》的所谓分歧。事实上，这种表面上的分歧，并非"作为哲学家的洛克"与"作为政治理论家的洛克"之间的"不一致"，[167]不过是更彻底地展现了《自然法问答》中就已经暴露的现代自然法学派的要害。洛克之所以始终拒绝系统发表有关自然法的著述，并且回避阐述他曾经在早期讲稿中触及到的自然法的基础问题，无疑因为他清楚地意识到现代自然法学说在这方面面临的根本困难。

4. 革命政治的守成与自然法危机的消失

洛克在《政府论》下篇开始就明确指出，在上篇批驳了菲尔默爵士的绝对主义君权理论之后，他必须"寻求另一种关于政府的产生，关于政府权力的起源，以及关于用来安排和知道谁享有相应权力的方法的说法"(II.1)。洛克政府理论的起点就是对处于"自然法范围内"的自然状态的考察(II.4)。洛克始终强调，作为政府权力起点的自然状态，其中的自然自由与自然平等始终是在"自然法的范围内"：

> 自然状态中存在一种自然法来统治它，这种自然法约束所有人；而理性，就是这一自然法，教导着有意请教理性的全人类：人们既然都是平等和独立的，任何人就不得侵害他人的生命、健康、自由或占有物。(II.6)

洛克自然状态理论的关键，在于自然法在其中扮演的这一"统治"角色。自然法对自然状态下的所有人都具有约束力，而自然法执行权则是确保自然法在自然状态下发挥这一统治作用的关键。但自然法之所以能发挥这一统治作用，却有赖于自然法能够"教导有意请教理性的全人类"。

我们这些《自然法问答》和《人类理解论》的读者，当然会注意到，

---

[167] "It invites us to look upon *Two Treatises* as something very different from an extension into the political field of the general philosophy of the *Essay*". Laslett，"Introduction"，pp. 82 – 83.

洛克在这里并没有仔细区辨自然法原则与人的正当理性,也没有触及自然法在何种意义上是可知的(但参见 II.62)。而且《政府论》通篇一直把自然法与理性法等同起来(I.101,II.10,16,30,56-58,96),就像洛克所批评的那些自然法前辈一样。从洛克的学说来看,这一多少有些"随意"的做法似乎模糊了《人类理解论》在向自然之光宣示上帝意志的"自然法"(一种神法)与基于社会同意建立的"意见法"之间所做的关键区别。

现代自然法哲学家们之所以采用自然状态、自然法或自然权利的学说,无非是以此为逻辑的开端或基础来解决"政府的产生"和"政府权力的起源"的问题。洛克在这一点上并非例外。但正如我们在前面看到的,洛克的政治哲学在解决这一问题的同时,将革命权利授予了人民。人民的革命权利源于人民拥有的共同体权力,而这种共同体权力,是最根本意义上的政治权力,它与基于人民委托建立的政府权力,虽然来源相同,但在性质上却有很大的不同——政府权力依靠长久有效的法律指导政治社会成员的和平生活方式,而人民的权力却是在危机处境下引导共同体力量作用的方向。也就是说,洛克的自然法学说,既要奠立常规政府权力的基础,又要同时为人民非常规的革命权利提供根据。《政府论》有关"政治社会的开端"这一章中对此有一节关键的论述:

> 当任何数目的人,基于每个个人的同意造就一个共同体时,他们就因此把这个共同体造就为一个整体(Body),⑱它具有作为一个整体行动的权力,而这只有借助大多数的意志和决定才能做到。如果它的每个个人都同意它作为共同体行动,那作为整体它就必须以一种方式运动,这就必须使整体运动的方式朝向更大力量带动的方向,这一更大的力量就是大多数人的同意;否则,它就不可能作为一个整体,一个共同体而行动或继续存在。而根据结

---

⑱ 有些时候,洛克似乎将"政治体"(Politick Body)的构成理解为是凭借"社会的法律"来确保全体的福利,这大体将两个阶段压缩在了一起(I.93,cf.II.87,cf.212)。

合成这一共同体的每个个人的同意，大家协议，认定它应该是这样的整体；所以每一个人都根据这一同意受到大多数人达成决议的约束。因此，我们看到，在由实定法授权的那些议会中，实定法并未规定需要多少人数，大多数人的行动才被授权，算作全体（the whole）的行动，在这种场合，是根据自然法和理性法的规定，大多数人的行动算作全体的行动，并当然规定了全体的权力。（II. 96）

自然状态中自由和平等的个人，为了更加稳定安全地享有其财产，同意放弃其自卫权和自然法执行权给社会，同他人订立契约，组成共同体（II. 95, 87, 123 – 131）。洛克有关政治社会起源的这一学说是广为人知的。然而从上述段落可以看出，在脱离自然状态构成"共同体"，并最终组建政府的过程中，有两个不同的步骤。⑩ 在政治社会建立的第一步中，是以每个个人的同意为基础的协议建立共同体，伴随这一同意，每个个人单独放弃了他们在自然状态下享有的平等、自由和执行权，把它们交给了社会（II. 127, 131）。但这一步只是终止了自然状态的"不确定性"，却并没有建立共同体行动的方式。个人在放弃自己的自然法执行权的契约中，就已经等于同意要建立一个能够像一个个体（Body）一样行事的共同体。因此，政治社会建立的第二步就是，这

---

⑩ 洛克建立政治社会的这两个步骤大体上对应普芬多夫在结成共同体的契约与选择政府形式的（命令和）契约之间所做的区分（*De Jure Naturae et Gentium*，VII. ii. 7 – 8），也就是通常所谓 pactum unionis 和 pactum subjectionis 之间的区分。不过，我们不能误以为，洛克这里谈到的多数同意是一种原始民主制（比较 II. 146），从而混淆了自然法的"多数同意"原则与政体形式中的"民主制"。多数人决定作为一个政治规则，显然是将民主制的权力运作逻辑向前延伸到了人民共同体，但与"纯粹的民主制"（perfect Democracy）不同，这种人民共同体的多数决定并没有直接制定法律，也没有委派官员，建立正式的执行权力，从而设立所谓的"人间裁判者"（II. 89）。人民共同体没有立法权力和执行权力，因此，尚不具备真正完备的政治形式。但这一共同体仍然应该具有一种整体行事的权力（Act as one Body），多数决定的"同意"原则正是为了保证这一点（II. 96）。正如普芬多夫指出的，在建立国家的第二阶段中如果选择民主制，往往会模糊第二个契约的性质（比较 II. 132）。现代自然法学派对建立国家的这两个步骤的区分，不仅将政体形式的选择这一古代政治哲学的核心问题重新奠基在自然状态与社会契约的基础之上，而且隐秘地在共同体的历史传统和伦理生活中置放了一颗非历史、反传统的"自然"之心。

一共同体是根据"大多数人的意志和决定"来运用共同体的全部力量，组成共同体的每个人都要受到根据大多数原则达成的决议的约束。在这一基础上，才有可能进一步通过制定长久有效法律，建立政府权力对人的生活的统治。在政治社会建立的第一步中，彼此订立契约的同意是每个个人单独做出的，来自个人的自然权利(II. 117, 145)；而在第二步中，同意依据的是大多数原则，是集体决定的，这是社会的最高权力(cf. I. 131)。洛克建立政治社会的这两个步骤，可以分别称为契约阶段和社会阶段，这两个阶段各自的基础是两种不同的同意，前者是加入契约的个体同意("生来处于政府之下的自由人的同意使他们成为国家的成员，而这种同意是个人在达到成年时各自分别表示的，而不是大家一起表示的"。II. 117)，而后者则是体现在大多数原则中的共同体同意或者说社会同意，是由人民这个整体建立和行使的。这两个阶段在时间上恐怕并没有严格的先后之分，只不过是逻辑上的区分。

正是通过区分政治社会建立的这两个阶段，我们可以更好地理解人民及其革命权利的性质。我们已经看到，政府起源的契约阶段和社会阶段运用的是两种性质不同的同意，而行使这两种同意的主体也不同。前者是个体，而后者是共同体，也就是洛克所谓的"人民整体"。也就是说，人民这个概念，恰好出现在政治社会建立这两个阶段的细微夹缝之中。在建立政治社会的契约订立之前，无论人们之间是否存在其他形式的结合关系，但人们之间的权力关系仍然是个体性的，没有引导人们生活的真正集体性的力量。因此，在原则上，就只是受自然法支配的孤立个体；[10]而在政府形式确立之后，人民就转变为受立法机关及其明文法律支配的臣民了。而人民的革命权利，是社会创立后的共同体的行为。人民共同体是由构成共同体的所有成员全体同意

---

[10] 当然，除了各种前政治的共同体方式外，洛克也提及在这种状态下的人们构成了所谓的"广大的自然共同体"(great and natural Community)，但这种世界大同意义上的"自然共同体"显然属于人性败坏和堕落之前的状态(II. 128)，在何种意义上，这样的共同体具有真正意义上的共同生活方式，洛克多少有些语焉不详。不过，就现实而言，洛克明确指出，一切国家、君主和政府彼此处于自然状态(II. 183 - 184)。

结合而成,但和其他共同体一样,人民共同体存在的标志却是其自身的行动不再需要全部个体的分别同意,而只需要多数决定的力量,就可以以整体的方式行动(II. 96)。这正是人民的最高权力行使的方式,也是革命的真正性质。政府创立和革命是人民共同体运用集体权力的两种方式,只不过根据一种方式,人民成为安全享有财产的臣民,而根据另一种方式,则是运用集体暴力的革命者。

洛克从两种不同方式的同意及其行使主体出发对政治社会建立过程的两个阶段所做的这一细微分疏,可以帮助我们理解洛克革命理论的一个重大困惑。洛克的革命理论,从政府解体与社会解体的区分出发,证成了人民的集体革命权。也就是说,人民革命的前提恰恰在于共同体在没有构成政府之前,仍然拥有一种方式运用"共同体的力量"。但这一没有政府统治的共同体,似乎在洛克的自然法政治哲学中处于一个相当尴尬的位置:一方面,引发革命的前提是统治者谋求绝对权力,从而使自身与人民重新回到了自然状态("当人们没有这样的权威可以向其申诉,并决定他们之间的分歧时,这种情况下这些人就依旧处在自然状态中"。II. 90);但另一方面,人民在革命中却能够作为共同体来集体行动(the Body of the People,II. 242,168,207,220,222,226, cf. II. 233)。⑰革命爆发的前提是自然状态——特别是战争状态——的"重现",而革命的完成却是由自然状态中并不存在的共同体完成的。

洛克对政治社会的契约达成与社会构成这两个阶段的区分,揭示了革命在政治社会中的真正位置。革命在前提与结论上的这一"抵触",是因为革命其实既不是发生在纯粹自然状态中(契约阶段前)的"战争",也同样不是社会已经建立政府之后在实定法之下的"惩罚",而是发生在自然状态与政府统治之间的共同体状态中,也就是最纯粹

---

⑰ 一个重要的文本例外是在《政府论》下篇提及英国内战的例子(II. 205):"除非他(引者按:指君主,暗指查理一世)他想通过实际上是自己与人们处于战争状态的办法解散他的政府,任由人民采取在自然状态中属于每一个人的防卫手段"。不过即使在这一段里,洛克仍然认为这一君主是在"压迫人们整体"。因此,他所谓"自然状态中属于每一个人的防卫手段"恐怕仍然是指革命权利的自然法根源(cf. II. 232 - 233)。

意义上的"社会"中。这种没有最高政府权力的统治来规定人的生活方式,但却是人民最高权力体现的"共同体",就是前政府意义上的社会。严格来说,"社会"是革命共同体。⑫ 在"社会"这一阶段,虽然因为尚未设立人间权威来裁决人们之间的争端,人在某种意义上仍然处在自然状态中(II. 90),但个体通过契约同意已经构成了具有根本政治权力的人民共同体,在革命中,真正出现的"自然状态",甚至"战争状态",其实只是就人民共同体与谋求绝对权力的统治者之间的关系而言的。在这个意义上,后者是人民共同体的公敌,而不仅仅是威胁个体财产及安全的私敌。而洛克将后者从理性存在者降格为"野兽"的做法,正是为了强调这一点。

然而,支配社会这一共同体及其"同意"乃至革命的真正原则,却并不是纯粹的"自然法"。根据洛克在《人类理解论》中的分析,当人们放弃自然法的执行权给社会之后,他们就把暴力的使用交给了社会建立的共同权威,但他们仍然保留了"思考好坏的权力"(the power of Thinking well or ill),这种私人毁誉的权力,既是通过"隐秘的同意"建立所谓"意见法"或"声誉法"的前提(*Essay*, II. xxviii. 10),也是人民借以判断绝对君主图谋的基础(*Treatises*, II. 241 – 242)。⑬ 正是从判断行动德行或邪恶的这一公共尺度出发,人民才能察觉统治者的"邪恶意图"(II. 230)。这种在私人毁誉的基础上,借助隐秘的同意,建立起来的"意见法",是通常导致革命的"普遍疑惧"的真正尺度。这种"法律",虽然只不过是意见或习俗而已,但"习俗比自然的力量更大"

---

⑫ 在这一点上,革命意义上的"社会"与财产自由享有意义上的"社会"一同构成了与古典的政治共同体("人是政治的动物")不同的现代共同体的基本形态。

⑬ 根据洛克早年的《自然法问答》,"同意"或"共识"(consensus)可以分为两种情形,即所谓的"约定一致"(consensus positivus)或"自然一致"(consensus naturales)。但根据洛克,二者都不能推出自然法。特别是人们称为"意见"方面的自然一致,往往只是习惯和意见的力量(VII. f. 62 – 78)。邓恩敏锐地察觉到这一段落与《政府论》的"同意"学说的关联,但他似乎认为,对于《政府论》的"同意"学说,最重要的是所谓的"约定一致",但实际上,无论是在《政府论》第八章中表述的"同意"学说,还是下面讨论的《人类理解论》中有关"同意"的意见法,都和洛克在批判天赋论时所针对的所谓"自然一致"的问题有关。Dunn, "Consent in the Political Theory of John Locke", p. 159n. 22.

(*Essay*，I. iii. 25)，它反而经常会被当成是自然法或神法。[14] 因此，人民在革命时集体行动的共同体，所谓"人民整体"，其真正的法理基础，恰恰是这种以自然法面目出现的"理性法"，或者更准确说是"意见法"。"人民的同意"正是洛克所谓革命中诉诸的"老天"（II. 241，168）。所以，当《政府论》假想的读者怀疑洛克的革命政治学说是"将政府的基础放在人民不稳定的意见和气质上"时（II. 223，13），[15]洛克并不否认这一点，只不过洛克指出，人民所谓"不稳定的意见和气质"其实并不激进，反而是保守的，相反，绝对君主作为个人，危险却要大得多。[16]

如果说运用革命权利的"人民整体"或者说"社会"，其基础在于"意见法"的"人民同意"，而不是自然法统治下的"契约同意"。或者更准确地说，革命共同体的真实社会基础，是在"意见法"或者"舆论法"引导下的习俗生活，那么洛克在政治社会建立过程中区分的这两个阶段之间，表面上只是小小的一步，但对于现代自然法学派来说，却是难以逾越的鸿沟。革命政治的最终法理基础是自然法的政治哲学，特别是自然法的执行权这一奇怪的学说，但革命实践真正借助的"尺度"其实是被当作神意或自然法的"意见法"。在洛克的革命政治学说中，如何跨越《自然法问答》和《人类理解论》中为自然法的理性可知性留下的巨大鸿沟，并最终克服"苏亚雷斯综合"的巨大困难，就成了一个在理论上几乎无法解决的问题。

但哲学的危机不一定是政治的灾难，有时理论的困难反而造就了

---

[14] "人们以为或者假定，德性或邪恶是指那些就其本性而言为正当或者不当的行为。而只要这样使用这些概念，它们就和上述的神法碰巧是一样的。不过，无论人们是怎样以为的，我们仍然看到，德性和邪恶这两个名词，在其应用的具体场合时，在许多国家和社会中，始终指的是各国和各社会所赞美或讥讽的那些行动。"（*Essay*，II. xxviii. 10）

[15] 这一向是政治哲学家拒绝普遍革命权利的重要理由，参见伯克对"信奉大众为所欲为权力的新狂热分子"（our new fanatics of popular arbitrary power）以及法国国民议会"第三等级"的批评（Burke, *Reflections on the Revolution in France*, pp. 114, 129ff）。菲尔默当年在批评弥尔顿类似学说时，也强调这种学说会导致社会不断陷入无政府状态（Filmer, *Patriarcha and Other Writings*, p. 207）。

[16] 这一点特别体现在《政府论》中对革命的"良知"（conscience）基础的讨论（II. 209，比较 II. 8）。但根据洛克在《人类理解论》中的论述，这一"良知"不过是"我们自己对自己道德行动是正当还是堕落的意见或判断"，其实是感觉、教育或习俗的产物（I. iii. 8）。

实践的机会。在1688年"光荣革命"之后逐渐建立的英格兰宪政体制中,自然权利和社会契约的精神能够被披上"古老宪章"的外衣,革命的灵魂能够安顿在貌似保守的宪政体制中,"理性"最终成为"历史",[17]背后正是现代自然法逐渐隐身在"人民同意"和民族历史中的趋向。自然法与"意见法"之间的模糊,为自然自由转变为能够扎根在历史传统中的习俗自由,提供了便利。而革命与传统的这一结合,即使革命政治在现实中多少避免了"狂热"(enthusiasm)的危险,[18]同时又有助于将革命的危机时刻转变或掩盖为法律的常规时刻。最终,在一场革命之后,一个以政治不稳定甚至暴力著称的国度竟然能够自诩具有一种历史悠久的自由传统和守成的体制。[19] 无论洛克本人是否愿意,通过某种"历史的狡黠",1688年的事件是一场真正意义上的洛克式的革命,这不只在于它激进的原则或精神,也在于其守成的外表或结果,而

---

[17] 1688年之后盛行从"历史"的角度捍卫"革命",或者说将"革命"纳入历史传统中,参见Kenyon, *Revolution Principles*, ch. 1. 洛克本人并不完全排斥这样的做法。在《政府论》的著名献辞中,洛克就称威廉为"我们伟大的光复者"(our Great Restorer)。Cf. Martyn P. Thompson, "A Note on 'Reason' and 'History' in Late Seventeenth Century Political Thought", *Political Theory*, Vol. 4, no. 4(1976), pp. 491 - 504。但这一"自然"或"理性"与"历史"的权宜结合,最终仍然是为了便利自然权利理论的有效接受。至少在洛克这里,政府的最终基础,是"自然",而非"历史"。"自然"为"社会的起源,以及政治权力的兴起和限度"提供理性的基础,而"历史"则为"统治术"(art of government)提供"经验"("Some Thoughts Concerning Reading and Study for a Gentleman", pp. 351 - 354)。这方面,波考克的论断仍然值得重视:洛克的思想在根本上是"非历史,或者反历史的",与重视习俗的英国"古老先章"传统格格不入(J. G. A. Pocock, *The Ancient Constitution and the Feudal Law: English Historical Thought in the seventeenth Century*, Cambridge: Cambridge University Press, 1957, pp. 235 - 238)。晚近一些试图综合英美政治理论的自由派路径和共和派路径的努力,往往忽视了这一点。

[18] *Essay* IV. 19, esp. IV. 19. 5,比较洛克在 I. iii 对天赋论的批评。

[19] "直至1688年,政治暴力是英国人与生俱来的特权"(Plumb, *The Growth of Political Stability in England 1675 - 1725*, p. 19);"从1621年至1721年的一百年间,欧洲理所当然地将英国看作是西方世界政治上最变化无常的民族"(Lawrence Stone, "The Results of the English Revolutions of the Seventeenth Century", in Pocock ed. *Three British Revolutions: 1641, 1688, 1776*, p. 24);cf. Jonathan Scott, *England's Troubles: Seventeenth-Century English Political Instability in European Context*, Cambridge: Cambridge University Press, 2000。不过正如Plumb指出的,不止英国,甚至对于整个西欧现代社会来说,政治不稳定都是极为普遍的现象,而"政治稳定是比革命更稀罕的事情"(Op. cit. pp. xvi - xvii)。

尤其在于这种激进转变为守成的方式。⑱ 而辉格党的政治意识形态，从激进到保守的蜕变，⑱ 并不仅仅因为其与宫廷政治结合的历史局势，背后也有理论上的深刻原因。革命最终通过神话缔造了使自己得以保守面目现身的传统。

但现代宪政体制在英格兰土地上实现的这一短促的幸福"联姻"，并不能完全掩盖自然法与习俗生活的根本张力，以及在现代自然法哲学的内在困难中隐藏的现代政治生活的无根性。在这一点上，美国革命可以看作是英国革命的续篇。⑱ 1688 年的"光荣革命"在英格兰土地上避免的东西，最终仍然要爆发在其殖民的土地上。美国革命更加明确地运用了洛克政治哲学中的自然法原则。⑱ 毕竟一个没有"旧制度"（ancien régime）的美国社会，正印证了洛克在《政府论》留下的那句仿佛谶语的论述："起初，整个世界都像美利坚一样"（II. 49，cf.

---

⑱ 洛克的激进立场体现在他对制宪会议性质的理解，尤其体现在他在革命后所谓"效忠争论"中的立场，他坚持反对"事实接受"（de facto）威廉的王权，而要求严格从法理角度（de jure）全面给予威廉政权以合法性。不过，这并不意味着洛克的这一激进立场，本身没有守成的意涵。洛克本人的立场，在 1689 年 2 月 8 日写给 Edward Clarke（L1102）的一封信中表达得非常清楚。在抱怨制宪会议只想以普通议会的方式工作，忙于种种琐事之后，洛克指出："When the settlement of the nation upon the sure grounds of peace and security is put into their hands，which can noe way soe well be don as by restoreing our ancient government，the best possibly that ever was if taken and put together all of a piece in its originall constitution"。参见 Farr and Roberts，"John Locke on the Glorious Revolution：A Rediscovered Document"；有关洛克这封信的重要性（特别是对于理解洛克几个月后发表《政府论》的动机，参见 Mark Goldie's comments in *John Locke：Selected Correspondence*，Oxford：Oxford University Press，2002，p. 125；Dunn，"Consent in the Political Theory of John Locke"，p. 161n. 25。

⑱ Kenyon，*Revolution Principles*，ch. 10.

⑱ 美国革命不仅明确以英国 1689 年体制建立的宪政安排为参照点，而且更进一步认为英国 1688 年的事件及其后建立的政治安排，在某种意义上，并非光荣革命的革命原则真正彻底的实现。在这一点上，美国革命远不是单纯的殖民地独立运动，而必须看作是彻底实现"光荣革命"背后隐含的原则，力图建立"自由的永久基础"的进一步努力（Wood，*The Creation of the American Republic 1776 - 1787*，pp. 10 - 11，31ff，128 - 129）。在这方面，潘恩的话非常具有代表性："非同寻常的是，詹姆斯二世因擅自建立权力而被逐，但驱逐他的议会竟然会借着另一种外表和形式重演这个罪过"（*Political Writings*，p. 65）。

⑱ 伍德，《美国革命的激进主义》，第二编，尤其第七章。事实上，在光荣革命期间，苏格兰就比英格兰更愿意明确诉诸洛克的革命政治原则（Dickinson，*Liberty and Property*，p. 75）。

108）。⑱ 托克维尔日后在美国社会发现的美国民主的根本条件，美国人的生而平等，为美国革命提供了一个与英国革命完全不同的社会基础。在这个意义上，美国社会与美国革命，更符合洛克革命政治的哲学原则，尤其是其对革命的社会共同体及其"同意"形态的分析。这才是美国社会对洛克不讲道理的无条件依恋的真正根源。⑱

洛克哲学的美国实践，或者说，洛克革命政治的美国形态，真正展现了洛克政治哲学的世界历史意义。革命政治取代了古代政治的最佳政体及其自然目的的世界图景，代之以具有持久动力的政治运动机制。现代政治通过将革命置于政治体制的核心和基础，在根本上建立的不再是一种静态的理想政体，而是一种具有内在动力机制的政治运动，以及进一步而言，政治体制与社会运动之间无法消解的紧张关系。

---

⑱ 正如施特劳斯在讨论洛克的自然状态学说时敏锐指出的，"只有那些已经在政治社会中生活过，或者更准确说，在已经恰当地培养了理性的政治社会中生活过的人，才可能当在自然状态中生活时知道自然法。因此，在自然状态中遵守自然法的人们的范例，就应该是在美洲的英国殖民者中的精英，而不是印第安土著民"（《自然权利与历史》，第235—236页）。即使相当忽视洛克的 Gordon Wood 在其晚近的研究中，也强调洛克的这一观察揭示了美国革命的一个重要事实，即这一革命伴随着美国人民对其所谓"国民性"的发明，而这种发明之所以可能，正是因为依据洛克的民主认识论，一个年轻的民族能够在心灵的白纸上通过自由的劳动使生活的方方面面都"共和化"（republicanized. *Empire of Liberty：A History of the Early Republic*，1789 - 1815，New York：Oxford University Press，2009，pp. 41 - 42，469 - 471）。当然，建立在"白板"基础上的美国生活方式，最终的原则是自由主义，还是共和派的，或者二者的某种结合，仍有待进一步的深入研究，试比较哈茨，《美国的自由主义传统》，第1—3章；Jerome Huyler，*Locke in America：The Moral Philosophy of the Founding Era*，Lawrence：Kansas University Press，1995。

⑱ 哈茨，《美国的自由主义传统》，第52页，参见第66页；阿伦特，《论革命》，第156页（中译本译文有误）。这一点正是 Wood 在共和派史学的代表作《美利坚共和国的缔造》中分析潘恩等人有关"美国人民的气质"（the genius of the People）争论的实质。潘恩认定美国人民的独特性在于，他们可以通过摆脱英国人的统治，回到自然的共和状态，而潘恩的批评者则坚持，美国社会与其母国没有差别，她依然保留了不列颠的风俗习惯（Wood，*The Creation of the American Republic 1776 - 1787*，pp. 91 - 103）。这涉及欧洲与美国之间在文化传统与地缘政治上的复杂关系。哈茨形象地称美国以及许多所谓"新社会"是建立在欧洲文化的"碎片"上。但恰恰是这种所谓碎片化的机制，赋予了这些欧洲文化的殖民地以其母体所不具有的"自由"。如何理解这种传统的碎片化与自然法道德哲学对现代世界的支配性影响之间的关系，仍有待更加深入的研究。Louis Hartz ed. *The Founding of New Societies：Studies in the History of the United States，Latin America，South Africa，Canada，and Australia*，San Diego：Harvest，1964。

英国革命与美国革命之间在思想和历史现实方面的复杂关系,不只具有"不列颠史"的意义,也是革命在建立世界历史和世界政治秩序的一个范例。自从美国革命以来,革命就成了改变世界政治面貌最重要的政治活动。[186] 而革命政治的动力,不断推动着革命"共同体"的力量,使这种习俗的力量恰恰很难限定在习俗生活的边界中。革命的"社会",似乎要将人从政治生活的有限性中解放出来,带入无限的自然社会中。这是世界政治的真正基础和持久动力。而在任何一个共同体中,革命的守成,必然意味着传统的重建。只有不断维新的传统,才能使革命真正实现其开创或奠立人类政治生活根本原则的目标,而不会被带入无休止的自我毁灭。但处在世界秩序中的后来者,其面临的革命挑战,则在于能否通过传统的维新最终克服革命的不断输入。因此,现代决定世界政治最直接的力量,首先不是帝国的征服或者传统地缘政治意义上的国家战争,而是革命导致的整个世界政治秩序在原则上与国家政治生活必需的伦理生活传统之间的根本冲突和持久较量。只不过在国际政治体系中的统治国家能够将自身生活的"意见法"有效地转变为国际政治的"自然法",从而使革命的威胁从一个国家的内部推向世界政治的边缘地带。革命的永动机,比破坏性的征服更经济、更有效地建立了世界政治的新图景,一个没有伦理生活实质的全球社会。问题只不过是,世界起初像美利坚一样,还是最终?[187]

---

[186] 从伯克与普赖斯等人的争论可以看出,法国革命在思想上仍然是英国革命原则(以及洛克政治哲学)激进潜力的进一步释放。只不过,这种激进,究竟是在精神上的背离还是继承,仍有待进一步的深入研究。

[187] "这是世界从古至今的实践。对于现在那些降生在具有宪政安排的古老政体之下的人们来说,虽然他们具有既定法律和明确的政府形式,但与那些降生在森林中,同无拘无束的野人散漫地相处比起来,现在人类的自由,并不受到更多的限制。"(II. 116)

在良心与自然法之间
——洛克宗教宽容论的思想张力

吴　飞①

▌目　录

---

① 作者单位:北京大学哲学系、外国哲学研究所。

引言:洛克与宗教宽容问题

1660 年,查理二世回到英国即位,恢复了被内战中断的王制,同时也将从亨利八世以来就困扰着英国政治的宗教纷争推进到一个新的阶段。天主教、圣公会、清教和各种新教教派并存,宗教格局本来就已经非常复杂;查理二世的暧昧态度,和圣公会的中间立场,使宗教问题变得更为扑朔迷离。在法国流亡多年的查理二世对天主教颇有好感,但在新教已占优势的英国又不敢公开宣布他的立场。天主教的复辟成为斯图亚特王朝后半期英国政治的一个巨大威胁,直到光荣革命才得到最终的解决。

正是在这样的形势下,关于宗教宽容的争论,小,触及每个人在教会崇拜中的穿着与仪轨,大,则关涉到英国政治的根本问题,尤其是天主教在英国政治舞台上的位置。本来就很激烈的争论在王制复辟前后变得更加尖锐。比如,甄尼斯(Henry Jeanes)在 1659 年发表的《论无关紧要》(*A Treatise concerning Indifferency*),汉蒙德(Henry Hammond)于1659 年发表的《为统一辩护》(*A Vindication for Uniformity*),桑德森(Robert Sanderson)于 1660 年发表的《论良心的责任》(*De Obligatione Conscientiae*),都是相关的著作。这些争论围绕两个关键词展开:"无关紧要之事"(indifferent things)和"良心"(conscience)。主要新教教派都主张,宗教在根本上是良心的事,即,一个人是否得救,取决于他是否按照良心真诚地信仰,而不在于他参加了什么仪式,穿了什么衣服,更不在于他参加宗教活动的时间和地点。这些外在的事是《圣经》中没有明文规定的,也是与拯救无关的,因而是"无关紧要之事"。不过,宗教作为政治问题,其争论焦点却正是这些无关紧要之事。政府的宗教政策,就在于它对待无关紧要之事的态度。

洛克就是在这场争论中开始了他的政治思考的,因而良心和无关紧要之事就成为他思考的起点,甚至终点。洛克现存最早的两篇政治论文,就是针对宗教宽容问题的。写于 1661 年的一篇的抬头是"问:行政长官能否合法地发布和决定宗教崇拜中无关紧要的事?"这篇文章习惯上被称为《第一篇政府短论》或《英文短论》。[②] 大约一年之后,洛克又用拉丁文写了一篇文章讨论同一个问题,标题是:"行政长官是否可以把无关紧要的事放进神圣崇拜的典礼中并发布给人民?是。"这篇文章一般被称为《第二篇政府短论》或《拉丁文短论》。

无论是这两篇短论,还是他当时的一些通信,都表明,就在查理二世复位前后,洛克非常关心宗教宽容问题,而且主张政府有权干涉宗教事务。到他加入辉格党领袖莎夫茨伯里(Shaftsbury)伯爵集团(当时的阿什利[Ashley]勋爵)之后不久,于 1667 年所写的《宽容短论》(*An Essay on Toleration*)就完全改变了论调,表现出了后来在《论宽容书》[③]中的基本观点。

在 1948 年洛克的早期文稿被发现之后,洛克对待宗教宽容问题的观点转变成一个争论不休的问题。这种变化究竟意味着一个根本的变化,还是其背后有着更本质的不变,或者是仅仅出于政治投机的

---

② 类似的观点也表现在洛克于 1659 年致斯塔布(Henry Stubbe)的一封信中。斯塔布也主张政府无权限制宗教事务中无关紧要的事。这封信被当作研究洛克思想的最早现有资料。该信编号为 75,见 *The Correspondence of John Locke*,edited by E. S. de Beer,Oxford:Oxford University Press,1976,Volume 1,109 – 112。又参见 Roger Woolhouse,*Locke:A Biography*,Cambridge:Cambridge University Press,2007,p. 31。

③ 拉丁文原题是 *Epistola de Tolerantia*,英文译为 *A Letter Concerning Toleration*,商务印书馆中文版译为《论宗教宽容:致友人的一封信》(吴云贵译,北京:商务印书馆,1996 年),虽然译文可用,但书名却极为啰嗦,引用起来很麻烦,而且与洛克其他论宽容的著作难以分清。因此,我们将它的书名译为《论宽容书》,而译文主要用商务版的。

目的呢？目前,多数学者不会认为洛克仅仅是为了依附主张宗教宽容的莎夫茨伯里才转变观点的。而且,他们也大多主张,洛克在不同时期关于宗教宽容的具体观点虽然完全相反,但其思想依据有相当大的连贯性。不过,这种连贯性在哪里,以及这种连贯性究竟意味着什么,学者们却很难有一个一致的观点。

在洛克的一生中,宗教宽容恐怕是他讨论次数最多的现实问题了。除了早年的三篇短文,还有他于 1669 年参与起草的《卡罗莱纳基本宪法》中的宗教宽容部分,1689 年发表的《论宽容书》,以及就这封信与普洛斯特(Jonas Proast)打的笔墨官司,不仅远远超过了《论宽容书》本身的篇幅,而且这项工作一直持续到洛克去世前两个月。在所有这些讨论中,我们确实可以很直观地看到洛克一贯坚持的政治立足点:无论宽容还是不宽容,都是为了稳定新教在英国的统治,驱逐天主教的势力。

无论在洛克、莎夫茨伯里,还是其他的辉格党人那里,宽容与否都不是最根本的问题。起初,莎夫茨伯里与查理二世因为表面上都赞成宗教宽容而走到一起,但很快就发现,在这表面的一致背后,双方却隐藏着针锋相对的目的。因为查理二世实行宗教宽容是在为天主教争取空间,而莎夫茨伯里却是为了团结新教各教派,驱逐天主教。同样,在光荣革命前夕,詹姆斯二世也明确表现出支持宗教宽容的倾向,但这不仅不能为他赢得辉格党人的支持,反而加速了他的王朝的灭亡。光荣革命的爆发并不是因为詹姆斯不宽容,而是因为他的宽容是面向天主教的。

正如洛克在《宽容短论》中所说的,宽容与不宽容只是手段,都服务于同一个政治目的:"最便捷地维护安全与和平,提升这个王国的国家利益。"①不过,我们并不能因为宽容问题背后的这个政治背景就认为,洛克讨论宗教宽容与否的用意,仅仅是出于驱逐天主教这样的实用目的。它所体现的,并不仅仅是辉格党集团的政治利益和策略,而

---

① John Locke, "An Essay on Toleration," in *Political Essays*, edited by Mark Goldie, Cambridge: Cambridge University Press, 1997, p. 151.

且是英国新教在处理这一现实问题时的政治和宗教原则。因此，洛克前后期的宽容论调不仅都指向一个共同的现实目的，而且都基于一套共同的观念和逻辑。这套逻辑是我们更应该关注的。

从 1661 年开始严肃思考哲学和政治问题，到病榻上的奋笔疾书，洛克的思想历程与英国宗教宽容问题伴随始终。不过，洛克关心的绝不止是一个人是不是可以进教堂、读《圣经》、参加宗教仪式，甚至也不止是天主教徒是否可以当上英国国王这样的现实政治问题。更重要的是他在两篇《政府论》中思考的自由主义政治的根本问题，在《论自然法》和《人类理解论》中讨论的基本哲学问题，以及在《基督教的合理性》和《保罗书信章句》中关心的神学核心问题。

在洛克这里，宗教宽容或良心自由的问题，并不止是与言论、结社自由等相并列的一项自然权利。作为洛克最重要的著作之一，《论宽容书》并不只是对《政府论》的一个简单补充，仅仅讨论《政府论》中未能触及的宗教问题而已，而且是对洛克自由主义政治思想的进一步思考。宗教宽容问题的实质是，一个自由国家的公民，能否追求真正的灵魂自由；而要获得灵魂上的自由，就不仅牵涉到能否自由地参与宗教仪式，而且关系到什么样的宗教仪式或别的方式能使人获得灵魂上的自由。但对这个问题的关心往往与前面一个问题相矛盾，因为如果一个人或一个政府确信自己的宗教是真正拯救性的，那为什么还要给别的宗教以同样的自由呢？那不是以政治自由的方式，把公民推向精神上的奴役和堕落吗？这正是自由主义的核心张力：是不是仅仅为了政治上的消极自由，就可以取消精神和道德上的积极自由？

因此，如何理解宗教宽容问题，触及的并不只是洛克在宗教这个具体问题上有怎样的观点，而且是他的整体思想，甚至整个自由主义思想传统的核心问题：究竟如何处理政治自由和灵魂自由的关系。正是在这个意义上，宗教宽容虽然不是洛克关心的唯一问题，却是他从三十几岁以来就反复思考、不断重审的问题；也是在这个意义上，在从亨利八世以来的英国政治中，宗教问题虽然并不是唯一的问题，却集中反映了英国迈向现代文明过程中最核心的政治和文化冲突，尤其是在英国内战之后,洛克最深地卷入英国政治斗争的那段历史时期,天主教与新教之争就成为英国最敏感的政治话题。而 1688 年的光荣革命,在政治上将天主教彻底赶下了英国政坛;几乎与此同时发表的《人类理解论》《政府论》和《论宽容书》,则为这场革命提供了理论支撑。

在政治实践上,威廉三世取代詹姆斯二世,意味着新教集团的胜利;在哲学理论上,洛克三部著作的发表同样意味着新教思想的胜利。这两方面的胜利,则标志着一种新型生活方式的真正形成。而这之所以成为一种有力量的生活方式,就在于,这既不只是一个政治集团的胜利,也不只是某种政治策略的胜利,而是对政治自由与灵魂自由的同时张扬。

但洛克真的做到这一点了吗? 在当前洛克政治思想研究的三个最重要的传统中,有两派对这个问题不以为然。左派的麦弗森认为洛克代表了早期资本主义的兴起⑤;施特劳斯则认为,洛克只不过是个言辞委婉、遮遮掩掩的霍布斯主义者⑥。但剑桥学派的学者邓恩、塔利等人认为,洛克无论在对自由的论述上,还是关于宗教的诸多讨论,都有着更深的考量,应该认真对待,而不能把这些当作掩盖其他说法的文字游戏。⑦《洛克传》的作者克兰斯顿(Maurice Cranston)也认为,洛克主义的政府并不是简单的有限政府,而是关心精神拯救的事情。⑧本文即试图在前人研究的基础上,以宗教问题为入手点,看洛克的政治自由观念背后,究竟是否有一种对灵魂的关注,即,当他为契约国家的公民争取独立的政治空间的同时,是否也在安顿他们的拯救问题。而这一宏大问题的出发点,就是无关紧要之事与良心的关系。

---

⑤ C. B. Macpherson, *The political theory of possessive individualism*: *Hobbes to Locke*, Oxford: Oxford University Press, 1962.

⑥ 列奥·施特劳斯,《自然权利与历史》,彭刚译,北京:三联书店,2006 年。

⑦ John Dunn, *The Political Thought of John Locke*, Cambridge: Cambridge University Press, 1969; James Tully, *An Approach to Political Philosophy*: *Locke in Context*, Cambridge: Cambridge University Press, 1993.

⑧ Maurice Cranston, "John Locke and the Case for Toleration," In *John Locke: a letter concerning toleration*, edited by John Horton and Susan Mendus, London: Routledge, 1971.

一、早期讨论:自然法与良心

1. 两篇政府短论

白格肖(Edward Bagshaw)是洛克在牛津的同学。在当时非常激烈的争论中,他于 1660 年撰文《关于宗教崇拜中的无关紧要之事的大问题》(The Great Question Concerning Things Indifferent in Religious Worship),攻击圣公会对"无关紧要之事"的干预。这本小册子迅速流行起来。⑨

白格肖出于典型的新教立场,明确界定了究竟什么是"无关紧要之事"。首先,有些事情本质上就是无关紧要的,比如人类行为的外部环境,是上帝完全交给人类来决定的,像宗教集会的时间地点等。有另外一些事情,本来是无关紧要的,但是因为滥用而带有了迷信的色彩,比如向耶稣的名字鞠躬、洗礼时用的十字架、教堂中的图画、布道时的白袍、圣礼中的下跪、固定的祈祷仪式等。这些本来是无关紧要的,即是否采用与救赎无关,但对于那些坚信这些是合法的人,他们自然可以去做,但若是基督徒官长规定这些,那就不对了。⑩

在白格肖看来,把无关紧要之事当成必需的宗教仪式,恰恰是罗马天主教的做法,而圣公会对仪式的那些规定,是违背新教原则的,因为基督教在本质上就是自由和自愿的,能否获得拯救取决于良心,而不是外在仪式。那些必须的事,上帝已经决定好;而无关紧要的事,不需要行政长官按照自己的意愿随便规定。⑪

如果行政官长规定了这些无关紧要之事,必然会带来诸多不便。首

---

⑨ John Marshall, *John Locke: Resistance, Religion and Responsibility*, Cambridge: Cambridge University Press, 1996, p. 12.

⑩ Edward Bagshaw, *The Great Question Concerning Things Indifferent in Religious Worship*, London, 1660, p. 2. 本文中引用的当时英文文献,凡未注明现代版本信息者,均来自数据库"Early English Books Online (http://eebo. chadwyck. com)"。

⑪ 同上书,pp. 3 - 4。

先,一旦行政官长有了规定无关紧要之事的权力,那他的权力就很难被限制,从而容易侵入并非无关紧要的良心之事。第二,行政官长若有了这种权力,所剥夺的不仅是基督教的自由本质,而且是其属灵特性。因为人们将不再看重内心的投入,而是外在的仪式。第三,这样必然会粗暴对待信仰,但良心之事,哪怕是错的,也必须以温和的方式对待。第四,这样就会使人觉得外在仪式和宗教中更本质的部分同样重要。⑫

政府是否有权规定宗教崇拜中的无关紧要之事,成为当时争论的焦点问题,而且大体被当成宗教宽容问题的另一个说法,即,主张政府有权规定无关紧要之事的,就是反对宗教宽容;反对政府有权规定无关紧要之事的,就是赞成宗教宽容。不过,争论只限于"无关紧要之事"。虽然白格肖也谈到了,对于犹太人和阿拉伯人,虽然明明知道他们的信仰是错的,政府官长也不该强迫他们改宗⑬,但对于和拯救息息相关的必须之事,很少有人认为应该一概宽容。相对而言,白格肖还是比较温和的。比如,当时著名的独立教派领袖约翰·欧文(John Owen)虽然强烈主张宗教宽容,但他的宽容也只限于接受正统教义的教派,有些教派,如不接受三位一体说的教派,就不能得到宽容,道德败坏的教派同样不能宽容,更不用说天主教了。⑭ 彼得·佩特(Peter Pett)出版于 1661 年的《论良心自由》(A Discourse Concerning Liberty of Conscience)流行一时,大力呼吁维护各独立教派的良心自由,但也只限于那些赞成圣公会的 39 条信纲的新教教派。而且,佩特也非常明确地指出,他之所以主张宽容,更多是出于政策的目的,因为如果那些教派无法公开传教,他们势必会私下集会,这样反而会对政治带来更大的危害。⑮

---

⑫ Edward Bagshaw, *The Great Question Concerning Things Indifferent in Religious Worship*, London,1660, p. 2. 本文中引用的当时英文文献,凡未注明现代版本信息者,均来自数据库"Early English Books Online (http://eebo. chadwyck. com)",pp. 11 - 12。

⑬ 同上书,p. 2。

⑭ John Marshall, *John Locke*: *Resistance*, *Religion and Responsibility*, Cambridge: Cambridge University Press, 1996, p. 43.

⑮ Peter Pett, *A Discourse Concerning Liberty of Conscience*, London, 1661.

洛克的《英文短论》是对白格肖的批评,《拉丁文短论》是在读了佩特的书之后写的。⑯ 前者针对白格肖的主要观点逐一批驳,后者则更系统讨论了一些相关问题。两篇文章展现出同一时期的思想,所以我们把它们放在一起来谈。

在《拉丁文短论》中,洛克花了很大篇幅界定"无关紧要之事"。按照争论各方的用法,"无关紧要之事"就是指在道德上无所谓好坏的事,但这样的界说还是过于笼统。于是,为了更精确地讨论无关紧要之事,洛克对法律作了一个系统分类。

他根据法律的制定者列出了四类法律:一、神法,或道德法;二、政治法,或人法;三、兄弟法,或慈爱法;四、自修法,或私人法。这个法律结构无疑与阿奎那以来的神法—自然法—人法的结构有着密切的关系,更与胡克的法律观有着直接的渊源关系,但正如洛克自己所说,这毕竟是他新创造的一种法律区分方式。⑰

首先,神法是上帝制定的法律,规定了人的生活规则和模式。神法可以分为自然法和实在法。自然法是通过"自然之光",即人的自然能力,颁布给人的;实在法是通过启示颁布的,如摩西十诫。洛克认为这两者都是道德法,而且其内容完全一样,区别只是颁布的方法不同。一切善恶原则都来自于神法。凡是神法没有规定的,都是"无关紧要之事"。

人法是掌权的人制定的法律。不仅国王对臣民,而且主人对奴隶、父母对孩子,以及所有在上者对在下者制定的法律,都属于人法。人法所应当管辖的,就是那些"无关紧要之事",是高一级法律(即神法)未能规定的领域。当然,国家也可以禁止偷盗、鼓励慈善等,但这只不过是在执行神法而已。只有神法未曾规定的内容,上帝才托付给人间的权威根据情况作出规定。如果人法只负责具体执行神法,那它就没有存在的必要了。

而兄弟法,即社会组织,特别是各个教会中的法,则规定神法和人

---

⑯ John Marshall, *John Locke: Resistance, Religion and Responsibility*, pp. 45 – 46.

⑰ John Locke, "The Second Tract on Government," in *Political Essays*, p. 63.

法都未曾规定的内容。教会中的一个兄弟本来并不比别人有更高的权威（不像人法的制定者那样），但是为了教会的秩序，可以规定让别的教徒放弃某些本来合法的自由，使得某些在别处完全是合法的事情，在教会里就成为不能做的事，比如不准吃某种东西，不准穿某种衣服。

最后一种私人法，是指某个人对自己制定的一种法，包括良心之法和契约两种。关于良心之法，我们后面还会详论。而契约，则包括私人和上帝立的约，就是私人对上帝发的誓，和私人之间立的约。

洛克随后指出了这个法律框架中的几项原则：第一，在这几类法律中，真正能约束人的内在良心的，只有神法，而其他所有法律，都建立在神法的基础上。第二，除去神法之外，其他所有法律所涉及的都是无关紧要之事，都只是为了一时一地的具体情况而制定的，这些法律的存在，并不改变那些事情"无关紧要"的本质。第三，这四种法律的地位是逐层下降的，低级法必须服从于高级法，不能违背高级法。第四，只有高级法中无关紧要的事，才是低级法规定的内容。

从这样一种法律框架，我们也就很容易明白洛克反对宗教宽容的理由了。由于人法是高于兄弟法的，在神法未曾规定的任何无关紧要的事情上，国家都有更大的优先权和主动权，所以教会只能在遵守人法的前提下，对于国家法律未作规定的事情，给出自己的规定。[18]

洛克认为应该由国家干涉的，并不是每个基督徒的灵魂中的宗教崇拜。因为，这种针对上帝的内在德性，即爱、敬、畏、信等，都是上帝对人直接提出的要求，是宗教的本质和灵魂，属于神法的内容，完全是沉默的和隐秘的，是人眼观察不到的，是人法所不应该管辖，也无力触及的。即使是外在的宗教崇拜，只要是神法所普遍要求的，是内在崇拜必需的表达方式，包括祈祷、感恩、唱圣歌、参加宗教仪式等等，国家政权也不得干涉，因为这些同样是神法的范畴。这两个方面，分别是自然法和实在法所规定的。

不过，这些明确规定的外在表达方式不是抽象的，而必须在一定

---

[18] John Locke, "The Second Tract on Government," in *Political Essays*, pp. 63-68.

的时间和地点完成,要有具体的程序和方式。但对于这些,上帝并没有明确的规定,因而把它们交给了行政长官来处理,于是国家法律有权管理教会,可以修改、废除、更新,或根据任何具体情况作出自己认为最合适的规定。而在人法作出了这些规定之后,余下的一些细节则可以由国家统治下的教会再来作更具体的规定,但前提是不能与国家已经作出的那些规定相违背。[19]

在《英文短论》中,洛克正是基于《拉丁文短论》中的法律观念,反驳了白格肖的说法。在他看来,上帝将无关紧要之事交给人类来自行处理,同时又将权力交给政府来管理这些事情,那么,行政官长就完全有权力对这些无关紧要之事作出自己的规定。[20] 白格肖说,既然基督徒君主不会逼迫犹太人和阿拉伯人改信基督教,那就更不能在无关紧要之事上逼迫基督徒。洛克反驳说,君主要在宗教上采取暴力措施,只是在有希望改变的时候。那些犹太人和阿拉伯人已经深深陷溺在迷信之中,没有拯救的希望,所以基督徒君主不会强迫他们改变信仰;但对于他统治下的基督徒,他们应该忠诚于君主,服从法律。君主也有义务通过外在的强迫,帮助他们改正错误,距离拯救更近一些。"强力虽然无法导致内在的说服,但也许可以导致外在的服从,这就是这里要求的一切,它对某些人也许无用,但对另外的人可能就很必要。"[21]

洛克虽然也认为,良心不能被规定,必须以温和的方式对待。但是,如果良心就是宽容的足够理由,那么,无论贵格派还是再洗派,只要他们真诚地相信他们所说的,就可以做任何违反国法的事。哪怕人们错误地理解了福音书中的某句话,都可以以自己的理解为根据,来对抗政府。在洛克看来,所谓"对良心的规定",就是将人的某些规定当成神圣的、拯救所必需的,来强加给别人。这里所指的,就是罗马天主教的种种做法。而那些对无关紧要之事的规定,并不是对良心的规

---

[19] John Locke，"The Second Tract on Government," in *Political Essays*，pp. 57 - 59.

[20] John Locke，"The First Tract on Government," in *Political Essays*，p. 12.

[21] Ibid.，p. 14.

定,而只是为了维护国家秩序采取的必要的行政措施。[22] 在这些措施之下,人们究竟如何信仰,怎样寻求拯救,对于任何事情有任何的意见,都是国家政府无权也无力真正干涉的;但是人们以怎样的活动表达信仰,这些外在活动会不会干扰国家和社会秩序,却在政府的权限之内。洛克认为,英国内战,就是对良心过于宽容导致的:"温和的良心的自由,正是席卷我们国家的所有那些混乱和史无前例的灾难性意见的第一导火索。"[23]

"无关紧要之事"和"良心的自由"是宗教宽容争论中最重要的两个关键词。对宗教宽容的争取,就是对良心自由的争取;而对宗教宽容的否定,就是主张对无关紧要之事的规定。如何理解良心与无关紧要之事,是宗教宽容问题的潜在症结。

洛克与白格肖都认为,无关紧要之事就是上帝没有明确规定,从而与拯救没有直接关系的事;而真正能否获得拯救,取决于每个人的良心,良心的自由是任何人无法干预的。白格肖的逻辑是,既然上帝对无关紧要之事没有规定,那人们就可以自由处置这些事情。由于人们的认识能力不同,多数人所认为的无关紧要之事,在某个教派的人看来,就是性命攸关的事。尽管这种认识可能是错误的,但为了保证良心的自由,对于真诚相信这一点的人不能干涉他们。归根到底,白格肖所反对的,并不是政府对所有无关紧要之事的干预,而是对与宗教信仰相关的无关紧要之事的干预,而之所以不能干预这一类无关紧要之事,正是因为它们在某些人看来并不是无关紧要之事,而是良心之事,所以对它们的干涉,就成了对良心自由的干涉。

但洛克比白格肖更严格区分了无关紧要之事和良心之事。根据他在《拉丁文短论》中的说法,无关紧要之事,就是上帝没有具体规定的事,是无关乎善恶,或者说,无论上帝的自然法还是实定法都没有谈到的事。洛克在《英文短论》中给出了对良心的一个定义:良心,不过就是在任何实践位置上关于真理的意见,涉及道德的、宗教的、政治

---

[22] John Locke, "The First Tract on Government," in *Political Essays*, pp. 22 - 23.
[23] Ibid., p. 40.

的、教会的种种情况。㉔这种意见有可能是对的,也有可能是错的,所以,一方面,人有怎样的意见,政府管不着;但另一方面,人们能否根据自己的意见去做事,却是政府可以管的。

良心就是关于善恶与拯救的看法,就是对自然法的认识。如果良心正确认识了自然法,按照自然法去做事,那就会得拯救,不论采用什么样的无关紧要之事来表达自己的信仰都没关系。政府的职责,就是对无关紧要之事作出规定,无论是政治中无关紧要的事,还是教会中无关紧要的事。按照他这个时候的观点,对无关紧要之事的任何规定,都不会改变这些事"无关紧要"的本质,即不可能像白格肖理解的那样,把它们变成良心之事,所以必须绝对置于人法的治理之下。如果把无关紧要之事变成良心之事,就是以宗教的名义扰乱政治秩序,是教会对政府职权的干预和侵害,反而不是对良心自由的保护。

洛克对无关紧要之事和良心之事这种更严格的区分,使他无法赞同白格肖的态度,也不可能同意白格肖所说的那四种不便。他指出,最重要的不是看有什么不便,而是看是否符合原则,因为从人类堕落以来,没有哪种工具不曾给人带来不便。㉕他一一驳斥了白格肖的四种不便,鲜明地展示了自己的立场。

不过,在这淋漓尽致的批驳之后,当洛克在《拉丁文短论》中更系统地申述自己的思想,特别是在给出那四法律的体系的时候,却也逐渐暴露出一个矛盾来,而这个矛盾,涉及相当重要的良心问题。

在《拉丁文短论》中,洛克对良心又下了一个定义。在谈第四种法律,即自修法或私人法时,洛克说,这类法律包括两种:良心和契约。其中的良心法,来自人的判断,"我们称为实践理智的根本判断,涉及生活中各种事情的道德观点的可能真理。"洛克相信,上帝将"自然之光"植入每个人的心里,希望人们内心一直有一个内在的法官,这个法官的法律不容人们丝毫的僭越。㉖

㉔ John Locke,"The First Tract on Government,"in *Political Essays*,p. 22.

㉕ Ibid.,p. 36.

㉖ Ibid.,p. 65.

此处的良心定义与《英文短论》中的定义基本一致，不过，当我们在这四层法律体系中理解良心法时，却觉得洛克的说法很悖谬。一方面，洛克认为私人法是四种法律中最低的，应该永远服从上级法；但另一方面，他又认为良心法是上帝直接颁布给每个人的，这种说法简直和他说自然法时的说法完全一样。如果是这样，良心法岂不应该就是自然法，最高的法了吗？洛克后面又明确说："除了神法之外，没有哪种法律可以自身就直接约束人的良心，因为别的法律不会通过自己的内在力量来约束人，而只能通过它们借以立基的神圣诫命。"[27]这究竟是在说作为神法的自然法呢，还是作为私人法的良心法呢？

在进一步讨论四种法律之间的关系时，洛克说，不能因为一介臣民的誓言或是私人的良心错误，而取消官长的法令；又说，只有在所有高级法都沉默的地方，才能遵守良心和誓言的规定。[28]但所谓的高级法的沉默该怎样理解呢？表面上，这似乎是指高级法所不必规定的、非常无关紧要的事。但洛克又说："没有哪个基督徒会怀疑，在必需的事情上，哪怕官长沉默了，良心也会约束的。"[29]这句话的意思又是说，良心管的是神法规定的必需的事，是不用官长另外来管的。

洛克在谈良心法时表现出的这些矛盾，暴露了他的自然法和良心学说的一个重大矛盾。一方面，他认为上帝给了每个人认识自然法这根本大法的自然之光；另一方面，他又认为每个人并不都能认识到自然法，甚至常常是多数人认识不到自然法，因而他们的良心就常常是错的。对于能够认识自然法的良心而言，其良心法就是自然法，不需要人法和教会法，就能直接通过良心法认识和遵守神法；但对于不能认识自然法的良心而言，其良心法不仅不是自然法，而且常常是政治混乱的动荡之源，所以他们的良心法是最低的，必须服从上面几层高级法。这样，良心法所规定的既可能是最必需的拯救之事，也可能是最无关紧要的无关紧要之事。在法律实践当中，由于很难判断究竟谁的良

㉗ John Locke, "The Second Tract on Government," in *Political Essays*, p. 66.

㉘ Ibid. , p. 67.

㉙ Ibid. , p. 68.

心法可以等同于自然法,而且这样的人非常少,所以要假定每个人的良心法都是错误的,因而良心法就只能是最低级的法,必须服从高级法。

关心洛克前后思想变化的人,会很容易看到,白格肖所持的一些具体说法,恰恰是后来的洛克所持的观点;而现在的洛克所持的一些说法,却是后来他的论敌用来攻击他的,也是他在晚年不遗余力反驳的观点。洛克的思想到底为什么会发生这种转变,是一个颇有意味的思想史问题。也许真像马歇尔所说,当洛克看到欧洲大陆的宗教宽容没有带来他想的那些麻烦,当人数众多的极端教派和圣公会的狭隘使他意识到只能采取宽容政策时,现实成为最有力的说客。[30] 而身边的朋友如波义尔、斯塔布,特别是阿什利勋爵的宽容主张也在逐渐影响着洛克,对佩特等人的反复阅读也使他进入更不同的思考方式。但除了这些外在因素之外,洛克自己思想的内在张力和相应的调整,也许可以更好地解释洛克作为一个哲学家的思想转变,以及前后观点之间的实际关联。即使主张宽容的洛克,也并没有变成另一个白格肖,而是沿着他在 1660 年已经开始的思想之路,走向了更深刻的思考,同时也许陷入了更尖锐的矛盾中。

2. 论自然法

良心法和自然法的矛盾,是两篇政府短论中并不明显,但其实相当尖锐的潜在矛盾,直接关涉到对宗教宽容的理解。这对矛盾之所以在两篇政府短论中不易察觉,是因为当时洛克认为,宽容问题的实质是人法与教会法之间的矛盾。不过人法对教会法的优先地位来自于自然法,而对自然法的深入思考必然会把自然法与良心的含糊关系带出来。而这正是他以后思考的方向。

如果说,宗教宽容是纠结洛克一生的现实政治问题,那么自然法就可以说是纠结他一生的理论问题。他在前后期的各种著作中反复以各种方式探讨自然法问题,其中有许多理论难题,是他思考哲学、宗

---

[30] John Marshall, pp. 66 - 67.

教、政治问题的出发点。

1663—1664 年，洛克为牛津的学生作了系列演讲，主题就是自然法问题。这一系列演讲的内容重复出现在洛克的三个笔记本上，略有差异，一般被称为《论自然法》，是洛克现存最早的，也是最系统的关于自然法的论述。

（一）自然法作为道德法

《论自然法》是拉乌雷斯档案中最重要的文献之一，其发现当然对洛克思想的研究意义重大。但我们必须意识到，既然是未完成的手稿，其中就难免有拼写错误乃至有前后矛盾的地方，更何况，这些文字都是从属于演讲的。而施特劳斯一定要把这些错误和矛盾当作有意为之，背后隐藏着什么微言大义，就未免牵强了；洛克若是在他并不打算发表的笔记中弄出这么多玄虚，真不知道有何意义。㉛ 如果真要像施特劳斯所提倡的那样，尊重洛克自己是怎么想的，恐怕更应该认真对待洛克白纸黑字写下的说法，即自然法是道德法，不是基于私人利益，不是霍布斯所认为的那样，来自战争状态。至于文中的矛盾和不一致之处，虽不宜擅自修改，也不应借题发挥，给洛克加上他没有说过的思想，甚至把他和他明确批评过的霍布斯的思想混为一谈。

《论自然法》中第一篇的标题㉜是："是否有一套道德规则或自然法？是。"(An detur morum regula sive lex naturae? Affirmatur.)他开篇就指出，既然无人否认无处不在的上帝㉝的存在，上帝就给他所制

㉛ Leo Strauss, "Locke's Essays on the Law of Nature," in *What is Political Philosophy*, Chicago: The University of Chicago Press, 1988, pp. 197 - 220；对施特劳斯的批评，另见 John Yolton, "Locke on the Law of Nature"。

㉜ 由于洛克有些短文只列出题目，没有内容，致使累顿和霍维茨对几篇短文的编号有很大差异。我们这里主要依据累顿的编号，但参考两个版本的整理和翻译。

㉝ 在洛克的文稿中，此处的"上帝"是小写的 deus，但根据上下文，这里指的就是基督教的上帝，因此累顿将它改为大写的 Deus。施特劳斯却认为此处有意用小写，洛克的目的就是要模糊基督教的含义，泛指任何神祇，Horwitz 的译文，就采用了施特劳斯的这一理解(John Locke: *Questions concerning the Law of Nature*, Ithaca: Cornell University Press, 1990)。我们采用累顿的理解。

造和统治的万物规定了自然规律,那么上帝当然也给人规定了行为方式,那就是应该做什么,不应该做什么的道德法。㉞ 上帝为他创造的万物规定的,是"自然法则"(laws of nature);他为人规定的,可以称为"自然法"(Law of nature)。前者是洛克的朋友波义耳、牛顿,包括他自己都非常感兴趣的一个领域,后者则是他和朋友陶尔森致力研究的领域。㉟ 于是,洛克为自然法下的定义就是:"自然之光可以看到的,神圣意志的法令,规定什么遵循了理性自然,什么没有遵循,并因此而命令或禁止。"㊱洛克强调,既然称之为法,自然法就具有法律的所有特征:第一,它是最高意志的法令,其中包括了实在法的所有内容;第二,它确定了什么应该做,什么不应该做;第三,它对人有约束力,因为它符合任何义务的条件。自然法与制定法的唯一区别在于,它不是通过颁布条款来让人认识的,而是让人通过自然之光来认识的。㊲

显然,在《论自然法》里,洛克仍然坚持《拉丁文短论》中关于自然法的基本观念,即,神法包括自然法和实在法两种,人们认识两种法律的方式不同,但两种法律内容一样,即都是道德法。㊳ 他还坚持《拉丁文短论》中的说法,认为上帝会把自己的部分权威交给君王代理,而任何其他法律之所以有效率,就是因为其权威来自上帝的授权,甚至可以说,所有的法律根本上都来自自然法,因而都对人的良心有约束力。㊴ 自然法的约束力,往往就体现在其他法律的约束力上。

洛克第八篇短文㊵的题目是:"每个人的私人利益是自然法的基础吗? 否。"(An private cuiusque utilitas sit fundamentum legis naturae? Negatur.)此文开篇介绍了卡尼亚德斯的一种说法:每个人

㉞ John Locke, *Essays on the Law of Nature*, edited by W. Leydon, Oxford: Clarendon Press, 2002, pp. 108 - 109;霍维茨版 pp. 94 - 95。

㉟ 关于自然法则和自然法的关系,参见 G. A. Rogers, "Locke, Law, and the Laws of Nature," in *The Philosophical Review* Vol. 67, No. 4 (Oct. , 1958), pp. 477 - 498。

㊱ Locke, *Essays on the Law of Nature*, pp110 - 111;霍维茨版,pp. 100 - 101。

㊲ 同上书, pp. 110 - 113;霍维茨版,pp. 100 - 103。

㊳ 同上书, pp. 186 - 187;霍维茨版,pp. 210 - 211。

㊴ 同上书, pp. 184 - 185;霍维茨版,pp. 206 - 207。

㊵ 霍维茨版本的第十一篇。

都按照本能追逐自己的利益,因此人们各自按照其利益和具体情况制定法律,不存在普遍适用的自然法。卡尼亚德斯的追随者进一步推演出,应该打破权威,为个体自由正名,人们的权利和平等都不应该由外在法律决定,而应该由人们的利益决定。[41]

洛克指出,说私人利益不能成为自然法的基础,并不意味着私人利益不重要。对私人利益最强大的保护就是自然法,如果没有对自然法的遵从,人们就无法保护财产、追求利益。但若把自然法的功能当作自然法的基础,就因果倒置了。[42]

为了反驳这种说法,洛克提出了三条理由。第一,自然法是最根本的普遍法,是其他法律的基础和准则。而私人利益无法对其他法律作出规定,当然无法成为这种普遍法的基础。所有的法律,都要求人们做有德的事,而德性的基本原则是:损己利人。第二,洛克指出,如果私人利益是自然法的基础,这个法律必然被破坏,因为不可能同时照顾到每个人的私人利益。由于自然资源有限,人们如果都尽其所能地满足自己的物欲,则必然损害其他人的利益。结果必然造成人们之间的争夺和冲突,即陷入战争状态,法律就无从维持。只有以德性为基础,才可能维护法律,因为人们之间的德性并不冲突,一个人的正义不会损害另一个人的平等。第三,如果把所有的正义、友谊、慷慨都取消,根本不可能形成自然法的基础。因此,如果把人们的欲望和本能当作自然法的基础,则要么这法律不是用来约束人的,要么会导致,如果谁无私地帮助他人,那就是非法的。由于这三条理由,洛克得出结论,利益不是法律的基础,而是遵守法律的结果。[43]

施特劳斯认为,洛克给出的第二条理由虽然看上去是在反对霍布斯的自然法理论,但其推理方式是非常相似的,即都是从私人利益出发,推出所有人之间的战争,因此,洛克是一个隐秘的霍布斯主义者。[44]

---

[41] Locke, *Essays on the Law of Nature*,pp. 204 - 205;霍维茨版,pp. 234 - 235。
[42] 同上书, pp. 206 - 207;霍维茨版,pp. 236 - 237。
[43] 同上书, pp. 206 - 215;霍维茨版,pp. 236 - 251。
[44] Leo Strauss, "Locke's Essays on the Law of Nature," p. 217.

的确,即使在《政府论》中,洛克也没有写过与霍布斯的逻辑如此相似的段落。但难道我们可以忽视,洛克是在批判这种说法这个事实吗?最重要的是,他的这种批判和他全书中的基本论调,乃至其他书中的论调,都是完全一致的。而如果我们再看看洛克在第五篇短文⑤里所说的,自然法不能来自众人的赞同,那么,《论自然法》中就有了对霍布斯自然法学说的全面批判。⑥

洛克的这一思考是对霍布斯的最好反驳。按照霍布斯的逻辑,人人追求自我保存必然带来战争状态,为了能保证每个人安全地追求利益,必须对这种追求有所限制,这最初的限制就是自然法。⑦但在洛克看来,这种战争状态只是指出了制定法律的必要性,提出了法律必须面对的人性,并没有提供法律本身的逻辑和原则。洛克的确没有否认人人贪婪这个事实,也没有否定这种贪婪会导致战争状态这个逻辑。他和霍布斯一样,清楚地意识到了人性中的缺陷,但洛克与霍布斯最大的不同在于,如何看待人性中的这种缺陷与法律之间的关系。他不认为这些欲望能成为法律的基础,欲望恰恰是法律应该限制和管理的东西;只有建立在德性基础上的法律,才能够保证人们最大可能地获得自己的利益。说德性是法律的基础,并不是说人人都是天生有德性的,可以依赖人们的德性来建立法律。法律要依赖神的律令来制定。法律不是自下而上,从人的私利出发的,而是自上而下,从上帝的神法衍生出来的。

洛克还谈到,虽然人靠理性发现自然法,但理性并不确定或颁布自然法,而只能帮助人们认识自然法。只有至高的上帝是神法的作

---

⑤ 霍维茨版第七篇。

⑥ 洛克在第一篇短文中用众人同意来证明自然法的存在,但后面又否认可以通过众人的同意来认识自然法。施特劳斯认为,这是一个有意设置的矛盾,洛克实际上是同意可以通过众人的同意认识自然法的。但笔者同意累顿的看法,认为这应该是洛克在笔记中的思维不够缜密所致。虽然《论自然法》前后有这样的措辞不一致之处,但洛克的基本观点并无大的矛盾。

⑦ 霍布斯,《利维坦》,第 1 卷第 14 章,中文版(黎思复、黎廷弼译,北京:商务印书馆 1985 年)第 97 页。

者,而理性只不过是人心灵中的一种功能,是属于人的一部分。⑱ 若以理性来制定法律,无异于以私人来制定法律,而每个人的理性只能为自己制定私人法。这里延续了他在《拉丁文短论》中所说的,私人法不仅不是自然法,而且在法律结构中是最低的一种。洛克的这一区分是在警告人们,不可把与每个人密切相关的自然法等同于每个人制定的私人法。

(二) 良心和自然法

我们虽然认为施特劳斯及其追随者把洛克等同于霍布斯过于牵强,但他们的考虑也并非没有道理。洛克确实试图坚持传统的自然法观念,并坚决拒绝霍布斯的理解。不过,由于他对自然法的理解中存在很多矛盾,使得他并不能真正坚持传统的自然法学说。但我更多认为这是洛克思想的内在矛盾,不是他有意卖的破绽。而这当中很重要的一个方面,就是对良心的理解。

在第一篇短文中,洛克为了论证自然法的存在,给出了五条理由。其中的第二条是,从人的良心证明自然法的存在。他引用古罗马诗人尤文纳利的诗:"人若自己是法官,没有罪人能逃脱自己的审判。"既然人们会审判自己的罪,即有良心的作用,那就表明,他们一定是按照某种法律来审判的,这种法律不是成文的,而是内在的(innate)。⑲ 在第六篇短文"人们是否受到自然法的约束? 是"(An Lex naturae homines obligat? Affirmatur.)⑳中,洛克再次引用了尤文纳利的这句诗,并更加明确地指出,自然法通过良心起作用,而不是像霍布斯说的那样,通过人对惩罚的恐惧。于是,当一个人因为被海盗抓住而被迫臣服的时候,和他作为臣民服侍君主的时候,他对自己的义务的判断是完全不同的。作为海盗的俘虏,他一切为了自己的安全考虑,哪怕违背海盗的命令,良心也会允许。但作为臣民,他若是侵犯了同胞,他

---

⑱ Locke, *Essays on the Law of Nature*, pp. 110–111;霍维茨版,pp. 100–101。
⑲ 同上书, pp. 116–117;霍维茨版,pp. 112–113。
⑳ 霍维茨版第八篇。

的良心就会谴责自己。[51]

洛克的这一理解无疑继承了基督教关于良心与自然法关系的传统观念，即，认为良心是上帝给人的内在指引，良心的谴责是自然法起作用最重要的途径。[52] 应当说，无论对于传统的自然法学家，还是对于洛克，这都是理解自然法非常重要的一个方面。但是，洛克此处的理解，却将两篇政府短论中的矛盾更突出地暴露了出来。

按照这一传统理解，虽然不能把自然法直接等同于良心，但对于每个人而言，自然法主要就是通过良心在起作用。洛克特别指出，不仅作为神法的自然法，而且由神法衍生出的人法或其他法律，都要通过良心起作用，使人们有义务观念，有好坏善恶的区分。正是因此，人们才能不仅因为对惩罚的惧怕，而且因为对是非的判断，从而遵守各种法令。[53] 比如上述在第六篇短文中举的例子里，良心就是在约束对人法的遵从。这样，所谓良心法严格说来就不像他在《拉丁文短论》中说的那样，仅仅是私人法的一种，而是以自然法为首的所有法律的约束方式。即，任何法律要真正起作用，就必须能够转化为良心法；而这些法律之所以能够起作用，根本上就是因为每个人心中都有内在的良心法；良心法不仅对应于自然法，而且它本来就是自然法在人的内心的一种体现。如果是这样，那么，良心法和自然法几乎就是一回事了。

但洛克并没有否定他在《拉丁文短论》中的观点，即良心法并不等同于自然法。其根本原因在于，虽然自然法总是通过良心起作用，但每个人的良心未必都能正确认识和运用自然法。于是，我们看到了《论自然法》中一个无法回避的矛盾：他在第一篇短文中说自然法是内在的(innate)，但在后文又明确否定这一点，在第三篇短文[54]里说，自然法是不可能刻在人们的心灵里面的。洛克自然法学说的一个实质矛盾在于，一方面，他接受传统的自然法学说，以及相关的良心学说，

---

[51] Locke，*Essays on the Law of Nature*，pp. 184－185；霍维茨版，pp. 208－209。

[52] Robert Howitz，"Introduction"，in John Locke：*Questions concerning the Law of Nature*，Ithaca：Cornell University Press，1990，pp. 16－17。

[53] Locke，*Essays on the Law of Nature*，pp. 182－185；霍维茨版，pp. 206－209。

[54] 霍维茨版第四篇。

但另一方面,他又否认在人的灵魂里面有内在的自然法则。这在《论自然法》中表现为尖锐的前后矛盾。洛克一定意识到了这个矛盾,所以他在后来的哲学思考中,特别是《人类理解论》中,努力克服这一矛盾。但洛克的解决方式,却使他不情愿地向霍布斯的享乐主义逐渐靠近。

《论自然法》现存部分的最核心内容,就是对自然法认识方式的讨论。在这里,我们已经看到了他解决这一矛盾的初步努力。第二到第五篇短文的标题分别是:"二、自然法能否凭借自然之光认识? 是。"(An lex naturae sit lumine naturae cognoscibilis? Affirmatur.)"三⑤、自然法是否刻在人的心灵里? 否。"(An lex naturae hominum animis inscribatur? Negatur.)"四⑤、理性能否通过感觉经验获知自然法? 是。"(An ratio per res a sensibus haustas pervenire in cognitionem legis naturae? Affirmatur.)"五⑤、自然法能否因为人们的认同而认识? 否。"(An lex naturae cognosci potest ex hominum consensus? Negatur.)此外,在第二、第三篇之间,还有一个未完成的题目:"我们能否通过传统认识自然法? 否。"⑤(An lex naturae per traditionem nobis innotescat? Negatur.)在第四篇和第五篇之间,也有一个未完成的题目:"人的自然倾向能否认识自然法? 否。"(An ex inclinatione hominum naturali potest cognosci lex naturae? Negatur.)⑤这个问题在一个笔记本中是"强烈的信念是否可以证明自然法?"(An firma animi persuasion probat legem naturae?)

我们从第二篇可以看到洛克如此安排这几篇短文的用意。他指出,知识主要有三种可能的来源:内在铭刻、传统、感觉(还有第四种,即超自然的启示,暂时不在讨论范围之内)。理性不属于这样的来源,

---

⑤ 霍维茨版第四篇。
⑤ 同上第五篇。
⑤ 同上第七篇。
⑤ 同上第三篇。
⑤ 同上第六篇。

因为人不能凭理性发现知识,而只能用理性来理解已经获得的知识。[60]随后,洛克就准备分别驳斥自然法是通过传统获得和内在铭刻这两种说法,并证明它只能通过感觉经验获得。第五篇,应当就是针对霍布斯等人的一个批判。至于计划中批评自然倾向或强烈信念的,我们不清楚准备写什么,但可以看出,应当也是对流行观念的一个批评。自然倾向,有可能和第八篇中谈到的本能、私利等相关,而强烈的信念,则可能和宗教宗派、超自然的启示相关。

关于认识自然法的核心问题,当然是第二、第三、第四篇的讨论,主要是针对新柏拉图主义和笛卡尔主义的一个批判,其基本观点是,理性和感性是人的自然之光,是上帝赐给人类认识自然法的工具。自然法可以通过感觉获得,通过理性来理解,但并不是内在的观念。这几个基本观点,后来就发展成了《人类理解论》中的认识论部分。

在第三篇短文中,洛克举出了五条证据来证明自然法不是内在的。第一,笛卡尔的内在观念说并没有得到证明;第二,如果自然法是内在的,则人们必然对它有普遍一致的知识,并普遍遵守;第三,自然法若是内在的,则最接近自然的野蛮人应该最了解它;第四,傻子和疯子认识不到自然法,这证明自然法不是所有人内心都有的;第五,如果自然法是内在的,则所有思辨和实践原则都应该是内在的。

第四篇短文正面阐述了洛克关于认识自然法的理论。他首先指出,用来认识自然法的自然之光,既然不是传统也不是内在知识,那就只有两种,即感觉和理性:

> 只要这两种官能相互服务,感觉为理性提供特定的感觉对象的观念,提供话语的内容,而理性指导感觉的官能,把从感觉中获得的形象组织到一起,形成另外的形象,创造新的形象,于是,就没有什么是那么隐蔽、那么模糊,那么缺乏意义,以至于无所不能的心灵不能使用这两种官能,通过反思和推理把握住。[61]

---

[60] Locke, *Essays on the Law of Nature*, pp. 122 - 123;霍维茨版,pp. 118 - 119。

[61] 同上书, pp. 146 - 147;霍维茨版,pp. 152 - 153。

洛克在此处提出的是一个更普遍的哲学性观念,即一切知识的形成,都是靠感觉和理性的这种相互作用。这些发展成了《人类理解论》最主要的部分。

具体到自然法,洛克指出,对任何法律的认识都要有两个先决条件:第一,首先要认识到立法者的存在;第二,还要认识到,立法者愿意我们做什么、不做什么。就自然法而言,感觉和理性提供了这两点。第一,感觉可以认识到大千世界的存在,理性则要思考这些事物的来源,这样就会推理出,必然存在一个造物主,人们都受他的管理。于是,感觉与理性合作证明了第一点,即自然法的立法者的存在。第二,既然存在这样一个立法者,理性就会进一步反思,认识到上帝制造人类不会是无缘无故的。他一定希望人类按照他的意志做事。这样,就证明了第二点。由此可以推导出,存在自然法,自然法包含了上帝希望人对待上帝、对待他人、对待自己这三个层次的法则。[62]

上帝赐予了人类自然之光,使每个人都有感觉和理性能力,只要合理地运用,人人都可以认识到自然法。之所以确实有很多人并没有认识到,或至少是没有正确地认识到自然法,洛克指出,是因为他们没有正确运用自然之光。[63] 因此,无论是否认识了自然法,都不是来自内在的好或坏的理念,而是对自然之光的运用使然。于是,洛克指出,新生儿的灵魂只不过是一块"白板"(rasa tabula),以后通过观察和推理,在上面填充内容,而不是在出生的时候,灵魂中就已经刻上了自然法的各项律条。这就是洛克那著名的"白板说"。[64]

按照"白板说",既然自然法不是先天和内在的,而要凭人的理性之光才能发现,那么,人的良心,就不是自然法在内心直接起的作用,当然更不是上帝在人的良心中作出评判,而只是人靠了自己的理性分析,对善恶是非作出的判断。于是,我们就可以理解他在两篇政府短论中对良心下的定义了:良心,不过就是在任何实践位置上关于真理

---

[62] Locke, *Essays on the Law of Nature*, pp. 150–159;霍维茨版,pp. 158–169。
[63] 同上书, pp. 132–133;霍维茨版,pp. 134–135。
[64] 同上书, pp. 136–137;霍维茨版,pp. 138–139。

的意见。那么,良心法不等于自然法,而只是每个人凭借自然之光,对自然法以及所有从自然法衍生出来的其他法律的认识。这种认识有可能是对的,也有可能是错的。既然良心可对可错,当然就不能把它等同于自然法。按照这个逻辑,则人法是国王和政府对自然法的衍生,教会法是教会对自然法的衍生,私人的良心法是每个人的自然之光对自然法的理解和衍生,所以,私人的良心对自然法的理解不会高于政府与教会对自然法的理解和衍生。既然所有法律都是对自然法的理解和衍生,用私人的自然之光对自然法的理解和衍生,应该是最低层次的法,而不能把它等同于自然法。

虽然这个逻辑和两篇政府短论中是一致的,但它大大弱化了自然法的实质约束力。洛克在第六篇短文中论述自然法的约束力时谈了很多内容,但大体可以归结为,任何法律的约束力都来自两端:义务和惩罚,即,一方面,法律之下的人要自愿服从法律,也就是法律要变成良心法;另一方面,对于违法者,法律要有相应的惩罚措施,从而有效威慑。来自上帝意志的自然法之所以有约束力,在于它具有这二者。其中的第二点之所以能实现,在于,上帝把部分权力交给了人间君主,让君主以人法的方式来执行自然法。这样,自然法能否有威慑作用,就变成了人法能否有威慑作用。但第一点就没这么容易了。我们前文已经讲过,正是在谈论这个问题的时候,洛克第二次引用了尤文纳利的诗句,并指出,良心法的作用是保证自然法执行最重要的方面。只有每个人的良心知道是非,并根据这一知识审判自己的时候,自然法才能起到实质的作用,而不是像霍布斯那样,认为仅仅靠威慑起作用。但要保证良心确实有效地起作用,那它就必须是正确的,即良心能准确无误地反映自然法的规定。于是,洛克此处似乎又回到了良心法就是刻在内心里的自然法的观点,虽然他并没有明确用"内在"这个词。

如果说,第一篇短文中说良心法是内在的自然法可能是用语不当,或者是因为尚未考虑清楚这个问题,那么,在经过了对自然法认识方式的反复讨论后,洛克又回到了第一篇的观点,就不应该是基于同样的原因,而只能归结于他思想的内在矛盾了。洛克在第六篇短文里没有再次使用 innate 这个词,或许就是因为他意识到了这个矛盾,而故意回避这个词。但是,如果我们把第三篇短文中的观点真的用在此处的话,那就会这样推论:既然自然法没有镌刻在灵魂中,良心对自然法的认识常常是错的,那么,每个人对自然法的认识都会很不一样,这样就无法保证自然法通过良心起到约束作用。由于每个人的良心都是不同的,良心就成为每个人私人的事,也就是私人利益的一部分。正如我们前面看到的,洛克反对用人的理性确立自然法,因为那结果和用每个人的私利确立自然法是一样的。但这样一来,他所讲的那套作为道德法的自然法,就不可能起到实质的约束作用;真正能起作用的,还是人法的威慑作用,自然法似乎消失了,或者只剩下通过人法来执行的自然法了。这样,洛克最终还是会走到和霍布斯一样的结论上去,即,必须调动人们的怕死之心,通过严刑峻法的威慑来维持社会的稳定。

要么一方面接受自然法是有约束力量的道德法,另一方面承认有内在的自然法,就表现为良心法;要么,一方面像霍布斯那样,否认存在作为道德法的自然法,同时更不认为有内在的道德法则。这两种态度都是融贯的、能够讲通的。但是,洛克一方面接受自然法是道德法,另一方面又认为不存在内在的自然法,良心也未必都是正确的。这对矛盾,使他既不同于传统的自然法学者,也不同于霍布斯。

洛克在给出了这组演说之后,又向牛津的学生作了告别演说。他在其中谈到,就自然法问题,牛津的学生和他有很多讨论,很多时候,他会屈服于牛津的学生,因而对自己的观点产生疑虑:"所以,很值得怀疑,究竟是你们的争论攻击了自然法,还是你们的行为更有力地捍卫了自然法。"⑤

3. 宽容短论

若把《论自然法》中的这对矛盾用到宗教宽容上,问题就会变得更

---

⑤ Locke, *Essays on the Law of Nature*, pp. 238 - 239.

为复杂。我们知道,霍布斯是不主张宗教宽容和政教分离的,认为基督的使者必须服从政府。⑥ 当时的洛克虽然也主张不宽容,但和霍布斯的原因并不一样。在宗教问题上,他和霍布斯最大的差别在于,他不会笼统地谈宽容还是不宽容,而要把宗教行为分为道德之事(包括自然法和实定法)、无关紧要之事,和良心之事,等等,分别谈对它们的态度。这比当时流行的无关紧要之事与良心自由的区分更加细致和复杂。之所以如此,很大程度上是来自他自然法理论的内在矛盾。即使在变成主张宗教宽容之后,他仍然要坚持这样一个基本的分类模式。

写于 1667 年的《宽容短论》,标志着洛克宗教宽容观的转变。此文现存四份手稿,对宗教宽容的态度也略有不同,从中可以看出洛克从不宽容逐渐变为宽容的思考过程。直到第四稿中,洛克才比较明确了他的宽容立场。

但即使在第四稿中,洛克也并未向他原来的论敌完全投降,而是非常审慎地寻求着自己应该有的立场。他一开篇就指出,在关于良心自由的争论中,双方都犯了过于极端的毛病,要么主张完全服从,要么主张绝对宽容,但要真正解决这个问题,必须视不同情况而定。于是,他将人类的全部行为分为三类,分别讨论应有的态度:第一,纯粹的思辨性观念和宗教崇拜,与社会政治毫无关系,第二,本身无所谓善恶,但是在人际交往中非常重要的内容,第三,在道德上有善有恶的行为。

在这三类行为中,洛克说,只有第一类,即纯粹的思辨性的观念和宗教崇拜,是应该绝对宽容的,人们对此享有无限自由。这类行为包括两种,第一种是完全观念性的教条和信仰,比如炼狱、三位一体、变体论等信条,因为它不会干涉任何其他人,无论是否相信都危害不到别人;而且任何人也无力干预人们的信念。

第二种是宗教崇拜的时间、地点、方式,也是应该无限宽容的,因为这完全是上帝和人之间的事,关系到永恒的拯救,超越了政治管辖

---

⑥ 霍布斯,《利维坦》,第三部分第 42 章,中译本第 399 页。

的范围,因为政治只涉及人和人之间的事。在这个地方,我们看到了洛克很大的一个变化。在两篇政府短论中,洛克都把宗教崇拜的外在方式当作无关紧要之事,认为是政府应当管辖的。但现在,洛克并没有否定政府对无关紧要之事的规定权(见下),但改变了对无关紧要之事的界定方式。结果,他和白格肖一样,也认为那些本来无关紧要、但被用在宗教上的事不是无关紧要之事了。

在第四稿中,洛克特意加了一段,解释为什么这些事情不再是无关紧要之事,从而间接揭示了自己的思想变化。在这一段,他提出了一种可能的反对意见:本来,官长的权限就是规定无关紧要之事,而现在,在宗教事务中究竟穿白衣还是黑衣,跪还是不跪,这种无关紧要的事不让官长规定,那不是侵犯了官长的权力吗? 显然,这就是洛克自己原来的观点。然后洛克反驳说:

> 在宗教崇拜中,没有什么无关紧要之事,如果我认为在我对上帝的崇拜中,只有使用某种习惯、姿势等等,才是上帝接受的,它们就其本质而言哪怕是完全无关紧要的,在我用我认为上帝规定和赞成的方式崇拜上帝时,对我所认为的真正崇拜方式,我不能改变、删除或增加一点点。[67]

这正是当年白格肖的观点:本质上无关紧要之事,用在宗教崇拜上,就不再无关紧要了,因为这些事变成了用来表达良心之事的方式,因而也就和良心之事一样,需要绝对的宽容。于是,洛克总结说,无论在宗教思考还是宗教崇拜方式上,每个人都享有绝对的、不容干涉的自由,只要这些都是真诚的,出自良心,人们就可以自由使用,不必管官长的命令,甚至可以违抗官长的命令。[68]

不过,洛克并没有完全忽视他几年前的顾虑:如果某些人出于宗教的狂热,认为自己的观点是不容置疑的,使自己获得一种只有神才

---

[67] John Locke, "An Essay on Toleration," in *Political Essays*, p. 139.
[68] Ibid., in *Political Essays*, p. 140.

有的权力,逼迫他人接受自己的想法,反之则指责他们,那怎么办呢?他指出,这并不是宗教崇拜的错,而是人的错,不是这种或那种崇拜方式的结果,而是堕落而高傲的人性的结果。[69] 因此,如果人们的良心里掺进了野心、高傲、复仇、宗派,或其他任何这类因素,那就有罪了。不过,即便如此,洛克也没有说官长应该干涉这样的良心,而是说,这样的人在末日审判时会受到惩罚的。[70]

在后文,洛克进一步指出,在某些情况下,政府也不能宽容宗教崇拜,即,当人们把宗教信仰与危害社会的其他信条混合在一起的时候,就不能宽容:"因为人们总是含糊地对待他们的宗教,把自己一方的意见一股脑接受下来,经常有的情况是,他们把宗教崇拜与思考性的意见同绝对会破坏其所在的社会的教条混合起来。"罗马天主教就是这样的,因为它除了教皇之外,不听从任何君主。由于这样的宗教把破坏性的原则当作基本真理,其宗教活动是绝对不能允许的。因此,天主教是不能得到英国政府的宽容的。[71]

第二类事务,即无关紧要的事,都涉及人和人之间的关系,可以有限宽容。这类事务包括人是否养育自己的孩子,是否挥霍财产,什么时候工作和休息,多妻制和离婚是否合法,等等。洛克认为,这些事情就其自身而言,无所谓对错和好坏。政府根据自己的情况,为了国内的和平而对它们作出相应的规定。只要它们不破坏国家政治,给社会带来的不便不超过好处,就是可以宽容的。不过,对这些事情的宽容不是因为它们和良心相关,即不是因为某些人认为这些行为是好的还是坏的,因为某个人的良心不是政府制定法律的标准。而且,没有什么事情是那么无关紧要,以致任何人按照良知都会满不在乎,因此,如果对于人们自称按照良知无法遵从的事情都加以宽容,那就完全取消法律或政府权威了。因此,必须承认行政长官对无关紧要的事有权

---

[69] John Locke, "An Essay on Toleration," in *Political Essays*, p. 139.

[70] Ibid., p. 140.

[71] Ibid., p. 146.

威,如果否认这一点,法律或政府就都不复存在了。[72]

因为这样的原则,洛克认为,对于危害到政府的意见与言论,行政长官有权阻止其公开发表,但无权强迫人们放弃某个意见,因为这是不可能的,而且也无助于安全与和平。而对基于这些意见的行为,政府出于国家安全的考虑,也有权加以限制,但是如果持有这些意见的人还是诚心相信自己的意见,只要不诉诸暴力,仍然有权去做自己的良心要求他去做的事情。

显然,对于政府是否可以干涉无关紧要的事,洛克作了非常缜密的思考,并且极为谨慎地举出政府和公民分别应有的权利。一方面,政府出于政治安全的考虑,有权干预这些事情;但另一方面,公民又应该忠于自己的良心,在不危害政治安全的前提下,应该尽可能坚持自己的意见。

在无关紧要的事是否应该被宽容这一点上,洛克此处的立场和前两篇短论中并无根本不同。他仍然认为,行政长官有权干预本质上无关紧要的事。如果说有什么变化,那也只是他根据同一个原则,又多了一层考虑,往前推进了一步。[73] 首先,宗教活动的时间地点等已经不再被当作无关紧要的事,而被归入了不得干涉的范畴。其次,他在主张政府有权干预无关紧要的事的同时,也更强调人们应该按照自己的良心做事,而且指出,双方哪怕在发生矛盾的时候,也应该坚持各自的立场。

随后,洛克又讨论了第三类行为,即摩西十诫第二组所规定的道德行为,对它们的违背,以及哲学家的德性及其欠缺,就其本身而言是有好有坏的,没有什么争议。洛克认为,这些事情本来是宗教中最本质的内容,是人的良心最该关心的,而在关于良心自由的争论中,人们很少提到这一部分,因为人们对这些行为没有争议。毫无疑问,德性往往会维护社会公益,罪恶会破坏社会秩序,所以没有哪个政府会惩

---

[72] John Locke, "An Essay on Toleration," in *Political Essays*, p. 141.

[73] 参考 Robert Kraynak, "John Locke: From Absolutism to Toleration," *The American Political Science Review*, Vol. 74,1980, pp. 53 - 69.

善扬恶。因此,这一部分行为在大多数情况下,政府必须干预,没有多少宽容的余地。

不过,洛克接着讲:"但还是请让我说,无论这看起来多么奇怪,立法者与道德善恶没有关系,除了服务于政府下的人类的益处和保存之外,不应该为第二组诫命中的任何一个负责。"[74]之所以如此,是因为行政长官的职责毕竟只是从政治上保障人们的福祉,对于这之外的事,哪怕明确是好是坏的事,行政长官也不应该干涉。那些道德行为,因为有时候会涉及人们之间的关系,从而与社会和政治秩序相关。但就其自身而言,这些是上帝和人的灵魂之间的私人和超政治的事务,是行政职权无法干涉的。"上帝把行政长官指派为他在此世的代理人,有发布命令的权力;但是,这和其他的代表是一样的,只在他被指派代理的事务上有命令的权力。"[75]既然行政长官的职责是政治,那就没有义务提升人们的德性,因此不能擅自干预灵魂的事。行政长官有的时候也要激励人们去做好事,但那不是因为这是人对上帝的义务,不是因为这是人的良心所要求的,而是因为,这有利于人和人之间的关系,如果破坏了就会危害整个国家。同样,有些坏事虽然一定是坏事,但只要不危害到国家,行政长官就不应该去管,比如贪婪、不孝、忘恩负义、恶意、复仇,等等。[76]

就这第三类行为而言,洛克得出了两个结论:第一,政府虽然要惩恶扬善,但是并没有必要惩罚所有的坏事;第二,但同时,政府也不应该正面要求任何好事,因为这对人民的利益和政府的保存是无意义的。[77]

总体来看,洛克仍然像在两篇政府短论中那样,认为政府的职责范围主要就是规定无关紧要之事,不过,他对非无关紧要之事的理解

---

[74] John Locke, "An Essay on Toleration," in *Political Essays*, p. 144.

[75] Ibid..

[76] 此外,在前三稿中,洛克都用英国济贫法的例子说明,有的时候,政府甚至会限制某些道德行为,从而使神法也会服从于人法。但在第四稿中,他删去了这一段。

[77] 在前三稿中,还有第三点:如果政府要求做坏事,人民有权利不服从。但第四稿中删去了这一条。

（或者说,对无关紧要之事和非无关紧要之事的关系的理解）已经和两篇政府短论中有了不小的差别。在《拉丁文短论》中,他认为,笼统说来,只要不是神法规定的,就是无关紧要之事;进一步讲,凡是低级法规定的,对高级法而言,都是无关紧要的。按照这样的理解,只有一种事绝对不是无关紧要的,即神法规定的内容;其他事情都是无关紧要的,因此都可以由人法规定,或者要服从人法。而在《宽容短论》中,却有两种非无关紧要之事。第一种,即宗教性的事情,是与个人拯救息息相关的,不是无关紧要,因而政府完全无权过问;第二种,即道德善恶之事,是神法中明确规定,且与社会秩序密切相关的,不是无关紧要,因而政府往往要严格规定的。这两种事情都不是无关紧要,但却完全相反,一种因为不是无关紧要而使政府无权过问,另一种则因为不是无关紧要而使政府往往要过问。

政府无权过问的这一种,似乎是由《拉丁文短论》中属于私人法的良心法发展来的;政府往往过问的这一种,应该是由《拉丁文短论》中属于神法的实在法发展过来的,而由于洛克又认为自然法本质上也是道德法,所以这也是自然法。由于良心之事是人与上帝之间的事,所以人法不应该干涉;由于神法是普世的道德法,所以全世界的政府都要执行,这并不是因为人法高于神法,而是因为人法必须服从神法。经过《宽容短论》的改造,洛克思想的变化是惊人的。他不仅否定了原来自己支持的政府干预宗教论,而且在新的思想中,原来的体系中最高级的法,现在竟然成了政府必须规定的部分,原来的体系中最低级的法,现在却成了政府无权干预的部分。

洛克在《宽容短论》中已经不再使用《拉丁文短论》中的法体系。他这里更喜欢的一个区分（虽然没有明言）,应该是良心之事和秩序之事的两分法。按照这种两分法,在全部三类事务中,每一类都包括良心之事和秩序之事。政府无权干预的宗教事务全部是良心之事,哪怕错误的良心也不准政府干预;当然,宗教狂热也会导致政治上的混乱,危害社会秩序,这样的秩序之事也是政府应当干预的。在第二类,即无关紧要之事中,政府应该为维护秩序做出一些规定,对那些不妨害秩序的事适当宽容。这类事务中也有良心之事,良心不能成为政府干预与否的标准,但人们仍然要尽量维护良心的自由。第三类,即政府往往要干预的道德之事,常常涉及人际关系,是秩序之事,所以政府一般要干预。不过,政府尽量不要干预其中的良心之事。比如不孝、贪婪等罪恶,虽然往往出自错误的良心,但因为不是秩序之事,所以政府不应该干预。总之,凡是良心之事,都是政府应该尽量宽容的;政府的职责是秩序之事,不论神法中规定的普遍的道德善恶,还是无关紧要但与秩序相关的事,政府都应该负责。

以上我们看到,《拉丁文短论》中的神法、人法、私人法都以新的面貌出现在了《宽容短论》中,不过,前者重点谈的"兄弟法"却似乎消失了。按照前文的逻辑,兄弟法必须服从人法,因为兄弟法规定的就是人法的无关紧要之事。在《宽容短论》中,兄弟法基本上不再谈了。

综合上面几点,我们看到了一个相当重大的变化,即,原来洛克认为,宗教宽容问题是人法和教会法的关系,即国家与教会的关系。而今他认为,宗教宽容涉及的,主要是国家与人的良心的关系。而在这二者背后,则是自然法。

就对自然法本身的看法而言,《论自然法》中的主要主张,既可以支持两篇政府短论中的观点,与《宽容短论》中的观点也没有矛盾。但在他的这几篇文章中,基本的张力都是类似的,只不过以不同的方式表现出来而已。在两篇政府短论中,自然法和良心法之间存在模糊性;在《论自然法》中,这对张力演变成了作为道德法的自然法和常常错误的良心之间的矛盾;到了《宽容短论》中,由于良心之事浮出水面,这就变为两种非无关紧要之事之间的矛盾。这比以前那种良心和自然法的矛盾更为尖锐和明显。在两篇政府短论中,洛克强调自然法的道德法特性,又否认良心法等于自然法,从传统自然法学说看,这已经有了矛盾,但若坚持这两点,用高级法控制常常出错的良心,还是有道理的。但在《宽容短论》中,他也坚持认为人的良心是常常出错的,既然如此,为什么还要给人的良心这么大的自由,以至于错误的良心也不该压制呢?

当然，洛克转而主张宗教宽容，很大程度上出于对现实政治的判断。在《宽容短论》的最后，洛克更明确地指出宗教宽容对英国政治的现实意义："看看英国现在的状况，所有事情当中只有一个问题，那就是，要维护安全与和平，提升这个王国的国家利益，究竟宽容还是干涉是最便捷的方法。"[78] 要实现这个政治目的，就要尽可能团结更多的朋友，打击主要敌人。当时所有的宗教教派都可归入教皇派与狂热派两类当中。教皇派无疑是极大的政治威胁，因此应该全力驱逐教皇派。至于狂热派，即新教中的各种异端，虽然他们的宗教观念未必是对的，但与其因为镇压而激起他们的反感，不如通过安抚，使他们成为朋友，齐心协力赶走天主教这个主要敌人。因此，对于新教中的那些异端教派，洛克认为没有什么不能宽容的。他清楚地知道，导致这些教派受迫害的真正原因，并不是他们特殊的信仰方式有什么危害，而是因为他们聚集起来人数众多，会带来政治上的潜在危害。比如贵格派，并不是因为戴帽子使他们成为危险的，而是因为他们变得人数众多，戴帽子只不过是这种危险的一种标志而已。[79] 无论异端教派人数有多少，他们都没有教皇派的威胁大，因为他们至少在理论上并没有服从超越于英国国王的权威。驱逐天主教是最重要的宗教问题，而驱逐天主教的目的，就是在英国建立独立的新教民族国家。

两年之后，莎夫茨伯里伯爵集团制定的《卡罗莱纳基本宪法》，洛克究竟参与到什么程度，现在不得而知，但其中很大部分反映了洛克的观点应该是没有问题的。这部宪法的第 86—100 条规定的是宗教问题。其中第 86 条规定："谁若不承认上帝的存在，不承认上帝应该公开和严肃地崇拜，就不允许成为卡罗莱纳的自由人，也不能在卡罗莱纳拥有地产和居住权。"[80] 第 91 条规定，任何 17 岁以上的人，如果不属于一个教会，则不会受到法律的保护。而第 87 条则谈到，由于美洲的土著人对基督教完全陌生，以基督教的信仰要求他们是不公平的。

---

[78] John Locke, "An Essay on Toleration," p. 151.

[79] Ibid. , p. 148.

[80] "The Fundamental Constitution of Carolina," in *Political Essays*, p. 179.

于是该宪法规定,只要有七个以上的人同意某一种宗教,他们就可以组成一个教会。第90条规定,任何教会只要承认下面三条,即是合法教会:一、上帝存在;二、上帝应该公开崇拜;三、每个人可以,而且有义务被行政长官传唤,为真相作证,各个教会可以自行规定其作证发誓的表达方式。其余各条对宗教问题作了更细致的规定。而所有这些规定大体可以归入三个方面:第一,只有有宗教信仰、从属于某个教会的人才受法律保护,第二,各种宗教都有充分自由,不得相互干涉,政府也不得干涉,第三,各个教会不得干预政治,必须服从政府。这些,正是洛克宗教宽容思想的政治实践。

《宽容短论》和《卡罗莱纳基本宪法》标志着洛克宗教宽容思想的基本成熟。不过,这种成熟也使他的内在矛盾越来越尖锐。他已经从原来的法体系和无关紧要之事的思维模式,转向了政治秩序/良心之事的思维模式。等到更成熟的《政府论》和《论宽容书》中,我们看到他更多从这个角度思考政府职能和宗教问题,而不再集中于教会和无关紧要之事了。但这个态度使他难以从秩序井然的那套法体系来看待宗教问题,而必须在新的框架中思考良心之事与道德之事的问题。

为了进一步理解洛克思想张力的实质,我们下面从洛克更一般性的哲学和神学观念出发,分别考察他的思想的两个方面。一方面,由于他经验主义哲学的反形而上学性质,使他与传统自然法学说距离越来越远,这尤其体现在他的人性观上;另一方面,神学思考使洛克始终没有放弃自然法的道德维度。

二、白板:无善无恶的人性

洛克已经在《论自然法》中讲到,正是因为灵魂里没有天生刻着自然法,所以人心是一块白板。在《人类理解论》中,洛克进一步发展了这个观点。除此之外,白板说还有另外一方面的人性论意义,即,人是没有原罪的。综合两方面来看,人心既没有内在的自然法,也没有天生的负罪感。这是洛克哲学的人性论。人性既然是天生无善无恶的,就谈不上自然的好或坏。那么，自然法也就无所谓"自然"。洛克的白板说和相关的哲学理念使他在理论上偏离传统的自然法和良心理论越来越远，不知不觉地离霍布斯的享乐主义越来越近。

1. 人心与自然法

在《论自然法》中，洛克只是从自然法的认识途径指出，自然法不可能镌刻在人心上，因而只能通过自然之光逐渐认识；在《人类理解论》中，他为这一说法提供了一个更系统的哲学基础，并从认识论的角度阐述了，人怎样通过自然之光逐渐认识自然法。

洛克经验主义的基本观念是，人不可能真正认识自然世界的客观真理。作为职业医生的他在行医过程中悟出来，人们不可能真正了解疾病的起因和本质，只能通过经验摸索出治病的方法。能治病并不意味着人们理解了疾病甚至人体的生物学原理，但就足以成就良医了。[31]对于世间万物也一样，人们只能凭借自己的自然能力获得对自己有用的一些经验技术，但并不能获知自然世界的真理。"他们的知识纵然不能完全地普遍地来了解所有一切事物，可是他们仍有足够的光亮来知悉他们的造物主，来窥见他们的职责，他们的利益亦就可以得到一层保障。"[32]人类认识论的全部意义，就在于如何认识上帝允许他们知道，并对他们的生活有意义的这些原则。从这样的经验主义立场出发，洛克主要攻击的，就是认为人心中有内在原则的观点，包括思辨的和实践的原则。而这两类原则，恰恰对应于《宽容短论》中的两类非无关紧要之事。

在第一卷第二章，洛克笼统地谈道，人心中没有任何内在的原则。他在此主要指的是思辨的原则，包括各种数学公理、逻辑命题、哲学和宗教观念，等等。虽然很多命题是人们普遍同意的，但这不足以证明它们是人天生就有的，否则儿童和傻子也应该知道这些命题。"人心所以能径直同意一些真理，既不是靠天生的印铭，亦不是依靠理性的

---

[31] Roger Woolhouse，前引书，pp. 93 - 95。
[32] 洛克，《人类理解论》，第 1 卷，第 1 章第 5 节，中译本第 3 页。

运用,而是依靠着和这两种作用完全差异的另一种心理能力。"⑬

　　随后,他又谈到了实践原则,即与道德相关的各种法则,实质就是自然法。比起思辨命题来,人们对道德命题的同意程度要弱得多。洛克承认,自然给了人类希求快乐、憎恶痛苦的心理,但这些心理只是人类普遍具有的一种倾向,而不是理解上的真理印象,即,不是自然法条。⑭ 这些倾向使人们都赞同某些道德原则,不是因为这些原则是内在的,而是因为它们是普遍有利的。"道德的真正根据自然只能在于上帝的意志同法律。"⑮

　　洛克特别提到,良心也不足以证明道德原则是内在的。洛克在此又一次给良心下了一个定义:"所谓良心并不是别的,只是自己对于自己行为的德性或堕落所抱的一种意见或判断。"⑯这和两篇政府短论中的定义是一致的。只有在认识到自然法时,良心才是正确的;而且每个人既然都有自然之光,那就都有能力认识自然法。可是,这并不意味着每个人真的都认识到了自然法,因为对自然法的认识并不是天生的,而要靠自己的努力。

　　洛克认为,良心的存在,并不能证明自然法是刻在人心中的。托马斯·伯奈特(Thomas Burnet)质问他:"如果你不认为自然的良心中有对善恶的区分,有和你给我们不同的上帝观念,那么,我们应该遵守的法律是什么? 如果不靠启示,我们怎么认识它们?"洛克回答说:"善恶的区分不是良心作出的,良心只是靠它认为的善恶的永恒法则来判断一个行为,认可或谴责。"因此,他认为良心不是永恒的实践原则,而是非常主观随意的善恶区分。他明确地讲:"良心不是自然法,而是按照自己认为的法来判断。"⑰

　　正是因为良心不能等同于自然法,所以,很多人在犯下灭伦大罪

---

⑬ 洛克,《人类理解论》,第 1 卷,第 2 章第 11 节,中译本第 11 页。
⑭ 同上书,第 3 章第 3 节,中译本第 27 页。
⑮ 同上书,第 3 章第 6 节,中译本第 29 页。
⑯ 同上书,第 3 章第 8 节,中译本第 31 页。
⑰ John Locke, *An Essay Concerning Human Understanding*, New York: Dover Publications, 1959, p. 71, 注释 1。

时,心中并没有感到悔恨。比如,军队在屠城的时候,士兵可以没有一点恻隐之心。洛克举出了很多民族中的奇风异俗,一些被西方人看作极为残酷的事情,在别的民族中可能是司空见惯的习俗。良心只是对自然法的一种判断,有可能对,也有可能错。

本来,自然法之所以自然,就在于它来自人的客观自然,甚至就是内在的,因而人们常常想当然地把良心等同于自然法。伯奈特的质问就出于这样一个传统观念。在他看来,洛克对良心普遍性的强调,无异于否定了自然法,或至少是使自然法变得不自然了。

洛克已经比《论自然法》中更进一步,认为正如人不能认识万物的自然,他们也不能认识人的自然。自然法其实并不是来自人和宇宙的自然的法,而是上帝允许人知道的行事规则。正如治病的技术不等于疾病的自然一样,自然法也不是人的自然——作为白板的人心就没有什么自然。

所以,自然法不是刻在人心上的,而是人从各种简单观念逐渐发展出的复杂观念。在由感觉和反省得来的所有简单观念中,他认为最重要的是快乐和痛苦;"事物之所以有善恶之分,只是由于我们有苦乐之感。所谓善就是能引起或增加快乐或减少痛苦的东西……所谓恶就是能产生或增加痛苦或能减少快乐的东西。"⑧这种完全从感觉出发讨论道德善恶的哲学,与霍布斯已经极为相似了。

但洛克如果真的依循霍布斯的逻辑,则快乐和痛苦应该是善恶的自然结果,那就是对善恶的赏罚了。但洛克又很明确地说:"善和恶并非那种行动的自然的结果。因为善或恶如果是自然的利益或不利,则它们可以自动发生作用,并无需乎法律。我如果不错误的话,则我可以说,这就是一切法律的真正本性。"⑨这段话无异于说,任何法律都不是真正自然的。虽然善只是来自快乐的观念,恶只是来自痛苦的观念,但仅靠这些观念还不足以惩恶扬善,还必须借助外在的法律权威。所以,虽然善恶观念是由简单观念推出来的复杂观念,但法律却不是。

---

⑧ 洛克,《人类理解论》,第 2 卷,第 20 章第 2 节,中译本第 199 页。

⑨ 同上书,第 28 章第 6 节,中译本第 323 页。

那么,道德法究竟是不是自然的呢?

洛克又说:"所谓道德上的善恶,就是指我们的自愿行动是否契合于某种能致苦乐的法律而言。它们如果契合于这些法律,则这个法律可以借立法者的意志和权力使我们得到好事,反之则得到恶报。"[90]他这里的意思似乎是,善的行为之所以和快乐结合起来,恶的行为之所以和痛苦结合起来,已经是因为一种非自然的法律因素了。如果仅从简单观念的角度考虑,由于人没有内在的自然法,杀一个人未必会带来痛苦,做一件好事也未必会带来快乐。杀人之所以是痛苦的,是因为上帝最终会为此惩罚人;做好事之所以是快乐的,是因为上帝最终会为此奖励人,这就是神法的奖惩机制。如果神不把善恶与奖惩结合起来,就没有自然法,也没有道德了。

在第1卷中,洛克在否定了自然法的内在实质后,又郑重澄清:"不过人们在此不要因为我否认内在的法律,就误以为我除了实在法,就没有别的法律。在内在法和自然法之间,有很大的差异:一种是原始印在人心上的;一种是我们初不知道,后来渐次应用我们的自然能力才知道的。"[91]人们一开始并不知道自然法的内容,但在一番复杂的推理之后,知道善恶行为最终会带来相应的快乐和痛苦,那就是知道了自然法的内容。洛克这里虽然声称自然法与实在法不同,但他使自然法丧失了自然的同时,已经使它变得很像实在法了。自然法不是内在的道德原则,而是上帝针对人的善恶行为规定的奖惩机制。它所不同于实在法的,只在于它没有明确颁布出来,需要人们用自然之光去逐渐认识。

在《人类理解论》第2卷第28章,洛克在谈到法律的实质之后,再次给出了一个法律分类,与《拉丁文短论》中的分类很像:"在我看来,人们判断行为的邪正时所常依据的那些法律,可以分为三种:一为神法,二为民法,三为舆论法。"前两种,神法和民法(即《拉丁文短论》中的人法),与《拉丁文短论》中的讲法大同小异。

---

[90] 洛克,《人类理解论》,第2卷,第28章第5节,中译本第323页。

[91] 同上书,第1卷,第3章第13节,中译本第36页。

　　和他早期的法律体系比起来，变化最大的是第三种，即舆论法（the law of opinion or reputation）。在《拉丁文短论》中，洛克说兄弟法又可以称为"物议法"（the law of scandel）。㉒ "物议法"和"舆论法"确有一贯之处，不过，洛克在这里根本不提教会中的法律。此外，洛克还说，这第三种是"风尚的法律或私人惩责的法律"。㉓ 他在一定程度上，用"舆论法"包括了《拉丁文短论》中的物议法和私人法。而良心法的很多特点，也被他带到了舆论法中。

　　他把这种法律又称为"哲学的法律"，是"德行和坏行的尺度"。㉔但所谓德行和坏行，本来是神法的管辖范围，为什么成为舆论法的内容了呢？洛克指出，严格说来，一件事是否真的是德行，在于是否合于神法。不过，由于自然法是靠每个人去认识的，而当这两个词应用到各个具体情境中的时候，只能是"各个国家所赞美的，或各社会所讥毁的那些行动"。㉕ 于是，人们把自己普遍赞同的行为称为德行，将自己不赞同的行为称为坏行。在人类社会中，真正把某种行为说成德行或坏行的标准，不是上帝，而是一时一地的人们普遍认可的意见和判断，也就是舆论。既然良心就是每个人对待道德问题的意见和判断，那么，舆论法其实就是多数人的良心。良心既然有对有错，舆论也应该有对有错，即，有可能符合，也有可能不符合自然法。洛克也清楚地知道，"此地所称赞的，在彼处或者不免于受责难。"㉖但他还是认为：

　　　　不过在大体说来，它们大部分到处仍是一律的。因为要以重视和名誉来鼓励于己有益的事，要以责难和藐视来挫抑于己有害的事，那是最自然不过的事，因此，我们正不必惊异，在任何地方，重视和轻视、德行和坏行，大部分都和上帝法律所立的那个不变

㉒ John Locke，"The Second Tract of Government，" p. 64.

㉓ 洛克，《人类理解论》，第 2 卷，第 28 章第 13 节，中译本第 332 页。

㉔ 洛克在注释中谈道，他之所以把这种法律称为"哲学法"，是因为哲学家对它谈论得很多，但并不是因为这种法律是哲学家制定的。

㉕ 洛克，《人类理解论》，第 2 卷，第 28 章第 10 节，中译本第 330 页。

㉖ 同上书，第 28 章第 11 节，中译本第 331 页。

的是非规则相应合。因为只有服从上帝所定的法律,才能直接明显地来获得,来助进人类的普遍幸福,而且要忽视这些法律,亦会招来极大的不幸和纷扰。因此,人们如果还有知识,还有理性,还要顾虑它们时常关切的自己的利益,则他们所称赞的、所责难的,往往是真值得称赞,真值得责难的,而且他们在这方面,并不至于有普遍的错误。人们纵然在实行上违反了这个规则,他们的称赞亦不会错误了。⑤

我们之所以录下这么长的引文,是因为这是颇值得玩味的一段话。在《人类理解论》出版后不久,洛克关于舆论法的说法就引起了广泛的争论。洛克在1700年为此书第四版写的序言中,花了很大篇幅来回应人们的误解。⑧ 他指出,自己坚持认为存在永恒不变的善恶观念,但舆论中的善恶观是在实际生活中起作用的。他提请读者注意自己在第一卷第3章第18节所说的,虽然只有符合自然法的德行才是对上帝最好的礼拜,但这话是无意义的,因为人们并不知道自己的行为是否符合自然法,而只能知道是否符合舆论。⑨ 这一问题引起的争论和洛克自己不同地方说法的微妙差异,反映了洛克对这一问题思考的矛盾。

良心是一个人的道德判断,或者说一个人对自然法的理解;舆论是一群人的道德判断,或者说一群人对自然法的理解。一个人的良心判断可能错误,一群人的良心判断当然也可能错误。洛克在第二卷用士兵屠城和野蛮人的奇风异俗来证明良心不等于自然法,因而自然法没有镌刻在人心上。在此处,他同样谈到了各民族之间的道德习俗的差异。这同样的例证,不也应该证明,舆论和良心一样,常常不符合自然法吗? 他有什么理由在这么明显的反例面前说,人类的舆论往往一

---

⑤ 洛克,《人类理解论》,第2卷,第28章第10节,中译本第330页。
⑧ 见 John Locke, *An Essay Concerning Human Understanding*, edited by Peter Nidditch, Oxford: Clarendon Press, 1975, pp. 354-355,编者在长注中引了洛克的这篇序言。
⑨ 洛克,《人类理解论》,第1卷,第3章第18节,中译本第39—40页。

致,因而往往符合自然法呢?更何况,洛克在很多其他的地方,甚至就是在《人类理解论》中,也常常无奈地指出,尽管自然法本来很容易认识,但真正认识它的人非常少。[100] 既然如此,怎么能认为,多数人的意见往往等同于自然法呢?或许他已经意识到了这里的矛盾,所以才自己补充说,虽然人们未必真的按照自然法做,但他们在意见中,往往正确赞扬按照自然法做的事。

其实,这正是自然法与良心的矛盾的又一次暴露。当时的洛克已经主张宗教宽容,和《拉丁文短论》中相比,他对良心更加看重,甚至将私人的良心扩大为众人的舆论。于是,按照他现在的法律分类,第三类法律已经不再是必须服从人法的兄弟法,而是几乎等于自然法的舆论法。自然法不在人心里,但人心又能够从对自己的苦乐的经验和反省中认识自然法,甚至可以将自然法散播为社会舆论。

洛克讨论这三种法律,还是为了谈道德问题。他在分析了三种法律之后说:"所谓道德就是各种行动和这些规则的关系。"而"这个规则不是别的,只是一些简单观念的集合体,所谓与规则相契合,就是说,我们要规制自己的行动,使属于行动的各种简单观念,与法律所需要的各种简单观念相应"。[101] 但神颁布的自然法怎么会是来自人的简单观念呢?只有人的良心、人群中的舆论,才和其他的复杂观念一样,是由简单观念推衍出来的。洛克仍然坚持,真正的道德观念来自自然法。如果舆论等于自然法,就无异于说自然法有两个来源,一个是作为立法者的上帝,一个是人的自然官能中的简单观念。如果坚持前者,就会倾向于传统的自然法学说;如果坚持后者,就会陷入霍布斯的逻辑。但经验主义的洛克两者都坚持,试图在经验中找到道德的根据,从而在新的基础上重建基督教的道德大厦。

2. 人的同一性

洛克的白板说还涉及他的人性论的另一个方面:对原罪的否定。

---

⑩ 比如《人类理解论》,第4卷,第20章第18节,中文版第719页。
⑩ 洛克,《人类理解论》,第2卷,第28章第14节,中文版第333页。

原罪观,也是传统基督教人性论的核心观念。原罪与良心的张力,常常是很多重大问题的出发点。洛克对原罪的否认,对他的人性论也有重大意义。而否定原罪的哲学基础,是人的同一性问题。

我们在讨论原罪问题之前,先简单考察一下他的同一性思想。他在《人类理解论》第二版的卷二第 27 章"同一性和差异性"里,讨论了人的同一性问题。正如阿耶斯(Michael Ayers)指出的,被广泛讨论的这一章所关心的,其实是不朽问题,[102]即,与低等的被造物相比,如何理解人的同一性,进而如何理解人在死后的存在,以及复活之后仍然是同一个人。对这一问题的理解,是洛克人性论中相当重要的问题,也是他讨论宗教和道德问题的哲学基础。

洛克首先指出,"同一性之所以成立,就是因为我们所认为有同一性的那些观念,在现在同在以前存在的方式一样,没有变化。"[103]上帝的同一性是没有疑问的,因为他是永恒不变、无处不在的。而在被造物当中,如何理解同一性,则要细加甄别。

最低等的物体,即由原子组成的物体,其同一性取决于原子的同一性。但生物就又复杂些,因为无论是植物还是动物,都在不断发生变化,生物的同一性不是指其构成物质的同一。[104]植物和没有理性能力的动物,都依赖于各个组织参与共同的生命。[105]

人的同一性,则首先具有生物体的同一性的基本特点,即,"人的同一性所以成立,乃是由于不断生灭的诸多物质分子,连续地和同一的有组织的身体具有生命的联系,因而参加着同一的继续的生命。"[106]但对物体的强调也并不意味着对灵魂的彻底否定,否则就很难理解人的道德性,更无法推导出末日复活的说法。为了讨论人的同一性问题,洛克区分了人(man)、人格(person)、实体(substance)这三个概念。其中的实体,是指人的物质性构成。而"人"则是"具有这种特定

---

[102] Michael Ayers, *Locke*, *Volume II*: *Ontology*, London: Routledge, 1991, p. 205.

[103] 洛克,《人类理解论》,第 2 卷,第 27 章第 1 节,中译本第 302 页。

[104] 同上书,第 27 章第 3 节,中译本第 304 页。

[105] 同上书,第 27 章第 4、5 节,中译本第 304—305 页。

[106] 同上书,第 27 章第 6 节,中译本第 305—306 页。

形式的动物"。哪怕是一个疯子或傻子,其理性甚至比不上一只鹦鹉或一只猫,也仍然是人。一只鹦鹉或猫,哪怕再会讲话和思考,也不是人。[107]

洛克对"人格"的定义是:"所谓人格就是有思想、有理智的一种东西,它有理性、能反省,并且能在异时异地认自我是自我,是同一的能思想的东西。"[108]相对于实体和"人"的同一性,洛克更注重"人格"同一性的讨论。

人格的同一性就是"自我"(self):"当我们看到、听到、嗅到、尝到、觉到、思维到、意想到任何东西时,我们知觉有这些动作。因此,意识永远是和当下的感觉和知觉相伴随的,而且,只有凭借意识,人人才对他自己形成他所谓的自我。"[109]构成自我的关键是意识(consciousness),意识使自我区别于他人;当意识回溯到过去的事情时,使过去和现在的人格成为同一个,这就是记忆。

随后,洛克讨论了人格与实体的关系。"各种不同的实体,被同一的意识所连合(在这些实体入于意识中时)而成人格,正如各种不同的物体被同一的生命所连合而成动物似的。"因此,虽然组成人体的实体会有很大变化,但只要这些实体都归于同一意识,则永远是同一个人格,形成同一个自我。[110]

物体是完全靠物质的实体维护其同一性的,生物是靠生命维持其同一性的,人格是靠同一的意识维持其同一性、形成自我的。不过,由于人也存在实体的同一性问题,也存在身体的人(man)的同一性问题,而且和人相关的实体,既有物质的实体,也有非物质的、精神性的实体,所以这里的情况会复杂很多。于是洛克提出了这样两个问题:第一,如果能思考的一个实体发生了变化,那这还是不是同一个人格?

---

[107] 洛克,《人类理解论》,第 2 卷,第 27 章第 7—8 节,中译本第 306—307 页,但此处的翻译笔者多有不取。

[108] 同上书,第 27 章第 9 节,中译本第 309 页,译文有改动。

[109] 同上书,第 27 章第 9 节,中译本第 309—310 页。

[110] 同上书,第 27 章第 10 节,中译本第 311 页。

第二,如果实体没有发生变化,有没有可能变成不同的人格?⑪

究竟把实体理解为物质的,还是精神的,以及意识是否和怎样从一个实体转移到其他的实体,当然会存在很多争论。不过,洛克坚持自我是由意识构成的,因此对于第一个问题,他非常明确地回答:"同一的意识如果能由这一种思想的实体转移到别一种能思想的实体,那么两种能思想的实体亦仍然可以成为同一个人格。因为同一的意识不论保存于同一的或差异的实体中,它只要能保存,人格的同一性就可以保存。"⑫

第二个问题更困难一些,它涉及以意识定义自我时所触及的必然矛盾,因为人的意识,特别是记忆,并不是随时都活跃的。人在很多时候,完全注意于当下的思想,丝毫没有回忆自己的过去,在熟睡中甚至毫无意识。尤其是遗忘不断发生,即使记忆力再好的人,他的全部过去也不会都呈现在眼前。⑬ 既然如此,一个人就有可能彻底忘记自己的过去,并且永远不再记忆起来。如果发生这样的情况,一个人是否会形成不同的人格呢?⑭

洛克强调:"离了意识,则同一的物质分子纵然与任何身体相连合,亦并不能形成同一的人格,同样,同一的非物质的实体,如果离了意识,则它虽与任何身体连合,亦并不能形成同一的人格。"⑮ 他坚持,只有意识能形成人格的同一性,无论物质的实体还是精神的实体,都不足以构成人格的同一性。因此,如果"我以同一的意识,在先前看到挪亚的方舟和洪水,在去年冬天看到泰晤士河的泛滥,在现在又在这里作文,则我确信现在作文的我,去冬观察泰晤士河泛滥的我,和以前观察洪水为祸的我,是同一的自我。"⑯ 洛克断言,如果苏格拉底和现在的某人确实有同一的意识,那他们就具有同一人格;相反,如果睡时的

---

⑪ 洛克,《人类理解论》,第 2 卷,第 27 章第 12 节,中译本第 312 页。
⑫ 同上书,第 27 章第 13 节,中译本第 313 页,译文有改动。
⑬ 同上书,第 27 章第 10 节,中译本第 310 页。
⑭ 同上书,第 27 章第 14 节,中译本第 314 页。
⑮ 同上书,第 27 章第 14 节,中译本第 315 页。
⑯ 同上书,第 27 章第 16 节,中译本第 316 页。

苏格拉底和醒时的苏格拉底具有不同的意识,则他们具有不同的人格。如果因为睡时的苏格拉底所做的错事而惩罚醒时的苏格拉底,则是不公平的,就如同为了双胞胎弟弟所做的错事而惩罚双胞胎中的哥哥一样。⑰

在如此确定了人格的同一与差异后,洛克进一步讨论棘手的记忆与忘记的问题。他指出,人们之所以在这个问题上纠缠不清,是因为错误地混淆了"人"和"人格"。一个人若彻底忘记了以前的事,他和以前的他仍然是同一个人,但并不是同一个人格。同一的人,要么因为物质实体的同一性,要么因为精神实体的同一性,要么因为二者的结合的同一性,而成为同一的。但这些都不足以构成同一的人格。因此,当同一个人处在不同的意识状态中时,不论是因为睡觉、忘记、疯癫或酒醉,都不是同一个人格。

洛克所谓的"人",是一个生物性的主体。正像他在《教育漫话》中所指出的,一个孩子生下来,就只在其趋好避坏的本性加上一些天生的性情和气质。但在这些本能和气质之外,人还有极大的潜力,于是就要通过家庭和社会的教育来发掘和培养这种潜力。教育就是塑造人格的过程。⑱ 在洛克看来,与复活和不朽最相关的不是灵魂(即非物质实体),而是人格。人在此世的各种行为构成了他的人格。"人格"就是人的理性和道德主体,其指导原则就是自然法。⑲

洛克花这么多笔墨来讨论的人格同一性,处处都关涉到法律和道德问题。其实,之所以区分人和人格,并不是因为人有灵魂,而是因为人有道德生活,负有道德责任,人格本来就是一个法律概念。他指出:

> 它是一个法律的名词,专来表示行动和行动的价值。因此,这个名词只能属于有理智的主体,而且那个主体是能受法律所支

---

⑰ 洛克,《人类理解论》,第 2 卷,第 27 章第 19 节,中译本第 318 页。

⑱ 洛克,《教育片论》,熊春文译,上海:上海世纪出版集团,2005 年,第 97 页。

⑲ John Yolton, *The Two Intellectual Worlds of John Locke*, Ithaca, NY.: Cornell University Press, 2004, pp. 36 - 37.

配,是能感受幸福或苦难的。这个人格之所以能超过现在,而扩及过去,只是因为有意识。借着这种意识,它便可以关心过去的作为,对过去的作为负责,并且把过去的作为认为是自己的,一如其在现在的作为方面所可能的那样。这些都与人们关心幸福的心理有关,这种关心就是意识的一种必然的伴随物,因为能意识到苦乐的那种主体,一定是希望那个有意识的自我得到幸福。⑳

在他看来,法律之所以能施行奖罚,其基本前提在于人格的同一性,即受到奖罚的人和做了相应的好事坏事的人是同一个人格,因而一个人就可以为自己做出的事负责。意识构成了人格的同一性,从而成为赏罚是否公正合理的哲学基础。㉑ 公正的法律,不能要求一个人格为另一个人格的所作所为负责,既不能为另外一个人做的事负责,也不能为自己无意识,或是意识和现在不同的时候做的事负责。比如,如果谁被认为是苏格拉底转世,但他并没有苏格拉底的意识,因而和苏格拉底不属于一个人格,那他就不能为苏格拉底做的事负责。

由于同一个人醒时和睡时的人格不同,疯癫和清醒时的人格不同,甚至遗忘了的时候的人格都会改变,那么,一个人可以不为自己不记得的事负责。但现实的法律往往不是这样的。洛克认为,人法之所以要因为某个人自称忘了或不意识到的作为而惩罚他,并不是否定了人格的变化,而是因为人没有能力清楚地判断意识之间的差异;如果不施行这种惩罚,就必然放过以忘记为借口的坏人。但所幸的是,在人法之上还有神法,而神法的执行也以人格的同一性为基础。"不过在末日审判之时,一切人心的秘密都会发露无遗,因此,我们很可以合理地想象,将来无人会对于自己不知道的事情负责,而要接受自己应得的命运,他的良知一定会相应地责难他或原谅他。"㉒

末日审判,是神法的最后执行,也几乎是自然法最有保证的执行。

---

⑳ 洛克,《人类理解论》,第2卷,第27章第26节,中译本第323页,译文有改动。
㉑ 同上书,第27章第18节,中译本第317页。
㉒ 同上书,第27章第22节,中译本第320页。

而这一神法的执行,当然首先取决于末日复活的人和生前的人有同一人格,这就是我们前面已经提到的,人格的同一性涉及对末日复活的理解。洛克对此的看法是:"在复活时,灵魂所住的身体虽然同它在世时所住的结构不同,部分各异,可是人的同一的人格仍不能丧失掉,因为原来的灵魂仍具有以往的同一的意识。"⑬

洛克并没非常信服地证明,末日复活时的人和生前的人有同样的意识,因而有确定的人格同一性。但在《人类理解论》中,洛克在很多地方都在强调道德人格以及它在末日审判中的命运。特别是在卷二第 27 章,我们处处可以看到作者的这一道德关怀。⑭

除去末日审判之外,洛克所谈的人格同一性问题还牵涉到另外一个重要的宗教问题,就是原罪。既然一个人无法为别人做的事情负责,甚至不能为自己意识不到的事负责,那么,一个孩子"在初生时,没有任何功或罪就度其幸福的或患难的生涯",当然是不公的。⑮ 这句话虽未明说,但对原罪的批判已经呼之欲出了。既然亚当的子孙都和亚当不是同一个人格,一个对亚当的作为毫无意识的孩子,为什么一出生就要为亚当犯的罪负责呢?

3. 没有原罪的人

1695 年,洛克匿名出版了《基督教的合理性》一书,并在该书的序言中写道:"我所知道的神学体系,绝大多数不能令人满意,也少有连贯一致的。这使我不得不亲自专门研读《圣经》(一切神学体无不以《圣经》为依据),以求理解基督教。"⑯他究竟为什么对此前的神学体系感到不满呢? 不愿透露自己身份的洛克没有明说,更不会说这本书与他的其他著作有什么关系。但此书出版不到几个月,被克兰斯顿称为洛克后半生最凶恶的论敌的爱德华兹(John Edwards)就指出,这本书

---

⑬ 洛克,《人类理解论》,第 2 卷,第 27 章第 15 节,中译本第 315 页。
⑭ 参 Yolton 前引书,p.149。
⑮ 洛克,《人类理解论》,第 2 卷,第 27 章第 26 节,中译本第 323 页。
⑯ 洛克,《基督教的合理性》,王爱菊译,武汉:武汉大学出版社,2006 年,"序言"。

虽然文笔极差,但其作者很可能和写《人类理解论》与《教育漫话》的洛克是同一个人。[127]

虽然洛克一直不是一个以文笔见长的作家,但诚如爱德华兹所言,《基督教的合理性》的文字显得尤其枯燥乏味。不过,这并不能掩盖它与上述那两本书之间的关联,更不能抹杀其中的思想意义。洛克在他公开署名的著作里没有明确否定原罪,但《基督教的合理性》的全部论证都建立在对原罪的否定之上;此书既是对《人类理解论》中隐含的宗教批判的一次大胆披露,更是其中的人性观的自然推论。

《基督教的合理性》开篇即提出了所要解决的问题:如何理解亚当的堕落?"要理解耶稣基督为我们赎回了什么,就必须考虑在《圣经》的记载中由于亚当的缘故我们失去了什么。"[128]洛克认为,传统神学所讲的,由于亚当犯了罪,所以他的后代就要遭受永罚,是牵强附会,给《圣经》加上其中本来没有的深奥做作的意义。但是,洛克在驳斥了原罪说之后,马上就意识到一个相反的危险:"而在另一些人看来,这就大大背离了伟大无限的上帝的正义或良善,所以他们宁愿认为救赎根本是不必要的,从而不存在什么救赎,也不愿在有损于作为无限之存在的上帝的荣誉和性质的前提下承认救赎。"[129]他明确指出,这种自然宗教的说法同样是错误的。于是,在这本写得似乎并不清晰的著作中,洛克的立场一点也不含混,即,既不承认原罪,也不否认拯救的必要性。既然亚当的子孙并没有罪,那为什么还要拯救呢?因为,亚当的堕落毕竟使人失去了什么。洛克的用意,就在于重新理解亚当堕落事件给人带来的损失究竟是什么,而正是这种损失使耶稣基督的救赎成为必不可少的。

对于亚当偷吃禁果并受到惩罚这件事,洛克并没有什么疑问。他承认,伊甸园里的正义就是对神法的绝对服从,这种服从会带来天福和永生。上帝以死亡来惩罚亚当的过错。虽然亚当并没有当场死亡,

---

[127] Cranston,前引书,pp. 390—391。

[128] 洛克,《基督教的合理性》,第一章,中译本第 1 页。

[129] 同上。

但他毕竟被判了死刑，只不过要缓期执行而已。而且，洛克同样承认，由于亚当变成了必死的，他的后代子孙也都变成了必死的。这就是《罗马书》5:12 中的"罪是从一人入了世界，死就是从罪而来的"和《哥林多前书》15:22 中的"在亚当里众人都死了"这两句话的含义。

洛克与传统神学家的最大区别是，对由亚当带来的死亡的理解不同。他认为，虽然《创世记》和保罗书信中的这些说法非常明确，但以前的神学家对它们的理解都过于牵强附会了。他随即批评了两种错误诠释。

首先是那种把死亡当成负罪状态的看法，即，《创世记》2:7 中"你们吃的日子必定死"的意思，并不是身体的消灭或死亡，而是遭受永恒的苦难。显然，这指的就是奥古斯丁以来"第二次死亡"的观念。奥古斯丁在《上帝之城》卷十三谈道，在末日审判之后，罪人不会消失，而是永远有身体的生命，只是灵魂会遭受永远的折磨，这就是第二次死亡。[13] 严格说来，奥古斯丁并没有认为"第二次死亡"是《创世记》中的"死亡"的全部含义，但毕竟，他把这种永远受折磨的死亡，当成了其中一个极为重要的方面。

洛克对这种观点的攻击主要有两个方面。第一，他延续了《人类理解论》中关于自我的理解，认为，如果让亚当的后代负罪遭受惩罚，那就是让他们为自己没有犯下的罪负责，这是不公平的。第二，《圣经》中明明说的是"死"，而这里却说是一种"永生"，这样来理解"死亡"不仅毫无根据，而且南辕北辙。从这两个角度说，将亚当的后代的死亡当成一种惩罚都是不公平的。

随后，洛克又花了更多笔墨批判与这第一种理解相关的另一种理解，即，认为这种死亡就是一种必然犯罪的状态。比起"第二次死亡"来，这是"原罪"概念中更核心，也更有理论力量的一个方面，这同样与奥古斯丁有着密切的关系。奥古斯丁在《上帝之城》卷十四指出，伊甸园中的人处在一种和谐的状态，意志与欲望统一，都朝向美好。在亚

---

[13] 参见奥古斯丁，《上帝之城》，13:2；吴飞译本中册，上海：上海三联书店，2008 年。

当堕落之后,由于亚当不再服从上帝,他的身体的欲望也不再服从灵魂中的意志和理性,于是就开始犯罪。⑬ 奥古斯丁又把灵魂不服从上帝称为灵魂之死。在他看来,《创世记》2:7 中的"死亡"包括身体之死、灵魂之死、第二次死亡。上帝既然说,"你们吃的日子必定死",那就是必定要在那一天死,但这指的不是身体之死,而是灵魂之死。所谓的灵魂之死,不是说灵魂不再存在,因为灵魂本质上是不朽的,即永远存在,而是说灵魂不再有生命力,要在罪恶中挣扎。⑬

洛克批判这一观念说:

> 按照这种理解,这等于是说:你和你的子孙从此以后所做的事情,都必然是有罪的,而且会触怒我,然后理应领受我的震怒。一个公正的人尚且不会以这样的条件要求他的属下服从他,难道正义的上帝会仅仅因为一桩罪过触怒了他,竟然惩罚人必须不断犯罪,并以此加重惩罚吗?⑬

在他看来,这样一种惩罚不仅不公平,而且不合逻辑。于是,洛克给出了对上帝惩罚的一个最直接的解释:

> 我所理解的"死亡"不是别的,只能是停止了存在,失去了所有生命和感觉活动。由于亚当在乐园第一次违背了上帝的意愿,所以亚当和亚当的子孙领受了这种意义上的死亡,如果没有耶稣基督的救赎,他们将会永远处于这种死亡阴影的笼罩之下。⑭

随后,洛克进一步解释了他与原罪论者的区别。在他看来,死亡就是死亡,没有其他的含义,更不意味着人性的败坏。虽然亚当自己是因

---

⑬ 奥古斯丁,《上帝之城》,14:14。
⑬ 同上书,13:2。
⑬ 洛克,《基督教的合理性》,第一章,中译本第 3 页。
⑭ 洛克,《人类理解论》,第 2 卷,第 27 章第 26 节,中译本第 323 页;《基督教的合理性》,第一章,中译本第 3 页。

为犯了罪,所以被惩罚要死亡,但他的子孙们并没有犯什么罪。他们虽然同样会死,但死亡并不是因为他们有罪,也不是对他们的惩罚。[135]他们和堕落之前的亚当一样正直,只不过不再是不朽的了。

洛克强调,神法对人的惩罚都是根据每个人自己所行的善恶,而不是根据他们祖先做的事。他引用了与《人类理解论》卷二 27 章所引非常相似的《圣经》经文,强调在末日审判的时候,众人"必要在基督台前显露出来,叫各人按着本身所行的,或善或恶受报"(《哥林多后书》,5:10)。[136]

否定原罪说的哲学基础,正是他由"人格同一性"所推出的对法律正义的理解。上帝既然是正义的,就一定要赏罚分明,因此不可能让无辜者代人受过。亚当和夏娃犯了罪,所以他们是应该受罚的。但他们的子孙并没有犯罪,就不应该替自己的祖先受罚。因此,亚当的子孙虽然是必死的,但死亡却不是对他们的一种惩罚。

如果亚当的后代不是因罪而受惩罚,那么,死亡对他们意味着什么呢?洛克指出,不朽和永福,本来就并不是人们理所当然应得的,不给人本来并不该有的东西,怎么能算惩罚呢?人并不比任何其他的被造物更有理由得到这些赐福。上帝起初让亚当在伊甸园中享受这些,是出于他的恩典,而让亚当的子孙不再享有这些,那只是削减了他的恩赐。不仅没有夺走人分内应得的东西,而且必朽的生命仍然是他的赐予,是人们应该感激的:"假如他拿走了人分内应该获得的东西,或者在人没有任何过错的情况下,使人处于比死更为糟糕的苦难之中,这才是真正地难于符合我们对于正义的理解,更难于符合至尊存在的良善和其他性质。"[137]

这样,亚当的子孙是生而必朽的,正如亚当夫妇是生而不朽的一样。他们的必朽是因为亚当的罪而带到世上来的,但并不是对他们自

[135] Kim Parker, *The Biblical Politics of John Locke*, Waterloo, Ont. : Wilfrid Laurier University Press, 2004, p.134.
[136] 洛克,《人类理解论》,第 2 卷,第 27 章第 26 节,中译本第 323 页;《基督教的合理性》,第一章,中译本第 5 页。
[137] 同上书,第 27 章第 26 节,中译本第 323 页;《基督教的合理性》,第一章,中译本第 4 页。

己的罪的惩罚。按照洛克的这一解释,亚当之后的人就是无辜但必朽的。他们并没有什么先天的道德欠负,但一生下来就带着自然的局限。

此外,洛克并没有忽视上帝的判决中的另外一部分:"地必为你的缘故受咒诅。你必终身劳苦,才能从地里得吃的。地必给你长出荆棘和蒺藜来,你也要吃田间的菜蔬。你必汗流满面才得糊口,直到你归了土,因为你是从土而出的。你本是尘土,仍要归于尘土。"(《创世记》,3:17-19)亚当的子孙既然一生下来就不在乐园之内,就不得享受永生和天福,他们就必须劳动才能活下去。这也不是对他们的惩罚,而成为他们的自然中的一个方面。

在当时的基督徒看来,洛克这一说法当然是离经叛道的。但我们若细加分析,却发现洛克不但没有否认亚当的堕落这个事实,也没有否认亚当的堕落带来的严重后果。他所否定的,是对于这一后果的道德化解释。在他看来,人的生理局限完全是自然性的,其中没有什么道德含义。人们不必为此大惊小怪、怨天尤人,更不必为此而忏悔自责、满怀忧愁。人没有什么与生俱来的罪性,任何人都是无辜的。因此,耶稣所带来的拯救,就不是针对原罪的拯救,而是针对必朽的人的自然缺陷以及他们各自的过犯的拯救。

在拉乌雷斯档案中,有几则笔记也与原罪问题直接相关,而且与《基督教的合理性》的写作时间非常接近。

在写于 1692 年的一则笔记"原罪"(*Peccatum originale*)中,洛克设置了一系列相关的问题。其中的核心问题是,上帝是否要在亚当的后代身上惩罚亚当的罪。如果承认这一点,那么亚当的子孙要么真的参与了亚当的犯罪,要么这仅仅是上帝随意的确定。如果是亲身参与了,他们没有见过亚当,怎么可能参与呢? 如果他们参与了亚当的罪,那么亚当在伊甸园以外犯的罪,每个人是不是也参与了呢? 以及每个人更直系的父祖所犯的罪,是不是也都要让子孙连坐呢? 如果这两点都承认,那么,亚当对他的罪的忏悔,乃至每个人的父祖对自己的罪的忏悔和信仰,他是不是也应该享有呢? 对于相关的其他可能性,洛克也以相同的方式一一驳斥。这则笔记没有得出一个明确的结论,但我们可以清楚地看出,洛克此时正在为《基督教的合理性》的写作作准备。⑬

在这则笔记的右下方,有洛克亲笔写的 Proast 的字样。而洛克的论敌普洛斯特(Jonas Proast)在 1691 年(即写这则笔记的前一年)刚刚发表了对洛克的《论宽容书》的第二次批判(我们后文称为《二驳宽容书》)。虽然普洛斯特并没有直接谈到原罪,但他在此信中确实用人性的堕落来论证宗教不宽容的合理性。我们由此可以合理地推测,洛克的这则笔记应当与对普洛斯特的回应有很大关系。⑬ 而这种关系可以帮助我们建立《论宽容书》与《基督教的合理性》之间的关联:或许正是为了回应普洛斯特的攻击,洛克才感到有必要重新理解原罪和救赎等基督教问题,为自己的政治学说和宗教宽容论提供一个人性论基础。

第二年,即 1693 年,洛克又写了"堕落前的人和堕落后的人"(*Homo ante et post lapsum*)这则笔记。按照诺沃(Victor Nuovo)的说法,这则笔记是上一则笔记的继续,是从上一则笔记得出一个更精致的结论,即,堕落给人类带来的是死亡。⑭

首先,洛克认为,人从被造的时候就是可朽的,只不过因为他可以随意享用其他被造物,特别是生命之树上的果子,所以可以不死,而且欲望和理性没有冲突。而在他偷吃禁果之后,上帝所判的死刑马上就执行了,但并不是像奥古斯丁说的那样,有什么"灵魂之死",而是他被赶出了伊甸园,不再能吃生命之树上的果子了,所以从那个时候起,就开始了死亡的过程。于是,由于他的罪,他和他的后代都必须死亡,死就因为他的罪入了世界。死亡是亚当之罪的后果,但不是对他的子孙的惩罚,因为他们从未希望过不朽。而上帝在以死亡惩罚他们的同

---

⑬ John Locke, "Peccatum originale," in John Locke, *Writings on Religion*, edited by Vivtor Nuovo, Oxford: Clarendon Press, 2002, pp. 229 - 231.

⑬ 参见 Victor Nuovo, "Introduction," in John Locke, *Writings on Religion*, edited by Victor Nuovo, Oxford: Clarendon Press, 2002, p. liii。

⑭ Victor Nuovo, "Introduction," in John Locke, *Writings on Religion*, pliv.

时，也让他们通过劳动谋生活。劳动就带来了私有财产，私有财产就带来了不平等，不平等就导致了贪婪、骄傲、野心等，于是才产生了普遍的恶。[14]

洛克不仅在此阐发了《基督教的合理性》第一章的观点，而且与他在《政府论》中提出的著名的财产学说相关联。前文谈到，《基督教的合理性》中同样谈到了上帝对亚当的惩罚的另一部分，即人们必须通过辛苦的劳动才能生存下去，但他在那里除了引用《创世记》3：17－19的原文外，并没有详细解释这一部分惩罚的含义。但这则笔记更明确地讲，这一惩罚不仅是人在变得必死之后的一个自然结果，而且是恶的真正起因。正是由于被赶出了乐园，无法随意享用园中的果子，所以人们只能通过自己的劳动生活。

洛克将私人财产、不平等、道德之恶归因于劳动，也补充了对亚当堕落的解释。亚当的堕落并没有直接带来人间的罪恶，而只是使人的自然不那么完美；那么如何解释人间普遍存在的恶呢？按照洛克在这则笔记里的说法，恶正是人的自然不完美的一个结果。这种不完美带来的不平等，很容易导致某些人变坏，但这并不意味着每个人从一出生就有道德的欠负。因此，虽然结果是一样的，即亚当之后，人类就出现了恶，但其原因并不一样。传统的原罪说把道德的欠负当作对堕落的直接惩罚，洛克却把道德上的恶当作堕落所直接导致的自然不完美的一个必然后果。由于每个人并非天生就是坏的，虽然自然不完美导致很多人（甚至几乎所有人）作恶，但毕竟存在不作恶的可能，因此，每个人都应该为各自选择的恶负责，而不能让亚当或人类的自然本性来负责。

财产是恶的原因，但劳动和财产本身都不是恶的，而是对人性不完美的正面弥补。通过劳动获得财产，更需要对自然之光的运用。在这个过程中产生的恶，是对自然之光的不恰当运用的结果。

《基督教的合理性》中对原罪的讨论涉及的不只是《创世记》第三

---

⑭ John Locke，"Homo ante et post lapsum," in John Locke，*Writings on Religion*，p. 231.

章,而且是《罗马书》5:12中这句著名的话:"这就如罪是从一人入了世界,死又是从罪来的,于是死就临到众人,因为众人都犯了罪。"[12]保罗虽然并没有用过原罪的概念,但他的这句话明显已经暗示了后来的原罪概念,而奥古斯丁的原罪说很大程度就来自保罗类似说法的启发。爱德华兹批评《基督教的合理性》的作者好像对保罗书信很无知。洛克晚年着手诠释保罗书信,当然不仅是为了辩护自己对保罗书信不是一无所知。更重要的是,对保罗书信的诠释可以为他的思想提供更坚实的神学基础。而其中一点就表现在对保罗这明显暗示了原罪观念的语句的重新阐释。

洛克把保罗此处的意思解释为:

> 在此,我从一开始给你们讲述整个事情的原委。你们一定知道,因为我们所有人的祖先亚当的一个行为,罪就进入了世间,而死亡,也就是吃禁果这个罪所遭受的惩罚,也就因为亚当的罪进入了世间,因为亚当的后代就此成为必朽的。[13]

在这一段里,洛克对与他的说法最不合的最后半句话作了重新翻译。在希腊原文中,这句是ἐφ᾽ ᾧ πάντες ἥμαρτον,詹姆斯一世的钦定本中是"for that all have sinned",中文和合本译为"因为众人都犯了罪",这和希腊文都是一致的。但洛克却把此处译为"all became mortal",即"众人都成了必朽的"。洛克在注释中解释了他为什么要这样理解此处。他认为,虽然保罗字面上确实用了"罪"的字样,但只有像他这样的翻译才能传达保罗的真正含义,因为,保罗此处所说的"罪"并不是真的罪,而只是为了使文章更有力的,比喻意义上的罪。以这种比喻性的修辞来加强文章的气势,是保罗书信的一贯风格。同一封书信

---

[12] Philip L. Quinn, "Disputing the Augustinian Legacy: John Locke and Jonathan Edwards on Romans 5:12 - 19," *The Augustinian Tradition*, edited by Gareth B. Matthews, Berkeley: University of California Press, 1999.

[13] John Locke, *A paraphrase and Notes on the Epistles of St. Paul to the Galatians*, 1 and 2 *Corinthians*, *Romans*, *and Ephesians*, Oxford: Oxford University Press, p. 523.

5:19 中的"因一人的悖逆,众人成为罪人"也是在用同样的修辞手法。而 5:17 中的"若因一人的过犯,死就因这一人作了王"才是保罗真正要表达的意思,即过犯只是一人的,死却是众人都要遭受的。

洛克指出,这句话应该和《哥林多前书》15:22"在亚当里众人都死了。照样,在基督里众人也都要复活"相参照,因为这两句话是明显相互平行的。《罗马书》中的这几句,正是对《哥林多前书》中那一句的诠释。既然保罗在那里谈到的只有死亡,没有罪,那么,在《罗马书》中,他真实的意思也只是在谈死亡。

洛克进一步通过对随后两句话的解释来印证他的理解。《罗马书》5:13 - 14 是:"没有律法之先,罪已经在世上。但没有律法,罪也不算罪。然而从亚当到摩西,死就作了王,连那些不与亚当犯一样罪过的,也在他的权下。"而洛克对这两句的解释是:

> 确实,在所有时代,所有人都会犯罪,但在摩西将上帝的实在法传达给人类之前,也确实并没有对罪的确定惩罚,因为没有实在法宣布这样的惩罚。不过,我们还是看到,从世界之初到摩西宣布上帝的实在法之前的所有时间里,人都会像他们的祖先亚当那样死亡,虽然他们都没有像他那样吃禁果,也没有像他那样犯罪。因此,既然上帝只对亚当宣布了这制定的诫命,那么,这个诫命所规定的死亡,就只是对亚当的惩罚。[14]

这段话的关键,在于如何理解"但没有律法,罪也不算罪"这句话。此处的"算"字原文是 ελλογειται,按照《新约希腊文词典》的解释[15],这个词的原意是"欠债还钱"。奥古斯丁把这一句与后面的"然而从亚当到摩西,死就作了王"结合起来,理解为:"罪统治着人类,使他们

---

[14] John Locke, *A Paraphrase and Notes on the Epistles of St Paul to the Galatians*, 1 and 2 *Corinthians*, *Romans*, *and Ephesians*, Oxford: Clarendon Press, 1987, pp. 523 - 525.

[15] *A Greek-English Lexicon of the New Testament and Other Early Christian Literature*, Chicago: The University of Chicago Press, 1957.

无法获得永生,而永生才是真正的生命,反而把他们带进第二次死亡,即永罚。"⑯这代表了传统的理解。但洛克却认为,需要从字面上来理解这句话,即,只有欠债的才要还钱。亚当因为吃了不该吃的禁果,所以要用死来补偿;但没有谁对亚当的子孙宣布什么律法。于是,

> 在没有上帝的实在法的时候,人类通过自然之光知道,他们僭越了自然对他们的统治,那就是理性,因为理性向他们宣布了应该做什么。但是,当上帝没有用实在法宣布对他们的统治之前,他们并不知道,上帝会以怎样的比例收取他们因僭越法律而必须缴纳的税。在他宣布罪的工价就是死之前,这一点是不成立的,于是罪也就不算罪。⑰

这里并不是说,没有实在法之前没有人犯罪,而是强调,因为没有实在法把死亡当作对罪的惩罚,不能把死亡看成对罪犯的惩罚。洛克解释这句话的逻辑遵循了《人类理解论》、《基督教的合理性》,以及他的两条笔记中的基本逻辑。此外,他还遵循了自己对神法的一贯看法:神法是由实在法和自然法组成的,而且两者虽然形式不同,其内容都是一致的。

洛克在对《罗马书》的另外一个注里解释摩西律法时说:

> 这样,通过法律,以色列的子孙被放在了另外一个状态中:通过上帝和他们订立的契约,他们究竟是仍然处在死的统治下,还是回复生命,并不是另外一个人的行为的后果,而是他们自己的行为的后果。于是,他们要因自己的行为来站立或跌倒,他们所承受的死亡来自他们自己的过犯。他们针对这律法所犯的每个

---

⑯ 奥古斯丁,《论罪有应得及其赦免》(*De peccatorum meritis et remissione*),1:11[13]。

⑰ John Locke, *A Paraphrase and Notes on the Epistles of St Paul to the Galatians*, 1 and 2 *Corinthians*, *Romans*, and *Ephesians*, p. 524.

罪过都会使这契约判给他们死亡。⑱

等到上帝通过摩西颁布了实在法,对罪的惩罚也就规定了下来;从此以后,死亡才能成为对罪的惩罚,而每个人究竟是遭受这种惩罚,还是从必死的状态中摆脱,完全取决于他自己的所作所为。

由此我们看到,作为白板的人心不仅没有刻上任何道德法则,而且没有任何天生的欠负。人既没有自然的善,也没有自然的恶。善恶在人性中的基础是快乐和痛苦这对基本的简单观念,但这也不是天生的,而是自然官能的结果。

因此,无论做好事还是做坏事,都要由每个人自己,而不能由上帝或初人来负责,甚至不能由普遍的人性来负责。每个人都有同样的自然官能,如果运用得当,就会认识自然法,从而得救;如果运用不当,就会犯罪,并要为此而受罚。

这样,人不仅不是因为自然法刻在心里而认识它,也不是因为与生俱来的罪性需要自然法;无论人堕落与否,无论人的良心正误,自然法都是存在的,因为那是上帝对人的本性的规定。人需要做的,就是根据自然法来制定人法和别的法律,并按照这些法律生活。

但如果按照这个逻辑推下去,洛克就遇到了霍布斯从未遇到的巨大难题:既然自然法不是人根据自己的需要而制定的,甚至不是凭理性确立的,而是凭自然之光去发现的,那么,到底怎样来发现自然法呢? 这就是邓恩所说的,终生困扰洛克的那个致命问题。⑲ 因此,《论自然法》有一半的篇幅在讨论人怎样认识自然法,而后来《人类理解论》的写作,很大程度上也是为了探讨对自然法的认识。

于是,传统基督教思想中的原罪与自然法的张力让位于良心与自然法的张力。洛克最关心的,不再是人的道德欠负与良心中的道德原则之间的矛盾,而是人的认识能力与客观真理之间的矛盾。

---

⑱ John Locke,*A Paraphrase and Notes on the Epistles of St Paul to the Galatians*,1 and 2 *Corinthians*,*Romans*,*and Ephesians*,p. 529.

⑲ John Dunn,前引书,p. 25。

三、拯救：自然法的宗教意义

1. 立功之法与信主之法

洛克并不认为亚当的子孙有原罪，因此，拯救并不是从原罪中拯救；但拯救的目的，却是从必死的境地回复到被亚当失去的不朽状态。所以他说：

> 他们没有一个人会由于亚当的罪过而失去他们凭着自己的公义有权得到的东西。公义的人或者完全遵守律法的人，从《圣经》来看，有权获得永生……如果亚当的子孙中有人是公义的，他们就不会因为是他的要死的后裔而失去永生和天福的奖赏。基督要使他们复活，而他们每个人都要按照自己的公义或不义来接受审判。[150]

按照这个逻辑，亚当的子孙们并不需要特别的外在恩典，只要能够事事按照神法去行，就能摆脱自己与生俱来的必朽状态，进入永生，获得天福。只是在不同的历史阶段，人们面临的处境不同，认识和遵行神法的方式也就不同。

在亚当到摩西之间，人们没有别的法律，只能凭借自然之光认识自然法。[151] 在这个阶段，由于人们必须经过辛苦的劳动才能生活，于是产生了不平等，也产生了贪婪、骄傲、野心，出现了恶。受恶支配的人，不能按照自然法做事，当然也就无法得拯救；并且也会陷入无休无止的战争状态，不能获得自由。

上帝为了把以色列人拯救出这个状态，通过摩西给他们颁布了十诫，这就是上帝对以色列人宣布的实在法，其核心是道德法，和自然法

---

[150] 洛克，《基督教的合理性》，第二章，中译本第 6 页。

[151] Locke, *A Paraphrase and Notes on the Epistles of St Paul to the Galatians*, *1 and 2 Corinthians*, *Romans*, *and Ephesians*, p. 524.

是一致的,但为了适应以色列人的习俗和具体情况,也加上了一些无关紧要的具体规定,这可以称为仪式法和犹太法。[152]洛克指出,保罗在《罗马书》中谈到"律法"时,有两种用法。当他使用不加冠词的 νόμος 时,一般指神法,即应该被永恒遵守的道德法,而当他使用加冠词的 νόμος 时,一般指摩西所传的律法,即以仪式法或犹太法表现出来的法。[153]

在旧约时代,使人们得救的是"立功之法"。这个概念出自《罗马书》3:27:"是用立功之法吗? 不是,乃用信主之法。"洛克认为:

> "立功之法"的言下之意是:服从律法就活,违背律法就死。《利未记》第18章第5节说:"你们要守我的律例典章;人若遵行,就必因此活着"。《以西结书》第20章第11节说:"摩西接着说:'人若行那出于律法的义,就必因此活着。'"[154]

保罗此处的原意,应该是把"立功之法"等同于摩西律法了,洛克也说,立功之法就出自摩西所立的律法。但若结合《保罗书信章句》中针对摩西律法的种种说法,我们却不能把立功之法完全等同于摩西律法。更准确的说法是,立功之法是包括自然法和实在法的神法,所以洛克又说:"立功之法里面所包含的,不仅有摩西设立的律法,还有可以通过理性加以理解的自然法。"[155]因为"立功之法"是和"信主之法"相对而言的,所以他又进一步说,"凡是上帝要求做的,只要不是因为信就可以免的,就是'立功之法'的一部分。"甚至上帝不准亚当吃禁果的禁令,也算作立功之法。[156]洛克通过对立功之法的这一诠释,就解释了为什么包括外邦人和犹太人在内的所有人都是罪人。外邦人

---

[152] 洛克,《基督教的合理性》,第三章,中译本第11页。

[153] Locke, *A Paraphrase and Notes on the Epistles of St Paul to the Galatians, 1 and 2 Corinthians, Romans, and Ephesians*, p. 525.

[154] 洛克,《基督教的合理性》,第三章,中译本第10页。

[155] 同上书,第三章,中译本第11页。

[156] 同上。

没有摩西律法，所以他们并不受这种律法的约束，之所以说他们没有遵行立功之法，是因为他们没有遵行神法。不仅如此，而且那些严格遵行摩西律法的犹太人也是有罪的，因为他们如果只是严格遵守了犹太人的仪式法，但并未遵守它所体现的自然法，那就还是有罪的。

归根到底，"立功之法"仍然是自然法。人能不能获得拯救，根本上仍然取决于他是不是认识了自然法。摩西律法可以帮助人们认识自然法，但不等同于自然法，甚至未必总能带来对自然法的认识，特别是犹太人之外的人法，可能与自然法毫无关系。

虽然任何人运用自然之光本来是都可以认识自然法的，但人们认识自然法总是存在巨大的困难，因为没有什么东西能保证他们可以准确地运用自然之光。而人性中的种种弱点又加剧了这种困难。结果，多数人无法做到遵行律法，还是无法得救，于是耶稣才指责所有的人说："你们却没有一人守律法"（《约翰福音》，7：19）。

既然人们很少能靠遵行立功之法得救，就有了信主之法：

> 立功之法和信主之法的唯一区别就是：立功之法决不允许有任何的违背。遵行立功之法的人才可以称义，而只要违背其中任何一个条例，便是不义，就无法指望义的回报。但是按照信主之法，信可以弥补无法完全遵行律法的不足，只要你信，便可被当作义人，从而获得生命和永生。[15]

信主之法也是一种实在法，是因为仅靠立功之法过于艰难，而开辟的另外一条拯救之道。"按照'信主之法'，虽然人行为不正，并不算是正义的，也就是说纵然他不能完全遵行立功之法，但是只要他信，上帝也会算他有义。"[16]

那么，所信的是什么呢？洛克说："'信子'，就是相信基督是弥赛

---

[15] 洛克，《基督教的合理性》，第三章，中译本第 12 页。
[16] 同上书，中译本第 13 页。

亚,相信他所行的神迹,以及他为自己所作的见证。"⑲从洛克在世的时候到现在,他的基督论就一直是争论的焦点。很有一些学者认为,洛克是否定三位一体学说的索齐尼派教徒⑯。洛克确实从未在他的著作中讲过三位一体的意义,但他也从未明确批驳过三位一体观。由于双方都没有压倒性的证据,这一争论恐怕还会无休无止地继续下去。或许还是韦恩莱特(Arthur Wainright)说的对,洛克独特的神学思想使他无法归属于当时任何一个神学宗派。⑯

洛克在《基督教的合理性》与《保罗书信章句》中各处的说法,很多细节上有差别。但总结他的主要观点,特别是他在对《以弗所书》的一条长注⑯中的叙述,我们可以把洛克的基督论大体归纳如下:以色列人由于最早崇拜唯一的上帝,上帝向他们颁布了实在法,使他们成为自己的选民,自己则成为他们的王。上帝在建立这个国的同时,一直准备将来把他的这个王国转到他将要派来世上的弥赛亚手中,让他做自己的选民的国王,并且把这个计划告诉了以色列人。他同时还准备在他儿子统治的这个王国中,容纳进地上其他的民族。弥赛亚来临的时候,将要向人们颁布新的法律,并且只有遵行这个法律的人,才是上帝的选民。于是,摩西的律法并没有被废除,但不再是上帝之国中的法律。犹太人因为不接受基督为他们的王,也就不再是上帝的选民。基督通过他的死亡,获得了这个王国,终结了摩西律法,为所有人开辟了另外一条通往上帝之国的道路。弥赛亚给出的新法律与摩西律法不同。人们只要参加了洗礼,相信基督就是弥赛亚,就可以进入天国。

洛克对基督之死的理解与传统神学非常不同。他并不认为,耶稣

---

⑲ 洛克,《基督教的合理性》,第四章,中译本第 15 页。

⑯ Herbert McLachlan, *The Religious Opinions of Milton*, *Locke*, *and Newton*, Manchester, Eng., Manchester University Press, 1941;靳希平,《洛克》,香港:中华书局有限公司,2000 年。

⑯ Arthur Wainwright, "Introduction," John Locke, *A Paraphrase and Notes on the Epistles of St. Paul to the Galatians*, *1 and 2 Corinthians*, *Romans*, *Ephesians*, edited by Arthur Wainwright, Oxford: The Clarendon Press, 1987, p. 39.

⑯ Locke, *A Paraphrase and Notes on the Epistles of St Paul to the Galatians*, *1 and 2 Corinthians*, *Romans*, *and Ephesians*, pp. 633 - 635.

的死是为了代替罪人赎罪。这是爱德华兹批评《基督教的合理性》时攻击最猛烈的一点。⑱洛克虽然在回应爱德华兹时否认这一说法，但他在对《罗马书》3：24的注释中非常明确地写道："根据最严格的正义，一个人必须既做了应该被赎罪的事，也为救赎赔偿了工价。"⑲从前面关于人格同一性的讨论中，我们不难看出洛克这个观点的根据。洛克既然认为，人格的同一性是法律赏罚的基础，就否认属于不同人格的人相互代替赏罚。所以，他认为亚当的罪不可能由他的子孙来背负；根据同样的理由，罪人们的罪也不可能由耶稣来承担。所以，耶稣并不是自己承担了人类的罪，通过自己的死赎去了这罪。

如果基督没有为人类承担罪，那他的死为什么能拯救世人呢？洛克在对《罗马书》3：25的注释中解决了这个问题。这一句的原文是，ὸν προέθετο ὁ θεὸς ἱλαστήριον δία [τῆς] πίστεως，中文和合本译作"神设立耶稣作挽回祭"。其中的ἱλαστήριον（即和合本的"挽回祭"）一词，英文钦定本译为propitiation，就是"挽回"、"和解"的意思（但并无"祭"的义项），洛克认为译错了，应为propitiatory或mercy seat，即《利未记》16：2中的"施恩座"："我要从云中显现在施恩座上。"上帝通过耶稣的死，表明他是真正的施恩座，即上帝显现的地方，上帝就在这个施恩座上宣布他的法。⑳在《旧约》中，上帝在那个施恩座上颁布法令；在新约中，他就在耶稣身上颁布法令，于是，耶稣就成了施恩座。洛克拒绝承认耶稣有任何罪，也否认耶稣是在为别人的罪承担责罚，因为代人受过是不正义的。耶稣只是在承担罪人应该承担的痛苦和折磨，但并不针对任何人的任何具体的罪。

洛克强调耶稣是无罪之人，有着更实质的用意。他在《基督教的合理性》中谈道："在犹太人看来，弥赛亚应该是全然无罪的，而无罪正

---

⑱ John Edwards, *Some Thoughts Concerning the Several Causes and Occasions of Atheism*, London: 1695, p. 112.

⑲ Locke, *A Paraphrase and Notes on the Epistles of St Paul to the Galatians, 1 and 2 Corinthians, Romans, and Ephesians*, p. 508.

⑳ Ibid..

是'义'（just）这个词的含义。"[166]洛克后文花了很多篇幅来讲，耶稣之所以总是避免宣布自己就是弥赛亚，避免卷入政治的冲突中，是因为那样他就会被判罪，"而这将有悖于他来到世间的计划——他在被献祭时，要如同无可指摘、毫无过犯的羔羊一样；他要对全世界，甚至对把他送上十字架的人，表明他的无罪"。[167] 只有全然无罪的人，才能成为上帝的施恩座，才能作为法官，审判万民。

这样，洛克所一再重申的"相信耶稣是弥赛亚"的意思就是，相信耶稣是无罪的弥赛亚，是能够作为施恩座、宣布上帝的律法的那一个。自从弥赛亚宣布了这条新律法，本性软弱的人们除了立功之法外，还可以通过信主之法获得拯救。

洛克将传统基督教复杂的教义降至"相信耶稣是弥赛亚"这一条，将长期以来被认为不可动摇的很多附加的教义，比如原罪说、三位一体等，都置于可有可无，甚至根本错误的境地。但如此简单的教义必然会带来这样的疑问：魔鬼若有这样的信，是否也可以得救？《雅各书》2:19 中明确地说："魔鬼也信，却是战惊。"为了回答这个质疑，洛克强调，人和魔鬼是不同的；让人通过信主之法得救，是上帝赐给人的一个恩典，但并没有赐给魔鬼，于是，"信既不是为他们得救而设置的手段，也没有应许给他们作为称义的途径"。[168]

不过，对于魔鬼因信称义的最大反驳是，信虽是使人称义的新约法，却不是唯一的条件，仅仅有信，而不能做到其他，仍然不能得救。不仅魔鬼如此，而且邪恶的人也不能仅凭信就可得救。这一点使洛克对"因信称义"的理解与加尔文派极为不同。所以，在谈完信主之法后，洛克又回到了立功之法。

2. 拯救之道

洛克哪怕在讲信主之法的时候，也非常谨慎，不否定立功之法的

---

[166] 洛克，《基督教的合理性》，第五章，中译本第 19 页。
[167] 同上书，第八章，中译本第 41 页。
[168] 同上书，第十一章，中译本第 97 页。

意义。所以,在《保罗书信章句》中,洛克总是坚持认为,耶稣并没有真正废掉摩西律法,更没有废掉立功之法:"说基督在福音中废掉了摩西律法,并不是真的废止了它,而是把它放在了一边,不再是上帝之国里的法律,因为上帝之国被传到了弥赛亚的手中,由弥赛亚来建立。"⑩

在《基督教的合理性》中,他在考察了福音书和《使徒行传》中的信主之法后,指出:

> 我们现在要表明,除了信他是弥赛亚,是我们的王之外,还有进一步的要求,这就是,凡是享有他的国度的特权、恩惠和救恩的人,还应该亲身进入他的国,并且通过洗礼成为其中的居民,郑重地加入那个国度,并在日常生活中成为遵从国的律法的子民。因为如果他们只是信他是弥赛亚,是他们的王,却不愿遵守他的律法,也不愿受他的管制,那么他们就是罪加一等的反叛者。上帝决不会因为这样的信使他们称义,因为这样的信只会加重他们的罪恶,愈发否定了弥赛亚的国度及其宗旨。⑩

毕竟,按照洛克的理解,自然法才是使人得救的正途,只有按照自然法为善去恶,才符合严格的正义。之所以又有信主之法,是因为上帝"深深地了解我们的本性以及我们人性的软弱,所以就赐给我们一个弥补这个缺憾的办法"。信主之法只是为那些因为软弱而无法完全遵从自然法的人设置的。至于那些完全顺服的人,"他们无需要有信心,就可以称义。他们靠着自己的双腿站立,已经是正义的了,不再需要靠信耶稣是弥赛亚,尊奉他为他们的王,成为他的子民,来算作为义"。而耶稣来到世间,同样要求他的门徒们依照自然法生活。⑪

所以,那些仅仅信仰耶稣却不做好事的人,无论如何都无法获得

---

⑩ Locke,, *A Paraphrase and Notes on the Epistles of St Paul to the Galatians*, *1 and 2 Corinthians*, *Romans*, *and Ephesians*, pp. 634 – 635.

⑩ 洛克,《基督教的合理性》,第十一章,中译本第 105 页。

⑪ 同上书,第十一章,中译本第 106 页。

永生。归根到底，"生命和永生既然只是对正义或公义的奖赏，是正义的上帝赐给那些丝毫没有受到罪恶污染的人的奖赏，那么他就不可能使那些全然不顾正义的人称义，无论他们信什么"。[112]

洛克这里的说法，和他谈到信主之法时的说法，看上去确实有些矛盾。他前面明明说，既然人们不能完全按照立功之法去做，上帝就另开辟一条道路，使不能完全按照自然法做的人，也可以通过信主之法得救；却又在这里说，除了遵从信主之法外，还要遵行自然法才能得救。洛克当然意识到了这对矛盾，并努力消除其间的抵牾之处，虽然做得并不很成功。他说：

> 只有那些已经信基督是弥赛亚，已经尊奉他为他们的君主，并虔诚努力以求称义，遵行他的律法的人，才能使他们过去的罪恶得到宽恕。即便他们因为意志软弱而有过犯，或者在归正以后仍然犯下许多罪恶，但是只要他们如饥似渴地追求正义（或完全顺从），不纵容自己对他们进入的国度的律法有不服从和背离的行为，他们的信心就可以替代他们的服从。[113]

按照此处的逻辑，有心为恶的人并不能因信称义，只有那些并不是有意作恶，而是一直努力遵行自然法，但因为自己的软弱而不慎作恶的人，才能通过信主之法被宽恕以前的罪恶；至于以后，只要他以追求正义为目标，不有意识地去违背自然法，那么所犯的罪恶也可以得到原谅。因此，信主之法并不能取代自然法，而只是在人们力所不能及的情况下，引导人们去认识和遵行自然法，在他们无力做到的时候法外施恩，宽恕一些无心之过。信主之法只是自然法的补充，只有自然法是神法最实质的内容。

因此，耶稣不仅以很多道德训诫坚固和成全了律法，更重要的是，他在末日审判的时候，最终会按照自然法来赏善罚恶。洛克指出，末

---

[112] 洛克,《基督教的合理性》,第十一章,中译本第 105 页。
[113] 同上书,第十一章,中译本第 106 页。

日审判中的标准是行善和行恶，而不是信与不信："在每一处经文中，审判所针对的是做或不做，却根本没有提到信或不信。"甚至说："人们决不会因为不信受到审判或惩罚，只会因为罪过受到审判或惩罚。"⑭

洛克谈到末日审判的地方不多，但无论在《人类理解论》、《基督教的合理性》，还是《保罗书信章句》等文本中，对末日审判的几处论述都是极为必要的。在他的自然法体系中，末日审判起着至关重要的作用。自然法虽然是法律，而且是一切其他法律的根基，但没有人真的能公正地执行它。在自然状态中，虽然人人有权执行，但因为无法做到公正而陷入战争状态；人法只是保证没有很多不同的意见，却还是不能保证执行的公正。要使神法的公义真正显现出来，只能在末日审判的时候。因此，某些人虽然会因为信而弥补行为上的不顺服，但末日审判根本上还是对自然法的最终执行。⑮

既然最重要的还是自然法，而不是基督徒所独有的信主之法，那就必然会出现这样一个问题：拯救不应该是基督徒的专利。因而洛克才会说，人们不会因为不信，只会因为作恶而受罚。

洛克对这个问题的讨论分为两个部分。首先，对于那些生活在耶稣来临之前的犹太人，他说："他既然从来没有听过这个道理，那么他自然不必去信奉这个道理，也不可能去信奉它。"⑯犹太人听到过上帝的种种应许，得到过上帝的种种诫命，那就应该遵行他们所得到的，所能理解的，由此按照摩西律法行事即可。"那些古代的信徒之所以能够使上帝喜悦他们的信，正是因为他们坚定地信赖上帝是良善和可信的，并相信他一定会做成一些美好的事情，因为这些美好的事情是他们根据自然之光或特别应许，有理由盼望其实现的。"⑰这些就是上帝给犹太人的实在法里所写的，其实质是人们凭借自然之光认识的自然法。

---

⑭ 洛克，《基督教的合理性》，第十二章，中译本第119—120页。
⑮ 同上书，第十二章，中译本第119页。
⑯ 同上书，第十三章，中译本第122页。
⑰ 同上书，第十三章，中译本第124页。

其次,对于既不是基督徒,也不是犹太人的人,洛克坚持认为,上帝不会要求任何人去相信从未听说过的应许。他们既然从未听说过基督之名,也没有得到过神谕,对于这些就谈不上信还是不信。上帝没有通过神谕或弥赛亚拯救他们,但还是给了他们理性之光,"向所有愿意运用理性之光的人显示出他是良善仁慈的。人之中使人成其为人的这种神圣的自然和知识的光芒,一方面向他表明他作为人所应当遵守的律法,另一方面还让他知道,在他违背该律法时,他应该如何请求他那慈悲、仁爱的父,他的造物主,去宽恕他"。[18] 自然法是永恒的,是所有人在原则上都可以认识和遵行的。

既然自然法本身就可以使人们得救,为什么还要有耶稣基督?洛克指出,异教哲学家早已花了很大力气研究自然法,但他们彼此之间意见分歧,很难说谁真正发现了自然法,更无法在民众中造成影响。凭借理性之光,无法建立一个完整的道德体系。宗教祭司们的把戏远比哲学思考简便和吸引人。由于人类的必需、情欲、邪恶和错误的嗜好,大众没有足够的习惯和能力运用理性,没有足够的闲暇思考繁琐的推理。不管因为什么原因,"人类在行为和准则上都处于朽坏的状态,而且这种朽坏的状态已经盛行了许多个世纪,应该说根本就是无药可救的",所以,需要通过弥赛亚开辟另外一条拯救之路,对于多数人来说是有益的。[19]

自然法能够拯救人类,只是理论上的,但由于洛克在很多著作中不断重复的理由,人类很难真正认识自然法,即使有少数哲学家能够认识到,也无法推广,不能成为人类共同的道德体系。

洛克在这里说的信主之法,属于《宽容短论》中的第一类非无关紧要之事;立功之法,属于第二类非无关紧要之事。而立功之法和信主之法之间的辩证关系,也是洛克良心与自然法的辩证关系的继续。只是,在神学语境之下,对二者的讨论已经发生了很大的变化。

按照《拉丁文短论》中简单明确的法律体系,从神法到私人法,是

---

⑱ 洛克,《基督教的合理性》,第十四章,中译本第 126 页。
⑲ 同上书,第十四章,中译本第 127—145 页。

一个极为清晰的秩序架构。但这个架构之所以无法维持，就是因为自然法无法被明确地认识和宣布出来。于是，在良心和自然法之间形成了模糊关系。在《论自然法》中，这对矛盾呈现得极为明显。不过，到此为止的矛盾，还只是自然法和良心对自然法的认识之间的矛盾。在《宽容短论》中，这对矛盾就表现为对待两种非无关紧要之事截然不同的态度，而已经不仅仅是自然法和认识自然法的良心之间的矛盾。在《人类理解论》关于自然法的部分，这对矛盾变成了苦乐等简单观念与神法的矛盾，从而又演变为舆论法与神法的矛盾。到了《基督教的合理性》和《保罗书信章句》这些神学著作中，洛克将《宽容短论》中的区分具体化，归结为基督教信仰中的立功之法和信主之法。

不过，《基督教的合理性》中更复杂的论述帮助我们理解，洛克前后的思考还是一贯的，即立功之法与信主之法之间的辩证关系还是来自自然法与良心之间的辩证关系。信主之法之所以有必要，根本上仍然是因为很多人无法认识和践行立功之法，即自然法。为了弥补，上帝通过耶稣颁布了信主之法，为人们的拯救提供了另外一条捷径。于是，宗教信仰中才有了每个人对神学信条的思考和各种宗教仪式。这些宗教活动只要以相信耶稣是弥赛亚这一点为指归，就是正确的；至于以什么方式来表达这种信仰，都是无关紧要的了。因此，人们用以表达信仰的思考和仪式，都是应该宽容的。

但这仍然不意味着，所有这些宗教活动都有拯救的意义。哪怕人们完全正确地接受了信主之法，最根本的仍然是立功之法，即自然法。只有自然法才是获得拯救的唯一道路；而对于自然法中规定的道德内容，大部分是不能宽容的。在这个意义上看，洛克的宽容论和他以前的反宽容论也并无决然的断裂。

3. 理性信仰与宗教狂热

在《人类理解论》的第四卷第 18 章，洛克进一步从哲学的角度讨论了理性和信仰的关系。而这对关系，正是立功之法和信主之法的关

系的哲学基础。他是这样区分理性和信仰的：

> 理性的作用是在于发现出人心由各种观念所演绎出的各种命题或真理的确实性或概然性(这里所谓各种观念,是人心凭其自然的官能——感觉或反省——得来的)……信仰则是根据说教者的信用,而对任何命题所给予的同意;这里的命题不是由理性演绎出的,而是以特殊的传达方法由上帝来的。这种向人暴露真理的途径,就叫作启示。[180]

启示,是使人获得知识的一个重要方式,但是,启示并不能带来任何新的简单观念。在洛克看来,所有的简单观念都依靠人们自身的理性,即必须依靠自然官能。当然,由于一切都来自上帝,也可以说,人的自然能力也是上帝启示给的。洛克将这称为"原始的启示"。与原始的启示不同,传说的启示要靠文字语言教给人。[181] 而由于传说的启示直接给人复杂观念,而不是人自己靠了理性能力,从简单观念推衍出来复杂观念,所以,它不能给人以理性给人的那种确实性。因此,虽然凡是人用理性可以推出来的命题,上帝都能启示给人,但这种启示并不必要,因为用自然之光来发现它们才更准确、更妥当。[182]

若将这一区分用在神法上,摩西律法是神启示的实在法,自然法是每个人有可能发现的神法,二者的内容是一致的。对于人而言,用自己的自然之光去发现自然法,应该比通过圣经了解摩西律法更准确、更妥当。

洛克进一步指出,既然启示得来的知识不如理性推衍出的知识更准确,那就有可能存在虚假的启示。当所谓的启示违背理性的时候,就不能相信那是真的启示。"任何东西都不能借启示一名摇动了明白

---

[180] 洛克,《人类理解论》,第 4 卷,第 18 章第 2 节,中文版第 688—689 页。
[181] 同上书,第 18 章第 3 节,中文版第 689—690 页。
[182] 同上书,第 18 章第 4 节,中文版第 690 页。

的知识,或者在它与理解的明白证据直接冲突以后,让人来相信它是真的。"这一点明显是针对天主教的一些教条说的。比如他随后举的例子:"就如一个物体的观念和一个地方的观念是很明白符合的,而且人心亦明白地看到它们的契合,因此,如有一个命题说,一个物体同时在两个地方存在,则它纵然以神圣的启示为护符,我们亦永不能同意它。"这里针对的,就是天主教圣餐礼中的变体论,即圣餐中的面包变成了耶稣的身体的说法。⑱

但洛克并未因此否定人的理性无法把握的所有启示。上述那些虚假的启示,明显违背了理性的基本规则。但还有一些神秘的启示,并未违背理性,而是超出了人的理性所能把握的范围。"这一类事情既然不是我们的自然能力所能发现的,而且是超乎理性的,因此,当它们启示给我们时,它们就成了信仰的固有对象。"《圣经》中的各种故事,是人无法理解的,但仍是应该信仰的。⑲ 而这些故事中最重要的,应该就是耶稣的道成肉身。

启示常常是超出理性的。不过在判断一件事情是不是启示的时候,还要靠理性。理性是最终的标准。只有当理性不能判断,或者仅能有或然的判断的时候,才应该听从启示。但只要理性能提供确定的知识,那就应该听从理性。⑳

为什么要在启示和理性之间做出这样的区分?洛克非常明确地指出:"信仰和理性之间如果不划一条界限,则我们便不能反驳宗教中的狂热和妄诞——信仰和理性的领域,如果不为这些界限加以划分,则在宗教的事理方面,理性便完全无立足的余地。"㉑在他看来,人类之所以"陷于狂热互相歧视的各种宗教,所以有了许多荒诞的情节",多半是由于人们"夸张信仰,以来反对理性的缘故"。㉒ 于是,在接下来的一章,即第 19 章里,洛克集中讨论了宗教狂热的问题。

---

⑱ 洛克,《人类理解论》,第 4 卷,第 18 章第 5 节,中文版第 691 页。
⑲ 同上书,第 18 章第 7 节,中文版第 693 页。
⑳ 同上书,第 18 章第 8—10 节,中文版第 694—695 页。
㉑ 同上书,第 18 章第 11 节,中文版第 695 页。
㉒ 同上书,第 18 章第 7 节,中文版第 696 页。

洛克对理性与启示的明确划分,对理性的特别强调,以及对宗教狂热的批判,使我们很难一下子联系到他主张宗教宽容的态度。因为按照他在这里的主张,不同的宗教之间是有明确的真假正误之分的,而且只要凭借人人都有的理性能力,就可以区分出什么是上帝真正的启示,什么只是出自头脑幻觉的宗教狂热。真正的宗教的核心,不会与理性冲突,是人人能够推衍出来的自然法;那些人自以为是的启示,由于没有理性的明确证明,人们不可能有完全明确的知识,难以形成真正理性的信仰。既然如此,对偏离了理性和自然法的宗教狂热的批判和镇压就是顺理成章的事,对他们实行宽容态度反而显得不合逻辑。如果不是仅仅出于团结大多数新教教派的目的,我们很难看出,宗教宽容有什么理论上的根据。但正是在出版《人类理解论》的几乎同时,洛克也发表了《论宽容书》。

仔细玩味第 19 章,我们会发现,洛克在两本书里表达的并不是相互矛盾的两种主张,而是有着尖锐的内在张力的一种观念。

他在这一章一开头就在讨论"真理之爱"的问题时指出,尽管大多数人宣称自己爱真理,但很多人并没有真正的真理之爱。用来评价真理之爱的标准就是,"他对于一个命题所发生的信仰,只以那个命题所依据的各种证明所保证的程度为限,并不超过这个限度。"如果谁超过了这个限度,那么,他就不是为真理而爱真理,而是为了别的目的,比如,为了爱命令他人的心理。[18]

我们后文会看到,这段话与《论宽容书》开篇的说法几乎一模一样。他在那里说,那些主张宗教不宽容的人,往往不是出于对信仰的热爱,而是出于权力欲。[19] 这样看来,洛克对宗教狂热的批判和他对宗教不宽容的批判是一致的,即,宗教不宽容正是宗教狂热的一个后果。而要从理性的角度出发,出于对自然法的尊重和信仰的目的,正应该实行宗教宽容的政策。那么这样看来,宽容的意义似乎主要是针对实施宽容者而言的,而不是针对被宽容者的。洛克在后文正是这样分析

---

[18] 洛克,《人类理解论》,第 4 卷,第 19 章第 1 节,中文版第 696—697 页。
[19] 洛克,《论宽容书》,中文版第 1 页。

那些因为爱命令人而陷入宗教狂热者的状态的：

> 人们因为有了这种偏颇不良的判断，所以他们就爱专横地发布自己的命令，狂放地支配他人的意见。因为一个人既然欺骗了自己的信仰，他不是很容易来欺骗他人的信仰么？一个人在对自己时，他的理解还不曾习于论证和确信，那么你还能希望他在别人面前，有了论证和确信么？因为他已经损毁了自己的官能，凌虐了自己的心理，并且把真理所有的特权侵犯了，真理的特权，就在于用它自己的权威，来支配人的同意。[190]

这段话再清楚不过了。人们如果不运用理性，而是任由自己的幻想，从而不对自己的信仰负责，那就会导致他为了权力欲而假称热爱真理。由于他实际要的是权力欲，所以他必然会把这种错误的信仰随意地施加到别人身上。这样的人对别人其实构不成实质的伤害，但他对自己的伤害却是莫大的。由于他任由自己的宗教狂热蔓延开来，欺骗自己的信仰，挥霍自己认识真理和获得救赎的可能，而不是认真地按照真理的本来面目去追求真理，所以他最终毁掉的是自己。因此，一个真正热爱真理的人，按照理性去认识自然法，认识世界，而不是以权力欲来支配自己的求真意志，那就不会为了支配他人而追求真理，也就不会强行把自己认为的真理灌输给别人，不会任意改变别人的信仰和宗教观念。这是一个认真信仰和求知的基督徒所应该做的。因此，之所以要宽容，更多是为了自己的良心和拯救，而不是为了被宽容者考虑。

这样似乎就会推出一个非常悖谬的结论：为了实现自己的理性宗教而不陷入狂热，就要允许其他非理性的宗教狂热的存在。无论早期还是晚期的洛克，都对宗教狂热深恶痛绝。其间的区别只在于，早年的洛克主张通过干预无关紧要之事来限制宗教狂热，晚年的洛克一边

---

[190] 洛克，《人类理解论》，第4卷，第19章第2节，中文版第697页。

主张在政治上团结部分宗教狂热分子，一边思考如何教育宗教狂热分子放弃他们的主张，而不是通过政治强力。

洛克给狂热下的定义是，"就是要排弃理性，在本无启示处，妄来建立启示。"[190]他把狂热与理性和启示并列为三种同意的根据。人们之所以常常陷入狂热之中，是因为通过启示建立意见，比通过理性容易得多。于是，那些虔诚的、自夸而自大的人，由于自以为比别人和上帝更接近，就会不知不觉地陷入狂热。人们的心里一旦有了这种倾向，"任何无根据的意见，只要在他们的想象上有了强烈的印象，他们就会以它们是由上帝之灵而来的光明，而且是有神圣的权威的"。[192]狂热使人们坚信自己的观念是启示，但"坚确的信仰并不足以证明任何命题是由上帝来的"。[193]人们要想不陷入这种狂热的谬误，就必须用理性来考察启示，首先要考察那是不是启示。

按照宗教宽容的道理，应该尊重任何人的良心。但良心只是每个人的主观判断，因此常常是错的。"错误不是知识的过失，而是判断力的误认，判断力所以有些错误，乃是因为它同意于不真实的真理。"[194]之所以要宽容，绝不是因为这种错误的良心也是有价值的，更不是因为良心的任何判断都可能是对的。洛克在第20章的结尾处说，意见错误的人，并不像人们想象得那么多。"我并不是说，他们都已信爱真理；乃是说，关于人们所剧烈争执的那些主义，他们是全无任何思想和意见的。因为我们如果一考试世上各教派的大多数信徒，我们就会看到，关于他们所热心信仰的那些事情，他们全没有自己的意见。"[195]这些人之所以会追随某一个教派，并不是因为他们出于理性的考察认同了那派的主张，而是因为他们就像军队中的士兵一样，服从自己的领袖，被带到了领袖所相信的那个教派中去。这里的悲观论调，明显与他对舆论法的乐观评述相矛盾。

---

[190] 洛克，《人类理解论》，第4卷，第19章第3节，中文版第698页。
[192] 同上书，第19章第6节，中文版第699页。
[193] 同上书，第19章第12节，中文版第704页。
[194] 同上书，第20章第1节，中文版第707页。
[195] 同上书，第20章第18节，中文版第719页。

我们在《论宽容书》中还会看到洛克一个著名的命题：之所以必须实行宗教宽容，就是避免人们被君主盲目地引向毁灭之路，而不能自己决定自己的信仰。[⑯]那里的说法又和此处非常相似。两处比较，我们就可以明白，洛克并不是认为，人们可以随便运用自己的良心，想怎么信仰就怎么信仰。如果英国真的因为宽容而变成宗教上的无政府主义，人们想怎么做就怎么做，那当然不是洛克所希望的。他宗教宽容的目的，是希望引导人们都运用自己的理性，通过自己的努力，去寻求拯救之路，而且也只有这样，才可能获得灵魂的拯救。因此，一个自由的政府必须辅之以高质量的教育。[⑰]

不过，正像他在上引一段里所说的，即使在自由社会下，真正运用自己的理性能力寻求自然法的人仍然是微乎其微的，毕竟只有少数人能被引导到真正的自由。也许最终，宗教宽容还是无法解决大多数人的灵魂拯救问题，而只是宽容者自己的一种灵修手段。这样，政府的宗教宽容，究竟还有多大的价值呢？

四、自由政治与宗教宽容

良心与自然法的矛盾，体现在洛克思想的方方面面。而且随着他思想的日渐成熟和丰富，这对矛盾也越来越尖锐。当他在《论宽容书》中再次回到宗教宽容的问题时，洛克不仅已经在《人类理解论》中细致思考了哲学问题，而且在《政府论》中确立了自由政治的基本理念。《论宽容书》中明确阐发的政教分离思想，成为现代自由政治处理宗教问题的基本原则。而要真正理解这一思想在洛克思想中的位置，以及其中所体现出的自由主义政治思想的矛盾，我们还要首先考察洛克基本的政治思想。

[⑯] 洛克，《论宽容书》，中译本第 7—8 页。

[⑰] 关于教育在洛克自由主义思想中的位置，参见纳坦·塔科夫，《为了自由：洛克的教育思想》，邓文正译，北京：三联书店，2001 年；吴增定，"家庭、政治与教育：洛克的政治哲学浅探"，见《外国哲学》第十八辑，北京：商务印书馆，2005 年，第 84—112 页。并参考本辑王楠的论文。

1. 自由与政治

在《人类理解论》的第二卷第 21 章，[18]洛克在引入自由问题时，给出了阿耶斯所谓的洛克对自由的标准定义[19]："一个人如果有一种能力，可以按照自己心理的选择和指导，来思想或不思想，来运动或不运动，则他可以说是自由的。"[20]

这个定义可以和霍布斯对自由的定义比较。霍布斯的定义是："自由一词就其本义来说，指的是没有阻碍的状况。"[21]他强调的是，人只要不受到外界的阻碍，能够按照自己的意愿去做事，就是自由的。按照塔利的划分，这是一种"意志主义"（voluntarism）的自由观。[22] 这种自由观相信人本来就有自然的自由，只要排除外界的干扰和阻碍，完全按照自己的意志去做，就获得了真正的自由，而自由政府最终也建立在这种个人本来就有的自由之上。

在与霍布斯的对比中，我们很容易看出洛克定义的特殊之处：自由并不是仅仅没有外界障碍就能做到的，还必须按照自己心理的选择和指导去思想或行动。这是塔利所谓的理想主义的自由观，即，存在一套外在的客观标准，就是自然法。人只有按照自然法去做，才能获得真正的自由。[23] 人如果充分运用自己的自然能力，即洛克所谓的"自然之光"，就可以发现这套自然法，所谓"按照心理的选择和指导"，就是运用自然之光去发现自然法，来指导自己的行为，这就是自由的。

洛克认为，以前的哲学家把自由和意志紧紧联系起来，这种思维

---

[18] 《人类理解论》一问世，这一章就受到了广泛的关注。洛克的朋友爱尔兰哲学家莫李纽克斯（Molyneux）盛赞他对自由问题的讨论，但也表示里面有一些不尽如人意之处，洛克认真考虑了莫李纽克斯等人的意见，以后对这一章作了多次修改，这个修改过程在今本《人类理解论》这一章的末尾，也有一个简要说明。参见 Roger Woolhouse, *Locke: A Biography*, pp. 320-321, pp. 327-328 等处。我们在此处的讨论，主要依据此章最后的定稿。

[19] Michael Ayers, *Locke, Volume II: Ontology*, pp. 193-194.

[20] 洛克，《人类理解论》，第 2 卷，第 21 章第 8 节，中译本第 208 页。

[21] 霍布斯，《利维坦》，第 2 卷第 21 章，中译本第 162 页。

[22] James Tully 前引书，p. 288.

[23] 同上书，p. 188.

方式从根子上就错了,因为自由就不在意志的范畴之内,也不是可以选择的。决定人的自由的,不是意志的选择,而是能力。因此,"自愿的"是和"不自愿的"相对的,而"自由"是和"必然"相对的。这是两组概念,不能相互混淆。[204] "任何事物如果完全缺乏思想、没有能力,按思想的指导,来实现或阻止任何运动,那就叫作必然。"[205]既然如此,谈论人的意志是否自由,就是一个完全不恰当的问题,就如同问睡眠是否迅速,或德性是否方形的一样,没有意义。自由和意志都是人的主体能力,是相互平行,也相互影响的,而不是相互统属的。[206] 这样,应该问的问题就不是"意志是否是自由的",而是"人是否是自由的"。"任何一个人如果可以借其心理的选择或指导,愿意使一种动作实现,就能使它实现,愿意使它不实现,就能使它不实现:则他可以说是自由的。"这样的自由,当然还要大大依赖于意志,不可能超出意志的界限,但并不等同于意志。[207]

真正的自由,在于认识自然法、遵循自然法,按照上帝给人的规则,过上最好的生活。意志本身不但谈不上自由,而且过于依赖意志反而会限制人的自由,只有充分运用理性判断能力,不断反省自己的欲望和意志,才能获得自由。

如果把按照意志想做什么就做什么当成自由,那么,自由地做傻事也算是自由,则疯子或傻子就是最自由的人了。追求幸福的恒常欲望,不是对自由的限制,而是对自由的成就;如果一定要说这是一种限制,那么,这限制也没有什么可抱怨的。全能的上帝被这种必然性限制着,任何比人高的天使和属灵之物也被这种必然性所限制着,而且,越是被这种必然性所限制,就越接近最高的幸福。至于人,由于他们处在愚昧的状态中,受这种必然性的限制少些,反而受自己的欲望限制多些,这看上去是更自由了,其实反而距离真正的幸福和自由更遥

---

[204] 洛克,《人类理解论》,第 2 卷,第 21 章第 11 节,中译本第 209 页。
[205] 同上书,第 21 章第 13 节,中译本第 211 页。
[206] 同上书,第 21 章第 14 节,中译本第 211 页。
[207] 同上书,第 21 章第 21 节,中译本第 215 页。

远了。为了避免这一点，"所以上天又赋给我们一种能力，来暂停任何欲望，使它不一直决定我们的意志，一直使我们立刻发生起动作来。这就是所谓静立（standing still）"。静立，就是让人停下来，反思自己的欲望和意志的机会。这个机会如果能使人走上正确的方向，他就是自由的。虽然洛克认为，人只要充分运用自然之光就能认识自然法，但"自然法"并不是快乐和痛苦这些简单观念的自然发展，而需要人静立一下，即从一般的趋乐避苦中停下来。虽然静立并不难，但毕竟需要人转变一般的生活方式。可见，在这个意义上，自然法还是不那么自然的。就像我们在洛克论善恶那一部分看到的，如果没有外在的法律，人其实不会自己推导出善恶的观念。

洛克把人比喻成除去了镣铐、面对敞开的大门的囚犯。由于上帝赋予了他感性和理性的能力，还给了他静立反思的机会，他只要运用这些能力，就可以获得自由，就像那囚犯只要迈开双腿，就可以走出来一样。人有着天生的自由，就在于人完全有能力走出来。不过，有这些自由能力的人，却可能面对敞开的大门而选择放弃，不运用他的理性能力，任由欲望和情感支配自己的意志，那他就只能失去唾手可得的幸福了。[208]

获得自由似乎并不像囚犯走出大门那么容易，洛克对于每个人以理性能力来反思自我、认识自然法、获得真正的自由，并没有充足的信心。在一般情况下，人的意志受欲望的支配；只在很少的情况下，人要违背这种自然欲望，才会停下来想一想。虽然人没有原罪，但人若任由趋乐避苦的自然观念支配，还是会走向罪恶；而由于自然法也是外在的，他必须借助一个很不自然的外在干预，才能获得这看似唾手可得的自由。此处又一次暴露了洛克思想的深刻矛盾。

这个问题的纠缠促使洛克一方面思考政府的建立和人法的确立，另一方面也不断思考弥赛亚来临的意义，而这两方面的思考，又必然指向了政教关系，以及对宽容问题的不断重审。

---

[208] 洛克，《人类理解论》，第 2 卷，第 21 章第 50 节，中译本第 235 页。

　　洛克笔下的自然状态和战争状态，就应当放在上述的思考理路中看待。他说，自然状态是一种完备无缺的自由状态，是因为在那个时候，既没有天生的罪感，也没有天生的道德观念的人们直接面对自然法。虽然亚当的罪使人陷入了必死状态，但亚当的子孙并没有罪，他们还不是囚犯，可以直接运用自然之光。在自然法的管理下，人们没有毁灭自己及其财产的权利，也没有毁灭他人及其财产的权利。这个状态不是战争状态，而是和平状态，是自由状态。[209]

　　不过，说自然状态是自由状态，在于人人都遵守自然法，按照自然法的指导自我保存并保存全人类。但在自然状态中，人们还有一项重要权力：执行自然法。但若是人人都自动遵守自然法，又何必需要执行自然法呢？一旦有了执行自然法的必要，就意味着有人不遵守自然法，就意味着有人失去了自由，而且还威胁到了别人的自由。执行自然法，就成为矫正恶行、维护人类的自由的必要手段。而在洛克看来，执行自然法的状态就已经是战争状态了：

　　　　战争状态是一种敌对的和毁灭的状态。因此凡用语言或行动表示对另一个人的生命有沉着的、确定的企图，而不是出自一时的意气用事，他就把自己与他对其宣告这种意图的人处于战争状态。这样，他就把生命置于那人或协同那人进行防御和支持其斗争的任何人的权力之下，有丧失生命的危险。我享有毁灭那以毁灭来威胁我的东西的权利，这是合理的和正当的。因为根据根本的自然法，人应该尽量地保卫自己，而如果不能保卫全体，则应优先保卫无辜的人的安全。一个人可以毁灭向他宣战或对他的生命怀有敌意的人。[210]

　　在完全平等的自然状态中，一旦有谁企图把他人置于自己的绝对权力之下，他就威胁到了此人的自由和自我保存，因此，受到威胁的人

[209] 洛克，《政府论（下）》，第二章第4、6节，中译本第3、4页，第三章第19节，中译本第12页。
[210] 同上书，第三章第16节，中译本第11页。

就有权把此人当作敌人来抗争。洛克强调自然状态与战争状态的区别，批评霍布斯将二者混为一谈。虽然他认为战争状态与自然状态中对自然法的执行权有密切的关系，但战争状态确实并不是自然状态，我们应当注意到二者的微妙区别。

从理论上讲，自然状态中的人若遵守自然法，享有完备的自由，就不会陷入战争状态。自然状态中的人有执行自然法的权力，但这并不意味着自然状态中的人随时都在执行自然法；只有自然状态中的自由受到威胁时，人们才会去执行自然法。或者说，一旦谁真的行使执行自然法的权力，自然状态就已经受到了威胁，人们已经不再是完全自由的了。执行自然法的结果，有可能通过惩处罪犯，恢复到自由中，但也有可能从此陷入持久的战争状态，而永远地失去自由。

又由于战争状态是执行自然法的状态，洛克强调，自然状态和社会状态中都可能出现战争状态，因此，更不能把自然状态等同于战争状态："凡在社会状态中想夺去那个社会或国家的人们的自由的人，也一定被假设为企图夺去他们的其他一切，并被看作处于战争状态。"[211]

社会状态和自然状态中的战争状态的差别在于，在社会状态中，只有当侵犯行为正在发生，且无法诉诸法律的时候，受害者才能自己执行自然法；在这样的情况下，哪怕杀死一个窃贼，也是合法的。而一旦侵犯行为结束，受害者就无权再与侵犯人宣战，哪怕侵犯严重得多，因为这个时候有法律来裁判。但在自然状态中，没有实在法，也没有特定的法官，战争状态一旦开始，就要继续下去。哪怕伤害行为已经结束，受害人还是有权杀死侵害人，直到要么杀死一方，要么双方媾和，并且确保伤害不可能再发生。而一旦出现真正有约束力的协议或契约，就已经开始脱离自然状态了。[212]

在社会状态中之所以还会存在战争状态，根本上是因为自然法是一切法律和权力的基础和标准。在自然状态中，人们直接面对自然法；在社会状态中，自然法以实在法的方式，通过法官执行。而一旦法

---

[211] 洛克，《政府论（下）》，第三章第 17 节，中译本第 12 页。
[212] 同上书，第三章第 20 节，中译本第 13 页。

官无法执行,无论是因为犯罪正在发生,来不及诉诸法律,还是因为法官的偏袒和腐败,人们都可以重新诉诸自然法。[23] 如果政府的形式本身就剥夺人的自由,把人变成奴隶,那就根本不是合法政府,君主完全无权代理执行神法,人民与他永远处在战争状态中。[24] 只有自然法是真正的法律,只有上帝的末日审判才是绝对正义的,才能使人获得真正的自由。

人们为什么要放弃执行自然法的权力,走出完全自由的自然状态呢?或者说,自然状态有什么不好,政治社会的形成有什么目的和好处吗?

洛克坚持认为,"如果不是由于有些堕落的人的腐化和罪恶,人们本来无须再组成任何社会,没有必要从这个庞大和自然的社会中分离出来,以明文协议去结成较小的和个别的组合。"[25]按照这种说法,人们之所以不得已走出完全自由的自然状态,根本原因是人类的堕落。前面谈到了,洛克否认原罪说,认为亚当的子孙们并不是天生有罪的,只是因为私有财产带来了不平等,不平等导致了贪婪、骄傲、野心等,所以造成了恶。恶并不是人生来具有的,理论上也不是人人都会陷入的,但一旦有人堕落了,就是违背了作为道德法的自然法,于是就有了执行自然法的必要。但自然法的执行中又会有种种不便。

洛克举出了自然状态中执行自然法的三种不便:第一,自然状态中缺少作为共同尺度的实在法;第二,自然状态中缺少一个公正的裁判者;第三,自然状态中缺少权力来支持公正的裁判。[26] 这三种不便的根本原因,还是我们一再谈到的那个问题:虽然自然法的存在是确定无疑的,但毕竟有很多人,甚至大多数人认识不到自然法。他自己也谈道:"虽然自然法在一切有理性的动物看来,是既明显而又可以理解的,但是有些人由于利害关系而心存偏见,也由于对自然法缺乏研究而茫然无知,不容易承认它是对他们有拘束力的法律,可以应用于他

---

[23] 洛克,《政府论(下)》,第三章第 20 节,中译本第 13 页。
[24] 同上书,第四章,中译本第 15—16 页。
[25] 同上书,第八章第 128 节,中译本第 79 页。
[26] 同上书,第八章第 124—126 节,中译本第 77—78 页。

们各自的情况。"[217]如果人们无法认识自然法,那就更谈不上执行自然法了。由于没有确定的条款规定,没有法律权威,对自然法的执行很快就会变成混乱的战争状态,也就没有什么自由可言了。

堕落不但导致了对自然法的违反,而且使一些人在执行自然法时心存偏见。没有堕落,就不会存在执行自然法的问题。而一旦有了执行自然法的必要,仅仅消除堕落并不能恢复到原来的自由状态,因为人们对自然法的理解莫衷一是,哪怕不出于偏心,也会因为意见的纷争造成更多的矛盾,从而使战争状态永无终止。建立政治社会的直接原因,当然就是走出这种状态,从战争到安全。不过,对于洛克而言,消除战争状态的目的并不仅仅是取得安全,还有获得自由。

根据洛克在《人类理解论》中对"自由"的严格定义,在自然状态中,只有当人们都严格遵守自然法的时候,才是完全自由的状态;如果有人违反自然法,他人就都有惩罚罪犯的自由,由此就会进入无休无止的战争状态,惩罚罪犯的这种自由,只能算作追求自由的自由,而并不是达到了真正的自由。于是,惩罚罪犯的战争状态,只能算是追求自由的一个过程;如果因为执行者的偏心和无知,导致了人们无法终结这个执行过程,则永远无法脱离战争状态,就永远无法回到和平与自由的状态,那么追求自由就成了"对于愉悦的毫无愉悦的追求(a joyless quest for joy)"[218]。

进入政治社会,不应该否定自然状态中最宝贵的自由,也不应该否定每个人执行自然法的政治权力,而只是把这种自然权力转让给了政府。这种转让的意义在于,摆脱人人执行自然法造成的不便,使得战争状态得以终结,从而让人们回到因某些人的堕落而脱离的和平与自由状态。只有自然法的自然状态是脆弱的,因为一旦有人堕落就丧失了自由;人类只能通过政府的形式,将自然法转化为人法,才能保证法律的有效执行,才能完成使人按照自然法获得自由的使命。正是在这个意义上,人法的目的不仅是把人从战争带进安全,而且是把人带

---

[217] 洛克,《政府论(下)》,第八章第 124 节,中译本第 77—78 页。

[218] 列奥·施特劳斯,《自然权利与历史》,彭刚译,北京:三联书店,2003 年,第 256 页。

进有效追求自由的过程。㉑

但这里的问题也非常明显。既然自然状态下的多数人不能认识自然法，那怎么保证政府就能正确地认识并执行自然法呢？除了以色列人因为直接得到了上帝的启示，他们的人法就是神法中的实在法之外，其他的国家岂不都是用某种对自然法的理解，强加给民众了吗？应该正是由于这一矛盾，洛克不敢过度强调政府的伦理和宗教意义，而把通过管理无关紧要之事，维护社会秩序当作政府的基本职能。虽然政府也要执行自然法的某些职责，比如处罚杀人、偷盗等等违背自然法的事，但只有这些犯罪同样威胁到社会政治秩序时，国家才有必要插手。某些与政治秩序无关的自然法内容，只是良心之事，而不是秩序之事，国家就不该干涉了。

有学者认为，洛克笔下的政治自由并不是简单的消极自由㉒，即不是简单地避免战争和犯罪。一个合格的政府，不仅应该保护自己的公民不受战争和犯罪的骚扰，而且要尽可能帮助他们按照自然法生活，实现真正的自由。洛克主义的政府，并不只是有限政府。㉓ 这一观点虽然与人们通常对洛克的理解不符，却包含着相当的道理。不过，成熟后的洛克只把这当成了一种理想状态的人法和政府。现实中的政府，只能保证消极自由。这正是他的宗教宽容说的基本前提。

本来，由于自然状态中的人无法对自然法达成一致的意见，只好建立国家来代行自然法。但是，即使在以色列国，人法完全等同于神法的情况下，人们还是无法践行立功之法，而只能靠新的信主之法来获得真正的自由。在其他的国家，人法更无法帮助人们认识自然法，获得真正的自由了。因此，洛克深刻地意识到，虽然在理论上，国家不能只保护消极自由，但事实上，国家很难帮助人们获得真正的自由。在政治问题上思考得越深，洛克越加意识到，不能靠人法来帮助人们

㉑ 洛克，《政府论（下）》，第十一章第 135 节，中译本第 85—86 页。

㉒ James Tully 前引书，p. 298。

㉓ Maurice Cranston，"John Locke and the Case for Toleration," In *John Locke：a letter concerning toleration*，edited by John Horton and Susan Mendus，London：Routledge，1971.

获得自由,而必须通过消极自由,来使人们获得朝向真正自由的思考空间。本来,人们获得真正自由的可能性是非常小的;但要保证这一点点可能性,就必须通过宗教宽容。虽然大多数人的良心无法认识真理,但良心自由却是认识真理的前提,因此,所有人的良心都应该是自由的。宗教宽容的具体说法,虽然与霍布斯不同,但其政治后果却越来越接近霍布斯,虽然他讨论自然状态和社会契约的出发点本来也不同于霍布斯。洛克在经过对哲学、宗教、政治、教育等一系列问题的思考之后,自然法和良心自由的冲突越来越激烈。这个冲突的结果,就是《论宽容书》。宗教宽容成为自由主义处理宗教问题的基本原则。但这条原则并没有平息自然法与良心自由的冲突,而是把它永远地掩盖在消极自由的政治策略之中。在表面的宽容之下,二者正在每个人的内心进行着永不止息的殊死斗争。

2. 论宽容书

在《论宽容书》开篇,洛克就指出:"我把那种宽容誉为纯正的教会基本特征的标志……倘若他缺乏仁爱、温顺以及对全人类乃至对非基督徒的普遍的友善,他自己当然也就不配为一个真正的基督徒了。"㉒我们在前文已经提到过这个开头。洛克在此非常清楚地指明,之所以应该宽容,并不是因为被宽容的宗教可能是正确的,而是因为宽容是真正基督徒的德性要求。

但洛克仍然知道,一旦真正实行宗教宽容,就难免有些人"以宗教的名义为其自由放任和放荡行为寻求赦免"。为了既实行宗教宽容,又不使各种宗教异端危害社会秩序,最好的办法就是"严格区分公民政府的事务与宗教事务,并正确规定二者之间的界限"。㉓公民政府应该维护公民的生命、自由、健康、疾病,以及对金钱、土地、房屋、家具等财产的占有权,"不能,也不应当以任何方式扩及灵魂拯救"。㉔为什么

㉒ 洛克,《论宽容书》,吴云贵译,商务印书馆,1996 年,中译本第 1 页。
㉓ 同上书,中译本第 5 页。
㉔ 同上。

官长不能涉及灵魂拯救？洛克给出了三个理由。第一，因为"真正的宗教的全部生命的动力，只在于内在的心灵里的确信，没有这种确信，信仰就不成其为信仰"，所以，包括官长在内的人和他人都不能干涉信仰。第二，由于官长的权力仅限于外部力量，而宗教存在于心灵内部的信仰，所以长官灵魂的事不可能属于官长。第三，即使法律能说服和改变人的思想，也全然无助于拯救灵魂。

这三条理由的全部要害在于，宗教信仰是良心之事。洛克没有认为良心都是对的，而是从不同角度阐明，无论多么错误的异端信仰，都无法通过官长的政令改变。他始终坚持，"真理只有一个，到天国之路只有一条"[25]，

> 在关于宗教的众说纷纭、互相矛盾的看法上，世上的君主们也像他们在世俗利益上那样，分裂为许多派，于是到天国的狭窄之路变得更难寻找了。其结果，将会只有一国走的是正道，世界其他国家的臣民，便都不得不跟着他们各自的君王走向毁灭之途了。而且，人们究竟是享受永生的幸福，还是蒙受无尽的苦难，似乎都要靠出生地来决定，这就更加荒唐和不合神意了。[26]

既然信仰完全是良心之事，那么，信仰的正确与否完全来自于自己良心的判断。不同人、不同民族、不同教派、不同国家之间，都会有不同的良心判断。虽然有着理性确信的人可以判断他人的信仰为错误，但他却无法通过行政手段改变别人的信仰；至于那些未经理性思考，而是盲目追随国王的信仰的人，由于其信仰不是从简单观念逐渐推出来的良心之事，也不是直接得到了上帝的启示，他们的"信仰"无法使他们的灵魂获得拯救。"虽然官长关于宗教的见解可能是可取的，他指点的道路也可能是福音之路，但是只要我在内心里未能充分相信，我就不可能放心地跟着他走。无论我要走什么样的道路，只要

㉕ 洛克，《论宽容书》，中译本第 7 页。
㉖ 同上书，中译本第 7—8 页。

它违反我的良心的指示，便不可能把我引进那幸福的圣所。"[227]

之所以要实行政教分离，并不是因为任何信仰都可能使人得救，而是为了让每个人自觉地选择和把握自己的命运。选择了错误宗教的人，其最终的苦难要由自己负责；正确运用了自然之光的人，则会通过自己的思考走上真正的拯救之路。洛克希望宗教宽容政策能够促使人们自觉地思考。

洛克随后对教会职责的讨论，同样是为了促进人们的自觉思考和选择。他强调，由于教会是人们为了灵魂的拯救自愿加入的团体，没有人生来就属于哪个教会。每个人都要靠自己来选择，哪个教会里的崇拜方式是最恰当的。当然，任何教会都必须有一定的规则，但这些规则不能干涉行政事务。

洛克清楚地显示出，对于宽容者而言，政教分离是理性基督徒所要求的德性；但对于被宽容者而言，政教分离更多是安抚他们的一种政治手段。比起两篇政府短论来，主张宽容的洛克好像对人类的精神状况更加悲观了。当他严格把政府权力限制在此世事务上时，他已经不再希望通过外在力量来改变人们的信仰，帮助人们获得拯救，而是在保证他们不会带来政治上的混乱的前提下，任由他们自己去寻求那条狭窄的天国之路和真正的精神自由。

在这封信的中间部分，洛克又回到了他的老套路，即对宗教事务分类讨论。总体而言，每个教会都包括两件事："教会的外部形式和崇拜仪式，以及教义和信条。"[228] 对于外部礼仪，洛克认为行政长官无权干涉这些无关紧要的事，"这不仅因为这些教会是自由的团体，也因为无论人们怎样礼拜上帝，都只有在他们自己确信那种方式能够为上帝所悦纳时，它才是正当的"。[229] 这里的主要原因，正是前文说的，宗教是良心之事。

洛克进一步澄清政府的职能，承认，官长的职权正是针对无关紧

---

[227] 洛克，《论宽容书》，中译本第 23 页。
[228] 同上书，中译本第 24 页。
[229] 同上。

要之事的,不过,这些无关紧要之事一旦用到宗教上,就超出了官长的职权范围,因为这与公民事务无关。比如洗礼,就是件本来无关紧要的事,即与道德善恶无关的事。如果行政长官认为,洗礼可以防治儿科病,他可以依法管理。但是,他却不能因为洗礼可以拯救灵魂而强令所有孩子都去受洗。因为维护公共健康在他的职权范围之内,所以政府可以就本来无关紧要的事作出规定,这是上帝不曾禁止的;但是,在崇拜上帝这件事上,只要不是上帝所规定的,行政长官都无权强加给人,因为拯救灵魂不在他的职权范围之内。只有一个人确信某些无关紧要的事是崇拜上帝所必需的,他才可以去做这些。

至于信条,洛克分为两类,一类是实践性的,另一类是思辨性的。他这里所说的思辨性的,就是《宽容短论》中的第一类非无关紧要之事中的思辨性观念,即对信主之法的理解;实践性的,主要是道德行为,即自然法规定的行为,是《宽容短论》中的第二类非无关紧要之事。和在《宽容短论》中一样,他认为思辨性的观念应该绝对宽容,这没有什么疑义,因而他说得也不多。至于实践性的信仰,洛克的表述却不大相同了。

在《宽容短论》中,洛克对第二类非无关紧要之事的基本态度是,政府对大部分道德之事要干涉。在这个基本原则下,他的说法已经有所保留了:虽然自然法中规定的很多内容是人类普遍的道德原则,但政府还是不能插手所有的道德事务。有些事情只能交给良心负责。在《论宽容书》中,洛克不再这样直接给出处理原则,而是首先指出这类事情的理论困难:

> 一种美好的生活即使其中丝毫不包含宗教与真正虔诚的成分,也是与公民政府息息相关的,而且人们的灵魂拯救和国家的安全两者都寓于其中。因此,道德行为同时属于外在法庭和内在法庭双重的管辖,即同时属于公民的和私人的统治,我指的是,同时属于官长和良心二者。[20]

---

[20] 洛克,《论宽容书》,中译本第35页。

由于这些行为既是宗教性的，又和政治有关，所以就潜伏着很大的危险，因为政府可能以维护政治稳定的名义侵犯宗教领域的事情。现在，洛克最关心的，似乎不再是政府如何执行自然法对道德的奖惩，而是如何使政府无法干涉人的自由。因此，他讨论更多的，是如何避免这种危险。

从宗教角度看，道德行为是最核心的。人的永恒幸福就取决于他在今生是否相信并做了这些事，这对于获得上帝的恩宠是必要的，上帝也是为了这个目的规定了这些事情。"遵守这些规定是人类最崇高的义务，因此，我们应当极其关心、极其勤奋和孜孜不倦地去追求、探索和实现这些事情，因为在今生没有任何东西能够比永生更值得关心。"[30]不过，即使错误的信仰也和别人无关，因此，任何他人都不能强力干涉，只能靠劝诚的方式逐渐教育。

此外，这些道德也会和政治稳定直接关联起来。洛克为了说明政府的职能，简要描述了国家起源：人类由于自然的脆弱，必须依靠劳动生产，但由于人的堕落，大家都愿意不劳而获，于是必须组成社会，诚实地相互帮助，保护每个人的劳动产品。为了做到这一点，就需要国家和法律来保护人们的尘世利益。这个过程和《政府论（下）》中所写基本一致，不过，他在此却没有谈到自然法，更没有谈到人法与自然法之间的关系。

他强调，政府只负责地上的事，只管理涉及人和人关系的事。之所以自然法涉及的很多事也和政府有关，是因为大多数道德事务涉及人和人之间的关系。而如果一件事只涉及一个人的私人道德，虽然和每个人的拯救息息相关，甚至比思辨性的事务更相关，但却不是政府所能干涉的了。"对每个人的灵魂和天国里的事情的管理既不属于国家，也不能屈从于它，而只能完全由每个人自己去管。"[32]

可见，在《论宽容书》中，洛克已经把政府彻底当成了有限政府。政府只负责地上的事和人类社会的和平，本身不具有任何道德含义。

---

[30] 洛克，《论宽容书》，中译本第 35 页。
[32] 同上书，中译本第 38 页。

于是，人法就不再是自然法的代行者，也不必有针对道德本身的任何责任，完全没有拯救意义。由于政府与自然法没有了关系，只是短暂的尘世生活的看护者，自然法就直接和良心发生了关系，每个人的良心就成了认识自然法的唯一道路。虽然还是不能保证每个人都能正确认识自然法，但自然法和良心之间的矛盾都被限制在了每个人的身上。不仅人法不负担这些，甚至舆论法也可以休矣。在社会和政治层面，这个问题似乎已经解决了。

这不仅否定了他在《拉丁文短论》和《论自然法》中关于自然法的诸多讨论，甚至取消了《人类理解论》和《政府论》中很多相关的说法。他不再讲各种法律都来自自然法，这些法律的执行，就是自然法的执行。他也不再说，道德就是与各种法律的契合。按照他在《论宽容书》中的极端说法，除了末日审判之外，自然法应该不可能得到执行，而现实中的政治和法律，完全是为了现实生活而临时设立的种种规定，没有任何道德和宗教意义。

《人类理解论》和《政府论》的发表与《论宽容书》几乎同时，我们很难说究竟哪个在先，哪个在后。《论宽容书》未必就是其他著作完成后，进一步思考的结果。也许他只是在思考宗教宽容问题时，说出了这么极端的说法，而在思考其他问题时，又回到了更温和的讲法。但不管怎样，《论宽容书》走到了最极端，成为洛克看上去矛盾最少的一部著作，当然也是背离传统自然法学说最远、距离享乐主义最近、无条件主张有限政府的一部著作。

洛克虽然在理论上留给宗教很大的空间，但他在限制政府权力的同时，也使政府变得越来越世俗化。而这样一个结果，和霍布斯并无不同。

有限政府并不意味着弱政府。由于洛克同样限制教会的权力，比起中世纪教权高于政权的模式，这种"有限政府"反而获得了更大的世俗权力，成为更加独立的民族国家。在这种政教分离模式中，世俗政府并没有因为无权干涉宗教事务而削弱了它的权力。从《宽容短论》开始，洛克谈宗教宽容更多谈政府与每个人的良心的关系，而不再过多谈兄弟法,但这并不意味着《拉丁文短论》中人法与兄弟法之间的关系失效了。

宗教改革之后兴起的新教国家,都不能接受中世纪那种听命于罗马天主教廷的状态,不可能回到那种政教分离的模式。亨利八世以来英国摆脱天主教的努力,其目的也是建立一个更加独立的民族国家。洛克卷入其中的光荣革命更是这一过程的最后一个回合。因此,洛克乃至整个辉格党虽然主张限制君权,主张新教式的宗教自由,但我们不能认为这是为了限制世俗权威。对君权的限制,只不过是为了使世俗权威在更理性与合法的基础上强大起来,新教式的宗教自由,只不过是在如何建立民族国家这一点上反对新教改革初期的政教合一模式。政教分离不仅使英国政府摆脱了教会的羁绊,而且使世俗国家放弃了与政治治理无关的目的,反而可以更无忌惮地发展其世俗技术。而这是霍布斯和洛克的思想都会导致的政治效果。

3. 与普洛斯特的争论

1689 年,波珀尔(William Popple)将《论宽容书》译为英文,在英国匿名出版。第二年,就出现了另外一本匿名著作批判此信,题为《对论宽容书之论点的简要审视与回答》(The Argument of the Letter Concerning Toleration Briefly Considered and Answered)(下称一驳宽容书),其作者为牛津学者和教士约纳斯 · 普洛斯特(Jonas Proast)。几个月后,洛克化名"人之友"(Philanthropus)发表了《二论宽容书》(A Second Letter Concerning Toleration),回应普洛斯特的攻击。1691 年,普洛斯特发表了《三论宽容书》(A Third Letter Concerning Toleration)(下称二驳宽容书)。一年多以后,洛克又以"人之友"的化名发表了他长达十章的《三论宽容书》(A Third Letter For Toleration)。普洛斯特一直等到 1704 年,才化名"基督之友"(Philochristus),发表了《再致宽容三书的作者》(A Second Letter to the Author of the Three Letters Concerning Toleration)(下称三驳宽容书)。洛克当时已在弥留之际,未能发表对此信的回应,只是写下了

《四论宽容书》(A Fourth Letter for Toleration)的一个开头。为了避免混淆,我们后面谈到的《二论宽容书》、《三论宽容书》、《四论宽容书》均指洛克的著作,而普洛斯特的几封信则按时间顺序分别称为《一驳宽容书》、《二驳宽容书》、《三驳宽容书》。

这场至死未休的争论使洛克制造了超出《论宽容书》十多倍篇幅的宗教宽容论述,但很少人重视这些文字。虽然少数有耐心读完这场争论的人无一例外地认为,这些信件充分展示了洛克冗长拖沓的文风,但对于其中究竟是否提出了《论宽容书》之外的实质问题、洛克的主要观点是否改变,以及洛克是否赢了这场争论,还是有不大一致的看法。[23]

普洛斯特的基本观点是:他承认通往天国之路只有一条,也承认信仰是灵魂的事,一般来说不能靠外在强迫来达到,但他不认为,外在强迫就是完全无用的:

> 如果在使用强力的时候,并不是取代理性和推理的位置,即并不是让强力发挥说服的功效(它没有这种功效),而只是促使人们注意那些理性和推理,只有这些理性和推理才能有效和充分地说服他们,但如果不强迫,也许他们根本不会注意这些:谁能否认,也许强力有助于促使人们拥抱真理,虽然是间接和长远的,否则,人们要么因为不仔细和疏忽而不熟悉那些道理,要么因为偏见而排斥和谴责从未听说的真理,以为那是谬误。[24]

这是普洛斯特在《一驳宽容书》中的主要观点,在后来的两封信中反复重申,并没有增加新的内容。看上去,普洛斯特和洛克的分歧只是很小的一部分,但可能推导出非常不同的实践后果。他承认,除非

---

[23] Peter Nicholson,"John Locke's Later Letters on Toleration," In *John Locke:a letter concerning toleration*, edited by John Horton and Susan Mendus, London:Routledge,1971,pp. 164 - 165.

[24] 普洛斯特,《一驳宽容书》(Jonas Proast, *The Argument of the Letter Concerning Toleration Briefly Considered and Answered*,Oxford,1690,用 Early English Books Online 版本,下同),p. 5.

是在内心里心悦诚服,否则谁也无法接受真正的宗教,不过,在少数情况下,对于那些陷溺于伪宗教中的人,其他办法不能使他转向真正的宗教,倘若采取"适度的强力",逼迫人去思考一些宗教问题,还是可能间接促使某些人改变信仰的,而且以这样的方式带来的皈依,同样会得到上帝的接纳。他甚至认为,不仅行政长官,而且父母、家长、老师都有权这样做。如果接受了普洛斯特的结论,政教分离和宗教宽容的政策都必须改变。虽然普洛斯特一再强调,他所认可的并不是宗教迫害或屠杀,而只是温和的强迫,但此间的差异仅在几希。

在论证形式上,普洛斯特抓住的是洛克的一个逻辑错误。他在《一驳宽容书》的结尾总结说:

> 我希望,到此时,任何一个一般读者都可以看出来,他的计划要求他指出,对于使人关注、努力、利用自由判断寻求真理这一目的,任何外在强力都是完全无用的,不能使人找到和拥抱真理,并因而获得拯救;这将是他的结论的很好的基础。但他没有尝试这么做,反而满足于充分展示,用外在强力不可能做到那些,而只能通过理性和推理;以及用剑与火及大辟之刑说服人心放弃谬误获得真理多么非人性和荒谬。[23]

洛克仅仅因为外在强迫不是传播真正宗教的必要手段,就认为任何强迫都在宗教问题上毫无意义,这个推理确实是成问题的。正像尼科尔森指出的,这个逻辑错误抓得非常准,也非常狠。[24] 对于多数基督徒来说,信仰不能通过强力获得,这应该是个常识,恐怕那些主张宗教迫害的国王都相信;但这尚不足以证明,外在强力就是完全不必要的。普洛斯特所代表的,应该是具有相当普遍性的看法。当初那些反对查

---

[23] 普洛斯特,《一驳宽容书》,pp. 27—28。

[24] Peter Nicholson, "John Locke's Later Letters on Toleration," In *John Locke: A Letter Concerning Toleration*, edited by John Horton and Susan Mendus, London: Routledge, 1971, pp. 70 - 171.

理二世和詹姆斯二世的宗教宽容政策的新教徒们，很多就出于类似的考量。[㉗]洛克自己在《英文短论》中，也表达过相同的观点："强力虽然无法导致内在的说服，但也许可以导致外在的服从，这就是这里要求的一切，它对某些人也许无用，但对另外的人可能就很必要。"[㉘]

洛克之所以如此重视普洛斯特的攻击，以致花那么大精力来反复申述自己的观点，就是因为，普洛斯特的观点不仅代表了新教徒中相当普遍的看法，而且和洛克的相同之处远过于他们的不同之处。这种相同不仅在于普洛斯特表达了洛克在两篇政府短论中的具体说法，而且普洛斯特的很多重要理论，和当年的洛克也颇为相近。一个圣公会教徒哪怕接受洛克主要的宗教和政治思想，也很可能推出不宽容的结论；而洛克推出宗教宽容的政策，倒有可能是因为他的逻辑错误。洛克必须解释清楚，他和普洛斯特之间相当微妙的差别究竟在哪里。

在头绪纷杂、结构并不很清晰的《二论宽容书》[㉙]里，洛克将对普洛斯特的反驳建基于这样两点之上：第一，使人皈依真宗教不是政府的职能；第二，凡人不可能知道和评判真宗教。

关于第一点，普洛斯特认为政府可以通过温和的强力使人皈依真宗教，并反驳洛克所说的，政府只应该关心此世的政治繁荣的观点。这一点不只涉及了《论宽容书》中的观点，而且触及了洛克政治哲学一个极为核心的方面。普洛斯特认为，任何公民社会都应该追求它所能达到的任何好事。洛克反驳说："既然公民社会没有它所追求的特定之事，那么，为什么要建立公民社会来追求所有好处呢？所有社会都是用来追求同样的目的的。"按照这样的推理，则家庭也应该以传福音

[㉗] 参考 John Marshall，*John Locke*，*Toleration and Early Enlightenment Culture*，Cambridge：Cambridge University Press，pp. 440－466。

[㉘] John Locke，"The First Tract on Government，" in *Political Essays*，p. 14.

[㉙] 对于洛克如此冗长和芜杂的文本，一个研究者不可能不自己总结和归纳他的主要观点。尼科尔森将洛克后面三札中的反驳总结为三点：普洛斯特的观点无法实践，在圣经中找不到根据，在认识论上不成立。笔者同意，这三点非常好地概括了洛克反驳的主要策略。不过，本文此处讨论的并不是论辩策略，与尼科尔森的角度不同。

和主持仪式为职责，军队也应该以教授语言、宣传宗教为任务。这显然是荒谬的。[240]洛克承认，公民社会某些时候确实会提升人们对拯救的理解，但这并不是它的职责："任何有理性的人都不会认为，谁进入公民社会是为了维护、保障、提升其灵魂的拯救，因为他实现这个目的并不需要公民社会的力量。"不能因为某件事的偶然效果，就把这当作它的应有职责。就像，如果某个人的教堂坍塌了，他可以在餐厅里祈祷，但不能认为祈祷是餐厅的职能；一只鸟如果碰巧在餐厅里生了小鸟，也不能认为这是它的职能。[241]

显然，这些辩驳并不足以说服普洛斯特。普洛斯特在《二驳宽容书》里面进一步说，"根据自然法，行政长官既然发现自己是辅佐上帝提升人民利益的大臣，就不会白白地拿着他的剑。他被赋予了强制的权力，有义务为所有可能服务于的、需要它的好的目的使用它，包括限制虚假和腐败的宗教。"[242]他诉诸自然法来谈行政长官的宗教职责，是非常有力的一击。这正是洛克自己在很多著作中对自然法的理解。即使在《人类理解论》和《政府论》中，洛克仍然认为人法是自然法的代表，应该以自然法的目的为目的。既然行政长官的权力来自自然法，而且政治自由是帮助人们获得最终拯救的一个步骤，他为什么不应该为服务自然法而传播宗教呢？洛克与普洛斯特的争论，几乎就是洛克与自己的争论。

在《三论宽容书》的第二章，洛克反复重申他在上一封信里已经讲过的观点，即政治社会的确立自有其目的，只能集中执行人可以执行的权力，但并未获得更多的权力。正如尼科尔森所说，这些论述确实有一定道理，但都构不成对普洛斯特的致命打击。[243]为了充分说明国王无法代行上帝的审判权力，他需要另外一个更强有力的补充：如果

---

[240] 洛克，《二论宽容书》(*A Second Letter Concerning Toleration*，in *The Works of John Locke* V5，Routledge：Thoemmes Press，1990)，pp. 117–118。

[241] 同上书，p. 119。

[242] 普洛斯特，《二驳宽容书》(*A Third Letter Concerning Toleration*，Oxford：Lichfield，1691)，p. 31。

[243] Peter Nicholson 前揭文，p. 176。

没有人能确切地分辨什么是真宗教,普洛斯特的主张就是不可执行的。㉔ 这正是我们说的第二点。

洛克始终认为,虽然在理论上,人凭借自然之光可以认识神法,但事实上又不是每个人都能充分运用理性认识自然法。他的宗教宽容论背后暗含着这样一个观念:虽然确实存在唯一的拯救之路,但凡人无权宣称自己认识了这条拯救之路,更不能以正统自居去强迫别人。他警告普洛斯特说:"先生,你若是重审这个问题,也许会发现,这是末日时才会揭示的事情,那时候,所有人心中的秘密将会大白于天下。"㉕洛克意识到,和很多主张不宽容的新教徒一样,普洛斯特的一切观念都基于这样一个前提:他知道什么是唯一的真宗教。当然,在普洛斯特那里,这就应该是英国的圣公会。㉖ 普洛斯特在《二驳宽容书》中坦然承认,他确实把英国国教当作唯一的真宗教,而且,鉴于洛克自己也属于圣公会,他也应该同样认为。不过,普洛斯特没有给出任何神学理由来证明这一点,他的唯一论据是:"这是英国的宗教。"㉗

既然普洛斯特仅仅因为自己是英国人而认为英国国教是唯一正确的,洛克就有理由推出,任何一个国家的政府都可以这么认为。这是一种信仰,不是一种知识。不仅这一点不是可知的知识,而且,就连《圣经》中的启示,也不是知识。㉘ 既然包括君主在内的任何人都无法确认哪种宗教是真宗教,普洛斯特的主张就是完全不可实行的。洛克此处运用自己在《人类理解论》中关于信仰和理性的讨论,驳倒了自己在同一部书中关于道德与法律的观点。

洛克这致命的一招使普洛斯特几无还手之力,以致等了十多年才写出的《三驳宽容书》看上去像一个毫无力量的挣扎。病榻上的洛克

㉔ 洛克,《三论宽容书》(*A Third LetterFor Toleration*,in *The Works of John Locke V5*,Routledge:Thoemmes Press,1990),p. 220。

㉕ 洛克,《二论宽容书》,p. 103。

㉖ 同上书,p. 65。

㉗ 普洛斯特,《二驳宽容书》,p. 11。

㉘ 洛克,《三论宽容书》,p. 144;《四论宽容书》(*A Fourth Letter For Toleration*,in *The Works of John Locke V*5,Routledge:Thoemmes Press,1990),p. 558;对于信仰问题更详细的理论论述,也可参见《人类理解论》,第 4 卷,第 16 章第 14 节,中译本第 665 页。

虽然取得了最后的胜利,但他的内心应当是非常痛苦的。他一定意识到了普洛斯特那激愤的言词背后的精神关怀,也知道,普洛斯特虽然显得理屈词穷,但他一定不会心悦诚服,而那正是另一个洛克。虽然在理论上,人法应该来自自然法,并代行自然法,但是,由于无人敢宣称自己真的认识了自然法,这种代行在现实中就成为不可能的。自然法的执行,只能被永久地延宕下去,一直延宕到末日审判的时候。每个人只能凭着自己的自然之光,在黑暗中摸索自己的拯救之道;国家,则完全沦为守护尘世生活的有限政府,而丧失了任何宗教和道德的功能。

经验主义的洛克正在一丝不苟地屠杀着道德主义的洛克;而虔诚的洛克正在按照自己的理论,凭借着自然之光在保罗书信中寻找着拯救之路,挽救那个奄奄一息的洛克的肉身。

结语

洛克关于宗教宽容的讨论,当从两方面看待。第一,把这个问题放在当时的英国政治环境下看待,洛克真正关心的不是宽容还是不宽容的问题,而是怎样将天主教驱逐出英国政坛,维护新教英国的政治稳定。

我们在本文一开头就看到,查理二世和莎夫茨伯里伯爵都主张宗教宽容,但二人的出发点并不相同。到查理二世统治后期,继承人问题成为一个焦点。莎夫茨伯里拥护查理二世的儿子、新教徒蒙茂斯(Monmouth)公爵,而查理二世却更想让自己的弟弟、天主教徒约克公爵即位。莎夫茨伯里组织了辉格党,积极阻止约克公爵即位,失败后遭到流放,于1683年死在荷兰,洛克也到了荷兰。1685年,查理二世皈依天主教后去世。约克公爵即位,是为詹姆斯二世。他迅速平息了蒙茂斯公爵的叛乱,颁布宗教宽容的法令,主张对天主教徒和新教异端都平等相待,裁撤仍然处罚宗教异端的法官,而这些都遭到了很多大臣的反对。就在他即位的那年,法王路易十四废除了主张宽容新教徒的南特敕令,使宗教迫害又成为整个欧洲担心的一件事情。1688
年,詹姆斯二世生下一子,新教徒担心天主教王朝由此会持续下去,于
是发动了光荣革命,从荷兰迎立查理二世的女儿玛丽及其夫威廉。

光荣革命后,议会获得了更大的权利,宗教问题也逐渐得到了解
决。1689 年的《宽容法案》(Act of Toleration)规定,除去天主教徒
外,所有的异端教派享有信仰自由,以酬答他们在光荣革命期间对詹
姆斯二世的拒绝。1701《王位继承法》(Act of Settlement)规定,天主
教徒及其配偶都不准继承英国王位。玛丽女王和威廉三世相继去世
后,詹姆斯二世的新教徒女儿安娜即位;1714 年,安娜女王去世,依照
继承顺序排第 52 位的乔治即位,因为按照《王位继承法》,他是继承人
中顺序最靠前的新教徒。英国王位从此转入汉诺威王朝的手中,而天
主教的问题也得到了彻底的解决。

洛克关于宽容问题的几篇文章,其核心政治问题均为天主教问
题。当主张政府应该干涉无关紧要之事时,他想的是如何避免天主教
和各异端的政治威胁;当主张宗教宽容时,他关心的是如何团结新教
各派,共同对付天主教。因此,天主教始终被排除于被宽容之列,而
《拉丁文短论》中所说的国家针对教会的权力,始终没有真正改变。发
表于光荣革命后的《论宽容书》,为英国新的宗教政策提供了理论
基础。

第二,宗教宽容并不止是一项具体政策,而且涉及洛克自由主义
政治神学的很多重大问题,同时也牵扯到洛克哲学思想的内在张力。
而这一点,是我们更应该关注的。

洛克的哲学体系是反形而上学的经验主义,因而他反对内在观念
说。由此就有了洛克著名的"白板说"。按照"白板说",人没有内在的
自然法,也没有天生的原罪,因此人就不会有自然的善恶观,而只有最
简单的苦乐观念。趋乐避苦并不能构成善恶观,而必须依靠一种法律
标准。洛克说,自然法是最基本的法律。虽然他试图继承传统自然法
学说的道德主义,但这种自然法却根本不是"自然"的。人如果任由自
己的欲望发展,不可能认识自然法,而必须"静立",从享乐中抽身而

出,才能认识自然法,并以此约束自己的行为。洛克处处强调,人们只要正确运用"自然之光"就能认识自然法,获得真正的自由和拯救,但他深知,自然法并不是苦乐观念自然推衍的结果,因而真正认识自然法的人很少。

由于人心里没有内在的善恶,因此,良心是每个人对自然法的认识,不是镌刻的自然法。每个人的良心会很不一样,不可能等同于自然法。正是由于很多人不能认识自然法,本来人人可以执行的自然法就变得很难真正执行,人们很容易从自由的自然状态堕入战争状态。为了避免这种不便,就产生了政府。在理论上,政府就是代人执行自然法的。但是,既然很少人能认识自然法,政府怎么就能正确认识并执行自然法呢?犹太人的摩西律法是上帝亲自颁布的实在法,与自然法最接近,却仍然无法拯救人。于是,不能依靠政府来执行自然法,那么,政府的职能就蜕化为消极保护尘世的利益,成了完全有限的政府。

既然仅有自然法有很多不便,政府又无法正确执行自然法,上帝便派出耶稣基督,另立信主之法,帮助人们认识自然法。这并不是全新的拯救之道,而只是帮助人们认识自然法的一条捷径。宗教的作用,在于人们运用自己的自然之光,无论是通过信主之法,直接面对自然法,还是借助别的途径,通过自然法获得真正的自由和拯救。以良心认识自然法,是使人得救的唯一途径。政府不能也无力使人得救,而只能做个消极的保护者的角色。

在洛克这里,自然法不再自然,良心也未必是"良"心。虽然他试图维护传统自然法的道德法实质,但自然法唯一实质的执行只能在末日审判的时候;那么,人间的自然法就形同虚设了。本来政府也只是通往最终的拯救和自由的一个中间环节,但也由于自然法不能真正认识,其角色也慢慢蜕变,终至彻底丧失了宗教与伦理意义。

洛克思想的政治效果和霍布斯非常接近,但这仍然并不意味着洛克的道德主义思考就是完全无意义的。即使到《论宽容书》中的最极端状态,我也仍然认为洛克没有彻底向霍布斯投降。洛克始终真诚相信自然法是道德法,始终认真对待灵魂拯救的问题。只是,他的反形而上学的哲学一步步迫使他把自然法越来越虚化,从而也使政府越来越变成有限政府。毕竟,他的宗教宽容学说,还是认真地为灵魂拯救留下了一块地盘,虽然这种拯救的追求者不得不处在一个极为孤独的位置。而洛克之后的自由主义,在接过他的宗教理论的同时,也把他的矛盾接了过来。在政教分离的自由社会,精神自由与自由权利之间,或者说道德与良心自由之间的矛盾,就成为每个个体很难回避的一个问题。

培育自由
——洛克的教育哲学解读

王　楠[①]

■目录

[①] 作者单位，中国政法大学社会学院。

引言

  "年轻人早早地就腐化了，近来成为了一句常见的怨言。"洛克在《教育思议》(*Some Thoughts Concerning Education*)的献词中这样写道。② 对于从复辟迈向光荣革命时期的英国而言，这样的说法并未夸大其词。经历了内战和革命的洗礼，英国可谓是"翻天覆地"(the world turn upside down，克里斯托弗·希尔语)。旧的传统已经毁弃，原本由国王和议会共同构成、和谐统一的混合政体已经不复存在，信

---

② John. Locke, *Some Thoughts Concerning Education and Of the Conduct of the Understanding*, Ruth W. Grant & Nathan Tarcov ed., Hackett Publishing Company, 1996, p. 8. 本文将 *Some Thoughts Concerning Education* 译为《教育思议》，将 *Of the Conduct of the Understanding* 译为《论指导理解力》。Understanding 一词视场合的需要而译为"理解力"或"理解"。除了《教育思议》的献词以及某些洛克著作的英文版本的注解引文标注采用英文本的页码，以及"思议绅士的阅读和学习"和《基督教的合理性》的注解引文标注选用中译本页码外，《人类理解论》、《教育思议》、《论指导理解力》、《政府论两篇》的注解引文标注编号都是洛克著作的标准编号，为各个英文本和中译本共同采用，故不专门指出所用版本，请读者留意。本文中洛克著作原文的中文翻译，为笔者参考洛克著作的现有中文译本并部分加以改动而成。参考译本包括熊春文译《教育片论》，上海：上海人民出版社，2005年；关文运译《人类理解论》，北京：商务印书馆，1981年；吴棠译《理解能力指导散论》，北京：人民教育出版社，2005年；瞿菊农、叶启芳译《政府论上篇》(《政府一论》)，北京：商务印书馆，1982年；叶启芳、瞿菊农译《政府论下篇》(《政府二论》)，北京：商务印书馆，1982年；王爱菊译《基督教的合理性》，武汉：武汉大学出版社，2006年。在此对这些中译本的译者表示感谢。

仰的冲突虽未爆发为公然的战争，却仍然在暗地里延续着。这一时期各种著作和小册子漫天纷飞、各色人等"百家争鸣"，却越发表明人们在思想上找不到方向，处于彷徨无依的状态。因此，诉求绝对主权者的强力来维持社会表面秩序的观点占据上风。查理二世师从霍布斯，将其教诲奉为圭臬，这样的说法虽然未必真实，却足以表明当时社会的普遍心态。与霍布斯学说类似的菲尔默的观点广受托利党人的支持，更是不争的事实。后者正是想要在貌似更合乎宗教传统的基础上树立起利维坦的权威。

　　不过，利维坦这个巨兽仍然要由无数个人来构成，它的存在仍然要求国家的领导阶级在最基本方面的一致同意和自我约束。可是，"在内战、革命及没收产业的不良势力之中，英国政客的品格大见腐化，即有田绅士阶级的全体亦有同样的倾向，纵无政客之甚。"③清教共和国的幻灭和宗教道德的缺失使世俗的欲望失去了约束，在没有神的无根的此世不及时行乐又如何？"此时在国内乘胜驰驱，顾盼自豪的少年王党乡绅亦因缺乏相当的教育之故，不知如何而可以做他们应做之事。……清教徒的得势及衰落，一方使他们恨世嫉俗，觉世上一切之事尽为虚伪，一方又使他们深信人生行乐之为真理所在。"④另一方面，精神越是深陷于此世的昏暗无光，越发急于获得上帝的光明，关于教义和仪式的争论就越激烈，想要摆脱一切束缚的狂热（enthusiasm）的鬼火高涨，许多人自许受着炫目的启示之光的庇护，在心醉神迷的状态中自欺欺人、专断独行。⑤依靠这样一些人无法建立起任何秩序。

　　社会陷于彻底分裂，战争状态的火焰恣意蔓延。每个人都在伸张自己的利益、权利和信仰，每个人自己的欲望、意志和意见都具有绝对的正当性，人人彼此争斗不休，贪婪、虚伪、骄傲和狂热席卷整个社会。每个人似乎都拥有绝对自由，想要得到别人的承认，做支配他人的主

③ 屈勒味林，《英国史》，钱端升译，中国社会科学出版社，第 504 页。
④ 同上。
⑤ "往古来今，忧郁而虔诚的人们，想入非非的人们，自持一种意见，以为自己同上帝关系更为密切，独能得到他底更大的宠爱；因此他们就自诩自信，以为自己和神明（Deity）有直接的交往，与圣灵有不时的沟通。"（洛克，《人类理解论》第 4 卷第 19 章第 5 段）

人,每一个这样的人都受着自己内心澎湃无休的激情、变幻莫测的幻象和强力意志的奴役。没有面孔的人们不断伸出苍白的双手,试图抓住一点东西来充实自己,在荒芜的此世中徒劳地寻找着可以安息的家园。

洛克面对的正是这样的时代,他想要教育的也正是这个时代的孩子。

洛克常被人斥为霍布斯的秘密追随者,认为他的道德学说是一种披着自然法外衣的享乐主义。⑥《人类理解论》(*An Essay Concerning Human Understanding*)中的某些段落,似乎也颇能支持这样的观点。⑦ 许多人正是用这种眼光来解读《政府论两篇》(*Two Treatises of Government*),将它视为政治享乐主义的市场化社会版本。但只要我们略微仔细地考察洛克的思想,就能看到他本人十分清楚,想要在变幻莫测的个人利益上面建立道德和政治秩序绝不可能。⑧ 只追求享乐和自己利益的自爱之人,绝对无法担负起领导国家的重任。因此,要调和洛克著作中呈现出的这种表面矛盾,就需要搞清楚洛克对人性和道德的真正观点到底是什么,进而才能真正理解洛克的政治理想到底是什么样的,它依赖一种什么样的公民。归根结底,秩序的基础在于组成它的人,什么样的人决定有什么样的政治秩序。

理解思想家对人性和道德的观点,其教育学说是一个很好的切入点。因为人是教育的对象,为何教育、如何教育,想要培养什么样的人,都要以对人性和道德的理解为基础。而《教育思议》正是洛克生前署名出版的两本著作之一。基于这样的观点,纳坦·塔科夫教授(Nathan Tarcov)想要从洛克的教育学说入手来说明,洛克的政治所依赖的公民到底是什么样的人。他在《为了自由:洛克的教育思想》(*Locke's Education for Liberty*)一书中指出,虽然从表面上看,洛克

---

⑥ 列奥·施特劳斯:《自然权利与历史》,彭刚译,第 236—239、254—256 页,三联书店,2003 年。

⑦ 《人类理解论》第 2 卷第 20 章第 2—3 段。

⑧ John Locke:*Political Eassys*,Mark Goldie ed.,Cambridge University Press,1997,"morality",pp. 268–269. *Essays On the Law of Nature*,W. von Leyden ed.,Oxford University Press,1954,Essay VIII.

的教育著作与《政府论两篇》(*Two Treatises of Government*)之间似乎缺乏联系,但在教育著作中,洛克想塑造的具有德性和智慧的绅士正是代议制国家中的政治领导阶层,他们承担着治理国家的使命,在《政府论》中洛克认可的父权,本质上强调的是父母应承担的教育子女的义务。⑨ 进而他以逐段疏解的方式来详细说明,洛克的教育如何借助风俗(custom)和习惯(habit)的本原(principle),依靠人性中固有的对自由的欲望驾驭自身渴望支配和占有的本性,从而塑造出彬彬有礼、德才兼备的绅士,这样的人才是作为自由政治之基础的自我治理(self-government)的公民。

塔科夫正确地看到,洛克在《教育思议》中对人性的讨论较他的其他著作更为丰富和具体,有助于我们理解洛克对人性的整体观点,在教育中,人性中某些并非理性的本原如对名誉(reputation)的重视、习惯具有极为重要的意义,而教育作为一种人为(manmade),正是要借助风俗和外在环境,来树立貌似合乎"理性和自然"的品质。⑩ 但他对洛克教育思想的解释仍然存在着一些问题。由于他对洛克教育思想的分析过于集中于《教育思议》本身而未能将其与其他著作做有机的联系,这使他的解释过于偏重人性中某些非理性的本原和人为风俗的作用。他为我们描绘的绅士能够将自己的自由限制在风俗的范围之内,用习惯去约束激情、熟悉世情、注重名誉、彬彬有礼,重视自己和他人的权利,但似乎与"理性的自利者"的形象相去不远,只是对为人处世之道理解得更为精致透彻。上帝似乎确已远遁,世俗利益的正当性不言自明,在精明的自我治理和国家治理之间有着内在的统一。⑪

毫无疑问,塔科夫从教育的角度入手来理解洛克,强调往往被研究者所忽视的《教育思议》的重要性并对之加以详细解读,这样的做法具有重要意义。从《人类理解论》中选取只言片语,结合对《政府论两

---

⑨ 纳坦·塔科夫:《为了自由:洛克的教育思想》,邓文正译,三联书店,2001 年,第 24—28 页;*Some Thoughts & Of the Conduct*, intro, pp. vii - xi。

⑩ 同上书,第 29、169 - 173、195—196 页。

⑪ 同上书,第 414—415 页。

篇》的任意解读，这些是以往洛克研究的重要缺陷，只有将《教育思议》加入讨论才能对洛克有更真实的理解。但是，有必要在塔科夫教授的努力方向上再进一步，将理解洛克教育观的视野从《教育思议》扩大到他的其他著作，以彼此合观、相互参照的方式来充分理解洛克的教育思想。实际上，洛克的教育著作不是一本而是三本，《人类理解论》和他身后出版的《论指导理解力》(Of the Conduct of the Understanding)同样是他的教育著作。⑫ 前者既是对人的理解力和能获得的知识范围的讨论，也是以"历史的、平易的方法"写就的人的心智(mind)成长的自然史。⑬ 在其中洛克想要描述心智如何在逐步发展的过程中获得合理的观念和知识，而《论指导理解力》则更为明确地教导人们如何正确地运用理解力。如果不能将这几部著作合而观之，势必难于认识到洛克眼中的人并不是只具备一两种本原的简单存在，而是内在蕴含着丰富的力(power)，其成长是一个复杂、完整过程。⑭ 人处于不同的成长阶段，其本原和力的展开不同，教育的侧重点也不一样。不同的阶段前后相继，前一阶段为后一阶段打下基础。在情感和意志之间、习惯和理性之间、风俗和自由之间，又有着极为复杂的关联和配合。因此，不能完整理解洛克的教育体系，极易造成对其观点的偏颇理解，或以为他的著述充斥着矛盾。⑮ 另一方面，要理解洛克的教育观也不能只停

---

⑫ 在这三本书之外，直接与教育相关的还有一篇短文"思议绅士的阅读和学习"(Some Thoughts Concerning Reading and Study for a Gentleman)。

⑬ 《人类理解论》，第1卷第1章第2段。亦见 Neal Wood, The Politics of Locke's Philosophy, University of California Press, 1983. introduction。

⑭ 基于对文本含义的考虑，本文用"力"和"权力"两种译法来翻译 power 一词。在后面的讨论中能看到这样做的理由。

⑮ 比如风俗和理性的复杂关系。塔科夫正确地看到习惯和风俗在教育中的重要性，但未能重视洛克在《论指导理解力》和《人类理解论》中对理性的强调。他看到了"学问"一节在《教育思议》中所占篇幅最长，却又只在表面上重复洛克的观点，认为学问是"教育中最不重要的部分"，这样的理解过于简单。只有理解洛克思想中理性与风俗的复杂关系，才能明白洛克的真正用心。洛克清楚地认识到，要实现从白板心智到理性自由的跨越，实现社会的普遍理性，必须依靠习惯和风俗而不能单单凭借理性，但在孩子早期良好习惯的基础上，随着孩子的成长，应当逐步培养孩子运用理性独立思考的能力，超越单纯的风俗和习惯。《论指导理解力》和《人类理解论》正是要说明人如何能够运用理解力来摆脱意见和社会的不良影响，获得真理(truth)和知识(knowledge)。

留在这几部著作中,因为洛克对人性和道德的理解无法脱离其整体的世界观。如果不能把握洛克对上帝、自然和社会的基本观点,那么就极易错失他在教育著作中的某些所占篇幅不大,但却极为重要的环节。⑯ 难以确定"社会"在洛克思想中的位置,必将导致不易理解洛克的礼貌教育,搞不清楚那是否只是一种工具性的"人情练达"。不理解洛克的自然权利论和有关社会历史的思想,势必会觉得洛克想要培养的绅士只是不劳而获的地主阶级,认识不到洛克心目中品德优异的理想绅士作为脑力劳动者和社会的领导阶层,与整日辛勤工作的农夫和工匠相比只是分工不同,在市民社会中,他们同样是行使自身自然权利的劳动者。所以,要理解洛克的教育思想,不能只局限于某一本书或某一字句,而是要对洛克思想的有机整体有充分的认识和把握,才能弄清楚洛克对教育有着怎样的理解。

为什么理解洛克的教育哲学如此重要?

与霍布斯一样,洛克面对着现代人性的危机,但与霍布斯不同,他试图在诉诸人的激情和利维坦的强力之外,为现代人寻找驯服内心无限膨胀的欲望和意志的可能,在新的人性观的基础上塑造出自由的品质,不依靠强力主权者的他治而能够实现人的自我治理。洛克著作中表面呈现的享乐主义人性观,其实是对陷于高度主观抽象状态的人的描绘,这种观念论的唯我主义,正是教育者需要面对的人性的起点。洛克清楚地认识到,想要按照自己的意志来行动是现代人难以克服的本性,也是人的生机与活力所在,包含着实现善的可能。但是,易于趋向无限和抽象的纯粹自我意志,也是潜藏在我们心中的最大威胁。取消臣民意志的自由行使,用唯一主权者的意志取代所有人的意志以确保社会的和平,这样的政治结构只能造就专横、任性的主人与毫无生气和责任心的奴隶。

---

⑯ 例如,洛克在讨论要为孩子的德性(virtue)打下基础时,首要强调要让孩子具有作为造物主的上帝观念,要让孩子讲真话,这个部分虽然篇幅很短,但从在洛克思想中占据基础地位的神创自然观来看,具有极其重要的意义。可如果对洛克的神创自然观缺乏意识就很难看出这个问题的重要性。塔科夫和其他人一样对这个部分缺乏重视。

　　基于对人内在的力蕴含的这种张力的深刻认识，洛克的教育哲学的目的，正是要使人摆脱自我的这种抽象空洞的不安（uneasiness）状态，教人学会驾驭和运用自身内在的力，形成良好的秉性（disposition），通过现实的实践（practice）和行动（action），在此世中获得自我的规定性，运用心智和身体，创造出属于自己和社会的财产（property）⑰，获得理性自由的独立人格，做自己的主人。洛克教育的根本是要让孩子学会正当地运用自己的自由（liberty）⑱。使人内在的力在合理的范围内得到真正的施展，培养起孩子运用自由的形式秉性。

　　另一方面，"自然权利"不仅意味着自由，也意味着神圣的正当。在洛克看来，理性自由地劳动和实践，也是人在此世中自然的生活方式。造物主创造出自由的人和人之外的自然界，正是要求人运用天赋的自由作用于外界对象，创造出产品来满足自己的需要。这是上帝赐予每个人的自然权利，也是此世的人对自己的造物主负有的义务。洛克对人的自由形式的肯定，同时含有一套实质性的神创自然观。

　　从《教育思议》到《论指导理解力》，洛克的教育哲学描述了这样的理性自由人完整的成长和受教育的过程。最初缺乏自我克制能力、毫无理性的孩子，通过不断地实践来形成好的习惯，在心智和身体中培植起良好的本原，由此能自主地在合理的限度内行使自己的意志。进而在确立造物主信仰和求真意志的基础上，通过不断的学习，将经验观察与理性思考相结合，最终能自主地运用理性获得知识，做出合理判断，从而指导自身的欲望和意志，支配自己的行动。

　　因此，笔者试图以详细解读洛克的《教育思议》和《论指导理解力》

---

⑰ 对洛克而言，绅士所要创造的"财产"更多是指知识而非物质方面的便利品。

⑱ 比较《人类理解论》和《教育思议》就能看到，洛克用 liberty 这个词来表示悬置欲望和服从理性指导下的欲望两重意义。后面对这个问题会有进一步的分析。自由一词在洛克那里的真义，正是人对于自身的力加以合乎理性的自主运用。

为基础,结合《人类理解论》和洛克的其他著作来呈现洛克教育学说的完整面貌。只有将《教育思议》和《论指导理解力》结合起来,我们才能看到洛克想要培养的理性自由人的完整形象。如果说《教育思议》可以丰富和纠正我们对洛克"理性主义倾向"的片面理解的话,那么《论指导理解力》反过来可以纠正我们对《教育思议》肯定风俗和习惯一面的过分强调。洛克绝不是要培养能够在社会中左右逢源、八面玲珑的人,而是要培养既懂得礼貌又具有独立思考能力的有良知的人。他正是要利用风俗和教育来教孩子超越风俗和教育,学会用理性来审察意见,避免风俗和教育容易造成的偏见和不良影响。而原本打算作为《人类理解论》最后一章的《论指导理解力》正是要具体说明,如何培养良好的理解力,充分发挥人的理性思维能力来探索真理,创造知识。但是,如果不了解洛克基本的神创自然观,也就无法理解洛克为理性限定的范围和任务。理性(reason)是人的心智中最高贵的能力,也是将人引向真理和上帝的道路。⑲ 洛克抛弃了腐朽的经院教育,将为人类社会寻求真理的任务寄托于现实中有条件承担它的绅士阶级,洛克想要培养和塑造的既不是过度依靠自身理性的孤独个体,也不是受社会和风俗摆布的傀儡。他的目标是培养理性自由的绅士,这些绅士能够通过社会交往和政治活动来主导国家的方向,使符合神意的理性自由通行于公民社会。

一、自由的困境

1. 能动的白板:人的心智的基本结构

洛克的教育学说的出发点,是他所理解的人初始所处的基本状态:刚刚来到这个世界上的人有如白板一块:"在我看来这无损于上帝的善:他并未给予我们的心智那些有关他自己的观念,就像他将我们送到这个世上,只给我们赤裸裸的身体,而并没给任何天赋的工艺或

---

⑲《教育思议》,第122节。

技能。"⑳

洛克认为人(man)由心智和身体两部分共同构成。㉑ 但与唯物主义者霍布斯不同,洛克眼中的人所具有的主观性是第一位的,他以高度观念论的方式面对外部世界。我们所知觉到的一切都是自己心智中的观念(idea)而不是事物自身。孩子的心智刚来到这个世界,有如"一张白纸、一块石蜡、一间空屋"。㉒ 但心智这间暗室能够借助感觉(sense)这扇窗户与外界相沟通,在它的里面,用可见的相似像(visible resemblances)的方式来把握外在于它的一切事物,而这些像就是各种各样的简单和复杂的观念。㉓ 洛克否认存在内在观念(innate idea),白板上的一切都来自对外界对象的某种摹写或对获得观念的加工。㉔

但是,白板心智还具有别的特点。它并不是惰性、被动的物质(passive matter)而是主动的精神(active spirit),它内在具有主动的力(active power)。身体是受心智驱使、执行其命令的物体,作为精神实体的心智才是根本的动力之源:"幼童的心智一旦走上正轨,您想要的其他一切就都跟着来了。"㉕

说心智内在具有主动的力,这到底是什么意思呢? 在洛克看来,

㉕ 《人类理解论》,第1卷第4章第16节。

㉑ 虽然洛克在讨论时也偶尔涉及灵魂(soul),但他更侧重于借助心智概念讨论灵魂问题。洛克以具有思维意识(thinking consciousness)的心智来确定人格同一性,拒绝考虑灵魂有意识不到的思维的观点。洛克试图取消独立于心智的灵魂和独立于意识的思维而将灵魂归为与心智同在的一种精神性存在,属于同一的人格。参《人类理解论》第2卷第1章第9—21段;第2卷第27章第14—16段。

㉒ 《教育思议》,第217节;《人类理解论》,第2卷第12章第17节。

㉓ 《人类理解论》,第2卷第12章第17段。

㉔ 正如胡塞尔在《第一哲学》中所指出,洛克将笛卡尔的"我思"以自然客观的方式转化为了在预先给定的世界中的人纯粹自在的心智,从而开辟了经验主义心理学的道路。洛克的白板说本质上是对笛卡尔的纯粹"我思"的对象式的表达。参胡塞尔,《第一哲学》,王炳文译,北京:商务印书馆,2006,第115页。

㉕ 《教育思议》,第78节。洛克也强调,一个身体不健康的人无法获得此世的幸福,难以履行他的天职(calling),对社会和国家作出贡献,因此运用各种手段来确保孩子身体健康同样是教育的重要内容。但是鉴于心智具有首要地位,维持身体健康的教育在原则上与对心智的教育相似,而方法又比后者更简单,所以本文集中讨论洛克针对心智的教育,对身体方面的教育只是穿插其间。

当我们看到金子在火中熔化,蜡在太阳下变白,就会认为火和太阳内在蕴含着某种东西并将它施加在金子和蜡上面,使后者发生变化,所以我们说火蕴含着熔金的力,太阳蕴含着漂白蜡的力。㉖ 力就是存在于某种东西之中、可以作用于它之外的对象使后者发生变化的一种性质。拥有力就是拥有改变的力量。但是,洛克认为真正的力蕴含上帝和人的心灵这样的精神之中。它必须存在于某种东西自身之中而不依赖他之外的什么东西,它是"运动的绝对开端"。我们用球杆击打白球使它将红球撞进洞里,这并不意味着白球真的具有使红球移动的力,因为它只是传导了我们施加给球杆的力。㉗ 如果追根溯源,产生出外界对象一系列运动的真正开端乃是人心智中的一种主观的意念。因此只有精神实体如心智才拥有真正的主动力,是引发他物变化的原因。拿起球杆击打台球入洞是我主动力的施展(exertion)。㉘

在现实中,人心智的任何主观活动都是它容纳的观念和蕴含的力彼此相互结合的结果。我们心智的力具体体现为两种能力(faculty):理解力(understanding)与意志(will)。㉙ 前者是思维力,也就是接受和加工观念的力;后者是行动力,行动就是意志的实现,不过意志也需要由快乐(pleasure)和痛苦(pain)的观念来引导。运用理解力的心智就像一个劳动者,对通过感觉接受进来的颜色、凝性(solidity)、数量、苦乐、力等等简单观念(simple idea)进行加工和改造。比如我借助感觉,从外界获得了一个、红色、坚硬、圆形、香甜、快乐、实存(existence)等等观念,我能运用理解力将这些简单观念组合起来形成一个完整的实体观念,知道它是"一个东西",通过更大范围的观察以及理解力的比较和抽象,我意识到有很多东西与它相似,从而认为它们同属于某个物种(species)并用"苹果"一词来指代这个物种。于是我就知道了"这是一个苹果"。意志发挥作用同样需要观念。意志本身是心智中

㉖《人类理解论》,第 2 卷第 21 章第 1 段。

㉗ 同上书,第 2 卷第 21 章第 4 段。

㉘ 虽说我们拿起手边的一支笔其实就已经施展了这种力,但这种看不见摸不着的内在力最为形象的表现恐怕还是魔法世界中巫师隔空移物的"意念力"。

㉙《人类理解论》,第 2 卷第 6 章第 2 段。

的一种强烈的"要实现"的意念力,这种"要"的意志是纯粹抽象的,但它发挥作用需要由与观念相结合的欲望来带动。伴随着苹果的快乐的观念,促使我在没吃到苹果时产生某种不安(uneasiness)的感觉,这种不安之感就是欲望(desire)。有内容的欲望充实了意志使我"想要苹果",这个意念就成为行动的绝对开端,使心灵引发身体的运动去找寻苹果来吃,以求消除欲望的不安之感。因此,人无论"知道"什么、"想要"什么,都是心智的力发挥作用并与观念相结合的结果。对洛克来说,这种高度主观的意志行动结构乃是人性的根本特征,而危机也正蕴藏其中。

2. 危机:主观抽象性的恶性膨胀

让我们更仔细地分析一下欲望—意志—行动的基本逻辑。带动意志—行动的基本要素是快乐和痛苦的观念,但这两个观念本身是没有内容的抽象。人只有通过经验,将它们与某个对象结合在一起,"苦"和"乐"才获得具体的内容,对某种东西或事情我们才会产生它"使人愉快"或"令人痛苦"的观念。㉚ 因此洛克指出:"好(good)就是能引起(或增加)快乐或减少痛苦的东西;……坏(evil)就是能产生或增加(痛苦)或能减少快乐的东西。"㉛孩子只有进入了经验世界才能体会到各种快乐和痛苦,意识到这些感觉是由什么样的东西带来的。

在高度主观的心智结构中,苦乐的观念与对象的结合在很大程度上是任意的。"心智的嗜好各不相同,正如各人底味觉似的。"㉜所以"好"与"坏"很容易变成相对的,因为它们也是高度抽象的观念。人们说某种东西是好还是坏往往说的不是"它本身"是什么,而是"它对我"意味着什么,"我觉得"它好不好。因为"美味不在于事物本身,而在于是否合乎各人特殊的味觉,那可有着千差万别"。㉝ 拥有高度主观心智的人进入这个世界,自然是与这世上的一切相分离。因此,孩子说某

㉚《人类理解论》,第 2 卷第 7 章第 3—4 段。
㉛ 同上书,第 2 卷第 20 章第 2 段。
㉜ 同上书,第 2 卷第 21 章第 55 段。
㉝ 同上。

种东西是好是坏，其实只是表达自己心中的一种随意的感觉。

欲望又是什么呢？在洛克看来欲望是我们心智中的一种"现在的不安"（present uneasiness），它指向的是某种"不在的好东西（absent good）"，只有当这个好东西从不在（absent）变成在（present）、被我们享受的时候，这种不安才会消除："欲望是人在自身中发现的一种不安，这种不安来自于某物的缺乏（absence），而对该物现在的享受（present enjoyment）则伴随着快乐的观念。"㉞所以欲望引发的意志其实是人心中的一种"要这种好东西出现（present）"的意念，由此而来的我们的行动则是实现意志、让那个好东西出现的过程。㉟欲望对于人来说之所以重要，正是因为心智中有这种"现在的不安"，它促使我们通过行动来将"不在的好东西"转化为"在的好东西"。人没有欲望就没有行动。只有"不在的好东西"在我们心智中成为"现在的不安"，使我们"想到""没有"某个好东西进而"想要""有"这个好东西，我们才能通过行动来现实地"有"这个好东西。因此洛克说："如果我们一切外面的感觉同内面的思想完全和快乐无涉，则我们便没有理由来爱此种思想或行动而不爱彼种，或宁爱忽略而不爱注意，或宁爱运动而不爱静止。"㊱造物主既然将人的本性造成这样，给人趋乐避苦的欲望和行动力，也正是想要他通过实践行动来保存自己："'自然'给了人类一种希求幸福和憎恶患苦的欲望，这些欲望确乎是内在的实践本原（innate practical principles），它们恒常持续地活动，不断地影响我们的一切行动。我们在一切时代的所有人身上，都能看到这些稳定而普遍的倾向（inclination）。"㊲正是这种趋乐避苦、想要去除不安的倾向引导着人、促动着人通过行动来实现自我保存（self-preservation）。生存在此世的不安迫使人去进入世界，为了自我保存而改变世界。

但是，洛克的意思绝不是说，应当任由人来欲望和行动。他清楚

㉞《人类理解论》，第 2 卷第 20 章第 6 段。

㉟ 很抱歉，基于行文流畅性的考虑，在这里只好将 present 分别译为"在"、"现在"和"出现"。

㊱ 同上书，第 2 卷第 7 章第 3 段。

㊲《人类理解论》，第 1 卷第 3 章第 3 段。着重号为笔者加。本处及下面各处引文中的着重号，如果未专门指出为笔者所加皆为洛克著作原有。

地看到,"你如果听其自由活动,它们会使人们把一切道德都推翻了"。⑧这样的主观行动结构在观念、欲望和意志三个环节上都带有强烈的抽象性。刚刚来到这个世界上的孩子虽然有如一张白纸,不知何为善恶,但其主观抽象性极易膨胀起来而导致恶的后果。

首先,正如前面所指出过的,对于刚刚进入这个世界的孩子来说"好"与"坏"既然没有自然的规定性,只要"我"觉得好的东西就是好,那么他的欲望对象就是任意的。在现实中我们常常看到,孩子的喜爱和厌恶,往往只由自己最直接的苦乐感觉来主观地决定。虽然吃糖太多会损害牙齿,多吃胡萝卜有益健康,但孩子并不知道也不关心这些,他只追随一己的好恶来选择。接下来,由于欲望同样极为抽象,只是心智中感觉到的"现在的不安",只要"我现在觉得不安"就够了,因此孩子很容易"一想到某个没有的好东西"就感到这种缺乏的不安。欲望在心中生得又快又不确定。我们时常见到,孩子一见到某个新奇的玩意儿,甚至不曾真的感觉到它给自己带来的快乐就会对它产生欲望,因为只要"我觉得好,我想要它"就够了。⑨欲望一旦生成,意志就发动起来,缺乏的不安之感强烈地需要欲望对象现实地"出现"来消除。意志本身同样是没有内容的抽象,它只是心中强烈的"想要",指向的是欲望的对象:"我要我想的那个东西"。

对于刚刚进入这个世界的人来说,主观行动结构的这三个环节没有一个自然地与某种具体对象相结合,而这三个抽象的环节又彼此相连,这自然会导致人的好恶、欲望和意志飘忽不定,所以孩子最容易随性而为,只是按照自己一时的性子来,不知道什么该做什么不该做,什么该要什么不该要,完全缺乏任何界限意识。洛克正是清楚地看到这一点,才将任性(wilful)视为孩子在心智方面最容易陷入的恶:"被溺爱的孩子必定学会打人、骂人,哭着要什么就一定要得到,喜欢做什么

---

⑧《人类理解论》,第1卷第3章第3段。

⑨《教育思议》,第107节及《人类理解论》第2卷第21章第45段。这就是洛克所说的妄想的需要(want of fancy),单纯来自想象的需要。

就做什么。"⑩家长如果再不懂得合理的教育方式,只知道一味顺着孩子的性子,他要什么就给什么,想怎么来就怎么来,结果只能让孩子任性的毛病更加严重,因为一"想要"就能得到,只会使心智更快滋生起另一个欲望。如果"事成"只需"心想",什么愿望只要动动念头、表达一下就可以轻易实现,最终孩子只会"这也想要那也想要",只要想得到的他什么都要(have his will in everything)。孩子小时候任性,他长大了也会同样任性,因为任性的逻辑什么年纪都一样。"如果幼童心里想要葡萄或糖球就一定能得到……那么等他长大成人,欲望把他引向酒和女人,为什么不能得到满足呢?这些对象符合一个大人的渴望,就像小时候哭着想要的东西符合一个小孩的兴趣一样。"⑪

洛克清楚地看到,这样靠不断的满足"惯出来"的人只是空虚、肤浅和不确定,他得到的越多,反而剩下的越少。这样的人只剩下抽象而无内容的好恶、欲望和意志,主观的抽象性滑向了空虚的恶的无限性。他总是不断地寻求满足,却又无法得到满足,他总是什么都想要,却又不知道自己想要什么。这样的人是怎么填也填不满的无底洞。洛克发现,有的孩子虽然要什么就有什么,但是"他们的心智总是不安宁,总是想要伸张自己,去追求更多的东西,虽然连自己都不知道要什么,也总是不满足于已经得到的东西"。⑫ 但是,人越是如此空虚浅薄就越渴望支配(dominion)和占有(possession)。他越无法把握自己就越想要抓住自己之外的人和物。

处于主观抽象高度膨胀状态的人,渴望一切都服务于自己主观愿望的满足,让"好东西"能够随时处于自己的掌握。所以,人想要支配他人是因为想要让他人服从自己的意志,做满足自己欲望的手段,按照自己的想法来行动。能够支配他人就等于获得了他人的力。孩子因为自己的力量弱小,需要借助他人的帮助,所以更容易倾向于支配他人。"我们看到孩子(几乎从一出生就开始,肯定比能说话要早)就

---

⑩《教育思议》,第35节。
⑪ 同上书,第36节。
⑫ 同上书,第130节。

会啼哭、使性子、不高兴、要脾气,不为别的,只是要伸张自己的意志罢了。他们想要自己的欲望得到别人的顺从,他们努力要让身边的人随时服从自己。"[43]"他还不会说话不会走,就能想要女仆做啥就做啥,他刚会咿咿呀呀地说话,就成为了自己父母的主人。"[44]乐于支配的倾向自然也伴随着骄傲(pride)。在这样的人看来,他人只该服从自己,只是自己的工具。而孩子喜欢占有各种东西,其实只是想让这些物始终处于自己力的掌控之下(in my power),让自己可以随时享受好东西,欲望随时得到满足。"他们想要拥有财产,占有物品,从而获得那似乎给予他们的权力,依自己的喜欢处置这些东西的权利,以此来取悦自己。"[45]而贪婪(covetousness)正是占有欲膨胀的最终结果:"贪婪,即想要在我们需要的东西之外由自己占有和支配更多东西的欲望,是一切邪恶的根源。"[46]主观抽象性高度膨胀的人拼命想要抓住一切来填满其空虚的自我。他想要别人都服从自己,想要尽可能多地占有财产。

在《政府二论》(*The Second Treatise of Government*)和未发表的手稿中洛克都曾经指出,伴随人类社会的自然发展,货币的使用和劳动的增加带来了贸易的扩展,进而导致土地的圈占和财富的积累。生活在富足社会中的人,面对贫富分化和奢侈的时尚(fashion),其贪婪和骄傲极易受环境影响而滋长起来。[47]家境富裕但未经良好教育的孩子即便长大成人,也只是个支配和占有欲膨胀的空心人而已。他们手中握有金钱,身边奴仆成群,面对着各式各样的"玩具"的诱惑,心中除了自己的欲望和意志什么也没有。这样的人只会为了权力和财富展开争斗。如果整个社会的风气日趋败坏,拥有权威的治理者自然也概莫能外。他们"在野心和奢侈的怂恿下,想要保持和扩大权力,不去做

---

[43]《教育思议》,第 104 节。
[44] 同上书,第 35 节。
[45] 同上书,第 105 节。
[46] 同上书,第 110 节。
[47]《政府二论》,第 107、111 节(中译本参《〈政府论〉下篇》,叶启芳、瞿菊农译,北京:商务印书馆,1964 年)及 MS Locke c 28, fo. 113v(转引自 John Dunn, *The Political Thought of John Locke*, p. 115n4, Cambridge University Press)。

人们当初授权给他时要他办的事情"。他们觊觎人民的财产,专横地扩大自己的权力,为满足自己膨胀的支配欲,想尽各种办法来主张绝对权力的正当性,让人民对自己保持完全服从,将自己的人身和财产交给他们支配。[48] 人们彼此之间的明争暗斗,治理者和民众之间的对抗,最终使整个社会滑落到战争状态。正是在《教育思议》中,洛克向我们揭示了战争状态的人性根源:对人和物的支配和占有"这两种脾性,几乎是扰乱人类生活的一切不义和争斗的根源"。[49] 在洛克看来,这样的"占有性个人"恰恰是教育所要竭力避免的。人无限膨胀的主观抽象性、无尽的欲望和意志,恰恰是教育所要疗救的恶疾。

3. 教育的意义

洛克十分清楚,纯粹的快乐和痛苦只是不确定的抽象,单纯的趋乐避苦,"如果听其自由活动,它们会使人们把一切道德都推翻了"。[50] 即便不趋向于无限膨胀,也不可能使人成为有德之人。如果快乐和痛苦的观念不能和某些确定的对象结合起来,形成恒常的联系,从而具有稳定的规定性,使快乐和痛苦成为某些对象会带来的自然结果,而非只依赖于"我所认为的、我要的好东西",自我仍然会陷入空洞抽象,因为欲望—意志的链条不能维系于确定的对象。即便没有欲望的膨胀和任性,人也不过是随自我认定的苦乐的抽象强度变化而行动的理性机器人,对他们来说,"本身就好的东西(good for its own sake)"并不存在,一切都由自我来决定,可最后"一切为我"的这个自我反而不知何谓了。

这好像是二元论心智结构的必然结果。既然"我"与"对象"相分离,"我"又只依赖抽象的苦乐观念来行动,一切的"好"都是"对自己而言"才有意义,那么"事情本身的好"这样的讲法就并无多大意义了。因为人统一于"自然的好"的链条在二元论的结构里被切断了。但在洛克式的心智结构中,观念是勾连自我与对象的中介。如果"好"能与

---

[48]《政府二论》,第 111 节。

[49]《教育思议》,第 105 节。

[50]《人类理解论》,第 1 卷第 3 章第 3 段。

对象的观念稳定地结合起来,使"某些观念对象本身的好"能够成立,而自我与对象的观念又统一在一起,那么,"对自己而言的好"与"对象本身的好"就结合在了一起,"自在"和"自为"就达成了统一。我做某件事情,不只是因为"它对我好",也是因为"它本身就是好",因为这两者在自我与观念对象相统一的意义上没有区别,所谓"对象服务于我"(或者换一个说法,"我依赖于对象")的分离式结构也就没有意义了。那么,实现这种统一的力量又是什么呢?

在 1676 年的写下的一份名为"快乐、痛苦和激情"(Pleasure,Pain,the Passions)"的手稿中,洛克重点讨论了两个问题:爱与欲望。洛克认为,爱的本质是心智对某种能带来快乐的东西的考虑,但他明确指出只有"为那个东西本身、因其存在(being)而高兴"才是爱,那个东西并非仅仅是使自我快乐的手段。在这里单纯抽象的为自己的苦乐已经没有位置了。他以朋友为例来说明这一点:我一想到朋友就快乐才是爱,不是朋友能给我带来快乐才是爱。真正的爱的逻辑是自我的快乐与对象的观念完全合一地出现:"灵魂的同情,心智与某种东西的观念相统一(sympathy of soul,union of the mind with the idea of something)。"这里并不存在对象服务于自我的逻辑。人处于这样一种爱的状态中其实相当自足(self-sufficient),他并不是在消费某种现实的对象,因为他在自身之中体会到了与对象本身的合一。高度主观性的人性结构倾空了自我,却为对象世界进入自我留出了空间。但欲望的满足明确落在自我一方:是自我的现在不安的消解,欲望的强度也比爱低得多。[51] 欲望的结构始终包含着自我和对象的二分,而爱则是发生在心智和灵魂中的自我与观念的合一。因此,爱是自我与对象借助观念达到统一的力量。人不是摇摆于匮乏和满足之间的动物,爱驱使着他趋向与事情自身、世界的秩序相统一。

如果将这篇手稿中对爱的讲法与《人类理解论》中洛克对爱与恨的定义相对比,我们就会看到在《人类理解论》中洛克对爱的定义明显

---

[51] John Locke:*Political Eassys*,Mark Goldie ed.,Cambridge University Press,1997,pp. 238 - 242,"pain,pain,the passions".

向着欲望的方向移动。"一件在(present)的或不在(absent)的东西如果能给人以快乐(delight),则那人在反省那个快乐之感时,便会得到爱的观念。"㉜虽然这个定义与手稿并不矛盾,但更多是从"为我之物"的角度来说明什么是爱。紧接着他用作为消费品的葡萄来说明爱:"因为一个人在秋季食葡萄时,或在春季无葡萄时,他如果说,他爱葡萄,则他的意思只是说,葡萄的滋味能使他快乐。"㉝对儿女和朋友的爱则轻描淡写:"一个人的儿女(或朋友)的存在或福利,常常能给他以一种快乐,因此,他就可以说是常常爱他们。"洛克还将其与对无生命和无感觉存在的爱相并列,且始终强调两者都"只是心智的秉性,与一般的苦与乐相关,不论这些苦乐是如何产生的"。㉞从行文顺序上看,爱与恨也似乎只是从快乐和痛苦走向欲望的一个"心智考虑"的中间环节。

如果我们参阅洛克的更多著作就能看到,对人的匮乏和强烈欲望的强调正是他对身处此世之人的基本看法。在洛克看来,生活在此世的人,"心智有如受火烧燎,求取无已却永不满足",㉟因为人处于"此世这种不完善的状态中,既然为千万种需要和欲望所侵袭",所以"充满了各种不安","无数的自然的需要和养成的习惯,便不断地供给一些不安,来轮流着决定我们的意志"。㊱因为"一点痛苦就能消灭了我们所享的一切快乐",所以人终生忙于寻求"摆脱一切痛苦的安定",㊲"自然嘲弄我们的祈求,给予我们的决非幸福而只是对这幸福的欲望",因此,"我们的生命不过是从这个痛苦拖延到那个痛苦罢了"。㊳此世中的人,总是处于"现在不安"的状态,受欲望推动去行动来获得现实的享受来暂时消解当下的不安。在这样的人看来,"一切对象皆服务于

㉜《人类理解论》,第2卷第20章第4段。

㉝同上。

㉞同上书,第2卷第20章第5段。

㉟ *John Locke: Essays on the Law of Nature.* W. von. Leyden. ed., Oxford: Clarendon Press, p. 221.

㊱《人类理解论》,第2卷第21章第45—46段。

㊲同上书,第2卷第21章第36、42段。

㊳ John Locke: *Essays On the Law of Nature*, W. von Leyden ed., Oxford University Press, 1954, p. 221.

我",对象始终是自我获得满足的手段/中介,这似乎是洛克的一贯看法。而上面手稿中出现的那种自我与观念对象合一的讲法,似乎只是洛克一时随手写下。但事实是否如此呢?

洛克时代的英国,原本作为世界观基础的基督教正处于四分五裂之中。面对混乱不堪的此世,许多民众转而在自身之内寻求拯救之道。他们陷于狂热(enthusiasm)的状态,自诩得到了天赐的启示,在心醉神迷中沉浸于与上帝相沟通的幻觉。洛克并没有选择这样的道路。他坚持认为,此世中的人并没有直接通向上帝和救赎的捷径,只有运用理性来认识人自身的本性和身处的自然与现实条件,才能发现上帝为人安排的自然法。充满欲望和不安确实是此世之人的状态,但洛克也并没有否定处于高度主观抽象状态的人能够达到与观念对象相统一,只是这条道路不是直接朝向上帝的神圣之爱的道路,而是迈向热爱此世人生的劳动和实践之路。前一条路只是狂热和溺爱,而人真正的本分是在此世,以劳动和实践的方式来认识自己、改变世界,以求获得人世的幸福。因此,只要我们深入洛克的思想就会发现爱其实并没有缺席,只是以另一种方式得到了体现。踏踏实实地进行实践,让自己的身体和心智充实起来,正是对神赐予的生命的真正的爱。人在此世的生活不是虫子的快乐,因为他仍然努力地保存着自己,寻求着真正的善和幸福,爱着这短暂的生命:"忍受一种背负着如此多疾苦的生命足可怜悯,而爱这生命确实更值得怜悯。"[59]

对洛克来说,教育的本质正是引导白板一般的孩子进入经验世界,通过不断进行的实践活动让他抽象空洞的自我获得规定性。教育的过程是对人自身秉性的塑造,即通过反复的实践活动,使人的身体和心智自身获得某种确定的形式。在《教育思议》的开头,洛克以河流为喻来说明教育的原理:

> 人与人之间之所以千差万别,正是因了教育的缘故。我们幼

---

[59] John Locke：*Essays On the Law of Nature*，W. von Leyden ed.，Oxford University Press，1954，p. 227.

年的微小的，甚至觉察不到的印象，都具有非常重要的、持久的后果。这就像在一些河流的源头，只需用一点点力气就能将柔顺的水流导入不同的渠道，使它们走上截然相反的路线，最初在源头的小小指向便能使它们获得不同的趋势，最终流向遥远的异地。[60]

在洛克看来，人的心智最初的无规定性既蕴含着抽象膨胀的危险，也包含着塑造的可能。要使汹涌的水流不汪洋恣肆而发挥滋养灌溉的功用，关键就在于要使它们流淌在确定的渠道中。这就是为什么洛克将孩子比喻成一块可以任意塑造的蜡。高度主观抽象的人丧失了自然的规定性，但这也意味着通过教育人能重获好的规定性。洛克强调要将良好和真正的本原植入孩子的心智之中、自身之中正是这个意思。[61] 形成良好的习惯、产生对自己尊严和名誉的意识、具备真正的德性和仁爱之心，面对一定的外部环境和条件，能够自然而然地产生某种感情、做出某种行动，这样的人才脱离了抽象空洞的自我，获得了好的规定的人格。对洛克来说，"习惯成自然"的根本重要性在于为空的心智重新注入本原，以后天的习惯来重建符合神意的自然的习性（habitus）。另一方面，心智通过学习和思考学会运用理解力进行脑力劳动，从而能够在自身中获得正确的观念与合理的知识，达到理性状态，由此，自我借助观念这个中介，与观念对象相统一而达到了稳固的确定性。有了理性的指导和审察，好与坏的观念不再是纯粹抽象，欲望和意志也不再肆意游走，人也达到了真正的自主。这样的人正是内心充实、安定的有事业的人（man of business）。

二、教育的形式及条件

1. 习惯与风俗

在洛克的教育思想中习惯有着极其重要的意义。在《人类理解

---

[60]《教育思议》，第 1 节。
[61] 同上书，第 10、56 节。

论》中他曾经举过这样一个例子：

> 一个醉汉虽然知道他的健康要消耗、地产要浪费……可是求
> 友之心所不时引起的不安和贪恋酒杯的习惯性渴求，以及日常的
> 规定时间，到时候就会把他驱迫在酒店内，……他所以如此，亦并
> 非因为看不到所谓较大的好事，……但是他如果再一感到，离了
> 那种惯常的享乐就是一种不安，则原来所认识的那种较大的好事
> 便失掉了力量，现在的不安又决定他的意志，来追求其素所好的
> 行动。[62]

　　这个例子清楚地说明了风俗和习惯可能对人产生的坏影响。人
性的软弱正在于人们常常知道什么是好的，却抵抗不了习惯的左右，
不由自主地去做那些习以为常的坏事。造成这种情况的原因仍然在
于心智的特性。虽然人的心智起初缺乏规定，但经验生活却多少是确
定的。当人有了一定的经验，心智中常常出现的观念，也会随着经验
生活的某种恒常特征相对稳定下来。这些经验生活中稳定不变、恒常
出现的对象关系就是风俗。在生活中它总是作为"现在"而出现，所以
心智的"现在的不安"能够由此获得稳定的规定性。风俗能够使人在
观念之间建立起联系（association），使人在某种特定的情境下产生某
些观念和习惯性的欲望—意志，做出某种举动。欲望和意志趋于稳
定，人的行为也就有了相对的稳定性，这就是习惯的形成。一旦形成
习惯，人内在的激情与力就有如导入河床的水流而被规定了下来。在
洛克看来，风俗的影响甚至能够越过思想和意识，直接决定身体的运
动。弹奏风琴者的思想可能游荡于别处，却照样能够弹奏出完整的乐
曲。"风俗在理解方面确立其思想的习惯，在意志方面确立其决定的
习惯，并且在身体方面确立其运动的习惯。"[63]
　　对洛克来说，习惯和风俗是一把双刃剑。由于其本身也是高度抽

---

[62] 《人类理解论》，第 2 卷第 21 章第 35 段。
[63] 同上书，第 2 卷第 33 章第 6 段。

象的形式原则,因此既可能产生好的结果,也可能产生坏的结果。许多成人之所以任性、骄傲、为所欲为,就在于父母在他们小时候的溺爱和娇纵使他们养成了难以去除的坏习惯。"到那时他们才想除去这些由他们自己亲手培植起来的莠草,可惜为时已晚。这些莠草已经扎根太深,不易拔出来了。"⑭但是洛克并没有将孩子和洗澡水一并泼掉。既然风俗的威力如此巨大,那么关键就在于要让孩子养成良好的习惯,避免形成坏的习惯。因此,面对趋向于无限膨胀的主观抽象性,首要的是逆向而行,培养孩子与之相反的习惯。

洛克认为意志必然由欲望决定,并且只要我们心智中有了"要做"或"不要做"的决意,就一定会做或不做,意志一经发动就必然带来行动,除非有外力将它打断。⑮但是,意志必然由欲望决定并不意味着欲望就必然带来意志。在欲望初起、意志未定之时,人有能力将欲望悬置起来,不让它来决定意志和行动。"心智有一种力,来悬置(suspend)对它的任何欲望的执行和满足。"⑯当我们想到某种好东西可它又不在手边的时候,很容易产生一种不安的焦灼感,想要去获得它。可如果场合和条件不允许,我们也很容易产生"还是克制一下吧"的念头,这种态度一旦坚定,那种焦灼感也会很快消失。这种悬置欲望的力,正是洛克在《教育思议》中所说的"一种否定自我、不去满足自己欲望的力"。在他看来,这种力是"一切德性和优点的本原"。⑰因为如果人能对自己易于膨胀的激情和意志"说不",就堵住了贪婪、骄傲和任性的源头。这种克制自身欲望的力正是洛克在《人类理解论》"论力"一章中阐述的自由。

所以,要让孩子克服自身欲望和意志膨胀的倾向,首要的是养成悬置欲望的习惯。"借助风俗才能获得和发展这种力,及早的实践(practice)会使它变得容易和熟练。"⑱"永远不要让幼童得到他索求的

---

⑭ 《教育思议》,第35节。
⑮ 《人类理解论》,第2卷第21章第23段。
⑯ 同上书,第2卷第21章第47段。
⑰ 《教育思议》,第38节。
⑱ 同上书,第38节。

东西,他哭着想要的话更是不能给,甚至他只是说说想要的东西也是一样。"⑥孩子如果习惯了欲望常常得不到满足,自然就会克制自己的妄想,不再不断产生欲望。"如果他们从未一急着想要什么就能得到,那么他们也就不会哭着要别的什么,就像他们不会哭着要月亮一样。"⑦培养悬置欲望的自由,正是要让孩子习惯于将头脑中的欲望搁到一边,知道身边的世界不是围绕着自己的欲望来运行的。

对洛克来说,不仅自我克制的习惯要通过反复实践来养成,任何习惯的形成都如此。借助不断实践来养成习惯,这是对处于人生最初阶段、年龄幼小理智羸弱的孩子最主要的教育方式。"一切告诫与规则,无论如何反复叮咛,除非经实践养成了习惯,不能指望有什么效果。"⑦而在形成习惯之后,"做事便无需依靠记忆或者反思而变得自然而然。"⑦无论是外在的行为举止还是内在的心智,都是如此。与身体一样,心智只有依靠反复实践才能形成习惯,形成稳定的秉性。"身体是如此,心智也是如此;是实践让它成为了那个样子,如果更细致地审察就能发现,大多数被看成自然禀赋的优异之处其实是练习的产品,只有通过反复行动才能臻于至致。"⑦洛克清楚地看到,虽然人原本缺乏自然规定性,但是能够通过培养后天的习惯,对人的规定性加以人为的塑造。秉性一旦形成,同样能够使人达到自然而然的境地,这正是"习惯成自然"所具有的一层含义。

因此,所谓性情(temper)的陶冶也是通过不断实践而养成习惯。刚刚出生的孩子,除了哭闹嬉笑之外,没有更丰富的性情,但是某些外在举止和行为的反复练习,能够自外而内地塑造孩子的性情。洛克敏锐地发现,某些举止要达到自然而然、优雅得体,需要不断地练习和实践,与此同时心智也能够得到塑造,因为一定的外在举止要与一定的心智性情结合,随着不断的练习,心智也会与身体相配合,形成相应的

---

⑥《教育思议》,第 106 节。
⑦ 同上书,第 38 节。
⑦ 同上书,第 10 节。
⑦ 同上书,第 64、66 节。
⑦《论指导理解力》,第 4 节。

性情倾向。从观念论的角度似乎很难解释这种现象，但洛克十分肯定，这是塑造孩子性情的有效方法，所以洛克认为孩子应该学习跳舞。[74] 与我们今天的风气不同，洛克主张孩子去学习跳舞，不是为了向他人炫耀和展示才艺，也不是为了在竞赛中取得名次，而是看到某些身体和行为方面的训练最终可以直抵内心，培养出人美好的秉性。跳舞根本是一种修养身心的方式："跳舞可以使得一个人终生保持优雅的动作（graceful motion），并且可以使年轻人在一切事情上都具有男子气概和合宜的自信。"[75]

一旦孩子的内在性情与外在举止和谐一致，面对一定的场合，他就能够自然而然地做出合宜的举止。在洛克看来这是一种自由的状态，这样的孩子拥有"自由的心智，能做自己及其一切行动的主人"。[76] 虽然不太依赖反思层面，但这绝不是机械的被动反应，而是来自心智的主动行为。借助习惯形成内在性情和秉性，以此自然地指导自己的行动，同样是一种自主。[77]

虽然通过实践来养成习惯是教育幼小孩子的重要本原，但这并不意味着只依靠它就足够了，因为习惯和风俗本身也是高度抽象的。在洛克看来，人类能够形成的风俗习惯几乎无穷无尽。就像孩子易于养成恶劣的习惯一样，整个民族和社会也可能陷入风气败坏的境地。[78] 所以洛克并不是习俗主义者，只有当习惯和风俗符合人应当遵循的自然法的时候，才能放心地让孩子习惯成自然。因此，洛克坚决反对让孩子过早地接触社会，接受流行的时尚和风俗的洗礼。幼小的孩子，一旦沾染上社会的恶劣风气，其后果是无可挽回的。"当他们踏入俗世，与人的交往固然可以增加他们的知识和自信，却太容易让他们丧

---

[74] 《教育思议》，第 67 节："似乎没有什么比跳舞更能给幼童以自信和优雅的举止，……因为虽然跳舞只能给予幼童外在动作的优雅性，但我不知道为什么，它比其他任何一样东西，都更能给予幼童男子汉气概的思想和风度。"经验告诉我们，这种情况不止在舞蹈家，在乐器演奏家、书法家和武术家那里也同样存在。

[75] 同上书，第 196 节。

[76] 同上书，第 66 节。

[77] 在这里洛克多少预示了后来苏格兰启蒙哲学家从道德感的角度阐述人的自主性的观点。

[78] 《人类理解论》，第 1 卷第 3 章第 9—10 段。

失自己的德性。"[79]因此,曾身为大学教师的洛克坚决反对将孩子送入学校接受教育。在洛克身处的时代,基督教传统的教育已经腐朽,人文主义教育同样脱离现实生活。在他看来,初级的文法学校,只不过是教孩子点希腊语和拉丁语,让孩子学习一些自己生活中少能用到的语言,用它们做做缺乏生活经验的诗。在这样的学校里,孩子更多是从同伴那里"学习""粗鲁、诡计和暴力。"[80]脱离了父母的管束,学校的一个教师又要管理数十甚至上百名学生,孩子们有如脱缰之马,任意而为。争吵斗殴、戏谑欺诈才是学校生活的主旋律。因此,洛克主张家庭教育,正是看到要让孩子养成好的习惯必须避免社会恶劣风俗的影响:

> 私家教育即便有一些缺点,但这种教育形式仍然要远远胜过从学校教育中获得的好处;它能够小心地在家里保持孩子们的纯真(innocence)和谦逊(modesty),与亲人在一起,他们更容易获得一些良好的品质,成为有用和能干的人。
>
> 以牺牲他的纯真为代价来换取自信;通过与教养不良的坏孩子交往,获得一点点在他们之间厮混的技巧,这岂不是可笑的么?坚强不屈,独立自主,这些品质的主要功用只能是用于维持其德性。因为自信或聪明一旦与邪恶混杂,支持不当的行为举止,他只能是更加堕落。那时您又得回过头来弥补,洗刷他从同伴那里获得的不良习气,不然便是任其走向毁灭。[81]

习惯和风俗必须与合理的教育内容相结合,为塑造好的秉性和品质服务。因此,与社会相对隔离的家庭才是适当的教育场所。孩子诞生和成长于家庭,父母是他最初接触到的成人,父母也对自己的孩子抱有自然的关爱。洛克将教育的职责赋予父母。在他看来,这一职责才是

---

[79] 《教育思议》,第 70 节。

[80] 同上。

[81] 同上。

父权(paternal power)的本质。

2. 对父母的畏惧和敬爱

与菲尔默相似,洛克承认父权的存在,但与菲尔默不同,他并不认为那是一种绝对的支配权。在洛克看来,父权不是绝对的、基于身份资格而享有的对子女的完全支配权。正如我们前面的分析所看到,人性的特点决定了这样的一种支配他人的绝对权力只能造成邪恶和混乱。但洛克也看到,每个孩子来到这个世界,都处于孱弱无助的状态。更重要的是,他们白纸一般的身心,如果不经教育的引导很容易趋于败坏并沾染上恶劣的习气,不能成长为真正独立自主的人。因此,保护和养育孩子,指导和约束他们的行为,培养其健全的心智,使之具有良好的品行,成年后能够真正地独立自主,这是父母所负有的自然的义务,也是父权的本质:

> 为了补救这种直到成长和成年才能去掉的身心不成熟的缺陷,亚当和夏娃以及他们之后的所有父母根据自然法具有保护、养育和教育他们所生的儿女的责任(obligation);并非把儿女看作他们自己的作品,而是看作他们自己的创造者、即他们为其儿女对之负责的全能之神的作品。[82]

在洛克看来,虽然孩子是父母所生,但每个人都拥有同样的基本的力——理解力和意志力,都可能从幼儿成长为独立自主的人,这样的人性结构乃是造物主的安排,是上天所赋予。但是,人初始的样子与人自然应当具有的样子有一段距离。所以,为了真正将子女抚养成人,家长对孩子拥有养育和教育的权力。在子女小的时候,父母应当作为孩子的导师(governor),让孩子的意志顺从自己的指导,教孩子学会克制自己的欲望,养成良好的习惯和品质。"他的权力至多只能

---

[82]《政府二论》,第 56 段。

采用他认为有效的纪律,使他们的身体有这样的力量和健康,他们的心智这样地奋发和正直,从而使他的儿女很好地具备条件,无论对己对人都成为十分有用的人。"⑧

所以,最初的教育是父母引导着孩子的方向。孩子只有顺从父母的安排来行动,才能通过实践逐渐形成习惯,进而形成心智的秉性,慢慢学会自主行动。

在前面的分析中我们看到,由于幼童还不知道欲望和意志的界限,这时候切不可让他们按照自己的欲望和意志来行动,而要让他们先学会服从。因此,幼童必须首先听从父母的教导,让自己的意志服从父母的意志。⑧ 要实现这一目标,孩子需要对父母存有某种畏惧(fear)之情。但洛克的意思并不是说要让父母成为孩子眼中的暴君或是见了就怕的稻草人,而是强调适当的畏惧之情可以让孩子学会服从和自我约束。在他看来,刚刚来到这个世界的孩子并不知道欲望和行动的界限,也没有自我约束的习惯,更不懂得为什么要控制自己。所以,只能借助对父母的畏惧,让孩子学着了解什么该做什么不该做。要"让幼童的意志温和顺从……帮助幼童避免一切无理的斗争和不满"。⑧

另一方面,孩子对父母决不只应怀有畏惧的情感,父母还要努力培养孩子对自己的爱。因为孩子总会要长大,不可能永远用畏惧来约束孩子,让他们对自己完全顺从。孩子慢慢长大,自我意识逐渐形成,行使自己意志的意愿也越来越强,这时的他们更乐于接受自己尊敬和爱的对象的意见,而不是出于畏惧的被动服从。所以家长在教育的同

---

⑧《政府二论》,第 64 段。

⑧ 同上书,第 63 段:"在他具有理性来指导他的行动之前放任他享有无限制的自由,并不是让他得到本性自由的特权,而是把他投入野兽之中,让他处于和野兽一样的不幸状态,远远地低于人所处的状态。"

⑧《教育思议》,第 44 节。需要指出的是,洛克肯定孩子对父母的畏惧,也不是要让孩子变成只知服从的小奴才,一个只知服从他人而没有自己意志的人,只是个唯唯诺诺、庸庸碌碌的人。见《教育思议》第 46 节:"如果幼童的心智受到过分的抑制,使他过于低声下气,如果他们的精神,因过于严厉的管教而被贬低和损坏,他们将失去所有的活力(vigor)和勤劳。"这一点我们在后面还会进行讨论。

时,也要让孩子体会到父母对自己的一片关爱之情。"借助宽和与温情,让他感到您对他的关心和爱,特别要在他做了好事情的时候爱抚他,用适合他的年龄的种种方式来爱他,在这方面,自然教给父母的比我的要好得多。"⑧由此,孩子对父母的爱也会逐渐培养起来,形成相互关爱的亲情。一旦这样的情感关系形成,父母就不必只用眼色和呵斥来让孩子听从自己。孩子也会自然地顺从父母的感情。

所以,父母引导和教育孩子,关键在于要"在孩子的心智中植入一种特别的感情(affection),……这种感情包含两个部分,即爱和畏惧",这就是"真正的敬爱(reverence)",洛克认为这种感情是孩子对父母应当具有的感情,是父母"得以始终影响他,将他的心智引向德性和光荣的主要本原。"⑧在洛克式的家庭教育中,父母对孩子并不是要持有威权式的态度,而是要借助情感来帮助孩子走上德性之路。人心中的感情而不是冷冰冰的命令,才是引导孩子服从父母、约束自己行为的真正力量。

随着孩子逐渐长大,父母也应当以对待成年人的方式来对待他们。他们不必再像对待小孩子那样事事加以细致的指导,而是要充当从旁进行建议和帮助的角色。父母应当与孩子做更多亲切的交谈,向孩子敞开心扉,尊重孩子的意见,甚至在某些事务上征求孩子的建议,以鼓励他对严肃的事务进行思考。⑧ 在向孩子提建议的时候,"要作为一名更有经验的朋友来劝告。"⑧这样在敬爱之情上,孩子又对父母增加了一种朋友般的感情。在洛克看来,这样的一种感情有助于孩子向父母敞开心扉,会使他更容易接受父母的劝告和建议。

3. 自尊:并非虚荣的名誉之爱

孩子出于对父母的畏惧和爱而服从他们的意志,这在教育的最初

---

⑧ 《教育思议》,第 99 节。
⑧ 同上。
⑧ 《教育思议》,第 95—96 节。
⑧ 同上书,第 97 节。

阶段是必需的,因为这时他还不懂得该做什么,不该做什么。人最初的欲望和意志多半是任意的,所以他并没有真正属于自己的欲望和意志,往往只是服从于一时的幻想或激情。在这一时期,父母要用自己的意志来取代孩子的意志,引导孩子按自己的指导来实践和行动、养成习惯。但这一阶段只是暂时的,因为人性的高度主观性决定了每个人终究要由自己来决定自己的方向:"总有一天,任何人都要完全地依靠他自己和自己的行为;一个善良、有德和能干的人,必须从内心去铸成。"[90]

按照自己的欲望和意志来行动是人的本性的要求。洛克式的教育,旨在培养独立自主的人而非只知服从的奴隶。因此,父母的管束和指导只是教育的一个阶段。随着孩子的成长,他自己的独立人格也要逐渐形成。他不能只是听命于父母,他要自己意识到是非对错,自主地坚持应为之事,换言之,他要真正地拥有"自我"。当然,在教育初期要培育起的这种自我意识,还不是一种基于理性判断而对自我和世界的充分认识,也不是说有了这种自我意识,孩子就可以不要父母的指导。但是,对自己的人格及其尊严的意识仍然需要及早培养,以便为下一阶段的自主行动打下基础。洛克肯定名誉(reputation)的地位,其着眼点正是在这里。

那么,如何形成对自己的人格和尊严的意识呢?我们仍然得面对单纯趋乐避苦的高度抽象的自我。洛克时代的父母与我们今天的父母很相似,除了借助孩子对自己的畏惧和爱,还常常用物质奖励和体罚的方式来引导孩子,让孩子做家长希望的事情。在洛克看来,这样的做法是完全错误的,根本不是教育孩子的正确方式。"对于放纵肉体和当下快乐、不惜一切代价也要避免痛苦的自然秉性(natural propensity),这样[鞭笞]的做法根本无助于控制它;反而是加以鼓励,加强了它在我们身上的力量,这种秉性乃是一切邪恶行动与不轨生活的根源。"[91]另一方面,"用幼童喜欢的东西作为奖励去讨好他们……是

---

[90] 《教育思议》,第42节。
[91] 同上书,第48节。

在为他的享乐授权,纵容这危险的秉性,而这是他应当以一切手段来加以克服和遏制的"。⑫ 从表面上看这似乎有些奇怪,洛克既然完全承认趋乐避苦是人的本性,那么用快乐和痛苦做诱饵来让人做或不做某件事,不应该是很自然的事情吗?

如果用肉体惩罚和物质奖励来引诱孩子做和不做某件事情,孩子的真正目的就只是追求奖赏和逃避责罚。应为和不应为之事对他们来说,只是达到别的目的的手段,抽象的快乐和痛苦结合的对象是奖品和鞭笞。对孩子来说,后者而不是应为和不应为之事才是真正的好东西和坏东西。所以,用这样的方式教导孩子,只是培养起他们"假装服从的奴隶式的性情",纵容他们的"自然兴趣",以及"教给他们奢侈、骄傲或贪婪等恶习"。⑬ 毫无疑问,如果将赏罚的对象再加以量化和抽象化比如换成货币之类的,或许还能培养出合格的理性经济人呢。

这里显然存在着困难:快乐和痛苦必须结合某个对象,"好"和"坏"才能获得具体规定性,而应为和不应为之事却往往不能与快乐和痛苦产生应有的结合,如果应为之事自然是快乐的,不应为之事自然是痛苦的,教育就是一件很容易的事情了。所以这里需要某个中介来消除这种分裂,使应为之事与快乐、不应为之事与痛苦紧密结合。洛克发现,孩子的理智能力虽然孱弱,但却很早就对他人对自己的看法有所反应,所以名誉可以起到中介的作用。而它本身的高度抽象性还有助于更好地实现自我与应为之事和好的品质的高度统一。

洛克认为,渴望他人的赞许和尊重、惧怕他人的责备和轻视是人的本性:"万人中没有一人能足够地顽固和缺乏感觉,在交游不断的憎恶和谴责之下,还能坚持下去。"⑭ 这种特点在小孩子身上十分明显:"幼童对别人的表扬和称赞非常敏感(其时间或许比我们所想的更早)。他们乐于受人尊敬和看重,尤其是对于父母和那些他们依赖的

---

⑫《教育思议》,第52节。
⑬ 同上书,第50、52节。
⑭《人类理解论》,第2卷第28章第12段。

人。"⑨快乐和痛苦与他人对自己的赞许和责备有着自然的联系,得到尊敬是好的,遭受耻辱是坏的。那么,尊敬和耻辱又是什么呢? 二者包含着他人的评价和自己所做的事情两部分,因为自己的某种言行举止,他人对自己加以赞许和责备。

如果名誉只是社会的一般意见,那么显然尊敬和耻辱还是高度抽象和不确定的,受风俗、时尚和意见支配,但洛克所说的名誉是"其他人的理性的证言和赞许,经一致同意而给予有德和良好的行动"。⑨ 运用赞许和责备来指导孩子的父母本身是家庭教育的一部分,他们的评判不应该是随随便便的社会评价。所以洛克强调,培养孩子对名誉的意识要避免仆人们的干扰:"因自己的过失而遭到父母奚落的幼童,常常可以从那些愚蠢的献媚之徒那里得到庇护和慰藉,这样,父母力图建立的东西便因他们而毁于一旦。"⑨所以,"应当完全杜绝孩子与仆人的交谈,以避免沾染恶劣的先例"。⑨ 父母用以指导孩子的"荣"和"辱",必须与家庭教育力图确立的正当是非标准紧密结合。这标准正是"经由理性一致同意的证言和赞许"。

如果我们结合洛克在《人类理解论》中的讲法就能看到,父母指导孩子形成真正名誉观念应当依据的准则乃是意见法或名誉法(law of opinion or reputation)⑨。洛克指出,虽然不同社会的风俗和时尚各异,但在所有社会中,有利于维持社会秩序和普遍福利的那些行为都会受到称赞:"社会如不同,则德性与恶行或者会随地而变。不过大体说来,它们中的大部分仍是到处一律的。因为要以尊敬和名誉来鼓励对每个人自己有利的事,要以责备和藐视来挫抑相反的事,那是最自然不过的。"⑩为各个社会普遍认可的是非标准所形成的意见法或名誉法,也与上帝的神法大部分相一致:"因为只有服从上帝所定的法律,

---

⑨ 《教育思议》,第57节。

⑨ 同上书,第61节。

⑨ 同上书,第59节。

⑨ 同上书,第68节。

⑨ 《人类理解论》,第2卷第28章第10段。

⑩ 同上书,第2卷第28章第11段。

才能直接明显地来获得来助进人类的普遍幸福,而且要忽略这些法律,亦会招来极大的不幸和纷扰。"[100]即便洛克认为各民族的风俗有极大差异,他也承认这种相对性是有限的,对相对性来说,"维系社会所绝对必需的那些规则是个例外"。[102] 意见法和名誉法不是因为通行于社会所以正当,而是因为正当和必需所以通行于社会。它们证实的不是社会自身的意见,而是上帝的意志。社会中虽然有败坏的时尚和风气,却也总不会没有正当的风俗和称誉。家长们用这些标准来指导孩子并没有错误。[103]

借助家长的赞许和责备,孩子逐渐知道了那些与意见法相符合的德性,形成了对自身名誉的意识。某些事情是好的,应当得到尊敬,某些事情是坏的,应当遭到责备。应为和不应为之事借着名誉这个中介,与快乐和痛苦形成了稳定的联系。在洛克看来,孩子对名誉的真正感觉也不是一般的苦乐感,而是孩子在内心中建立起来的"真正的羞耻心(shame)和担心自己令人不快的畏惧心,它们是唯一的真正约束:只有它们才能握住缰绳,让孩子遵守秩序"。[104] 名誉不同于一般的苦乐结合的对象,它不是某种外在于我的实存,而是对自我的直接评判和善恶的规定。repute 一词的拉丁词源 reputare 所具有的考虑和反思的含义也说明了这一点。所以洛克才认为名誉是一种法。在这种意义上,一个人的名誉就是他的人格的规定,表明他是好人还是坏人,一个人对自己感到羞耻或认为自己有信誉,这来自他对自己名誉的评价,对自己人格的认识。

所以,正是借助名誉这个中介,自我和应为之事的观念才统一在了一起。什么是好人呢? 做应该做的事的人就是好人。我为自己是个好人而感到快乐,是真正的对名誉的爱,也是对应为之事的爱。真正的绅士,会用真正的名誉来衡量自己做得对还是不对,并产生相应

---

[100]《人类理解论》,第 2 卷第 28 章第 11 段。

[102] 同上书,第 1 卷第 3 章第 10 段。

[103] 洛克对社会所持的复杂观点在后面还会讨论。

[104]《教育思议》,第 60 节。

的荣誉感和羞耻感。这种对名誉的爱，不是出于对荣誉的饥渴而汲汲于他人的赞许，那种欲望是虚荣（vanity），是内心空虚的体现。对虚荣之人来说，名誉只不过是穿戴在身上的装饰品，可以拿来向他人炫耀。但对真正拥有自尊的人来说，那是自己所珍重的人格的体现。孩子对名誉的重视，使得他会主动接受他人赞许和责备的引导，逐渐用羞耻和信誉感约束和决定自己的行动。

4. 模仿与榜样（example）

对洛克来说，家庭教育有利于培养孩子对名誉的正确意识。因为父母可以在相对隔离于社会不良风尚的空间中，给孩子确立起正当的荣辱观。但是基于对社会现实的判断，洛克清楚地看到，很多时候正是家长自己将社会上的不良风气教给了孩子。他列举了父母的诸多愚行：给孩子衣物不是为了遮羞和御寒，而是让他们向他人炫耀，做虚荣和攀比之用；任由孩子暴饮暴食或让他们非珍馐美味不吃；为了自己的利益而教孩子说谎；甚至明确地教予孩子暴力和仇恨。[105] 虽然教育要在家庭中进行，家长是孩子最初的教师，但也不能指望家长个个都有优秀的品质，另一方面，家长即便身具德性，也不大可能将全部精力都放在教育孩子身上。因此，有必要在家长之外为孩子寻找一名合格的家庭教师来做孩子的导师。

另一方面，榜样对孩子的作用也决定了家庭教师的重要性。洛克完全反对用抽象和繁琐的规则来教孩子，因为孩子既然缺乏理解那些规则的能力，也就难以记住和遵守它们，当然也就难以自然得体地遵守这些规则。但是孩子有很强的模仿能力，近朱者赤，近墨者黑。"幼童（成人也一样）的行为举止多半是从榜样那里学来的。我们都是一种类似变色龙的动物，常常染上周遭事物的颜色——幼童于事物的理解，耳闻不如目见，这也是不足为怪的。"[106] 所以，最好的方式是在孩子身边树立一个举止合宜的榜样，让孩子通过不断的模仿来练习，最终

---

⑩⑤ 《教育思议》，第 37 节。
⑩⑥ 同上书，第 67 节。

形成良好的习惯和性情。在培养孩子形成礼貌方面，这种方法尤其有效。通过榜样的演示，孩子能够直观地认识行为举止的规范，进而通过不断模仿而逐渐学会它们。

由于洛克的《教育思议》具体针对的是绅士阶级，所以家境富足的乡绅们有条件去聘请家庭教师专门指导孩子。因此，理想的方式是"从幼童开始说话的时候起"，就聘用一名"清醒、节制、温和、勤勉、审慎"的家庭教师，"引领孩子走上正轨，让他远离一切坏的东西，尤其是不良同伴的影响"。[107] 洛克指出："导师的重大职责在于塑造学生的举止，形成学生的心智。在学生的心中植入良好的习惯以及德性和智慧的本原。一点一点地教给他人世的知识，使他养成对优秀的、为人称赞的行为的喜爱和模仿，并在教育的过程中，教给他活力、主动与勤劳的品质。"[108]

从今天的眼光来看，无论是家庭教育还是家庭教师似乎都离我们的生活很远。但我们要理解洛克这样安排的用意何在。对洛克来说，家庭教育与聘请导师其实是紧密结合在一起的。白板之人进入世界，只有接受教育才能真正成人，而孩子最初受到的指导、养成的习惯最为关键。与社会相对隔离的家庭是孩子接受教育的自然的空间。此外，父母作为孩子自然的养育者和监护人，与孩子之间存在的自然情感也使他们最适于承担最初教育者的角色。但是，随着孩子逐渐长大，作为自然教育者的家长的局限也出现了，这一点在榜样问题上尤为明显。因为要能够成为孩子时时模仿的榜样，需要具有抽象理想模范的性质，自然的父母很难同时具备这样的条件。因此，一名具有理想模范的导师是家庭教育的合理延伸。在孩子的身边安排这样一个"外来者"，也有利于避免父母与孩子囿于感情而不利于教育的效果。另一方面，导师的身份是身处家庭中的家庭教师，这使得教育能够仍然维持在相对独立的空间内。但他的职责的重要内容是做孩子与社会间的中介。所以他既要作为孩子直接的模仿对象，传授给孩子社会

---

[107] 《教育思议》，第 90 节。
[108] 同上书，第 94 节。

交往方面的教养和知识，又要使孩子与社会只产生间接的接触，避免社会大众的不良影响，这对孩子形成良好教养、了解社会现实极为重要，因为"在家里他［孩子］可能更为纯真，但也更不了解人情世故。"[109]所以洛克认为，虽然理想的导师"不是用通常的薪水就能请到的，也不容易找着"，但是聘用这样一位导师"是能够花在孩子身上最好的一笔钱"。[110]

导师在世俗智慧和教养方面应当传授给孩子的具体内容，我们在后面还会进一步讨论。在这里要强调的是导师必须"树立榜样，引导幼童去践行那些他想幼童去做的行为"，让孩子可以放心地通过模仿自己而形成良好的习惯和性情。[111]他自己必须以身作则，"绝不能违背他自己的训诫"，因为"不好的榜样比好的规则更容易让人服从"。[112]

5. 兴趣（inclination）与自由

《教育思议》中对教育内容的讨论，是伴随着孩子的成长过程逐步发展和变化的。孩子在襁褓之中起就必须学习自我克制，稍大一点就要让他学会服从和敬爱父母，在父母和导师的引导下，通过不断模仿和实践养成良好的习惯和性情，形成适当的羞耻感和名誉心。如果这些孩子都做到了，那么原本要严格管束的兴趣和欲望也就可以适当放松一点了。因为孩子已经能将这些兴趣和欲望限制在合理的范围之内。在洛克看来，"真正教育的目标"包含两个方面。一方面是要教孩子学会自我克制："1. 那些不能控制自己的兴趣，不知道如何抵抗当下的快乐或痛苦的纠缠，不能按照理性的告诫行事的人，缺乏德性和勤劳的真正本原；有一事无成的危险。这种自制的性情与不听指导的本性截然相反，需要及早加以培养。"[113]前面已经讨论过，如果对幼童不加管束，他的欲望和意志有无限膨胀的危险，因为心智的高度主观抽象

---

[109]《教育思议》，第 70 节。
[110] 同上书，第 90 节。
[111] 同上书，第 89 节。
[112] 同上。
[113]《教育思议》，第 45 节。

性很容易流于纯粹的形式，不受约束地释放内在的力。因此，必须让孩子先学习自我克制和服从，为意志设下严格的约束。但抑制又不能太过，必须保护孩子的生机活力，让孩子具有主观能动性："2. 另一方面，如果幼童的心智受到过分压制，使他过于低声下气，精神受到贬抑，被过于严厉的管教打垮，他们将失去一切活力和勤劳，处于比前面那种人更糟的境地。因为放荡不羁的年轻人，如果将其旺盛的活力和精神引上正道，足以成为有才干的大人物；但是心智低迷、胆小恭顺、精神不振的人，很难奋起；也很少能够有所作为。"[114]渴望自主地运用自身的力，既是人的本性也是人的活力所在。世间的诸多事业，只有依靠强烈的意志和不懈的努力才能完成。所以，教育的真正秘密是要在放纵与压抑之间寻找合适的中道："保持孩子精神的安定、主动和自由，既不让他们对许多事情心怀欲念，又能吸引他去做某些颇觉不快之事。"[115]洛克式教育的目的是要让孩子学会运用自由，出于自己的合理选择而做出自愿的行动，不是消灭自由。人的主观抽象性需要治理而不是消除。

而且，某些要孩子去做的事情比如识字、读写、学习，不同于只要借助模仿和练习就能获得的简单的举止规范，必须借助孩子主动的努力（endeavour）和专注（application）来完成，需要积极调动他们的主观能动性。所以当孩子大一些并懂得守规矩的时候，要利用孩子的兴趣，给予他们自由。"幼童一心要表现出他们是自由的，他们的好的行动源于他们自己，他们不受限制、完全独立，这与成人当中的最骄傲者一样。"[116]对自身主动性的珍爱，孩子和成人并无区别。

不过洛克也清楚地知道，孩子的嗜好和兴趣非常不稳定，往往缺乏规定性，他们什么都喜欢尝试，但做事情往往只凭一时兴之所至，三分钟热度而已。"幼童生性喜欢忙忙碌碌，变化和花样自然会使他们

---

[114] 《教育思议》，第 46 节。
[115] 同上。
[116] 《教育思议》，第 73 节。

高兴。"[117]对于未曾体验过的事情,只要是出于自己的兴趣,他们都愿意尝试,不分轩轾。"童年是人的一生中最为主动和忙碌的年龄,对他们来说,在任何他们可以做的事情之间没有什么差别。"[118]所以要利用孩子的嗜好和兴趣,让他们去做应当做的事情,在这方面,洛克可说是最早的倡导者。一方面要懂得抓住兴趣的时机,在孩子发生兴趣、有做事情的欲望的时候放手让他去做。另一方面要避免强硬的命令,不能让他们觉得那些事情是强加在自己身上的任务。总而言之,不可妨碍他们"极为珍爱的自然自由。唯有自由才能让孩子体会到日常游戏的真正的滋味,让他们感到高兴"。[119] 如果违背了这一原则,只会使孩子对应当做的事情产生厌恶情绪。这种利用孩子兴趣的技巧,好比利用水流运送浮木,只可顺流而下,不可逆流而上。

那么,如果孩子总是缺乏兴趣该怎么办呢?那就需要想想别的办法,培养他做某件事的兴趣。"一个细心的家庭教师……研究过了自己学生的性情,不必费多大力气,就能用一些合适的观念来充实他的头脑,教他喜欢上手头的事情。"[120]洛克自己就是这方面的专家,他建议通过制作字母多面体来重新设计玩具,把学习与玩耍结合在一起。[121]"寓教于乐"的真正含义在于将兴趣和学习引导到一起,使孩子产生学习的兴趣。另一方面,也可以利用孩子尊重和羡慕榜样的倾向,调动孩子力争上游的欲望,让他们模仿自己的榜样来主动努力学习。[122] 此外,"若还加上他的信誉和名誉感的满足,那么我认为就不需要其他的刺激来激起他们的专注和用功。"[123]总而言之,要利用孩子的兴趣和对自由的爱好,让他们主动地学习,积极运用自己的力。但是,家长也要严格注意,切不可让孩子的自由走到任性的地步。反复声讨体罚的洛

---

[117] 《教育思议》,第 74 节。
[118] 同上书,第 76 节。
[119] 同上。
[120] 《教育思议》,第 74 节。
[121] 同上书,第 150 节。
[122] 同上书,第 76 节。
[123] 同上。

克却在教育中给鞭笞留有位置，正是考虑到绝不可以让孩子的自由走向倔强任性、放纵不羁。

6. 体罚的合理性：驯服顽梗

前面讲过，洛克反对体罚，是因为它只将好与坏和肉体的苦乐感联系在一起，不能在孩子的内心中真正树立起对与错的意识。好事坏事只与皮肉相关，孩子只是因为怕痛而不敢做某些事："由于害怕鞭挞，幼童会屈从并假装服从；一当鞭挞的威胁不再，无人看管的时候，他便很可能放纵自己，给他的自然兴趣放行。"[124]滥用体罚，还可能在孩子的心目中树立暴力的正当性，使他学会用同样的方式对待别人。[125]不过洛克认为，"有且仅有一种过失，我认为是必得施以鞭笞（whipping）的，那便是顽梗（obstinacy）或反抗（rebellion）。"[126]因为这是对自己意志的顽固坚持：表示"我就要"或"我就不"，并公然对抗师长的权威。

在《教育思议》中，洛克在讨论过给予孩子自由之后紧接着讨论体罚和鞭笞的问题，正是要说明，虽然应当给孩子自由，但绝不能允许他滥用自由。大孩子的倔强顽梗与幼童的任性不同，后者是因为幼儿天生不懂得界限和自我约束，他只是知道"要这要那"，因此欲望和意志易于随意扩张。但当孩子年纪大一些，开始主张自己的独立意志、要求自由的时候，也可能陷入另一种任性。青少年在自我意识刚形成的时候，很容易过分主张自己的"权利"，顽固地坚持自己的意志，故意和父母老师对着干。这样的坚持和反抗，往往不是因为真正的理想和价值，而不过是他只想受自己领导，让别人顺自己的意而已。这样的孩子同样陷入自我意志的抽象和任意，懵懂无知却硬要自己来，没学会让理性主宰自己就要自己来主宰自己。对于这样的一种不讲理的蛮横偏执，只能用强力来征服。所以有必要动用武力，打掉这种顽固的

---

[124] 《教育思议》，第 50 节。
[125] 同上书，第 37 节。
[126] 同上书，第 78 节。

自主意志,加以纵容只会害人害己。

洛克强调,如果"他们反复、故意地忽视父亲或老师的劝告和指导,已经表现出心智上的问题,表明意志上的倔强(perverseness)是其不服从的根源。一旦发现顽梗,出现了公开违抗,那就不能只是使使眼色或可以忽略不计,而必须在第一次就加以驯服和控制"。[127] 不过即便需要鞭笞,也有几点要注意。必须确认孩子确实是顽梗和反抗,因为鞭笞实是不得已而为之的辅助手段,父母教育孩子的方式主要是前面那几种。重点也应当放在让孩子产生遭受鞭笞的羞耻感而不是疼痛上,让他在内心认识到自己顽梗的可耻,而不是让他只记得肉体的疼痛。[128] 用鞭笞来纠正孩子的顽梗,必须第一次就成功,否则只会助长孩子的气焰,"因为这一次他取得了胜利,就为他下次争斗做好了准备,为他将来的胜利树立了希望。"[129]顽固的抵抗会持续下去。此外,如果打得多了,孩子习以为常,鞭笞也就失去了效力。

7. 小结

我们在第一部分说过,高度主观抽象的人性状态使人摇摆于自我无内容的扩张和对外在的人和物的依赖之间。这种情况的原因在于,人内在的激情与力,总要指向外部的对象及其观念,当它们无法与任何对象观念建立稳定关联的时候极易发生恶性膨胀。人的思维、欲望和意志无所归依,却又不断生成和释放,他不断地欲求、不断地主张,却总也找不到止境,无法安定下来。他总想支配他人和外物,将身外的一切都视为为自己服务的工具,却变成随时随地要依赖仆从和财富。他焦虑、不满、烦躁不安;孤独、空虚、一片茫然。[130]

教育就是要使人摆脱这种局面,帮助抽象空洞的人去获得规定性,体会到真正的安定。要实现这个目的,最重要的是从人心入手,因

---

[127] 《教育思议》,第 79 节。

[128] 同上书,第 78—79 节。

[129] 同上书,第 78 节。

[130] 《教育思议》,第 130 节:"他们的心智总是不安宁,总是想要伸张自己,去追求更多的东西,虽然连自己都不知道要什么,也总是不满足于已经得到的东西。"

为造成这种疾病的正是人心自身。要在人空空荡荡的心智中重新建立起稳固的本原和秉性,使澎湃的激情和无尽的力流淌在实在的河床上。最根本的途径是通过实践养成习惯,重新建立起人的良好习性。如何在一片空旷的人心里面开掘出这样的河床呢? 一方面要依靠人性中原本的性情:他对父母的畏惧和爱,对赞许的渴望和责备的惧怕,他的羞耻和自尊;而一方面,要靠父母和导师的指引、示范。善于教育的家长和老师,巧妙地利用激情之浪在心智的土地上冲击出一条条沟壑,继而不断将后面的水流导入其中,形成稳固的河床。

但在这里是不是仍然隐藏着危险呢? 一方面,教育利用的是孩子的激情,他们一时的兴趣,小小的好胜心和自尊心;另一方面,指导这些激情需要外界的指导,父母的目光,风俗的浸染,他人的示范,这些都是教育的必要条件。这两者相结合,如果处理得不好,恰恰会导致放纵而不是约束孩子的主观抽象性。激情和意志会偷偷隐藏在教育的空隙之中,使实践活动服务于“我”的虚荣和骄傲。大众的目光和形形色色的风俗,会令孩子变成台上的舞者,陶醉于无数的闪光灯下。人,重新陷入膨胀和依赖的怪圈。他费尽浑身解数,追逐着鲜花和掌声,却总无法填补内心的空虚和不安。

要回答这个问题,我们必须注意洛克论述中的一些细微之处。首先我们要注意,即使需要他人的引导,洛克也始终严格限制孩子接触的他人的范围。实际上,只有父母和导师是孩子在教育过程中应当接触的人,获得指导的来源。洛克肯定家庭教育,反对学校教育,其主要考虑正是在于担心孩子过早落入社会的染缸。[130] 洛克不让孩子与仆人接触太多,不是因为他持有某种等级偏见,他明确地指出要让孩子对仆人以礼相待,关怀爱护,尊重他们的人格。[132] 他担心的是孩子经由仆人沾染上某种不良的社会风习。孩子模仿的范围,只应限于家长和作为榜样的导师,孩子得到的赞许和责备,也只限于这几个人,不能让更大范围的社会来影响孩子。孩子开始接触和进入社会也要由导师来

---

[130] 《教育思议》,第 70 节。
[132] 同上书,第 117 节。

带领。⑬ 洛克将进行教育的人员和空间限制在这样小的范围,正是要避免时尚、虚荣这些社会恶劣的抽象性影响到孩子。

另一方面,我们要注意洛克始终强调,教育孩子重在习惯的培养、本原的"植入",最根本的是要确立起孩子内在的良好秉性,而非外表的装点和打造。他人赞许的引导也好,合宜举止的训练也好,根本指向的是孩子的内在,外在引导的效果在于回到孩子自身。父母和导师的赞许和责备,根本要"让幼童打心里爱惜荣誉,害怕羞耻和羞辱",培养起"真正的羞耻心(shame)和担心自己令人不快的畏惧心"。⑭ 孩子不是受他人的目光左右而做事情,而是在自己的心里知道荣辱。许多人误解洛克的礼貌教育,视其为虚荣的根源,正是由于没有看到这一点。在洛克看来,礼貌教育不是为了培养一个文雅端庄的小天使给他人看。为了迎合他人的做作(affectation),正是这种取向错误的不良教育造成的:"以博得他人的欢心"为目标,"努力披上一副雅正的外表",这"实在是一种反常的教育","只能离雅正(gracefulness)越发遥远"。⑮ 真正的雅正,源于"所做的事与所具有的心情(temper of mind)之间的自然合一(natural coherence),而后者又合乎当时的情境(occasion)"。⑯ 对洛克来说,教育的目标是由外而内,塑造真正健全的心智(well-formed mind):

> 自由的心智,能够做它自己及其一切行动的主人,不卑不亢、不褊狭也不横蛮,未沾染任何大的污点,这是每个人都喜欢的。从这样的健全心智自然流露出的举动同样令我们感到愉快,那是这种心智的真正标志。因为它是内在精神和禀性的自然流露,所以必然显得自在而不拘束。⑰

---

⑬ 《教育思议》,第 94 节。
⑭ 同上书,第 60 节。
⑮ 同上书,第 66 节。
⑯ 同上书,第 66 节。
⑰ 同上。

洛克的教育，不是要培养时刻追逐他人目光，注意让自己迎合别人的木偶。习惯成自然，是要让人达到真正的自然而然、自由自在，摆脱依赖与支配的对立。只有拥有了这样的内在精神和秉性，才是真正有内涵的人。

但问题并没有结束。既然教育根本是要植入本原、塑造禀性，这里似乎又存在着另一种危险。既然孩子是一张白纸、一块蜡，这一块块蜡是否可能都被塑造成一个样？这一张张白纸都变成严格一致的印刷品？是否孩子终究得依赖父母和导师的偏好，社会和风俗的影响？即使拥有自然而然的禀性，也只是僵硬刻板地重复，而没有真正的生命活力、属于自己的时刻跳动的、活跃的心？从另一个角度提出的问题是，如果教育旨在打造人格的形式、塑造禀性，那这形式和禀性的实质又是什么呢？如果说，正是这形式和禀性使人获得了规定性，那么它必须有其真正的内容，否则仍然易于沦为无规定的抽象。要回答这些问题，我们仍然要聚焦于习惯和禀性，只不过现在要转到另一面，从它们的实质入手来展开分析，要理解洛克要塑造的那些品质究竟是什么，由此，我们才可以找到答案：在洛克看来，要克服习惯的禁锢，就要塑造自由的品质，而拥有自由的品质、真正自主的人，也是符合神意所安排的自然的人。

三、自由的品质

在《教育思议》中洛克这样说明绅士应当具备的品质："每一个绅士期望于儿子的，除了能给他留下一笔产业，其余的无外乎四样东西：德性、智慧（wisdom）、教养（bvecding）和学问（learning）。"[13] 这四者构成了洛克教育所要培养的孩子的基本品质。鉴于洛克臭名昭著的"享乐主义"，很多研究者并没有认真对待洛克在孩子品质具体内容方面的讨论。粗粗看来，书中很多地方似乎也可证明他自己并没有太重视

---

[13]《教育思议》，第134节。

这些内容。他虽然说德性是"第一位和最紧要的品质",却又只用寥寥两三页来交待(其中还有很长一段是告诫教育者不要用鬼怪来吓唬小孩);[139]对教养的讲法似乎只是些礼貌教育的老生常谈;他对智慧的定义,则不过是资产阶级的审慎(prudence)而已,教孩子一些人情世故,使他"在此世管理自己的事业时,能干而富有远见";[140]虽然花了很大的篇幅来讨论孩子的学习,却又自陈在教育孩子的内容中"学问是最不重要的",塔科夫也只对此做了简单的概述。[141] 因此,在粗粗列举了一些洛克教育旨在培养的品质之后,约尔顿指出,"这些内容是非常传统的"。[142] 所以,似乎不值得花很多功夫来讨论洛克教育学的这部分内容。

但是,如果我们不停留在这样的泛泛之谈的层面,而是深入地阅读和思考《教育思议》,就会发现事情远没有这么简单。在这本书里,其实有超过一半的篇幅(第100—215节)是在讨论孩子的品质问题,这些内容紧接着有关孩子教育方法的讨论,在讨论完形式原则之后就是教育的实质内容。在洛克所重点强调的"四德"之外,健康和勤劳也是孩子应当拥有的极为重要的品质。而在《教育思议》之外,我们应该把《人类理解论》和洛克身后出版的《论指导理解力》视为《教育思议》讨论孩子学习问题的延续,旨在说明如何培养孩子真正自主的理性。如果我们将视野再扩大一点,结合洛克对自然法和自然权利的理解,而不是将这些内容统统视为表面修辞,我们就能对洛克想要培养的孩子的品质有更深入的认识。洛克想要培养的孩子,不是整日流连于社交场所的绣花枕头,也不是老谋深算心机深重的商人政客,更不是饱食终日无所用心的地主少爷。与各种对洛克的偏见和误解恰恰相反,他想要培养的人是勤劳坚毅、能运用自己的身心的力来创造生活的劳动者,是敬畏上帝、诚恳朴实、尊重他人并拥有博爱之心的有德

---

[139] 《教育思议》,第135—139节。

[140] 同上书,第140节。

[141] 纳坦·塔科夫:《为了自由:洛克的教育思想》,邓文正译,三联书店,2001年,第84—94页。

[142] 见《教育思议》中译本《教育片论》的第26—27页。

者,是热爱并勇于探索自然和道德真理的求知者,是既保有内心单纯又懂得人世复杂性的明智者,是在现实中能够承担起治理地方和国家职责的领导者。在洛克看来,具备这样品质的人才是人应当成为的人,才是符合上帝所造的自然秩序、懂得运用自然权利的理性自由人,才是承担政治社会中领导职责的公民。在洛克看来,高度主观抽象的现代人只有通过教育成为这样的人,才能避免自身主观抽象性膨胀造成的种种恶,发挥自身拥有的无尽的力,创造属于人类的美好生活。

1. 身体教育

当我们看到"绅士"一词时,头脑中往往浮现出维多利亚时代的绅士形象:头戴礼帽、身穿燕尾服、风度翩翩、谈吐文雅,一双手上总戴着白手套,并且连手套都不会弄脏。这样的先入之见使我们总觉得,洛克的绅士教育要培养的都是一些四体不勤、弱不禁风的公子哥儿。但这完全是一种误解。在《教育思议》的开头洛克就明确指出,要培养孩子健康的体魄:"绅士们对待自己的孩子,应该像诚实的农民和殷实的自由民对待自己的孩子那样。"⑬洛克身处的 17 世纪,正是英国自耕农最为兴盛的时代。在农村,贫富阶层间的距离远没有 19 世纪那样来得大。洛克自己也不过是商人的后代,家中仅有细产薄田,没有奖学金的话甚至都难以完成学业。洛克的绅士教育不是一种贵族教育。他想培养的"绅士"应当身体强健结实,经得起风吹雨打,甚至能够从事体力劳动。在体格方面更接近北美殖民地那些农场主的儿子。今天中国的许多孩子与洛克的健康孩子相比,在身体方面倒更为接近 19 世纪的绅士少爷。前面说过,洛克认为人由心智和身体两部分构成,心智拥有主动力,身体本质上是受心智命令的被动的物质,是心智的工具。⑭ 所以身体只有强壮而富于活力才能良好地执行心智的命令。

⑬ 《教育思议》,第 4 节。
⑭ 这是在形而上学意义上的身心关系,当然不是说如消化、心跳等身体的运动也是心智命令的结果,后者属于生理学的范围。

一个病病快快的人是什么也做不了的。洛克要培养孩子健康的品质，认为他们应当拥有强健的体格（constitution），其实是为了保持和促进身体的活力，让身体不受疾病的侵扰，以便让它"有能力执行和遵循心智的命令"，从事各项身心劳动。⑮

但是身体跟心智有类似之处。洛克认为它同样相当缺乏先天规定性，可以适应极为不同的环境。人可以生活在气候炎热的雅典，也可以适应冰天雪地的锡西厄。⑯ 由于没有主动性，它不存在抽象性恶性膨胀的问题，但是它可能会被动地依赖外界的环境。这种依赖会导致它丧失原本具有的极强的适应能力，在环境变化时由于适应不了环境而生病，或是因为某些习惯的长期积累而生病。洛克批评父母对孩子娇生惯养（cockering and tenderness），着眼点正是在此。一个积极从事各种实践活动、有事业的人，在一生中可能经历各种环境，如果出门换张硬床就睡不着，饮食稍微简单些就受不了，吹吹风淋淋雨就着凉感冒，这样的人能成什么事呢？洛克身体教育的核心正是要保持身体适应能力的高度抽象性，让孩子在各种环境中都能保持健康，避免形成某些不良的依赖性。另一方面，过于依赖外界环境也会导致身体难以获得原本可能具有的良好自然规定性。所以洛克认为，女孩子的衣服不宜过紧，否则不利于身体的自然发育。⑰ 在洛克看来，获得健康的要诀一方面是让身体多经受各种环境，培养出极强的适应能力，一方面是要避免养成不利健康的坏习惯。

由于身体没有主动性，所以培养健康品质的基本原则就是让孩子不断运用身体，使之习惯于（be used to）各种环境，养成各种有利健康的好习惯，这与通过不断实践培养心智秉性的做法完全一样。⑱ 在洛克看来，培养身体的健康"归纳起来，不过几条易于遵循的规则"："充足的户外空气、锻炼和睡眠；清淡的饮食、禁止酒类或烈性饮料、尽量

---

⑮ 《教育思议》，第 4、31 节。
⑯ 同上书，第 5 节。
⑰ 同上书，第 11 节。
⑱ 同上书，第 10 节。

少用或者不用药物；衣着不要太暖和太紧，尤其头部和足部要保持凉快，足部要经常习惯冷水，与水保持接触。"[149]让孩子习惯于冷水洗脚，不要穿得过暖，这样不会一着凉就生病；[150]让孩子多待在户外，适应风吹雨打，日晒雨淋；[151]让孩子习惯睡硬床以避免体质娇弱，并且有利于防止出门在外时发生失眠。[152] 另一方面，不利健康的坏习惯要坚决避免。饮食应当清淡简单，少吃肉、少加调味品、多吃面包，以避免消化不良和贪食；[153]不要随便让孩子喝饮料，只让他在吃面包的时候喝，以避免养成贪杯好饮的毛病；[154]不要让孩子吃不卫生的食品；[155]要保证孩子的睡眠时间，但要让他们早睡以避免孩子习惯过夜生活。[156] 此外，不要让女孩穿过紧的衣服，要让她们的身体自然发育，"让自然按照她所认为的最好方式去塑造女子的身体"；[157]也不要让孩子随便吃药，因为孩子弱小的身体往往经不起药物，反而"不如整个地交与自然来得安全"。[158] 不过如果身体自然形成的规定性不利于健康，也有必要借助人为手段来消除这种规定性，比如便秘的毛病可以通过定时排便来克服。[159]

对洛克来说，"健康对于我们的事业和幸福有多大必要，强健的体格对于忍耐劳苦和疲乏，在世上有所作为，是如何地不可或缺，这是再明显不过的事情了，以致无需任何证明。"[160]绅士不是闲散怠惰之辈，而是勤于劳动和实践的做事情的人，健康的身体是确保勤劳的基本条件。

---

[149] 《教育思议》，第 30 节。
[150] 同上书，第 5、7 节。
[151] 同上书，第 9 节。
[152] 同上书，第 22 节。
[153] 同上书，第 13—14 节。
[154] 同上书，第 16—19 节。
[155] 同上书，第 20 节。
[156] 同上书，第 21 节。
[157] 同上书，第 11 节。
[158] 同上书，第 29 节。
[159] 同上书，第 24—27 节。
[160] 同上书，第 3 节。

2. 道德教育

(1) 勤劳(industry)

从流行的观点看来,说洛克要将绅士的孩子培养成劳动者,这似乎是一种奇谈怪论。"不劳而获的占有式个体、从事剥削的地主阶级"怎么可能是劳动者呢? 但只要我们好好读读《教育思议》,就能看到上面清清楚楚地写道:"闲散(sauntring)的性情,一种无精打采的漠不关心,对任何事情都缺乏关注,甚至对他自己的正事也漫不经心,这是幼童身上最坏的一种品质。"⑯闲散度日、无所用心,这是教育必须根除的恶质。对于绅士阶级中流行的以消遣(pastimes)消磨时间,整日以打牌赌博、饮酒作乐为生活基本内容的习气,洛克更是深恶痛绝。因为这些"成为时尚的普遍的、无益和危险的消遣"只能培养游惰(idleness)的品质,而在他看来:"一种懒散的、无所事事的脾性,每天像做梦般地打发日子,这种习气绝不能在年轻人中间纵容和允许。这正是一个生病和不健康的人的状态。不管年龄如何,地位多高,任何人都不能这样。"⑯虽然洛克并没有将勤劳列入绅士的"四德",但这不是因为它不重要,而是因为它是孩子应当具有的更基本的品质。在讨论"四德"之前的 123—130 节,洛克已经说明了一定要根除懒惰,培养起孩子勤劳的品质。而在绅士孩子所主要从事的学习的本务之外,洛克还主张他们应当学一两门手艺(trade),以之作为脑力劳动之余的休息(recreation),避免养成消遣度日的恶习。⑯

在洛克的思想中,劳动具有根本性的地位。在前面我们已经说明,洛克教育的核心是通过各种实践活动来培养和塑造孩子的习惯和秉性,以克服人的主观抽象性的恶性膨胀。在他看来,劳动同样是遏制人的主观抽象性、培养品质的基本途径。勤劳就是乐于劳动,因此

---

⑯ 《教育思议》,第 123 节。
⑯ 同上书,第 208 节。
⑯ 同上书,第 209 节。

可说是人应当具有的最为重要的品质。[164]

《教育思议》中讨论玩具的一节,清楚表明了洛克对劳动的理解。洛克认为孩子应该有玩具,但他强调,"这些玩具不可由购买得来"。为什么呢?因为"这可以避免给孩子买得太多,那只会使孩子的心智见异思迁、贪多务得"。[165] 前面我们讨论过,主观抽象性的特点在于,欲望越容易得到满足就越容易在心智中不断滋生,陷入无规定的抽象状态:"他们的心智总是不安宁,总是想要伸张自己,去追求更多的东西,虽然连自己都不知道要什么,也总是不满足于已经得到的东西。"[166]绅士越是有足够的钱财来满足孩子对物质的欲望,就越容易让孩子陷入这种危险当中。所以一定要及早培养孩子克制自身欲望的习惯。但除了培养心智悬置欲望的习惯,对这种疾病的另一种治疗就是劳动:"他们的玩具应该自己去造,或至少也该让自己努力试着去造。"[167]通过劳动制造产品来满足欲望,延缓了欲望的满足和膨胀,将人的注意力集中于生产活动,使人摆脱了抽象的主观想象。在不断劳动的过程中,心智的秉性也能够得到相应塑造,使人"习惯于用自己的努力,自己去寻求想要的东西;他们由此能够学得欲望适度、专注、勤劳、好思和节俭等诸种品质。"[168]另一方面,通过支配他人和财富来满足自身欲望、实现自己意志的毛病也能够通过劳动得到遏制。运用自己的力作用于外部材料、使之转化为自己想要的东西的过程使孩子明白,要得到想要的东西必须自力更生、依靠自己的智慧和双手,不能总想着依赖他人。"一味空等,妄想天上掉下馅饼,那就不能让他们得到这些东西。"[169]因此,一定要培养孩子勤劳的品质,使人习惯于通过劳动来满足自己的欲望。

---

[164] 在这篇文章中我们没有篇幅来详细讨论洛克思想中的劳动概念,对它的讨论也只是主要从教育的方面出发而涉及。关于洛克的劳动问题,详见笔者的另一篇论文:《劳动与财产》。

[165] 《教育思议》,第 130 节。

[166] 同上。

[167] 同上。

[168] 《教育思议》,第 130 节。

[169] 同上。

在前面的讨论中我们一直强调，人的心智陷入抽象的无规定性，主要表现为欲望和意志的无限扩张。但其实并不只有这一种表现，与膨胀和扩张不同但本质类似的是思维、欲望和意志飘忽不定，没有稳定的对象来充实，这同样是一种主观抽象的恶症。闲散和游惰之人正是如此。洛克认为，与放纵不羁的年轻人相比这种孩子的情况还更为糟糕。前者只是需要培养起好的品质，使他们的力用在正确的地方。但后者的力根本未得到运用，消散于漫无边际的主观想象。这样的孩子整日价"无精打采，想入非非"，[170]沉溺于白日梦（day-dreaming），毫无生机活力，什么都不想做，也不知道该做什么，为什么要做。迷迷糊糊、浑浑噩噩。这种心智，虽然没有陷入欲望和意志的膨胀的抽象，却陷入思想游移不定的虚幻的抽象，要么被一种虚无感攫住，要么生活在自己的幻想世界中而脱离现实。这样的人，对自己和他人都毫无用处。要克服这种倾向，同样需要借助现实的实践和行动，使人从虚幻的世界中摆脱出来。因此，必须培养孩子勤劳的品质。

对大多数人而言，欲望或兴趣就足以激起他们通过行动去努力达到自己的目标，但闲散的孩子"缺乏行动的两大动力：期盼和欲望"。[171]闲散的孩子与任性和贪婪的孩子正相反，他们的主观抽象性不是膨胀起来，而是呈弥散状态地散失掉了。他们不是想要太多而是什么都不想要。所以，要治疗这个毛病就得用对待任性孩子的相反的方法，调动他们的欲望和意志。洛克指出，如果孩子有闲散的迹象，家长就要仔细观察孩子的举动，看是否总有些东西能引起他的兴趣，然后从这一点入手，设法让他的欲望变得更为广泛和强烈，从而使他积极行动起来，进而养成勤劳的习惯。洛克直言不讳地指出，"没有欲望就没有勤劳"。对于实在缺乏行动欲望的孩子，有必要像对待无所事事的流浪汉一样，通过强制劳动的方式，让他养成勤劳的习惯，以此来克服他的懒惰和闲散。[172]虽然绅士要承担的主要是脑力工作，孩子的主要劳

---

[170] 《教育思议》，第 126 节。
[171] 同上。
[172] 《教育思议》，第 127 节。

动也是运用心智来学习，但是对于闲散的孩子，需要通过体力劳动来培养他们的勤劳，因为脑力劳动是一种"看不见的注意，没人能说他是不是偷懒了"。[173] 在洛克的眼中，脑力劳动和体力劳动并没有贵贱之分，通过劳动满足身心的各种需要，保存自己，是人类自然的生活方式，也是履行对上帝的义务。

通过前面的讨论，我们能够看到，洛克对人性持有的基本观点，正表明了他对身处此世中的人的看法。进入世界的白板之人，身心两方面都一无所有，他们处于"此世这种不完善的状态中，既然为千万种需要和欲望所侵袭"，所以"充满了各种不安"。[174] 起于"现在的不安"的欲望，驱使着人们去行动，"无数的自然的需要和养成的习惯，便不断地供给一些不安，来轮流着决定我们的意志"，人力求获得现实的对象来满足自身，消解不安。[175] 因此，人的"心智有如受火烧燎，求取无已却永不满足"，想要通过占有对象、支配他人来克服这种不安是不可能的，因为欲望永无止境。[176] "从未有任何人能在此生达到自我满足的境地，人只是被打发去追求遥远未来的好事，他气喘吁吁、愈发空虚。"[177]

但是，洛克对人性和此世，绝不是只持有如此悲观阴郁的看法。他并不像霍布斯那样，认为此世的人要获得和平，必须依靠一个外在于自己的利维坦。相反，通向安宁的道路，不在于欲望的兴起和满足，而在于每日的劳动和实践。此世之人的处境，正如《圣经》中上帝对亚当和夏娃所下的判决："地必为你的缘故受咒诅；你必终生劳苦才能从地里得吃的。地必给你长出荆棘和蒺藜来，你也要吃田间的菜蔬。你必汗流满面才得糊口，直到你归了土，因为你是从土而生的。你本是尘土，仍要归于尘土。"[178]没有劳作也没有痛苦的乐园已经失去了，人，

---

[173] 《教育思议》，第 127 节。

[174] 《人类理解论》，第 2 卷第 21 章第 46 段。

[175] 同上书，第 2 卷第 21 章第 45 段。

[176] *John Locke：essays on the law of nature*. W. von. Leyden. ed.，Oxford：Clarendon Press，p. 221.

[177] 《人类理解论》，p. 227。

[178] 《圣经·创世记》，3：17—19。

"在这种有朽的生命中体验到劳作、焦虑和脆弱。"⑰但是,正是通过这劳动的过程,欲望的焦虑得以缓解,漂泊的心灵得以安定,身心获得了稳定的禀性,人也拥有了属于自己的产品。虽然远不及乐园中的永生,在这种有朽的辛劳的生命中,人体会了到存在的幸福:"尽管我们现在有着短暂的生命,其中有着许多脆弱和日常的苦难,但是我们仍然认为这生命很有价值,这足以表明活着比不存在要好。"⑱对洛克来说,活着就意味着劳动。苦与乐的观念、人心智中不断涌现的不安、趋乐避苦的本性,都只是上帝所安排的迫使人从事劳动和实践的发条:

> 上帝还又在各种思想和各种感觉上附有一种快乐的知觉,如果我们一切外面的感觉同里面的思想,完全和快乐无涉,则我们便没有理由,来爱此种思想或行动而不爱彼种,或宁爱忽略而不爱注意,或宁爱运动而不爱静止。这样,则我们既不必发动自己的身体,亦不必运用自己的心智;这样,则我们行将使自己的思想飘流无归(如果我可以这样说),一无方向,一无计划;这样,则我们会使心智中的观念如无人注意的影子似的,任其显现,而不理会它们。在这种情形下,人虽有理解和意志两种能力,他亦会成了一个很懒散、很不活动的造物,而且他的生活亦将消磨在懒惰昏沉的梦境中。⑲

在洛克看来,上帝造了人并将他们放在这个世界中,赐予他们保存自己的欲望和力,还"在这世界上准备了适于人类衣食和其他生活必需的东西",这足以说明他的意图:"上帝意在保存我们的存在。"⑳

正是基于对造物主、人性和自然的这种认识,洛克在《政府一论》中明确指出:

---

⑰ 约翰·洛克:《基督教的合理性》,王爱菊译,武汉大学出版社,2006年,第4页。
⑱ 同上书,第4—5页。
⑲ 《人类理解论》,第2卷第7章第3段。
⑳ 《政府一论》,第86段。《人类理解论》,第2卷第7章第4段。

　　因为上帝既然已亲自把保存自己生命和存在的强烈欲望,作为一种行动的本原,扎根在人的身上,"作为人内在的上帝之声的理性"就不能不教导他并且使他相信,按照他所具有的保存自己存在的自然倾向行事,就是服从他的制造者的意志。因而他就有权利使用那些造物,如果他凭借理性或感觉发现它们有助于达到那个目的。这样说来,人类对于万物的财产权(property)是建立在他所具有的权利之上,即他有权使用那些为他的存在所必需或有用的东西。[13]

正是基于人使用外物来保存自己的神圣正当性,确立起了财产权在法律意义上的正当性。但是,这不意味着人可以不择手段地利用自己之外的一切,将他人的身体和所有物当作自己的财产。那只会助长人性中的恶,是对上帝制定的自然法的违反。洛克坚持一定要根除孩子喜爱占有和支配的脾性,要教他们克制自己的欲望和意志,学会运用自己的力,正说明他所坚持的不是霍布斯式的极端抽象的自然权利,而是一种完全不同的有实质的自然权利:

　　自然状态中有着自然法来治理,约束着每一个人,理性,也就是这法,教导着有意听从它的任何人,既然所有人都是平等而独立的,任何人就不得侵害他人的生命、健康、自由或占有。因为既然人们都是全能和无限智慧的造物主的创造物,既然都是唯一的最高主宰的仆人,按他的安排来到这个世界,从事于他的事务,他们就是他的财产,他的作品,要按他而不是别的谁的意活着;既赋有同样的能力,在同一自然共同体(Community of Nature)内共享一切,就不能设想我们之间有任何从属关系(Subordination),授权让我们彼此毁灭,好像我们生来是为彼此利用的,如同低级造物生来是供我们利用一样。[14]

---

[13] 《政府一论》,第86段。
[14] 《政府二论》,第6段。

在洛克看来，人人都是上帝的作品，都拥有同样的自我保存的欲望，以及保存自己的诸般基本能力。既然人们"共享同样的本性、同样的诸般能力和力"，那么他们"自然就是平等的"。⑱⑤ 这种"自然平等"不是指后天的、现实的平等，也不是力的大小和程度上的平等，而是初始状态的平等：所有来到这个世界上的孩子都是一块白板；这是人性普遍形式的平等：人人都有自我保存的欲望以及保存自己的诸般基本能力——感觉、激情、理解力和意志。既然上帝赋予所有人相同的自我保存的人性形式，那就说明上帝想要所有人都运用自己的力和外部的手段来保存自己。所以，基于"每个人都有的照看自己、供养维生的权利"，所有人"应当分享共同的权利和特权"，人人都有权用上帝赐予的低等造物来保存自己。⑱⑥ 人与人之间没有自然的支配关系，并且不能影响他人的保存："不得侵害他人的生命、健康、自由或占有"。⑱⑦

那么，如果不能通过支配他人、占有他人的财产来保存自己，一个人该如何保存自己呢？人应当运用自己的力，通过劳动来获得属于自己的财产，用它来保存自己：

> 土地和一切低等造物为一切人所共有，但是每个人对自己的人格享有财产权，除他之外任何人都没有这种权利。他的身体的劳动和双手的作品，我们可以说，是正当地属于他的。所以只要他使任何东西脱离了自然所给的、它所处的状态，他就已经掺进了自己的劳动，在它上面加入了某些自己的东西，因而使它成为他的财产。既然是由他使这件东西脱离了自然安排给它的共同状态，由这劳动在那上面加上了一些东西，那就排除了其他人的共同权利。⑱⑧

---

⑱⑤ 《政府一论》，第 67 段。
⑱⑥ 同上书，第 87 段。
⑱⑦ 《政府二论》，第 6 段。
⑱⑧ 同上书，第 27 段。

人，运用自己的心智和身体的力进行劳动，去作用于自然的材料，使后者发生变化，成为可以使用的产品。在这个对象中，包含着劳动者的人格和力，是他的理智和意志的实现。每个人自己合法的占有物，通过劳动而得到了明确的限定，而劳动的过程也是人行使自然权利的过程：人运用天赋的自由来改造外物、占有产品，从而满足自我保存的需要。因此，劳动也是人对上帝负有的神圣义务的履行，不事劳动的懒惰和贪婪之人不合为人之道："上帝将世界给予全人类所共有时，也命令人们要从事劳动，而人的贫乏处境也需要他从事劳动。"[18]"上帝将世界给予人类共有，……他是把世界给予勤劳和理性的人们利用的（劳动使人取得拥有它的资格），不是给予妄想和贪婪的人们来从事巧取豪夺的。"[19]身为启蒙运动的先师，洛克的思想可说打开了通往"世俗化"的大门。基督教中存有的对此世的阴郁观点受到了批评，此世人生的自然正当性得到了肯定。但这并不意味着洛克认为人的一切欲望和意志都是正当的，只有遵循自然所体现的上帝意志，运用自身的力进行劳动的人生，独立自主、拥有理性和信仰的人生才是合乎自然的为人之道。勤劳的人才能摆脱空虚抽象的状态，创造出此世生活所需要的物质和精神产品，履行对上帝的义务和自己的天职。

所以，无论绅士还是下层民众，都应当通过劳动来培养勤劳的品质。在 1697 年写成的"论济贫法（An Essay on the Poor Law）"一文中洛克明确强调，必须改变传统上不加区分地对穷人加以施舍的济贫措施，对贫民习艺所和救济院进行改革和整顿。不应让那些有劳动能力的教区贫民坐等救济，而要促使他们通过劳动来维持生计。至于那些身强力壮却又游手好闲的流民和乞丐，有必要强制他们进行劳动。洛克之所以主张这些改革措施，不是要剥削贫民，而是基于他对道德的基本看法："贫民的增长必定另有原因，那只能是由于纪律松弛和礼仪败坏的缘故。德性和勤劳始终相伴相随，正如邪恶和游惰相伴相随

---

[18] 《政府二论》，第 32 段。
[19] 同上书，第 34 段。

一样。"⑲面对当时基督教道德松弛、社会风气腐败的现状,洛克主张通过劳动来治理主观抽象性的膨胀和空虚。他对绅士的孩子一视同仁:勤劳是人必须具备的品质,懒惰的绅士孩子同样要以强制的方式形成劳动的习惯。⑫洛克主张让绅士学一两门手艺也有这方面的考虑。虽然手工艺不是绅士的主要事业,但家境的富足使一些绅士整日沉溺于游戏、赌博和酗酒,以无聊的消遣打发时光,借以消除"闲暇的空虚和无所事事的不安之感"。⑬ 对于这样的绅士,有必要让他们去学习园艺和手工艺,培养他们勤劳的品质,克服"懒惰和无精打采的脾性,发呆做梦地打发日子"的习气,洛克将这种状态视为一种病态。⑭ 所以,绅士应当以手艺作为休息(recreation)和爱好(diversion),将闲暇的时间花在这些事情上,"通过变换一下工作来放松自己疲惫的部分":"一个人每天只需花上一个小时,持续不断地用心于某一项爱好,就一定能在很短的时间内取得超乎他想象的进步:这种进步即便没有别的用处,但如果能驱除时下流行的种种一般的、邪恶的、无用和危险的消遣,向人们展示这些消遣都没有必要,那就很值得鼓励了。"⑮洛克列举的绅士在脑力劳动之余应当学习的手艺包括农艺、车工、园艺、铁工、绘画,甚至熏香、涂漆、雕刻、刻蜡纸、抛光、磨镜片。洛克完全不认为,绅士掌握这样的手艺是"丢人现眼"的事情。在他的一篇未发表的名为"劳动"的手稿中,他甚至认为,在理想的情况下,绅士和学者每天都应当拿出时间来从事体力劳动,而体力劳动者也应当每日花一定的时间从事脑力劳动。⑯ 洛克并不认为体力劳动和脑力劳动有什么贵贱之分,两者只是分工不同而已。无论在什么时代,劳动都是上帝对人的要求,与懒惰闲散和无益的消遣相比,"从事有用工艺的诚实劳动"更

---

⑲ John Locke:*Political Eassys*,Mark Goldie ed.,Cambridge University Press,1997,p. 184,"An Essay On the Poor Law"。

⑫ 《教育思议》,第 127 节。

⑬ 同上书,第 207 节。

⑭ 同上书,第 208 节。

⑮ 同上书,第 206、208 节。

⑯ John Locke:*Political Eassys*,Mark Goldie ed.,Cambridge University Press,1997,pp. 326 - 328,"labour"。

为光荣。

(2) 德性(virtue)

在《教育思议》中,紧接着勤劳问题的就是洛克对绅士"四德"的讨论。我们先来讨论德性,然后再讨论教养,智慧和学问则放在一起,作为洛克整个理性教育的一部分来讨论。

从表面上看,《教育思议》中对德性的讨论只有短短两三页,一共只有 4 节(第 136—139 节)。这似乎表明洛克并不看重德性。但如果我们仔细阅读《教育思议》,就能看到洛克对德性的讨论并不只限于这几段。在 139 节的第二段洛克明明白白地指出,要注意孩子的自然倾向,避免任其发展,偏离了德性之道。在他看来,人性中的自然倾向存在着背离德性的危险,因此家长和老师要时刻注意纠正这些不良倾向。而在《教育思议》中,他自己"也提到过几种最常见的过失及其适用的纠正方法"。从 103 节到 132 节对幼童性情培养的讨论实际上都属于德性教育的范畴。140 节对智慧品质的讨论,由于它是"良好天性、心智专一、再加上经验三者合成的产物,幼童难于取得",所以这一节只谈了要防止孩子变得狡猾(cunning)一点,其实仍然属于德性教育的内容。真正涉及智慧的阐述散见于讨论导师和学问的各节中。这样来看洛克其实花了大量篇幅来讨论德性品质的培养。德性对于孩子到底具有什么样的意义,洛克的态度十分清楚:"无论对于人还是对于绅士而言,德性都是第一位和最紧要的品质。要为人看重、受人喜爱,自己也能认可或至少过得去,德性是绝对必要的。我认为,如果没有德性,他在今生来世都得不到幸福。"[197]洛克所说的德性其实就是人应当具有的道德品质,拥有这些品质的有德之人,能够自觉地遵守人应当服从的道德规范。对洛克来说,道德的根本乃是上帝为人立下的法律。上帝与人双方之间存在的造物主和被造物的关系,决定了人"应当尊敬、畏惧和服从上帝",遵守他为自己制定的法律。[198] 在人世存在的关于道德善恶、德性与恶行的种种说法,其根本正是神法(divine

---

[197] 《教育思议》,第 135 节。
[198] 《人类理解论》,第 4 卷第 13 章第 3 段。

law）。"人们虽然一般赞同各种道德规则,却并不知道或承认道德的真正根据。道德的真正根据只能是上帝的意志同法律。"[19]在前面我们指出过,各民族和时代都具有的有关德性与恶行的普遍观点形成了意见法和名誉法,它们大部分又与神法相符合。所以在洛克看来,有德性的人在此世能够"为人看重、受人喜爱,自己也能认可或至少过得去",这样的有德之人,在死后也能够进入天国,享受永恒的幸福。所以,有德之人才能"在今生来世都得到幸福"。

按照这样的观点,洛克在德性教育这部分应该明确阐述他对神法的理解,说明人们应当遵守的道德准则,进而明确孩子应当具有的道德品质和培养方式。可事实恰恰相反。他只花了几段来做"概要的谈论",并明确表示自己"无意撰写一篇关于所有德性和恶行的论文",对于"几种最常见的过失及其适用的纠正方法",也只是散见于讨论孩子性情培养的段落,并且在讨论德性的时候才暗暗指出前面已说明过,这种一面大张旗鼓、一面含含糊糊的做法似乎相当奇怪。可是,与他不顾友人的一再请求、坚决不肯写一部伦理学的事实相联系,洛克的这种做法似乎又相当一贯。为什么会这样?

在洛克看来(事实也确实如此),他自己正身处一个转折的时代。由基督教传统提供的思想已难以安顿彷徨无依的人心,无论是其道德学说,还是作为其基础的形而上学,都面临着新的时代精神和现实问题的冲击。可仍有许多学者和教士抱残守阙、守着陈旧的教条不放,不顾现实的危机;还有许多人眼见理智之路坎坷难行,妄想平地飞升,将闪烁的鬼火看作启示的光芒,陷入自欺欺人的狂热。在《人类理解论》中,洛克申明自己在哲学上的努力正是要廓清"人类知识的起源、确定性和范围,以及信仰、意见和同意的各种根据和程度"。对洛克来说,原本通向上帝和救赎的道路已经毁弃,通向真正真理的知识之路上堆满了各种垃圾,他自己则是"一个小工,来清扫地基,清理知识之路上所堆的垃圾"。洛克承认,"道德(morality)才是一般人类合宜的

---

⑲《人类理解论》,第 1 卷第 3 章第 6 段。

科学和事业(business)",但是这事业只是刚刚起步而不是已经完成,要靠每个人运用自己的理解力,去探索、去扩展知识的领域。在他看来,孩子要真正懂得道德,认识到上帝所颁布的法律,需要通过学习和思考,独立运用自己的理性来寻求。德性教育的一部分内容,是通过教导孩子学习、培养孩子的理性来完成的。而他自己既不是上帝也不是耶稣,既没有能力得出一套完善的道德体系,也不能向幼小的孩子灌输一堆道德教条,损害他们的理解。[200]

但是,这是否意味着洛克的德性教育完全与理性教育合一,因此单独讨论这一部分没有必要呢? 并非如此,甚至从某种意义上说,恰恰相反。理性教育的目标要得以实现,孩子要能够自主运用理解力去寻求真理、遵守道德法则,必须以德性教育为前提。在引导孩子运用理解力来学习和思考之前,某些道德品质和性情倾向,必须早早植根于孩子的心智之中,"为幼童的德性打下最初的基础"。[201] 在洛克看来,这些品性是确保孩子德性的重要条件,也是孩子拥有真正理性自由的必要基础。下面我们就来具体阐述洛克的德性教育。

洛克认为,对于处于高度主观抽象状态的人来说,道德根本建立在两个观念上:"一个至高无上的存在(supreme Being),有着无限的力、善和智慧,我们是他的作品,而且依靠于他;而我们自己是有理解的理性存在(rational Beings)。对于我们来说,这样两个明白的观念,如果加以适当的考虑和研索,可以作为我们行动的义务和规则的基础。"[202] 在他看来,道德根本上是作为造物主的上帝和作为他的造物的人之间的法的关系。所以人要具有道德意识,心智必须有这两个观念做基础。上帝是自然和人的创造者,人是上帝的造物,人从上帝那里获得了一切,所以要服从上帝的法。因此:

---

[200] 参约翰・洛克:《基督教的合理性》,王爱菊译,武汉大学出版社,2006 年,第 135—136 页。洛克认为,根本不可能有一个哲学家建立起完善的道德体系,那等同于为全人类立法或受真正立法者即上帝的委派。这个问题在理智教育的部分我们还会讨论。

[201] 《教育思议》,第 139 节。

[202] 《人类理解论》,第 4 卷第 3 章第 18 段。

作为德性的基础,我们要早早地在心智上印下上帝的真实概念(true notion),让他明白上帝是独立的至高无上的存在,他是一切事物的创造者和制作者,从他那里,我们获得了一切的好东西,他爱我们,并给了我们一切。然后,就要将敬爱这一至高无上存在的情感,注入他的心田。[203]

有人可能会奇怪,洛克为什么在这里会不提上帝概念的理性基础,以及上帝存在的论证,而是强调"要早早在孩子的心智上印下"上帝的概念。如果说心智本如白板一般,为何不让孩子运用理性去获得上帝观念呢?但这正体现了洛克的明智之处。首先,幼小的孩子缺乏理性能力,难以仅仅凭借思考和推理就获得上帝的观念,但作为至高无上的精神存在的上帝观念,又必须早早确立,否则孩子有陷入物质论的危险:"因为我们的感觉始终接触着物质存在,容易使它占据心智,排斥物质以外的其他存在,基于这种本原的偏见常常不给精神留任何余地,也不会承认自然中的非物质存在(immaterial beings in rerum natura)这样的东西。"所以要让孩子早早获得上帝的概念。另一方面,洛克也不认为单凭理性就能够懂得"无限存在的不可把握的本性"。上帝的概念及其存在需要合乎理性的想象和推理,决非单凭理性就可以完全确立。人如果只相信自己能理解的事情,难免陷入无神论的境地。[204] 因此必须一开始就将它植入孩子的心中,不能单单指望后天培育起来的理性。

孩子应当具有的上帝概念有其特定的内涵。洛克认为,最重要的是要让孩子知道,上帝作为造物主,创造了人和自然,并将世界赐予人

---

[203] 《教育思议》,第 136 节。

[204] 洛克的上帝概念及其存在论证有相当强的理性意涵,他认为上帝概念的获得及其存在证明,只有从人的自我概念出发,基于某些合理的概念联系来达到才是合理的。但他又十分清楚,单凭理性难于获得完善的上帝概念。洛克的解决之道是理性与启示的合理结合,在这里无法充分讨论这个问题,参《人类理解论》第 2 卷第 23 章第 34 段;第 4 卷第 10 章及 John Locke: *Essays On the Law of Nature*, W. von Leyden ed., Oxford University Press, 1954, p. 153。

类,并希望人类幸福:"他是一切事物的创造者和制作者,从他那里,我们获得了一切的好东西,他爱我们,并给了我们一切。"[205]并且上帝会给予有信仰和德性的好人好报:"看情况来告诉他,上帝创造并治理一切,能听到和看见一切东西,用一切方式的好来对待那些爱他和服从他的人们。"[206]这就够了,不要让孩子试图去"理解无限存在的不可把握的本性",更不要给他灌输多余的观念和思想,而是要让他持有单纯虔诚的宗教情感:"敬爱这一至高无上的存在。"[207]

从表面看,洛克在这里对上帝概念的论述似乎平淡无奇到了极点,但实际上,这看似简单的教诲有着极其重要的意义。首先,上帝虽然无所不在、无所不能,但他根本的身份是造物主,是人类与自然的创造者。人对上帝的理解,上帝对人的安排,都是以人性、自然和现世生活为中介,上帝不是虚无缥缈、漫无边际的存在,人也不是要在禁欲苦修、心醉神迷中才能体会到恩典,神意要透过自然和人性来体现。[208] 另一方面,人在此世的生活也是履行对上帝的义务、彰显他的荣耀,上帝会给好人以好报,这样的想法,使得人的此世生活带着服从和崇敬上帝的意义,也促使人去力行德性,求得现世和来生的幸福。

"在他幼小和年轻的时候,要让他柔弱的心智远离神灵、妖怪和任何黑暗中的可怕东西的印象和概念。"[209]上帝之外的任何超自然的神灵和妖怪,各种神秘和恐怖的力量,这些观念一概不得教给孩子。只有上帝造物主和朴实的生活是孩子需要放在心头的。对洛克来说,基督教和《圣经》中有关神灵鬼怪的观念,易于造成孩子来自想象的恐惧,产生幻觉和阴暗的情感,对世俗生活和真正的信仰都有非常不良的影响。对于幼小的孩子,唯一合适的宗教仪式应当是"以适于孩子的年龄和能力的、平易而又简朴的形式,让他每天早晚坚持进行祷告,以示

---

[205] 《教育思议》,第 136 节。

[206] 同上。

[207] 同上。

[208] 参见 John Locke: *Essays On the Law of Nature*, W. von Leyden ed., Oxford University Press, 1954, p. 157, 199。

[209] 《教育思议》,第 138 节。

对上帝——他们的创造者、保存者和施恩者的虔诚"。[⑳] 相信造物主，表达对他的崇敬之情，保留单纯虔敬的宗教情感，这些就足够了。

洛克德性教育的第二项内容是要培养孩子诚实的品质："要让他恪守讲真话(speaking of truth)的原则，尽一切可能的办法使他养成善良的本性(good-natured)。要让他明白，20 个过错都比找借口来歪曲事实以掩饰一个过错易于获得原谅。"[㉑]"说谎是极坏的一种品质，实为众多恶习之母，很多恶行亦是借它来寻求庇护。"[㉒]为什么洛克如此看重诚实呢？

之所以要让孩子诚实，坚持讲真话，这与洛克对此世人性的理解密切相关。在前面已经指出，人来到这世间，只有生命、身体和白板一般的心智，他不知道自己是谁，该做什么，与上帝和自然相分离，只受自己的苦乐感觉的引导。这样的人，最容易陷入"一切为我"的自爱状态。使他摆脱这种自爱的唯一途径就是要让他认识到，存在着超乎一己之上、不以个人的喜好和意志为转移的客观真理。这真理无所不在，它体现在上帝信仰、自然秩序、道德善恶等等方面。坚持讲真话，就是承认、服从、信仰和追求这真理。人只有承认它、服从它、信仰它、追求它，才能够让它进入空虚的自己，与它相统一，成为真正的人。一切科学和哲学思考的预设是：真理存在。而以上帝信仰为基础的道德的预设是：道德是上帝为人所指出的通向拯救的真理。讲真话就是相信"真"的存在，相信"真"的存在才能追求"真"。

当犯了错的孩子说"我错了"，其实就是承认存在着真实的对错是非，存在着"事情本该如此"。用撒谎的方式掩盖错误，以欺骗的手段获得好处，意味着他心中不相信存在真正的对错是非和"本该如此"，或认为那种东西并不重要，可以利用他人的这种信念来为自己谋利益，世上最要紧的只是自己。不诚实的人也容易陷入狡猾(cunning)。狡猾之人，利用事情本来应有的逻辑和人们对这逻辑的信任来欺骗他

---

⑳ 《教育思议》，第 136 节。
㉑ 同上书，第 139 节。
㉒ 同上书，第 131 节。

人，为自己谋利益，他们"为达到目的却不走正直道路，总是要使些伎俩、曲心矫肚"。㉑这样的人，心中没有"事情真正的概念(true notion of things)"。所谓"诚实是最好的策略(Honest is the best policy)"其实是说，按照"事情本该如此"的逻辑去做事，才会得到真正的好的结果。

因此，讲真话和诚实的品质是孩子必须具备的品质，诚实的人才能是一个有道德和信仰的人。洛克当然知道，真理并不是一套所有人都相信的教条，他所身处的时代也正是真理不知何处寻觅的时代。但是，对于高度主观抽象的人来说，只有相信真理存在，热爱并追求真理，用真诚的态度，以"本来的样子"面对生活和他人，才能内心安定，得到真正的幸福。

洛克清楚地看到，"一切的不义通常源自我们太过爱自己，太少爱别人"。否认真理、违背德性、撒谎骗人，本质上都是出于自爱的心理。因此，德性教育要培养的第三项品质是："要及早教他去爱别人，善待别人，以早早地打下一个诚实的人的真正基础。"㉑要让孩子认识到，在自己之外还有别人，所有人都是上帝的作品，都是自己的同胞造物(fellow-creature)。在人格上所有人都是平等的，自己并不比别人更重要，因此绝不能损人利己。用这样的方式来节制孩子的自爱之心。

爱上帝、爱真理、爱邻人，是洛克认为必须尽早在孩子身上培养的三项品质。在这三者之外，在讨论孩子性情倾向的部分中，对于可能偏离德性之道的性情，洛克还指出了"几种最常见的过失及其适用的纠正方法"。在他看来，德性教育很重要的一部分在于孩子性情的培养。道德观念固然重要，但良好的性情能让孩子自然地按照有德的方式来行动。此外，对这一部分细加考察，就会看到其中的内容正符合洛克在《政府二论》中所肯定的以自然权利为核心的道德观。在洛克看来，有德之人更接近自然状态。他能够节制自己的欲望，没有对财物的贪婪之心，既厌恶支配和控制他人，也反感依赖他人、寻求庇护的

㉑《教育思议》，第 140 节。
㉑ 同上书，第 139 节。

奴性,他既尊重他人、友善待人,又坚毅独立、自主自强,乐于与他人分享,却又绝不触犯他人的财物,心中还存有强烈的人道情感,有一颗对同胞造物的博爱之心。

在前面的讨论中我们已经提到,人主观抽象的膨胀体现为渴望占有物品、支配他人。对孩子性情的培养,其核心正是要克服这两种倾向。因为"这两种脾性几乎是扰乱人类生活的一切不义和争斗的根源"。[215]

首先要让孩子学会自我节制。培养悬置欲望的能力前面已经讨论过了。在性情培养的部分,洛克着重指出,家长要区分妄想的需要(want of fancy)和自然的需要(want of nature)。孩子饿了想吃,冷了要穿,喜爱游戏和娱乐,这些都是人性自然的需求。但是"说'我饿了'是一回事,而说'我要吃烤肉'则是另外一回事"。[216] 人的自然需求带来的不安往往没有特定的指向,但出于主观想象的不安则极易强烈指向某个特定对象,虽然自然需求的满足并不只依赖这个对象。所以洛克认为"切不可满足幼童妄想的需要,甚至不容他们提起",越是他们想要的东西越是不能给,否则只会放纵孩子的主观性,使他们易于"想要"的倾向越发强烈。[217]"应使他们不加区分地对待自然所安排的一切事情。"[218]所谓自我节制,不是消灭欲望和意志,而是克制心智易于产生的无理的主观想望。因此,"他们应当学会否定自己的欲求(appetites),心智像身体一样变得有活力、安定和强健,心智受约制嗜好的风俗历练,就像身体经受困苦的锻炼,……他们总是得不到向他人和自己渴求的东西,这会教他们学会适度、顺从,培养起忍耐力。"[219]

自然状态下的人有着自然的需要,需要借助外物来满足自己。但人的需要可能由于主观抽象性而膨胀起来,最终导致贪婪和争夺。在家庭和社会中,孩子更容易染上这样的毛病,因为他的各种需要可能

[215] 《教育思议》,第105节。
[216] 同上书,第106—107节。
[217] 同上书,第107节。
[218] 同上。
[219] 同上。

得到父母的放纵。因此洛克认为,必须让孩子学会节制妄想,"不加区分地对待自然所安排的一切事情",只要能满足基本需要就好。这样才能使人的心智更接近自然状态下的"有活力、安定和强健",变得"适度、顺从,能够忍耐"。

孩子们在一起时,彼此之间争夺领导权(mastery),"希望自己的意志凌驾于他人的意志之上",这是易于发生的情况,同样是主观抽象性膨胀的表现。但人与人之间自然是平等的,他们都是上帝的造物,都具有相同的力,彼此之间不存在自然的从属关系。⑳ 所以,想要支配他人的倾向同样必须克服,切不可让他们用自己的意志来支配他人,而是要"教他们学会所有想得到的遵从、殷勤和文明举止",让他们明白,要"获得他人的敬意、爱和尊重",就要对他人友善,尊重他人。这比凌驾于他人之上更为快乐,这样的人也更受人尊重。㉑ 在人与人相处的原则方面,洛克的观点与他在《政府二论》中引用的胡克的观点一致:人只有克制自爱、爱他人才能得到他人的爱:"如果我为害他人,我只有期待吃苦头,因为并无理由要别人对我比我对他们表现更多的爱。因此,如果我要求本性与我相同的平等的人们尽量爱我,我便负有一种自然的义务要对他们充满相同的感情。"㉒

同理,在物的方面也要让孩子乐于和他人分享,不能让孩子成为贪婪自私之人。为了根除贪婪,要培养孩子相反的品质:"要教他们自由和毫不为难地与自己的朋友分享他们拥有的东西",要用赞许和奖励引导他,让他不断实践,最终"不觉为难地与人分享他们拥有的东西"。㉓ 要让孩子认识到,慷慨"会令他得到那些受到自己善待、看到自己慷慨行为的人相同的善待",最终,"以自己能够和善、慷慨和有礼地对待他人而感到高兴和兴奋"。㉔当然,在培养孩子慷慨品质的同时,也一定要注意,不要让孩子侵害了他人的财产。洛克承认,有关财产的

⑳ 《政府二论》,第 6 段。
㉑ 《教育思议》,第 109 节。
㉒ 转引自《政府二论》,第 5 段。
㉓ 《教育思议》,第 110 节。
㉔ 同上。

正义的原则和标准"是心智当中理性进展和严肃沉思的结果",但还是要从小就引导孩子形成对财产的正确意识:"先就该教他们不要去拿或保留任何东西,除非那些东西是已经给他们的,来自他们认为有权力支配它的人。随着他们能力渐长,其他规则、正义的事例以及涉及'我的'和'你的'的权利,就可以向他们提示出来,并加以反复讲解。"[25]在孩子还不习惯进行抽象推理的时候,多用具体事例结合演示的方式,让他懂得在什么情况下该怎样做。在这里我们可以看到,洛克对财产权的肯定,完全不是对自私和贪婪的肯定。乐于与他人分享自己的东西是美好的品质,保护私有财产的本质在于尊重每个人应得的"生命、健康、自由和占有",避免个人的勤劳受贪婪和懒惰的侵害。

与争夺领导权相对,总想依附他人,一遇到伤害就想寻求庇护,这种奴性的品质也是洛克所反对的。喜欢告状(accusation)就是这种倾向的表现,因为告状意味着求他人来保护自己。"允许孩子抱怨,会使他们的心智变得软弱和娇气",总是寻求庇护者的人免不了带有奴性,所以洛克主张不要听从告状和申诉以培养孩子的忍耐和坚强,让他们"可以忍受来自他人的反对或疼痛,不致认为是什么奇怪或无法忍受的事情"。[26]当然,这并不是说要让孩子觉得没有是非对错,所以看到伤害他人的行为要及时制止,当着被害人的面斥责害人者,以树立公正和惩罚的榜样。如果孩子申诉的内容不是可以忽略的小事,而是涉及重大的道德问题,那就需要单独批评害人者,但不要当着申诉人的面,既不让申诉人觉得告状是有效的手段,也保全害人者的颜面,并让后者主动向受害人道歉,以促进孩子之间的谅解和友爱。[27]洛克清楚地看到,人与人之间相处难免发生冲突,要让孩子学会自己面对这种局面而不是托庇于他人。但同时也要让孩子看到,坏的行为会遭到公正的惩罚。

不要让孩子告状,还有助于避免孩子形成惧怕困难和挫折的软弱

㉕《教育思议》,第 110 节。

㉖《教育思议》,第 109 节。

㉗ 同上。

性格。在洛克看来,"人生要遭遇的磨难众多,这要求我们不能对每一点细微伤害过于敏感",而"心智强健、岿然不动,这是我们所能拥有的最坚固的铠甲,它能抵御生活中的寻常邪恶和意外事件。"[228]所以,不应让孩子习惯啼哭,因为这会使"应该加以防范或救治的精神脆弱症更加恶化",爱哭的孩子是软弱的,啼哭的原因往往是想要大人的同情和怜悯。[229]"无论受了怎样的伤害,都要令他们不要啼哭。"[230]与避免精神脆弱相对,洛克认为应当培养孩子坚强(fortitude)的品质,他将其视为"其他德性的保障和支撑"。[231]"我认为,真正的坚强乃是指一个人无论遇到什么样的灾厄或危险,都能泰然自若,不受干扰地履行自己的义务。"[232]虽然洛克承认人的脆弱性,认为此世之人会受到各种需要和不安的侵扰,但他仍然认为,"真正的坚强能够面对各种危险,岿然不动,无论威胁自己的是什么样的灾厄。"[233]要培养坚强的性格,首先要让孩子在小的时候不要受到惊吓,随后"要逐渐训练他们习惯那些极为害怕的事物",进而要让他们经受磨炼,让他们不时吃些苦头,并且不怜悯他们,从而"令他们习惯于吃苦",最终"具备一个理性造物应有的勇气"。[234]洛克所要培养的绅士,决不是娘娘腔的纨绔公子。被上帝安放在这个世界中的人,只有不怕艰难困苦,勇于实践,坚守德性,才能获得此世的幸福。

但是,在培养孩子坚强品格的同时,也要注意培养孩子人道的情感(sentiment of humanity),对同胞的博爱之心。洛克认为,对一个自然状态下的人而言,"当他保存自身不成问题时,就应该尽其所能,去保存其余的人类",这是自然法的要求,因为我们每个人都是上帝的作品,都是同胞造物。[235]他相信,"如果全人类的保全,成为每个人的一种

---

[228] 《教育思议》,第 113 节。

[229] 同上。

[230] 同上。

[231] 同上书,第 115 节。

[232] 同上。

[233] 同上。

[234] 同上。

[235] 《政府二论》,第 6 段。

信念,真正成为每个人的义务和衡量我们的宗教、政治和道德的真正本原,世界将会比现在安宁得多、性善得多。"[㉖]所以,一定不许孩子残忍地对待昆虫和小动物,要让孩子对它们加以爱护和照料。至于那些视征服杀伐为荣的时尚和意见,要尽量纠正它们可能对孩子产生的恶劣影响,要"培植和呵护相反的、更加自然的充满仁善和同情(compassion)的性情"。[㉗] 要让孩子对等级地位不如自己的人抱有尊重和善意:"对待地位低下和相对卑贱的人,尤其是仆人,言语和举止要文明。……要更具同情心、更温和地对待那些地位较低、家产不丰的同胞。"[㉘]以这样的方式,逐渐培养孩子对其同胞造物和其他有生命造物的博爱之心。

洛克将德性置于四德之首来讨论,既表明了德性在绅士品质中的地位,也说明了教育孩子应有的次序。在阐述完教育孩子的形式原则之后,培养孩子良好性情的内容已属于德性教育的范围。由此开始,直到"打下德性基础"的三项品质,都是必须首先塑造的孩子的道德品质。对洛克来说,勤劳和节制的孩子才不会陷入贪婪、任性和骄傲;能够真诚待人、友爱慷慨、懂得尊重他人的孩子,才不会在礼貌教育中流于表面的浮华优雅;心中有坚定的信仰,具备求真意志和博爱之心的孩子,才不会在理性教育中陷入思想的迷宫。这些人自然应当具有的德性,应当"一开始就在他力所能及的所有事情上,以实践而不是规则的方式来教他",使之成为孩子自然而然的秉性。只有奠定了这些品质的坚实基础,孩子才能在社会交往和寻求真理的成长历程中保有真正的自由。

(3) 教养

"上帝既使人成为这样一种造物,根据上帝自己的判断,他独自生活是不好的,就使他处于必然(Necessity)、方便(Convenience)和倾向的强烈约束下,驱使他进入社会,并使他具有理解力和语言,以便继续

㉖ 《教育思议》,第 116 节。
㉗ 同上。
㉘ 同上书,第 117 节。

和享受社会生活。"㉓《政府二论》第 7 章开头这一段话,是理解洛克社会观的基础。在他看来,与上帝所安排的自然状态不同,人并非自然处于社会之中,但人必然要进入社会,面对他人。与《政府二论》中对自然状态的讨论先于社会相似,在《教育思议》中,讨论过孩子应当具备的德性品质之后,洛克才展开有关教养的讨论。进行礼貌教育之前,应当先为孩子打下德性的基础。礼貌教育的意义,是教导孩子如何在社会中与他人交往,并培养在社会中应当具有的德性。不过要理解礼貌教育,有必要先理解洛克对社会的看法,这又需要从上面引文中的必然、方便和倾向三个方面入手。

人赤条条来到这个世界上,需要他人的帮助才能生存下来。亚当的后裔"生下来都是婴儿,孱弱无能,无知无识",人类的孩子需要父母长时间的养育和教育,才能长大成人。㉔ 所以,夫妻结成家庭,共同养育子女,这是人类能够生存繁衍的必要条件,也是造物主的安排。㉔ 在家庭中,父亲作为家长具有相对的权威。他对子女有教育和监护的权力,妻子和仆人在一定范围内要服从他。㉔ 习惯于服从父亲的治理,子女常常在成年后也保持对他的服从,"容许父亲一人在他的家庭里行使每个自由人自然享有的自然法的执行权",维护家庭的秩序。㉔ "几个家族的后裔因偶然的机缘、居地的接近或事务联系"也可能聚在一起结成更大范围的社会,选举出最有能力的人作为共同的治理者,任命他为战争中的统帅,在与其他社会发生冲突时指挥他们作战。㉔ 对洛克来说,家庭、部落和最初政治社会的形成是自然的过程,这样的社会也满足了人类对生存、繁衍和安全的需要。

但是在洛克看来,此世中的人类并不是能维持生存就好。造物主

㉓《政府二论》,第 77 段。
㉔ 同上书,第 55 段。
㉔ 同上书,第 78—80 段。
㉔ 同上书,第 82—86 段。
㉔ 同上书,第 74 段。
㉔ 同上书,第 110 段。

将世界赐予人类，目的是要让人类好好地保存自己："万能上帝的这个
重大而首要的祝福：'你们要生育众多，布满大地'，其中也包含工艺、
科学和生活便利品方面的改进。"㉕洛克清楚地看到：

> 如果我们考虑一下自己在此世所处的条件，我们必然发现，
> 肉食、饮料、衣服，抵御风雨寒暑的住所，我们所处的状态要求这
> 些必需品的持续供给，还经常需要药品；生活便利品我们需要得
> 还要多。为了供应这些东西，自然提供给我们的材料大部分相当
> 粗糙，不合使用；需要劳动、工艺和思考来使之适合我们处境的需
> 要，如果人的知识没有找到途径来减少劳动，将那些最初看似毫
> 无用处的东西加以改进，我们花上全部时间，也只能给贫穷、悲惨
> 的生活提供一点贫乏的供给品。那广阔而肥沃的西印度大陆上
> 的居民，已经为我们提供了够多的例子，他们过着一种贫穷、不舒
> 服和劳碌的生活，竭尽全力也难以维持生存。而那或许只是因为
> 不知道某种石头的用处。旧世界的居民却懂得技能从这石头中
> 提炼出铁，再用铁做成各种必需的用具，以从事和改进其他各种
> 工艺。如果完全没有这种金属，他们中的任何人都无法好好
> 维生。㉖

所以，被上帝安放在此世的人类，应当将更多的勤劳和智慧用在改善
此世的生活上面。人不应当把精力用于无益的思辨，那不是人的当务
之急："我们没有理由去抱怨自己不知道太阳和星辰的本性"，也没有
必要去考虑"将我们留在黑暗中的光本身是什么，以及上千种关于自
然的思辨"。㉗人更应该去考虑那些"不仅合用，而且知道了会对我们
很有好处"的事情。㉘从 17 世纪中叶到 18 世纪中叶，是英国历史上估

㉕《政府一论》，第 33 段。

㉖ John Locke：*Political Eassys*，Mark Goldie ed.，Cambridge University Press，1997，pp.
260 - 261，"understanding"。

㉗ 同上书，p. 261。

㉘ 同上书，p. 366，"study (extracts)"。

计寿命最短而老龄人口比例最高的时期。而洛克身处的 17 世纪,英国的人均寿命没超过 35 岁,在 30 年代初甚至不足 30 岁。从 1650 年到 1700 年,人口总数非但没有增加,还减少了 4.3%。[249] 身为医生的洛克坚信,人不仅要在此世生存下去,还要生存得好,才没有辜负了上帝赐予的力和自然提供的材料。身为人类创造者的上帝更乐于看到此世中的人过着饱暖、满足的生活,而不是"贫穷和悲惨的生活"。因此,人们应当各尽其能,改善人类的生活:

> 道德是一般人类合宜的科学和事业,(因为他们很关心且适合于去寻求他们的至善)至于各种工艺,则既关涉于自然的各个部分,因此分派给具有某种私人天赋的特定的人们,既是为人生公共的利用,也是为他们自己在此世维生。[250]

在洛克的《人类理解论》中的这段话正面阐述了分工社会的意义:每个人把才能发挥在自己的事业上,将自己劳动的产品提供给社会。由此,人类整体的处境也得到改善:

> 对于适合此世之人使用、有好处的知识,这里有着广阔的领域,比如说找寻新的发明来分派任务以缩短或减少劳动,或将几个主动和被动的部件机敏地组合在一起,以求获得新的有益产品,由此,我们财富的库存(也就是有助于我们生活便利的那些东西)会进一步增加或保存得更好。[250]
>
> 首先发明印刷术、发现罗盘,发现金鸡纳霜的功用的人们,比设立学院、工场和医院的人们,还更能促进人的知识,还更能供给

---

[249] 彼得·拉斯莱特:"工业化之前和工业化时期的英国人口与社会结构",载《英国政治经济和社会现代化》,王觉非编,南京:南京大学出版社,1989 年,第 238—241 页。

[250]《人类理解论》,第 4 卷第 12 章第 11 段。

[251] John Locke: *Political Eassys*, Mark Goldie ed., Cambridge University Press, 1997, p. 261,"understanding".

人以有用的物品，还救了更多人的性命。[252]

随着社会交往的扩展，发明的推广、分工的增进，生活便利品和知识的库存都随之增长，现实的历史也证明了这一点。

对他人的爱和渴望得到他人的爱，对他人赞许和荣誉的渴望，这些人性中自然的社会倾向与必要和方便一起，构成了人与人结成社会的必然性。虽然洛克并不认为社会就是人的存在方式本身，但他认为，社会是人必然也需要身处的现实条件。洛克并不是没有看到，伴随着货币的出现、贸易的发展，人性中的贪婪可能膨胀起来，奢侈和虚荣的时尚、不良的风俗也会败坏人心。[253] 但他并不认为这些恶都是社会本身造成的，也并不觉得为了避免这些恶，应当取消贸易和社会分工。社会中确实存在着不好的一面，但人仍然要在社会中共同生活，人与人之间同样有着真诚的友谊和信任、情感的交流和有益的协作。礼貌教育正是要教导孩子，如何在社会中正确地对待自我和他人，塑造孩子良好的社会德性。

什么是良好的社会德性呢？其实就是指在与他人的社会交往中，态度不卑不亢，行为举止进退有度、分寸合宜，使自己和他人都感到舒服。[254] 这就是洛克所说的教养良好（good breeding），而所谓教养不良，指的是在社会交往中，不能摆正自己和他人的位置："世间有两种不良的教养：一种是羞怯忸怩（sheepish bashfulness）；另一种是粗疏大意、待人无礼（misbecoming negligence and disrespect）。要避免这两种情形，就要谨守一条规则：既不要小看自己，也不要小看别人。"[255] 人高度

---

[252] 《人类理解论》，第 4 卷第 12 章第 12 段。必须指出，洛克肯定的人人丰衣足食的分工社会，并不是"发烧过度"的资本主义社会。这里的"库存"（stock）还不是"资本"。他认为根本正当的是人通过劳动创造出产品、相互交换来满足彼此的使用和人生的便利，决不是支持或粉饰工人的悲惨处境和资本家的贪得无厌。洛克身处的时代不是资本主义时代，要理解洛克的社会观，必须结合他所身处的历史条件做具体的分析，不能犯时代错置的错误。限于篇幅，本文无法详细讨论这个问题。

[253] 《政府二论》，第 48—51、110—111 段。

[254] 《教育思议》，第 141—143 节。

[255] 同上书，第 141 节。

的主观抽象性,决定了他的行动取向容易只考虑自己的快乐和痛苦。这种主观抽象表现在社会交往中,容易产生两种情形:他或是不顾他人的感受,自己觉得怎么合适就怎么来;或是总在琢磨自己做得是好还是不好,不能大大方方地行动。两种情形都是只意识到自己,虽然表现不同。前一种情形是对自我的抽象肯定,可能导致小看别人,目中无人、待人无礼:"将自己想得太好,过于肯定自己的价值,因为我们想象的对别人的优势,而觉得自己比别人更有优先权";后一种情形是对自我的抽象否定,表现为小看自己,唯唯诺诺、缺乏自信:"表现出一种乡巴佬似的羞怯",担心自己怎么做都不对。㉖ 那么,如何克服这种主观抽象性呢?

在洛克看来,人与人交往有着合宜的分寸尺度,基于各自的等级、身份、职司,以及具体的场合、情境,"该怎么着就怎么着"。但是主观抽象性导致人们往往体会不到那种尺度分寸,不是自我膨胀,旁若无人,举止出格;就是自我收缩,缺乏自信、该做的不敢做。后一种毛病,洛克认为多实践、与他人多交流就能克服:"其救治的办法无外乎让他不断地与各种人交往,尤其是与高于我们的人交往。"㉗因为自卑羞怯是注意力过于向内、集中在自己身上造成,多发生于和前辈、师长和官长等地位高于自己的人接触的时候,过分担心自己表现得不好。通过增加交往,孩子的注意力逐渐向外转,与他人形成自然的互动交流,这个毛病就会逐渐消失。这种孩子还容易犯的一个错误是担心自己不够礼貌而过于多礼,这也会使与他相处的人感到不舒服。因为礼节有来有往,如果自己做得太过,也等于是强迫别人行礼。所以要礼数适当,让彼此都觉得舒服为宜。㉘

洛克更多讨论的是如何克服自我膨胀、不顾他人的毛病。由于这一毛病源自在人际交往时只顾自己表达和行动,对他人的反应、感受根本缺乏注意、毫无感觉,所以注意力不能从他人那里返回来指向自

㉖《教育思议》,第142节。

㉗ 同上。

㉘ 同上书,第144节。

己,意识到自己举止是否合宜。要治这个毛病,光靠多与他人交往是不行的,必须做身心内外全方位的调整。"首先,心智要有一种不冒犯别人的秉性;其次,要用最容易让人接受和令人愉快的方式来表达那种秉性。从其一,人可称得上是文明(civil);从其二,则可称得上是得体(well-fashioned)。"[259]一方面,要克服自我中心的倾向,在内心形成"对所有人的普遍的善意和尊重"。[260] 要能体会他人的感受和反应,要有一种担心侵犯和伤害别人的意识,这才是真正的文明。另一方面,这种心情要能够通过外在的行为举止自然地表达出来。所以,孩子要通过观察他人的榜样,不断地学习"公认教养良好者的行为举止",养成自然而然的习惯,使得"表情、声音、言语、动作、姿势乃至整个外部仪态,都要表现得合宜雅正,以使和我们相伴、交谈的人心悦、自在"。[261]在洛克看来,礼貌是温厚内心与得体举止的浑然一体。在这方面,导师应当承担起榜样的责任,用自己良好的教养、得体的行为来为孩子做示范,"在幼童的一切举止中植入一种习惯性的雅正和礼貌"。[262]

在洛克看来,雅正得体、符合情境的举止不是虚伪客套。"由各个国家的时尚和风俗所决定的"那些外在的行为规范就像是语言,它只是借以表达"心智的内在文明(internal civility of the mind)"的一种媒介。[263] 在中国见面打招呼的方式是问"吃了吗",而在尼泊尔则是彼此吐出舌头。虽然各个国家的风俗不同,但礼貌所要表达的情感却是一样的,都是"对他人普遍的善意和尊重"。洛克让孩子学习和模仿得体雅正的举止类似让孩子学跳舞,本质上是想通过不断重复外在的行为举止,自外而内地塑造心智的秉性,培养起对他人友善真诚的感情,克服自我中心的心态。

因此,洛克的礼貌教育,不是要教孩子如何用虚伪的礼仪来掩盖自爱,恰恰是要教孩子如何克服自爱。他对故作姿态的做作

---

259 《教育思议》,第143节。
260 同上。
261 同上。
262 同上书,第93节。
263 同上书,第143节。

(affectation)有着严厉的批评,认为做作之所以丑陋不堪,就在于"外在的行为与内在的心智总是不一致",没法做到表里如一。[264] 做作的人,心里没有对他人的真正感情,只是为了表现和炫耀自己。与这种虚伪和虚荣相比,洛克更赞赏"朴实而未经雕琢的本性",因为"任其自然,远比人为的不雅之态和刻意的丑陋模样好得多"。[265] 因此,他要求孩子学习得体举止,决不是只重视外表:"如果他们心智健全,内有文明之本原,那种缺乏良好教导的外表粗俗,随着他们的成长,大部分可以经由时间和观察而洗刷掉,只要他们成长于良好的友伴之间。"[266]内心对他人的善意与温情,才是礼貌教育要重点培养的品质,也是爱和友谊的真正基础。

但是,出于单纯和未经世事的不懂礼貌,与不顾他人的恣意而为完全不同。只有改掉那种举止,才能培养起温良敦厚的内心。天生的粗鄙(natural roughness)是对自己脾性的随意放纵,不管他人觉得舒不舒服;轻蔑(contempt)是瞧不起别人;非难(censoriousness)是故意挑别人的毛病,跟人抬杠,让别人难堪;刁难(captiousness)则是默不作声地表示不信任和责怪别人;好争辩和打断别人是因为总觉得自己对别人错;洛克之所以批评这些行为,是因为他们其实只反映了我们的骄傲自大、自以为是、目中无人。[267] 人处在社会中,都希望与他人和睦相处,彼此之间交往愉快,能有真诚的思想和情感交流。骄傲自大目中无人、不能体会他人感情的人,缺乏人际交往中应有的德性。在洛克看来,社会交往的"真正艺术"在于"知道如何使与自己交往的人感到舒服,自己又不陷入下作的屈膝谄媚"。[268] 我们与人相处时,应当"按照应有的文明,待每个人以通常的礼节和尊重,由此表达对他人的尊敬、看重和善意。"[269]

---

[264] 《教育思议》,第 66 节。

[265] 同上。

[266] 同上书,第 67 节。

[267] 同上书,第 143、145 节。

[268] 同上书,第 143 节。

[269] 同上书,第 144 节。

3. 理智教育

在《教育思议》中,洛克将教导孩子进行学习放在最后讨论。在他看来,绅士应当拥有的品质之中"学问是最不重要的"。不过,这句话的意思并不是说,洛克将教导孩子学习知识、培养孩子的理性视为无关紧要的事情,因为人的理性是"我们心智中最高贵和最重要的能力"。[⑳] 处于高度观念论状态的人,需要用知识和思想来引导自己的欲望和意志。寻求知识和真理,也是洛克寄希望于绅士应当承担的天职。洛克之所以说学问"不重要",是因为他看到在自己的时代,有关理智的教育面临深重的危机。太多脱离实际、毫无用处的知识充塞着孩子的头脑,他们还要为自己从未体验过的生活吟诗作赋、搜索枯肠。宗教上合理的道德教训,与不合时宜的教条、难以理解的经文、鬼怪神灵的玄说混在一起。孩子要么学了许多不知道有什么用的东西,要么是拿这些东西来自我炫耀。心智非但没有学到"事情真正的概念",反而可能变得狡猾。所以,不要急于用无益的学习弄乱孩子的头脑、损害他们的纯真。洛克清楚地看到:"对于禀性良好的心智,学问对德性和智慧有着巨大的帮助;但必须承认,对于那些禀性不良的人,学问只会使他们成为更加愚蠢或更坏的人。"[㉑]对高度主观抽象的人来说,心智中的观念决定着欲望和意志的方向。如果给孩子灌输了错误或无用的观念,或任由空虚膨胀的自我将学问和知识当作自己谋利的手段、支配他人的工具,那只会使人走上更加错误的道路。因此洛克认为,理智教育必须以心智良好的禀性为基础。具有健康身体和各种道德品质的孩子,从事学习才不会走上岔路。在用头脑中的观念去抽象地理解此世人生之前孩子已经懂得,勤劳有德的人受创造这个世界的神所喜爱,勤劳和德性是通向幸福的唯一道路。在认识到他人是自己的同胞造物、自己有义务去帮助他们之前,孩子已经体会到了人道的情感、人与人之间的友爱和尊重、与他人分享的快乐,能有礼貌地表达

---

⑳《教育思议》,第 122 节。
㉑ 同上书,第 147 节。

自己的善意，与他人愉快地交流合作。在理解自然和道德的真理之前，他已经相信这些真理的存在，并下决心要寻求和服从这真理。在他运用天赋的自由来决定自己的方向之前，他已经能够自然而然地将这天赋的自由指向正确的方向。这样的孩子，可以通过学习来认识更广阔的世界、培养起自由的理性。

（1）真理的意义

有身体教育和道德教育做基础，已经塑造起了身心的良好秉性的孩子，适于接受培育理性的教育，以求成长为真正的"理性造物"。在前面的分析中我们看到，洛克眼中的人性具有高度的主观抽象性，是充满了内在的能与力的一块"白板"、一间"空屋"。人一生下来就具有趋乐避苦的倾向，但他只服从于一己苦乐的支配，即使满足也只是一时。他的心中充满焦虑和不安，却一片茫然，无所归依，不知何为真正的快乐和幸福。他徘徊在广阔的世界，却不知道该往哪里走。对人来说，"如果没有一些基础和本原，以使自己的思想有所归着，则他们的心智便不能平静。"[272] 要摆脱欲望和意志的支配，充实空虚抽象的自我，需要用真正的观念和知识充实心智，认识到至高的真理。这样才能为自己找到在世界中的位置，从而决定自己的方向。只有经受过理性的审察，人的欲望和意志才能指向真正的善，只有让真正的善来决定我们的欲望和意志，我们才自由：

> 一切德行和价值的重大本原和基础在于，一个人能够否定自我，克制自己的欲望，超越自己的兴趣，纯粹追求理性指向的最好的事物，即使嗜欲倾向于另一个方向。[273]

> 欲望或偏好的力，如果被善所决定，则正同行动的力应被意志决定一样，都是一种完善；而且越是确定地决定，完善的程度越高。不但如此，我们如果不被心智在判断行动的善恶后所得的最后结果所决定，而被别的事情所决定，则我们便不是自由的。因

---

[272] 《人类理解论》，第 1 卷第 3 章第 24 段。
[273] 《教育思议》，第 33 节。

为我们这自由存在（Freedom being）的目的，正在于达到我们所选定的善。[224]

所谓自由，是由自己决定自己的方向。但如果这自己只是空虚和抽象，那么人也并没有自由，只是服从于一时的激情、妄想和冲动而已。人性的抽象形式只有获得了某种实质规定，人才能真正成为人。只有认识到真正的善，让自身与表达善和真理的观念相统一，自己才能真正成为自己，才能获得自由。

那么，什么是真正的善和真理呢？对洛克来说，就是上帝以及他为人与自然设定的目的和法律。人的心智的高度主观抽象性与上帝退隐在观念世界之后，使得人只有借助思维的力量，凭借自然和启示之光去把握上帝的意志。寻求真理是人的本分，是人负有的神圣的义务：

> 这是我们对上帝负有的义务，他是一切真理的源泉和创造者，他就是真理自身；这也是我们对自己负有的义务，如果我们公正和真诚地对待我们自己的灵魂，让自己的心智持久地倾向于容纳和接受真理，无论在什么地方遇上它，无论它的样子是平凡、普通、奇特、新鲜，甚或令人不悦，我们就能够得到它。[225]

但这真理并非唾手可得。洛克清楚地看到，传统基督教的学说体系濒于崩溃，他所处时代的人们正身陷迷失错乱之中。越是陷于主观抽象，与真理相分离，找寻不到上帝的方向，精神就越发饥渴，想要抓住恩典的光明。既然传统的道路已然崩坏，那就只有另辟道路。在他看来，许多人畏惧理性的道路山高路险、荆棘丛生，急于脱离此世昏暗的境地。他们想要借着启示的灵光，径直飞上九重天际，沐浴在上帝

---

[224]《人类理解论》，第 2 卷第 21 章第 48 段。

[225] John Locke："Study"，in Peter King, *The Life of John Locke*，vol. 2. London：Routledge/Thoemmes Press，2010，p. 187.

的无限光明之中,这正是洛克所批判的单单乞灵于启示之光的狂热:"严格推理的劳动,既冗长乏味又不是总能成功。因此不足为奇,有的人们便自许得了启示,相信自己的行为和意见特别受了上天的指导。"⑳高度主观空虚的心智,在狂热的幻觉中,体会到与上帝直接合一,沉浸于圣爱的至福状态:"他们已经看到注入自己理解中的光明,而且这是不会错误的。那种光明白可见,正如昭明的日光一样,自己指示出自己,无需别的证明;他们感到上帝之手在自身之中驱动着自己,感到精神的冲动,他们的感觉是不会错误的。"㉗狂热之人乞灵于无中介的启示,正有如孩子渴望欲望立刻得到满足,对这种倾向的纵容,同样导致人主观抽象性的膨胀,将随便什么感觉、意见和念头都当做上帝的启示,结果只能是对自身空洞抽象的肯定。在洛克看来,处于这样状态的人受感觉和激情的驱使,将闪烁的鬼火认作昭明的日光。他们自然免不了"在宗教方面,发生很奇特的意见,很荒唐的实践"。㉘因为"自诩自信,以为自己和神明有直接的交往,与圣灵有不时的沟通",所以自然免不了"断定自己拥有命令他人的权威,鲁莽地规定他人的意见"。㉙ 从内战到光荣革命时期英国社会的混乱和纷争,这种宗教狂热实要负相当的责任。

与自我膨胀的狂热之徒类似,也有许多人不愿走上探求真理之路。他们出于自身的"懒散、无知和虚荣",盲目依赖他人意见的指引,托庇于各色权威和各个党派的门下。在洛克看来,这无异于"满足于使自己的心智,穿着粗陋而打满补丁的号衣,或借来的杂碎破布",或是"携丐篮为生,以丐得的意见作为荼余剩饭,懒散度日"。㉚ 可是高度主观的心智结构,决定了别人的理解和确信不能使自己的心智摆脱彷

㉖《人类理解论》,第 4 卷第 19 章第 5 段。

㉗ 同上书,第 4 卷第 19 章第 8 段。

㉘ 在 17 世纪的英国,宗教狂热到何种程度,其举止荒谬到何种程度,可参阅 Christopher Hill, 1958, *Puritanism and Revolution*, London: Secker & Warburg. Part2, chap. 11 - 12.

㉙《人类理解论》,第 4 卷第 19 章第 5 段;第 4 卷第 18 章第 11 段;第 4 卷第 19 章第 2 段。在狂热者渴望直接性的问题上,李猛老师的文章启发了笔者。

㉚《人类理解论》,第 4 卷第 20 章第 6 段;"赠读者"。

徨和迷惘:"我不能借助别人的理解而知道,正如我们不能用别人的眼睛看见东西。"[281]那些服从于他人意见的支配却不真正懂得这些意见是什么的人,要么是盲从传统、崇拜权威、沦为受人操纵的群氓,要么只是在嘴上说说,虚伪地声称信仰真理,其实只当那是为自己利益服务的工具。这两种人既没有自由,也没有道德,只是毫无操守的奴隶。高度主观的心智结构,使得每个人只有在心里有了自己确信的是非对错才不是空心人,只有知道善是什么,才能真正的践行善。人只有服从于自己确信的真理指导,才有真正的自由和道德坚持。因此,运用自己的理解力达到真正的"知",并用这知识来指导自己的行动,才是真正的自由和德性之道。

在洛克看来,人应当走的寻求真理之路,既不是单纯依赖启示的飞升,也不是依靠他人施舍的懒惰。一无所有的人运用身体的力量,通过体力劳动改造外物,满足衣食住行的需要;同样,他只有运用自己心智的力,通过脑力劳动来生产知识、充实心智,才能真正"使自己的思想有所归着",让自己的心智安定下来,让欲望和意志指向正确的方向:

> 上帝已经给了人们"舒适生活和进德修业所需的东西",使人们能够发现此世生活的舒适供给,达到更好来世的途径。他们短浅的知识,纵然不能完全普遍地了解一切事物,仍然能够确保他们了解主要关心的事情,有充足的光亮,将他们引向自己造物主的知识,看到他们自己的职责。[282]

在洛克看来,人的理解虽然有限,却是上帝赐予人的自然之光。它虽然微弱有如烛火,但这支"我们心中所燃的蜡烛已经足够明亮来满足

---

[281] John Locke: "Study", in Peter King, *The Life of John Locke*, vol. 2. London: Routledge/Thoemmes Press, 2010, p. 196.

[282] 《人类理解论》第 1 卷第 1 章第 5 段。

我们的所有目的。我们用它所得的发现就应该使我们满意"。㉓ 虽然这烛光微弱,人生的许多事务也不能彻底明了、完全确定,只能供给"一种概然(probability)的黄昏之光",但"这种光明适合于我们在此世的平凡和等待的状态",可能的错误使我们"常常自己警觉,要在这个旅行的日子内,勤劳谨慎,追求达于更完美境界的正道"。㉔ 尘世既非天国也非地狱,人在这尘世中生活,"必终生劳苦才能从地里得吃的,必汗流满面才得糊口"。他本是尘土,最终仍要归于尘土。但他能够通过勤于运用自己内在微弱的自然之光,来照亮这尘世中通向幸福的道路。㉕ 理智教育正是教导孩子如何运用心智的理解力这自然之光,去进行脑力劳动,生产知识,认识真理,培育起自由的理性。

(2) 创造知识

要理解洛克的理智教育,我们不能只考察《教育思议》。他在《人类理解论》和《论指导理解力》中的论述是理性教育不可缺少的组成部分。而《思议绅士的阅读和学习》对《教育思议》中孩子的学习做了重要的补充。这四部著作,构成了有关心智如何获得观念、学习和生产知识、培养起自由理性的完整论述。

对洛克来说,人运用理解获得知识和真理的过程同样是一个劳动生产的过程。理智方面的教育使孩子学会创造属于自己的心智的财富:"真理是心智合适的对象、财富和装备,一个人拥有的这种财货,决定了他与别人的差异以及他高于别人的价值所在。"㉖正如尼尔·伍德所指出,《人类理解论》运用了培根式的自然史方法,描述了心智的发

㉓ 《人类理解论》,第1卷第1章第5段。

㉔ 同上书,第4卷第14章第2段。

㉕ 这里必须指出,洛克并未否认启示的地位,他只是认为启示需要以理性为基础。在洛克的教育思想中,包含宗教的相关内容,以肯定基督教为真正的启示宗教为前提。但是对孩子来说,有关基督教的学习主要侧重其道德教诲和历史意义,而不是一种"启示教育"。这与洛克持有的宗教宽容态度和他自己的基督教信仰都不矛盾,并且相当接近他在《基督教的合理性》第14章中所持的立场。对于洛克的宗教观这个极为复杂的问题,需要用另一篇文章来讨论。

㉖ John Locke: "Study", in Peter King, *The Life of John Locke*, vol. 2. London: Routledge/Thoemmes Press, 2010, p. 187.

展过程,这个过程也是心智获得观念、生产知识的过程。面对那个时代有知识的绅士阶层,洛克想要指导他们如何运用理解力获得知识,过一种更为理性的生活。[20] 在这本书中,洛克详细说明了初始状态为"白板"和"空屋"的心智如何获得初步的简单观念(simple ideas),运用自己内在的力,将这些简单观念加工成抽象的复杂观念(complex ideas)和概念(notion),再用词(word)来标记这些观念,借助语言来形成命题,表述这些观念之间的联系,最终运用理性来审察和判断这些命题,确定何为知识和真理。如果把知识和真理比作人制造出的产品,那么《人类理解论》就侧重于从这件产品本身的角度出发,以最为抽象和理想的方式来说明,如何从工匠的手中一点点地产生出它。从取得最初的材料,到加工为细小的零部件,再将这些小零件组成更大些的部件,再把这些部件组合成一个整体,大概包含着哪些步骤,每一步又该注意哪些方面。能按照这个步骤来生产产品的心智,可以说具备了完美的"手艺"。

但是,《人类理解论》中描述的这种"手艺",是极度抽象的理想化的"完美手艺"。洛克并不认为孩子可以不借助现实条件,单凭自己的力与经验结合就能够白手起家,凭空创造出真理,学成手艺。我们都不是上帝亲手造的亚当。因此,要理解洛克理智教育的完整观点,必须将《人类理解论》与《教育思议》和《思议绅士的阅读和学习》相结合。在《教育思议》中,他指导家长如何避免错误的流俗意见,引导孩子将自己的经验与已有的知识"成品"相结合,按照合理的次序来获得观念,学习必要的知识。而在《思议绅士的阅读和学习》中洛克想要说明,有了一定理智基础的绅士和孩子,可以进行更广泛的阅读,将前人创造的精神财富变成自己的,并对最重要的工具——书籍进行了挑选。在《论指导理解力》中,洛克却又将具体的知识放在一边,而着眼于理解力自身说明自由的理性品质是什么样的。所以在这篇文章中,洛克又回过头来详细说明了应当如何避免误区、正确地运用理解力。

---

[20] Neal Wood, *The Politics of Locke's Philosophy*, pp. 2 – 7, University of California Press, 1983.

因为对洛克来说,理智教育的基本逻辑与身体教育和道德教育相同,在他看来,理智教育的最终目的仍然不在于某种具体的知识本身,而在于要打造出创造知识、认识真理的"好手艺"。

讨论洛克的理智教育,仍然先要以《人类理解论》为基础,了解心智创造知识、发现真理的基本步骤。要真正懂得洛克要培养的理智的"手艺"是什么,先得懂得这手艺制造作品的最基本逻辑。

在洛克看来,白板心智进入这个世界,最先获得的是简单观念。刚刚来到这个世界的孩子,意识到的不是对象的整体,而是最零散的一些碎片式的观念。他看到赤橙黄绿各种色彩,接触到坚实和柔软,感觉到冷和暖、舒服和难受,发现有什么在这里那里、会动和不动。广延、凝性(solidity),颜色,数目、运动、思维、意志、苦乐、能和存在(existence)这些最抽象、最一般的观念,孩子的心智最先把握到。它们或来自对外界的观察,或来自对心智自身的反省。㉘ 虽然这些观念看似凌乱、简单,但却是造就一切知识大厦最基本的材料:"一切崇高的思想虽然高入云霄,直达天国,亦都是导源于此,立足于此的。人心虽然涉思玄妙,想入非非,可是尽其驰骋,亦不能稍为超出感觉或反省所供给它来默思的那些材料——观念——以外。"㉙

当心智获得了这些简单观念,它就自然地将自己的力运用在它们上面,对它们进行加工。孩子慢慢能够比较红和蓝、冷和热、这个和那个,并照着对象,将零散的观念结合在一起,意识到世上有许多独立完整的"东西",并发现这些"东西"有着各种状态,在不同的"东西"之间,又有着相互的联系,复杂观念就这样形成了。它们主要有三类:样态(modes)、实体(substance)和关系(relation)。㉚ 实体就是存在着的"东西",它是"简单观念的复合体;它们代表着一些彼此分明、自我持存的特殊事物"。㉛ 而样态是"实体的一些附属性质或动向

㉘《人类理解论》,第 2 卷第 2—7 章。
㉙ 同上书,第 2 卷第 1 章第 24 段。
㉚ 同上书,第 2 卷第 11—12 章。
㉛ 同上书,第 2 卷第 12 章第 6 段。

(affection)"，㉒是这些东西呈现出的各种状态。关系则是东西之间的联系：由"人心在思考一个事物时，如果将它与别的事物放在一块来考虑，并在两物之间来回观察"而形成，虽然关系的主体也可以是简单观念和样态，但最重要是实体之间的关系。㉓ 在洛克看来，我们对任何事情的观念都是这样来的。比如说人这种东西："某种形象如果同运动、思维、推理等诸种力构成观念的复合体，并结合在实体上，则我们便有了通常的人的观念"。㉔ 孩子观察到某种形象、看到它会动、会想、会说话，把这些性质结合在一起，就得到了"人"这个"东西"的概念。孩子又发现，人会跑、会跳、会走，就产生了有关人的行动的各种样态的概念。而在人与造物主这两个"东西"之间，又有着关系：人是由上帝造的。所以孩子又得到了因果关系的概念：上帝是人的原因，人是上帝的结果。

在洛克看来，复杂观念是人的心智的力施加于简单观念的产物，是心智制造出的抽象的概念，"它们的原始的、恒常的存在(existence)，更多是在人的思想中，而不是在现实的事物中"。㉕ 实体观念以某种外界存在为原型(archetype)，通过对外界对象的经验观察，我们发现某些简单观念恒常地结合在一起。心智运用组合与抽象的力，将这些观念复合起来，从而形成了物种(species)的概念。孩子在外界"看到"某些特征稳定、相似的东西，认识到"这些东西都是同种"，并形成相应的抽象概念。孩子看到许许多多相似的个别的"人"，具有某些共同特征，将它们组合在一起，就形成了抽象的作为物种的"人"的概念，并认为这一物种存在于外部世界中。这个概念，只是表达这一物种的外部特征的名义本质(nominal essence)。㉖

至于样态和关系，心智构造它们未必需要以某种外界实存为原型，相反，我们却以这些概念为原型，比照着它们来指称外界对象。比

㉒《人类理解论》，第 2 卷第 12 章第 4 段。

㉓ 同上书，第 2 卷第 25 章。

㉔ 同上书，第 2 卷第 12 章第 6 段。

㉕ 同上书，第 2 卷第 22 章第 2 段。

㉖ 同上书，第 3 卷第 3 章第 7—8 段，第 3 卷第 6 章。

如比自己大的父亲兄弟的儿子和比自己小的父亲姐妹的儿子,中国人分别会有"堂兄"和"表弟"的概念,但对于英国人来说,却没有不同的概念来区分,笼统地称之为 cousin。这不是因为在西方没有对应的不同的人存在,而是西方人缺乏中国人区分这两种关系的相应概念。因此洛克认为,它是存在于人的心智当中的真实本质(real essence),它是一种主观性的实在,并非参照某些外界原型而形成的摹本。[27] 它的形成并不需要基于观察,孩子总是先被告知"堂兄"和"表弟"这两个词,然后经他人的说明,才在心智中形成这两个词分别指代的概念。[28]

在这里我们看到,正是在作为心智观念标记的意义上,语言和文字具有极大的重要性。人可以借助声音和文字,用词来标记和表示我们心智中的观念,用由词连成的句子表达自己对自然界的观察、对人事的理解。因此,语言文字对于知识来说必不可少:"知识虽然以事情为归依,可是它大部分时候又得有词来介入,它与我们的一般知识密不可分。"[29]虽然作为中介、指向事情自身的是心智中的观念,但观念特别是复杂观念中的样态和关系,如果没有词来标记它们,是相当难以稳定下来的。[30] 社会中的人要彼此交流思想,将自己心智中的观念传达给别人,必须借助语言和文字,孩子学习语言和文字的过程,同样是通过教育获得相应观念的过程。"人,一贯习于从摇篮中起就学习那些容易得到和记忆的词,然后才知道或形成复杂观念,那些观念,或是与那些词联系着的,或是从认为它们代表的事物中发现的。"[31]词成为了我们自己心中观念和事情本身之间的中介:"词永远介在理解和理解所思维、领会的真理之间"。[32] 比如"人"这个词,既指向某些作为外部原型的对象,也指向我们心智中"人"这个"物种"的概念。"堂兄"和"表弟"这两个词,代表我们心智用以表示人的某种身份的相应概念。

---

[27] 《人类理解论》,第 3 卷第 5 章第 3 段。
[28] 同上书,第 3 卷第 5 章第 15 段,第 3 卷第 10 章第 4 段。
[29] 同上书,第 3 卷第 9 章第 21 段。
[30] 同上书,第 3 卷第 5 章第 11 段。
[31] 同上书,第 3 卷第 10 章第 4 段。
[32] 同上书,第 3 卷第 9 章第 21 段。

孩子通过学习语言、观察外界，心智中也获得了越来越多的概念。

虽然观念只是我们心智中的存在，但由于它指向的是事情自身，因此借助语言，由几个相互联系着的观念形成的某种陈述，能够反映事情自身的某种稳定的性质或状态。相应地，在这些观念之间必然存在着某种稳定的联系，某些观念与另一些观念能够相互一致或不一致。比如"火"的观念与"金子熔化"的观念之间有着稳定联系，"杀人"的概念与"偿命"的概念彼此相互一致。因此，我们可以借助词和语言，以命题的方式来表述这些观念间的联系，如"火可以熔化金子"、"杀人偿命"，再运用理性对这些命题加以考察和审视，看看这些观念之间的联系是否真实、合理，火是否确实可以熔化金子，杀人是否应当偿命，再看看这些命题是否正确地表达了它们之间的联系，然后，我们就能够做出该命题为真还是为假的判断。当命题正确表达了我们想要表达的心智中观念之间的联系，而这些观念间的联系，又或者符合它们所指代的外界对象，或者自身表达出了某种真实的事理时，这些命题就成为了真正的事理——真理（truth），"按照事物彼此之间的一致与否，而做的各种标记的分合。"[303]这样的真理，也就是确定的知识（knowledge）：

> 所谓知识不是别的，只是对任何观念间的联络和契合，或不契合和相违而生的一种知觉。知识只成立于这种知觉。一有这种知觉，就有知识，没有这种知觉，则我们只可以妄想、猜度或相信，而却不能得到什么知识。我们所以知道，白不是黑，不是因为我们知觉到这两个观念不相契合么？我们所以确乎不疑地相信"三角形三内角之和等于两直角"的这个论证，不是因为我们知觉到，三角形的三角必然等于两直角而不能有所变化么？（同上书，IV.1.2）

当我们运用自己的理解力，把握到"火能熔化金子"、"杀人应当偿命"

---

[303] 《人类理解论》，第 4 卷第 5 章第 2 段。

的时候，我们就获得了契合事情自身（thing itself）的真的知识（real knowledge）："我们的知识所以为真，只是因为在我们的观念和事物的真实（reality）之间有一种契合。"⑭虽然人天生是主观抽象、脱离事情本身的存在，但人可以通过心智的劳动和学习，在自身之内，借助概念和知识而把握到事情本身。因此，人学习和求知的过程，是脱离迷茫不定、把握到神圣真理的过程。经历了这个过程，人才能从虚无中摆脱出来，真正认识到自己是谁，在这个世界上该做些什么，获得人应有的规定性。

洛克将知识或科学分为三大部类：物理学（physics）、伦理学（ethics）和逻辑学（logic）。物理学是有关"事物自身的存在、构造，属性和相互作用"的知识，伦理学是关于人应当遵守和能带来幸福的那些道德准则以及其实践手段的知识，逻辑学则是关于作为事情表象和标记的观念和文字的知识。⑮ 一切有关自然与精神、人性与义务、政治与社会的知识都包含在前两种知识之内，逻辑学则是对构造这两种知识的工具的考察。

洛克认为，我们对一切实存实体所具有的概念，表达的只是其名义本质，是对作为原型的实体自身的不充分的表象（representation）。世界中存在的各种自然实体有着各自的质（quality），这些质可分为第一质（primary qualities）和第二质（secondary qualities）。前者可以通过感觉来发现，但它们不依赖于感觉，存在于实体自身之中，如体积、形状、数目、位置和运动等等，第二质则是实体的力。这些力作用于我们的感觉或反省，使我们产生出某种观念，如颜色、气味、冷热等等。⑯实体内在的力使不同的实体能够彼此相互作用，使各自的质发生变化。实体的各种质及其相互作用往往具有一定的恒常性，因此基于经验和观察，我们可以发现这些实体的各种质以及实体间的各种相互作用关系，这就构成了有关各种实存实体的自然知识。洛克承认，由于

---

⑭《人类理解论》，第 4 卷第 4 章第 3 段。
⑮ 同上书，第 4 卷第 21 章。
⑯ 同上书，第 2 卷第 23 章第 9 段。

我们只能依靠感觉来把握自然界中实体的外部特征,形成的概念只是其名义本质而非真实本质,因此对它们没有绝对确定的知识,而只能满足于"实验和历史的观察"能够提供给我们的概然性的知识:

> 我们既然缺乏有关它们真实本质的观念,所以我们就不能不抛开我们的思想,而被打发到事物本身上去。在这里,经验必须教我们以理性所不能为力的事情。我们只有借经验才能知道,有什么别的性质和我们的复杂观念中那些性质共同存在,才能知道,我所称为"金"的那种色黄、沉重,而可溶的物体是否是可展的。㉛

虽然这类知识难以达到完全的确定性,但也能够满足我们日常生活的需要:

> 我们的各种能力虽并不足以达到全部存在物的范围,并不能毫无疑义地对一切事物得到完全的,明白的,涵蓄的知识,它们只足以供保存自我营谋生命之用,因此,它们只要能把有利有害的事物确实的报告我们,那它们的功用就已经不小了。㉜

自然知识的根本目的是为人的生活服务,有助于制造出各种生活便利品:"在物体的诸般物种及其属性方面,我们只能获得很少的一般性的知识。但我们可以借助实验和历史的观察,由此得到安适和健康的好处,增添此生舒适品的库存。"㉝

　　自然实体需要借助感觉和外在观察来认识,对于精神实体如人的心智,需要借助心智自身的内部感觉也就是反省来把握。在这里,经验观察只是转向了内部。另一方面,现实中实际存在的人性同样需要

㉛《人类理解论》,第 4 卷第 12 章第 9 段。
㉜ 同上书,第 4 卷第 11 章第 8 段。
㉝ 同上书,第 4 卷第 12 章第 10 段。

经验和观察来把握。所以洛克推荐历史和某些讨论激情的哲学著作，它们如同调查报告，是对人性很好的描述："关于人的知识，虽然主要来自经验，其次来自明智地阅读历史，然而有些旨在论述人性的书，也有助于给予我们某种洞察力，比如那些考察激情及说明如何激发它们的著作。"⑩对于洛克来说，与外在于人的自然相似，无论是精神还是人性，都同样需要借助经验和观察来认识。

虽然我们有关实体的概念只是作为摹本的名义本质，但有关样态和关系的概念就不同了。"堂兄"和"表弟"，"杀人"和"偿命"，这些概念都是由人的心智造成，不需要参照某种原型，其自身就是充分的，表达的也是自身的真实本质。所以，由这样的概念构成的命题和知识可以达到绝对的确定性。只要我们有了"堂兄"和"表弟"的概念，我们就能知道这两个概念并不相同。只要我们具有"杀人"、"偿命"以及与之相关联的道德概念，就可以借助推理而认识到"杀人应当偿命"。洛克说建立在这种概念上的道德知识与数学知识非常相似，他的意思其实只是说，就像数学中的多元方程组，一旦 X、Y、Z 所代表的值确定，将它们加以组合就能产生出许多正确的方程式，同样，一组彼此的内涵有着相互联系、相互中介的概念，能够产生出许多确定的真命题。借助我们的直觉和一步步的论证，可以发现概念间存在着的那些自然的联系。就像只要我们有了"三角形"、"内角"和"直角"的概念，就必然能够得出"三角形内角和等于两直角"的陈述一样，在道德方面与数学相似，我们同样可以通过有逻辑的思考和论证，发现真实和确定的命题。洛克所举的那个从"人们来世要受刑罚"推论出"人们可以自由决定"的例子，很好地说明了道德推理的逻辑是什么。⑪ 在"人们来世要受惩罚"与"人们可以自由决定"之间，有"上帝"、"公正"、"有罪"、"法"等诸多观念做中介，从而使得那两个命题可以相互等同。从定义确定、彼此相互联系的一系列概念中，可以产生出诸多的真命题，这正是

⑩ "思议绅士的阅读和学习"，见《论指导理解力》中文译本《理解能力指导散论》的第 102—103 页。

⑪ 《人类理解论》，第 4 卷第 17 章第 4 段。

道德知识和数学的相似之处。所以洛克说："在这里我相信,任何人只要能同样无偏颇地注意数学和这些别的科学,我们就可以根据自明的命题,必然的联系,如在数学中那样不可反抗,给他证明出是非的尺度来。"⑫人虽然无法知道自己作为自然的物质和精神实体的真实本质,但能够知道自己作为道德存在的真实本质,确立起道德善恶的真正标准。

但是,如果说道德概念是由人的心智自由构造而成,那是否意味着道德知识只是人的任意想象,并没有任何实在的根基? 并非如此。作为道德知识基础的那些样态和关系,虽然是由心智构造的,但却不是随便胡乱为之。如同三角形、圆形和立方体这些概念,虽然不存在于外部世界之中,但却不是随随便便的幻想,它们之间的联系也并不是虚假的联系。只要我们的心智有了这些概念,指代它们的名称就有了确定的含义。这些概念之间的契合与不契合的关系、它们所形成的命题的真与假,也就能够确定下来。我们不能将这些名称随便用于其他的概念,加以随意的调换,我们不能用"三角形"一词指代"四边形",我们必须承认三角形的内角和是 180 度。我们用"偷盗"一词来表达"一个人不经他人的同意,而把他人由诚实的勤劳而占有的东西拿去"这样的概念,并认为这样的行为是"不义",这是确定无疑的。即使有人给那个概念安上"慷慨"之名,那也只不过是滥用语词而已,它的概念本质并不会变化,当我们知道了这样的"慷慨"的含义的时候,我们仍然会视之为不义⑬。人心中的道德概念及其联系,抽象、普遍而稳定。因此洛克将由这些概念形成的普遍而确定的命题称为永恒的真理(aeternae veritates)。虽然它们不是"先于理解而造出、事实上已形成的永恒命题",也不是"由已经存在的、外在于心智的某些范型印在心智上"的内在真理,但它们"一旦被造出来,作为抽象的观念而为真,则不管什么时候拥有这些观念的心智再次造出它们,不论过去还是将

---

⑫《人类理解论》,第 4 卷第 3 章第 18 段。

⑬ 同上书,第 4 卷第 4 章第 9 段。

来，这些命题都永远在事实上为真。”[314]

即使是这样，说道德知识类似于数学真理，从表面上看也是个过于大胆的断言。更何况洛克本人并未以身作则，写出一部近于数学的伦理学。用今天人们的眼光来看，这似乎更是过时的讲法。如果说道德知识类似于数学真理，即便它是后天获得，难道不会重新堕入洛克自己批判的教条主义和权威主义？更何况洛克承认，大部分的道德概念乃是通过语言从外界获得，而非由孩子自己独立创造？“那些教条，虽然没有高贵的来源，虽然只是由乳母的迷信和老妇的权威来的，可是因为年深日久，乡党同意的缘故，它们会在宗教中或道德中，上升到本原的尊位”。[315] 另一方面，非欧几何的出现也似乎早已证明，即使是数学真理，也可能存在完全对立的概念和陈述，并且在纯粹逻辑上都是自洽的。难道对道德真理的寻求，不会最终堕入无数抽象理论的迷宫？与这两种危险相联系的是在各民族构成的世界中，道德知识沦为无数的“地方性知识”。洛克自己也十分清楚：“在一个地方人们所提到的或想到的道德本原，德性的规则，几乎没有一种不是在其他地方，为人们的各自社会整体的一般时尚所忽略、所鄙弃”，心智的自由构造似乎仍然不免沦为相互斗争的任意构造。[316] 在这里我们看到，洛克在《人类理解论》第1卷所批评的乱象似乎又将卷土重来，他的思想最终仍要走向自己的对立面。但事实是否确实如此呢？

要回答这个问题，首先我们要看到，虽然洛克将由抽象概念构成的道德真理称为“永恒的真理”，但他在《人类理解论》中反复强调的是“永恒的真理”并不是给定的教条，为某些权威所独占，因为人人都有权利来构造概念、陈述命题，用自己的力量将它创造出来：

> 任何人都有一种不可侵犯的自由(so inviolable a Liberty)，造词来代表自己喜欢的任何观念，因此，别人虽与我们用同样的

---

[314] 《人类理解论》，第4卷第11章第14段。

[315] 同上书，第1卷第3章第22段。

[316] 同上书，第1卷第3章第10段。

词,可是没有人有权力(power)来使别人在其心智中发生与自己相同的观念。[317]

> 亚当起初既然有自由可以不借任何别的模型,只用自己的思想,来构成任何混合样态的复杂观念;则自他以后的一切人类亦有这种自由。……亚当既有自由,可以给任何观念以任何新的名称,则别的任何人亦都有这种自由(尤其在语言初兴时为然)。[318]

虽然洛克完全承认,我们所具有的大部分道德概念都是教育和风俗的结果,但他始终强调,人应当运用自己的理解来寻求真理,超越社会的时尚、"乳母的迷信和老妇的权威"。理智教育的核心,正是要培养人独立自主的理性能力。因此,道德知识确与数学和自然科学的情形类似。非欧几何学的出现,并不就抹消了欧几里得几何的正确性,相对论力学不是否定了牛顿力学,而是深化和拓展了它。在道德方面,甚至更谈不上谁取代谁,谁否定谁。儒家的伦理并不否定亚里士多德伦理学的真实,尼采的"超善恶"也并不取消了斯密的道德同情。就对于自然、神圣和人生的理解而言,这些知识和思想、人类心智的创造,都是超越时空的"永恒的真理"。它们之为永恒,不在于它们初始即在、由神所造、没有局限,而在于它们之超越一时一地、一人一国,抽象而普遍,共同表达着那有限之人永远无法完全把握的更大的永恒,那自然、神意与人性的真理。对洛克来说,无论是自然知识还是道德知识,都是在人心智中形成的、对上帝所创造的有秩序(未必是实际的现实秩序)的世界的抽象的内部映射。这种关系在这段话中得到了最好的表达:

> 在我们的外面,上帝已经造出了和谐而美丽的理智世界;但它决不会一下就进到我们的脑袋里面去;我们必须将它一点一点地弄回来,用我们自己的勤劳将它建立起来,否则除了黑暗和混

---

[317] 《人类理解论》,第3卷第2章第8段。
[318] 同上书,第3卷第6章第51段。

> 沌,在我们的里面就什么都没有,无论在我们外面的事物是怎样地光明而有秩序。[19]

洛克清楚地看到,上帝退隐的现代世界,主观抽象性往往欲假永恒真理之名,行地上威权之实。陷于主人与奴隶困境的人,只能距"永恒的真理"越来越远。因此,必须给一切人运用理解、创造永恒真理的自由。真理虽然是人的创造,却并不是主观的虚构,而是人身处的这个世界的秩序的反映。只要我们承认,自然与人世并非一团混沌,而是有着一定的规律和法则,知识只要植根于人所经验到的这个世界并反映着它的秩序,经得起理性的审察,它就是人的劳动创造的"永恒真理",是真实和有用的东西。

但是,如果说人人都有自由来创造知识和真理,那是否又会造成知识领域的混乱? 促使人们任意妄为、产生无休止的争斗? 同样并非如此。首先,洛克从未主张让心智空空的孩子去"自由地"创造自己的真理,相反,在严格避免不良风俗和谬误意见的同时,必须依靠教育的力量,使孩子结合切身经验来学习自然知识,通过阅读前人优秀著作来理解道德和社会,并在此过程中培育起理性的自由品质,在前人的基础上来形成自己的理解。在下面的章节中,我们会讨论到这些内容。另一方面,知识和思想虽然由个人创造,是他自己的财产,但洛克不是要让人们独守自己的知识,而是要通过语言、相互交流,使知识成为全人类的共同财富。

在洛克看来,上帝"供给了人以语言,以为组织社会的最大工具、公共纽带。"[20]人既然能够说话,会运用词和语言,就是为了与别人相互交流,传达自己的思想。知识和真理既然是由命题构成的,所以词和语言也是知识和真理的基本工具。洛克指出:"在我们与他人的谈论中,语言的目的主要有三种:第一,是要把一个人的思想或观念让另一个人知道。第二,是要尽可能简易、迅速地达到这个目的。第三,是要

---

[19]《论指导理解力》,第 38 节。
[20]《人类理解论》,第 3 卷第 1 章第 1 段。

传达人们对于事情的知识。"⑳所以,"人们发明语言,为的是促进知识,联络社会",而那些不正确地运用语言,用合理的词表达确定观念的人,"虽然不至在事物本身方面把知识的源泉污损了,他们亦定会把那些水道堵塞了,使知识不能分配出去,供全人类的利用"。㉒搬弄无意义语词的学者、用不当词汇指称观念的哲学家,"虽然可以由此占到便宜,却由此毁灭了谈论、交流、教训和社会的工具"。㉓反倒是未经教育培养起那种"敏锐"的"意思清楚的聪明人","能够明白地互相表示自己的想法,在对语言平实的运用中,得到它的利益"。㉔知识是要拿出来与他人相互交流、讨论的,是社会的共同财富。相互交流思想和知识,不应当是为了各人自己的利益而应该为了真理本身。所以,人们应当以诚实的态度、平实的语言、耐心的解释来向他人表述自己的观点,传达自己的思想,而不应当傲慢偏执,自诩握有绝对真理,以知识之名争斗不休,或在虚假的学术幌子下面谋求个人的利益。我们当然应坚持"永恒的真理",但同时也要看到,个人所能达到的真理往往很渺小、很有局限:"对于同一事物,由于我们相对于它的位置不同,通常我们看到的东西也不一样"。㉕所以,应当乐于同他人交流,看到思想界是一个由各门学科和手艺构成的整体,通过了解不同的观念和方法,来让心智获得更大的自由,要"对于整个理智世界有一种公正而平等的看法,从中看到整体的秩序、等级和美丽,并根据适当的次序和各自的用处,对不同领域的学科给予恰当的考虑"。㉖

　　人们不仅应当通过相互交流,彼此了解各自的思想和认识,另一方面,就知识和真理的内容而言,也应当有助于人类的普遍幸福。因为道德的准则,就是"人类行动方面能招致幸福的规则和尺度"。㉗在

---

⑳　《人类理解论》,第 3 卷第 10 章第 23 段。

㉒　同上书,第 3 卷第 10 章第 13 段,第 3 卷第 11 章第 5 段。

㉓　同上书,第 3 卷第 10 章第 10 段。

㉔　同上。

㉕　《论指导理解力》,第 3 节。

㉖　同上书,第 19 节。

㉗　《人类理解论》,第 4 卷第 21 章第 3 段。

洛克看来,追求幸福乃是人性的根本,甚至上帝也必然要处于幸福之中:

> 追求幸福的恒常欲望,以及追求幸福时这种欲望给我们的约束,没人会认它们为自由的限制,或者至少说,没人会认为这是一种应当抱怨的限制。全能的上帝亦是处于幸福的必然性之下;并且任何理智存在越是受这种必然所支配,就越是接近无限的完善和幸福。[128]

洛克并不否认,人能够背弃幸福、选择痛苦和不幸,但他认为那并不是真正的自由:

> 脱离了理性的指导,而且不受审察和判断的约束,只使自己选择最坏的,或实行最坏的,那并不是自由;如果那是自由,是真正的自由,则疯子和愚人可以说是世上唯一的自由人。但是我想,没有人会因为这种自由,而愿作一个疯子;除了已经疯了的。[129]

当人背弃幸福,去"选择最坏或实行最坏"的时候,他已经受了绝对自由的蛊惑,背离了人的道路。这样的人其实并没有成为超越人的存在。他只是脱离了世界,陷入了主观任意的无底深渊。他并没有成为一切,反而什么也不是。人确实可以不做人,但背弃人性的人其实只是疯子而已。

但是,知识和真理所指向、人应当追求的幸福,不是任由个人选择和喜好的"人心的口味",不是因为人的无知和近视,往往仓促选择的"错误和虚假的"善恶标准,因为"永恒的法和事物的本性必不会转变,以顺从他错误的选择"。[130] 在洛克看来,人要获得永恒的幸福,就要服

---

[128] 《人类理解论》,第 2 卷第 21 章第 50 段。

[129] 同上书,第 2 卷第 21 章第 50 段。

[130] 同上书,第 2 卷第 21 章第 55—56 段。

从上帝那永恒的法。因为道德的根本乃是上帝为人立下的法律："所谓道德上的善恶，就是指我们的自愿行动符合或违背某种法律，这法律将好事和坏事加诸于我们身上，它根本来自立法者的意志和权力"，而"道德的真正根据只能是上帝的意志同法律"。㉛ 上帝为人所立的法，规定了人应当如何行动，对于服从它的人，上帝会给予嘉奖，而违反他的人必将遭受惩罚。因为上帝"有权力以来世永久而无限的赏罚，强制其规则的实行；因为没有谁能使我们逃出他的手掌"。㉜ 那有德的人必受上帝的喜爱，必在来世得永恒的幸福。

不过，来世的福祸报偿虽是必然的，人应当服从上帝乃是本然之理。上帝是人的造主，人是上帝的造物，造主与造物的关系，就决定了人"应当尊敬、畏惧和服从上帝"：㉝

> 部分源于立法者的神圣智慧，部分源于创造者对于自己创造物的权利。最终，一切的约束力都可以回溯到上帝，我们必须表明自己服从于他意志的权威，因为我们的存在和工作都依赖于他的意志。因为我们是从他那里获得这一切，所以我们必须遵守他为我们指定的界限。㉞

因为上帝造了人并赐予人生命，还将世间万物交给人来使用，人的存在和他的劳动都依赖于上帝，这就是人对上帝所欠下的本分之债（debitum officii）。因此，如果得知可体现上帝意志的法，人就应当服从这法，让行动符合他所定下的规则。这规则就是神法（divine law），它"是上帝为人的行动建立的法律，由自然之光或启示之声所宣示"，是"上帝给予人，让他们治理自己的规则"。㉟ 因此，人对道德知识的寻

㉛ 《人类理解论》，第 2 卷第 28 章第 5 段，第 1 卷第 3 章第 6 段。

㉜ 同上书，第 2 卷第 28 章第 8 段。

㉝ 同上书，第 4 卷第 13 章第 3 段。

㉞ John Locke：*Essays On the Law of Nature*，W. von Leyden ed.，Oxford University Press，1954，p. 183.

㉟ 《人类理解论》，第 2 卷第 28 章第 8 段。

求和创造,就是要发现造物主所安排、人应当走的正确道路。

在前面已经说过,道德知识与数学知识相类似。对于洛克来说,对这种道德知识的寻求,并不是依靠空想和抽象的思辨,也非单凭启示的力量,而是要基于对自然和人性的研究。到自然和人性中去寻求法则,也就是洛克所理解的自然法(law of nature):"我们可以从人自身具有的构造和能力中来推断出我们义务的本原和确定的规则。"㉟人不能直接把握上帝的意志,但是人可以基于对自然和人性的思考来认识上帝的法,那"确定和永久的道德规则,由理性所宣告,并且持续不变,作为事实而深深植根于人性的土壤"。㊲

上帝虽然拥有变更的绝对权力,但他既然将世界造成这样而不是那样,就说明他愿意让世界是这样而不是那样,因为存在的人性和自然是上帝意志的实现:"这不是因为,自然或上帝不能将人造成不同的样子。其原因在于,因为人已经被造成这个样子,具有为了这种生活模式而决定的理性和其他的能力,必然从他天生的构造中产生出某些确定的义务,只能是这样而不能是别的。"㊳因此,人可以运用自己的理解力去研究自然和人性,宣示上帝为制定的自然法并服从于它。

有了这样的理解,回过头再来看洛克在《人类理解论》第 2 卷 7 章中对苦乐观念的讨论,就能够明白为什么他会将趋乐避苦这种本能作为人的第一行动本原。现实的人性规律,必须结合目的论的视角来揭示其意义。洛克并不认为,直接经验到的一切现实都是上帝意图的体现,人的一切自然倾向都具有道德和法的意义,都是正当的。趋乐避苦的行动本原并不直接就是道德本原:"你如果听其自由活动,它们会使人们把一切道德都推翻了。"㊴洛克清楚地知道:"人类的思想比恒河的沙还要多,比海洋还要宽阔,假如没有理性这个在航行中指示方向

──────────

㉟ John Locke: *Essays On the Law of Nature*, W. von Leyden ed., Oxford University Press, 1954, p. 157.

㊲ 同上书, p. 199。

㊳ 同上。着重号为笔者加。

㊴ 《人类理解论》, 第 1 卷第 3 章第 13 段。

的唯一的星辰和罗盘来引导,妄想和激情定会将他带入许许多多奇怪的路途。"⑩

洛克不厌其烦地列举世界上各个民族种种骇人听闻的风俗,正是要说明单纯受自然本能和风俗引导的人并不是道德人。心智初始状态为白板的人,极易走向无法无天的境地。所以,自然法符合于人的理性本性,而非就是直接的人性。因此,洛克说在人性、理性和自然法之间存在着和谐,他的意思并不是说一切人性都是合法的,而是说要通过对人性和自然的研究,掌握人性的本原,再以理性加以引导。⑪ 因此,既不能直接认为人的一切自然倾向就是道德的,也不能脱离经验基础而任由理性凭空构建,而是要结合经验现实来思考人的道德本性,认识与人的道德本性相合的人性。道德本性与自然倾向结合在一起的人性,才是真正的人性,正如洛克在一份手稿中指出:

> 伦理学包含着两个部分。一部分是人们一般遵守的正当规则,……另一部分是实践它们的真正动机,和引导人们去遵守它们的方式,……没有后者,道德论述只能让人们听着高兴,表示赞成,使心智为真理而愉悦,……但所有这一切都只是思辨的快乐。要实践德性,还需要某些别的东西,除非人们能够活生生地感觉到、尝到它,否则它决不会实现。为了实践德性,就必须考虑每个人特有的毛病,支配他的那些快乐是什么。不考虑这些,一般的论述将永远不可能获得主导地位。要用一切诚挚的友谊和劝说的艺术,将他引向相反的生活。你必须引导他在具体的事情上去实践,借助习惯来建立起相反的快乐,这样,当良知、理性和快乐结合在一起的时候,一切才能够成功。⑫

---

⑩ 《政府一论》,第 58 段。
⑪ 同上。
⑫ John Locke: *Political Eassys*, Mark Goldie ed., Cambridge University Press, 1997, pp. 319-321, "Ethica B".

真正的人性既不是纯然的理性,也不是纯然的非理性。人应当运用其理性来将自己的激情和本能引向正确的方向,将德性与幸福结合在一起。对洛克来说,道德真理是上帝的意志,而仁慈的造物主的"重大而首要的祝福"是:"'你们要生育众多,布满大地',其中也包含工艺、科学和生活便利品方面的改进。"[43]

因此,真正的道德知识,不是那些教人苦行避世、引人偏激乖戾,甚至让自己入魔成狂、背弃人性的"学问",而是那些有助于人们更好地在凡俗的此世共同生活的道理:

> 只有服从上帝所定的法律,才能直接明显地获得,来助进此世人类的一般益处,而且要忽略这些法律,亦会招来极大的不幸和混乱。[44]

> 自然法也是方便之法。所以毫不奇怪,各处用心研究德性的智者,若是他们有机会思考其任何一个方面,有时竟然凭着可以观察到的德性之便利和美好,凭着沉思,就可以作出正确的判断,而不是从自然法的真正本原和道德的根基出发去发现其约束力。[45]

甚至耶稣和使徒所传的那些道德教诲,虽是以启示和宗教之名:

> 却并没有导致像其他所有的哲学和宗教教派一样,在其道德教义中夹杂有任何空想、错误的规则、一己或一党的私利。这里面根本没有偏执或幻想的气息,没有骄傲和虚荣的足迹,也没有炫耀和野心的成分。既不过,亦非不及,只是一个完全的人生准则。它纯粹是为了裨益人类,连世上最有智慧的人都不得不承认

---

[43] 《政府一论》,第 33 段。
[44] 《人类理解论》,第 2 卷第 28 章第 11 段。
[45] 约翰·洛克:《基督教的合理性》,王爱菊译,武汉大学出版社,2006,第 135—136 页。

这一点。假如人人都能实践它，那么人人必将幸福。㉞

洛克决没有认为幸福就是道德，而是认为，道德能够带给人类此生和来世的幸福。人应当寻求的上帝的法律、知识和真理，与人类的幸福根本是一致的。

（3）学习的进程

了解了心智创造知识、认识真理的过程，我们才能对理智教育具体展开讨论。《教育思议》、《思议绅士的阅读和学习》和《论指导理解力》三部著作，展现了洛克对理智教育的完整构想。我们首先来看《教育思议》中对孩子学习的讨论。

从表面上看，相比《人类理解论》中对知识持有的"激进"立场，《教育思议》中的理智教育似乎甚为"保守"。如果说前者关注的是知识的自由创造的话，后者似乎退回到了对现有知识的吸收和学习上。但洛克的明智之处正在于他清楚地看到，现世中的人并不是上帝造出的亚当，凭借天赋的理性就能够创造出知识。想要将每一个孩子都培养成学者并不现实，更何况创造知识要依靠心智能力的自由发挥，并不是能够勉强的事情。即使是天才儿童，也要从最基本的语言和知识学起。因此，《教育思议》中的理智教育的目标，主要关注的是孩子理智成长的最初阶段，教他们正确地学习和运用语言，掌握最为重要的一些知识，保持心智的单纯、朴实。不可给孩子的心智充塞一堆意义不明的词汇、逻辑不清的理论，让他们学会用浮华的修辞和论辩的技巧来满足自己的骄傲和虚荣。理解更高能力的培养，必须等到孩子具备了一定的知识基础和理解水平之后才能逐步深入。因此在《教育思议》中，洛克的理智教育着眼于基础和必需。如果孩子的天赋和后天努力使他只能达到普通成年人的理解力水平，这些学习足以让他成为一个好人。而如果他热爱知识、有心成为一名学者，这一阶段的学习也为他进一步的研究打下了基础。所以洛克认为，家庭教师在学习方

㉞ 约翰·洛克：《基督教的合理性》，王爱菊译，武汉大学出版社，第141页。

面的任务,"不在于把一切可以知道的东西都塞给学生,而在于培养他对知识的爱和尊重;在于教给他正确的求知和提升自己的方法,如果他有心向学的话"。[347]

作为"寓教于乐"的最初倡导者,洛克强调,学习必须调动孩子的主动性,让孩子对学习具有兴趣。因为运用理解力的脑力劳动无法外在强制。必须让孩子积极主动地运用自己的力,否则对着书桌坐一天也未必能获得半点观念和知识。如果强迫孩子,更只会让他们厌恶学习。所以老师要想尽办法调动孩子学习的积极性。洛克希望,"对幼童来说,学习可以成为一种游戏和娱乐",并想了很多办法来调动孩子学习的兴趣比如设计带字母的骰子,让他们边玩边学习单词。[348]

从前面的讨论中我们知道,心智形成认识的过程也是获得和加工观念的过程。对于生活在社会中的孩子来说,观念的获得一方面要依靠他们自己对物的经验,另一方面要通过学习语言、与他人交流。因此孩子最初的学习,这两方面紧密联系在一起:

> 我们如果一考察儿童们怎样学习语言,我们就会看到,要使他们了解简单观念或实体的名称所表示的东西,则人们往往要把那些东西指示出来,使他们得到那些观念,并且要向他们重复指示那个观念的名称,如"白、甜、奶、糖、猫、狗"等。不过在混合样态方面,尤其是在最重要的道德词汇方面,他们往往首先学到的是各种声音。而后,为了知道它们代表着什么样的复杂观念,则他们或是求助于他人的解释,或是(大部分是这样的)留待自己的观察和勤劳。[349]

所以,孩子最初的学习是词、物和道德名称的学习。首先要学习字母,然后学习由字母组成的词。在学习词的同时,要让孩子去经验

---

[347] 《教育思议》,第 195 节。
[348] 同上书,第 148—150 节。
[349] 《人类理解论》,第 3 卷第 9 章第 9 段。

那些简单观念和实体名称所指的对象。"对于可见的对象,如果幼童没有关于它们的观念,光是听人说说是没用的,也不能令幼童感到丝毫的满意。这方面的观念不能得自声音,必须得自事物本身,或者它们的图像。所以我认为,幼童开始学拼写的时候,应该给他们配上众多的动物图片,印上它们的名字。"[⑩]另一方面主要是混合样态的道德观念,虽然孩子不能直接经验到,也应当通过背诵的方式,让孩子记得那些指代它们的词的声音,留待孩子日后再用自己的观念"填进去":"主祷文、信经和十诫是他们必须用心熟记的,但我认为,不是由他们自己阅读祈祷书来熟记,而是应该还在他能够阅读之前,就由人反复读给他听。"[⑪]孩子从小要背诵"人之初、性本善"、"你们想要别人怎样对待你,就该怎样对待别人",不是说要让他们理解,而是让他们先记住这些词,再在日后的经验中来逐渐理解它们的含义和道理。

当孩子掌握了一定的词汇量后,他们就应该开始学着阅读。要"找一些简单、快乐、适于其能力的书籍",让他们既能学到东西,又能保持兴趣。[⑫] 在早期理智教育阶段,洛克最有特色之处就在于他对"故事"的强调。那么,什么是故事呢? 让我们举他所推荐的《伊索寓言》中的一个故事为例:

衔肉的狗

狗衔着一块肉过河,望见自己在水里的影子,以为是另一条狗衔着一块更大的肉。他于是放下自己这块肉,冲过去抢那块,结果,两块肉都没有了。那一块没捞到,因为本来就没有。这一块也被河水冲走了。

[⑩]《教育思议》,第156节。

[⑪] 同上书,第157节。

[⑫] 同上书,第156节。在这里要注意的是,洛克用基督教来教育孩子,不是要让孩子去学"如何获得启示",形成迷信,而是主要在合理的层面上,将其作为道德、世界观和历史来教授。在信仰方面,最基本的"我们应当服从于作为造物主的上帝,诚实求真"需要早早确立,我们在前面已经讨论过。

这故事适用于贪心的人。[53]

在一份手稿中，洛克指出："世界上有两种知识，一般的和特殊的，它们建立在两种不同的本原之上，即真正的观念（true idea）与事实（matter of fact）或历史。"[54]前者指的是道德和数学的概念和知识，可以达到论证的确定性；而后者则是自然实体的运动和相互作用，是实际发生的事情。但对洛克来说，这两者并不是对立的。并且在与人相关的方面，真正的现实是两者结合在一起或相互交织。前者寓于后者之中，对后者的真正认识必须参照前者。洛克的《政府论两篇》尤其是《政府二论》清楚地体现了这一逻辑，他是将自然法与人类社会的历史结合在一起来讨论的。因此对洛克来说，一个好故事正是遵循同样的逻辑。它虽然好像只是对现实发生的事的描述，但却包含着道德的真理。上面故事中的那条狗，为了水中的倒影而失去了口中的肉，这似乎只是自然实体的运动，但却蕴含着贪婪者反会失去自己本有之物的道德真理。孩子读了这些故事，既学到了自然的事实，又学到了道德的知识。所以洛克认为《伊索寓言》是最适于孩子最初阅读的书。其中的对象和事实既明确又简单，孩子很容易明白，同时还包含着耐人寻味的道德真理："当中的故事既能够让幼童喜爱和开心，还能为成年提供有益的反思。如果他此后的一生都记得这些故事，也不会为在自己成熟的思想和严肃的事业中发现它们而后悔。"[55]在洛克看来，故事是引人达到事情本身的最好中介，它所体现出的逻辑是最自然的。因此除了《伊索寓言》和《列那狐的故事》，他还建议从《圣经》中选出一些有教育意义的故事性的章节，让孩子们阅读。[56] 而在孩子达到一定年龄之后，应当让孩子学会清楚地讲故事，表达事情自然的逻辑。[57]

---

[53] 伊索：《伊索寓言》，罗念生译，人民文学出版社，1981年，第65页。

[54] John Locke: *Political Eassys*, Mark Goldie ed., Cambridge University Press, 1997, p. 281, "knowledge B".

[55] 《教育思议》，第156节。

[56] 同上书，第159节。

[57] 同上书，第189节。

识了字、有了初步阅读能力的孩子，心智已经获得了一些观念。接下来应当学习写字，学会用书面的方式来表达自己的观念。[58] 洛克还认为孩子可以学一点绘画，其目的也是要让孩子以图形的方式来表达自己的观念："一个人见过多少建筑、多少机器和风习，只需施展一点绘画的技巧，就很容易将那些观念保存下来，并传递开去。"[59]学习速记的根本目的也相似，只不过那是保留下来给自己看而不让他人知道的一种好办法。[60]

在孩子学会了说话并能读会写之后，下一步对拉丁语的学习可说是正式学习知识的开始。在洛克的时代，拉丁语是学习知识的必要工具，是基本的学术语言。不懂拉丁语就没法阅读经典著作、学习各门科学，就像不懂古汉语的人没法阅读四书五经一样。一般的风俗也认为，不懂拉丁语的人几乎不能算是绅士。但洛克又清楚地看到，教孩子学拉丁语存在着许多风险。一方面，拉丁语本来就不是一种生活用的语言，学习它往往没有孩子自己的经验生活做基础；另一方面，传统的拉丁语学习方法又与经院教育和人文主义教育关系紧密。在前面的讨论中我们已经指出，对洛克而言，学习和掌握知识、培养和锻炼理解力，这些都与正确地使用语言紧密联系在一起。因此，如果让孩子按照流俗的方式来学习拉丁语，极易危害孩子的理解力，给他灌输进无用、不理解的知识，使他不能正确地使用语言，反而学会不良的交谈和表达的"技术"。所以，洛克花了大量的篇幅来讨论如何学习拉丁语。

"如果没有一些基础和本原，以使自己的思想有所归着，则他们的心智便不能平静。"[61]洛克清楚地认识到，处于高度主观抽象状态的现代人，必须借助心中的观念和知识来获得规定性，而这又必须借助语言这个工具。因此他始终强调，词的背后一定要有明确的观念，语言

---

[58]《教育思议》，第 160 节。

[59] 同上书，第 161 节。

[60] 同上。

[61]《人类理解论》，第 1 卷第 3 章第 24 段。

的表达一定要反映观念之间自然的联系,无论这联系是现实中自然实体之间的因果关系,还是一组含义相互中介、指涉实在的抽象概念之间的逻辑关系。知识和真理,不过是这样的观念和语言构成的命题而已。因此理解力的锻炼、知识的学习,始于孩子能够用语言合乎逻辑地表达自己心中的想法,表达观念之间的自然联系。学习语言,就是要学着用词和句子来表达自己的意思、事情的逻辑。不管学的是英语法语还是拉丁语,本质都一样。对孩子来说,这个语言运用和观念表达的过程,应当从具体到抽象,从简单到复杂,从直接经验到间接经验。因此,首先应当从最基本、最直接的"说话"学起:"人们学习语言是为了在共同生活中,应用于日常的社会交往和思想交流,再无更深的用途。于此目的,通过交谈来学习语言这种原初的方法,不仅够用,而且它具有最省时、最适宜和最自然的优点。"[362]应当"找来一个人,他自己说一口很好的拉丁语,能常伴您儿子的左右,不断地跟他说,并且不让他说别种语言,阅读它种文字,这是学习语言的真正方法"[363]。让孩子在自然的交谈中学习和掌握拉丁语表达的基本方式,这样的方式最好。

洛克认为,语言是在人的社会生活中自然形成的:"语言不是由规则或工艺来造成,而是出乎偶然,基于人民的共同使用而天成"[364]。它先于文法而产生,文法只是后来逐渐形成的语言的规范。所以孩子学习语言也应当"通过呆读和记忆,借助风俗",在不断地运用和实践中而达到熟练掌握。[365]绝对不应该先学习文法,再从文法入手学习语言,那只能给孩子自然地掌握语言制造障碍和困难。如果孩子要学习文法,也应该是在很好地掌握了语言之后,只是为了"把话说得合宜而正确,让自己的思想更容易地进到别人的心里,并给对方留下更深的印象。"[366]绅士由于要承担传播知识和道德的任务,要与他人多做交流,让

---

[362] 《教育思议》,第 168 节。
[363] 同上书,第 166 节。
[364] 同上书,第 168 节。
[365] 同上书,第 167 节。
[366] 同上。

别人容易地理解和接受自己的思想,所以才有必要学习文法,为良好的修辞打基础。"但他研究的必须是母语的、他所使用的语言的文法,这样他才能更好地理解自己国家的语言表达,并能正确地运用它"。[367]

既然洛克对文法如此冷淡,那么他对于经院教育"三科"中的另外两门——修辞和逻辑——又抱有什么样的看法呢?洛克认为最好不要学,因为"年轻人从中得不到什么好处,因为我很少甚至从来就没有看到过,有谁因为学了那些规则而掌握了推理严密、说话漂亮的技巧"。[368]在《人类理解论》中,洛克对经院哲学的三段论逻辑和各种论辩术深恶痛绝,他清楚地看到,处于高度主观抽象状态的现代人去学习三段论和论辩术,只能让自己更加迷失、虚伪和专断。同一律和矛盾律这些公理抽象空洞。三段论的逻辑虽然准确,但却不同于事情本身自然与合理的逻辑,本身僵硬刻板,难以发现证明,不能求诸经验、开拓新的知识领域,更可能让那些虚伪之徒拿它来骗人。所以,孩子根本用不着学习三段论的逻辑。[369]在经院教育中广为采用的论辩术则更加糟糕,因为它不以追求真理和事情本身为目的,反倒是养成了顽固坚持自己意见、不将他人驳倒誓不罢休的毛病:"在与人争辩中固执己见,以驳倒他人为骄傲",甚至培养起"怀疑一切,认为并没有应当寻求的真理,只有争辩中的胜利"的危险倾向。[370]

对于人文主义教育青睐的让孩子拉丁文写文章、演讲和作诗的做法,洛克同样坚决反对。因为写文章、做演讲,都是要表达自己的清楚观念。可十几岁的孩子怎么能够用一种非日常的语言来表达自己毫无经验的生活呢?面对"爱情战胜一切"、"战争中不能犯两次错"这些题目,他能有什么观念呢?没有基于经验和阅读形成的观念和思想,却要表达这种观念和思想,"这简直是一种埃及式的暴政,命令他们去做砖,却连一点材料都不给"。[371]让缺乏生活经验的孩子去作诗,更容

---

[367]《教育思议》,第167节。
[368]同上书,第188节。
[369]《人类理解论》,第4卷第17章第4—8段。
[370]《教育思议》,第189节。
[371]同上书,第171节。

易滋长孩子头脑中的空幻想象，使他们忽视日常的事务。这些没有生活经验基础的教育做法不是对孩子的折磨，就是教他们用浮夸的辞藻、虚假的感想来赢得虚荣的满足。这一点，只要看看"仰望星空、脚踏实地"，"行走在消逝中"的我们的孩子就够了。

在洛克看来，经院的逻辑、各种论辩术和修辞技巧，只能让主观抽象的人在思维的迷宫中打转，在与他人的争辩和浮华的语言中迷失自己。这些"知识之路上堆的垃圾"阻碍着人们获得真理，达到事情本身。[372] 广阔世界中的真理，只能由朴实的心智"经由对事情本身的成熟、适宜的思考，而非经过人为的措辞和辩论方法而得到"。[373] 绅士需要掌握的说话的艺术（art of speaking），根本在于要表达清晰的思想，有正确的推理和逻辑。[374] 所以，首先要让孩子学会条理清晰地讲故事，因为清楚的观念和事情的逻辑都包含在其中。即使要掌握说话的技巧，也应当找一些推理清晰、语言朴实有力的作者。在同时代人中洛克推荐蒂洛森和奇林沃思，而古典作家的典范是西塞罗和昆体良。[375] 写作同样要以真实的表达为根本，所以应当让孩子学习写信，以此来锻炼文字表达能力。因为信件既要求孩子用明白的语言清楚地表达自己，也需要一定的优雅修辞，还与日常生活紧密结合，不啻为最好的写作训练。[376]

孩子掌握了语言之后就可以进一步学习知识了。对洛克来说，孩子应当学习的知识需要仔细的选择，学习的次序也应当注意。应当从具体到抽象，从特殊到一般，从简单到复杂。首先应当"从感觉最容易理解的知识开始"，学习那些围绕着明确的物及其分类展开，以自然界中存在的东西为原型、更需要孩子运用感觉和记忆来获得观念而不需要抽象推理能力的科学。在学习拉丁语的时候，就可以教他认识"各

---

[372] 《人类理解论》，第 4 卷第 7—8 章；第 4 卷第 17 章第 4—8，19—21 段。

[373] 《教育思议》，第 189 节。

[374] "思议绅士的阅读和学习"，见吴棠译《理解能力指导散论》，第 98 页。

[375] 《教育思议》第 189 节；"思议绅士的阅读和学习"，见吴棠译《理解能力指导散论》，第 98—99 页。

[376] 《教育思议》，第 189 节。

种矿物和动植物,尤其是材木和果木,它们的各个部分和培植方法",以及地理学、天文学和解剖学方面的内容。⑰ 洛克始终强调,要尽量借助实物和图片来让孩子获得相应事物的观念。他主张用地图和地球仪来教孩子认识地球的各个部分、国家的位置和边界,用天球仪来让他们掌握行星和太阳的位置,认识各个星座,甚至在天空中向孩子直接指出来。⑱

但洛克也没有忽略抽象思维能力的训练。算术这种"最初级的抽象推理"可以尽早学习。先教孩子数数,到了一定程度就可以学加减法。⑲ 算术对于天文和地理的学习也很重要。掌握了初步的算术之后,孩子就可以重新认识地图,用经纬度来划分地理区域、为各个国家定位,掌握天球仪上的黄经线和黄纬圈。⑳ 此外,掌握了算术就可以开始学习年代学。洛克认为年代学也应当早学,并且和地理放在一起来学,让孩子在空间感的基础上扩展时间感,为历史打下基础。洛克推荐了施特劳丘斯的《年代学概要》和赫尔维修斯的年代表。㉑ 当孩子学到了这些知识,能够将数学与空间结合在一起,他就可以学习几何学这门抽象形象的科学。在洛克看来,概念推理的逻辑更近于代数而非几何,所以孩子并不需要学习太多几何学,懂得欧几里得几何的前六卷足矣。㉒

到了这个阶段,孩子已经对天上地下、各个物种的情况有了初步的了解,也有了年代更迭的概念。他的学习也可以从物转向人。他可以来学习人类的历史:"没有什么比历史能给人带来更多的教诲,同样,也没有什么比历史能给人带来更多的快乐。惟其教诲最多,成人应该对历史加以研究;惟其快乐最多,我以为历史最适于年轻人。"㉓

---

⑰ 《教育思议》,第 169 节。
⑱ 同上书,第 178—180 节。
⑲ 同上书,第 180 节。
⑳ 同上。
㉑ 同上书,第 182—183 节。
㉒ 同上书,第 181 节。
㉓ 同上书,第 184 节。

对洛克来说，历史并不是逸闻趣事的堆积，而是人世的经验事实。洛克认为，历史是人性的写照，读者由此"能够看到一幅世界和人类本性的图画，学会如其所是地思考人"。㉘ 洛克并不主张让孩子通过投身社会来体察人情世态，而是要借助历史的图景让孩子获得人性的观念。幼小孩子对具体事情而非抽象本原更为敏感，也使得他们应当通过历史来获得相对直观的认识。对洛克来说，要在此世实践真正的善和道德，"必须考虑每个人特有的毛病，使他快乐的那些东西是什么"，必须知道现实的人是什么样，他们做事情的动机是什么，这样才能将他们引向好的东西。㉟ 正如观察和试验对自然科学家必不可少一样，阅读历史对于要治理一方的绅士来说也必不可少。所以，如果孩子"已经在心智中很好地树立起了道德的本原"，他们就可以渐次阅读那些伟大的历史作品，去认识人性的现实。㊱ 从简单的作品开始，随着语言能力和理解力的提高，逐渐步入西塞罗、维吉尔和贺拉斯这些伟人著作的殿堂。㊲

但是洛克也十分清楚，如果历史只是表现世俗的人性，那么孩子学习历史很容易对人的本性产生片面的理解。因此，为了"使幼童在心里形成一种对精神的概念和信仰"，知道这个世界上仍然有神圣和追求神圣的人，洛克认为"最好写成一部好的圣经史，以供年轻人去阅读"，将《圣经》中呈现的人类历史景象展示给孩子。㊳ 世俗史与神圣史的并行阅读，可以使孩子形成对人事正确的理解，在了解凡俗人性的同时，也能坚定信仰、追求德性。

在孩子对具体的事实有所认识，也借助数学培养起一定的抽象思维能力之后，他们就可以进展到更为抽象的学科，去学习伦理学，了解

㉘ John Locke："Study"，in Peter King，*The Life of John Locke*，vol. 2. London：Routledge/Thoemmes Press，2010，p. 202.

㉟ John Locke：*Political Eassys*，Mark Goldie ed.，Cambridge University Press，1997，p. 320，"Ethica B".

㊱ John Locke："Study"，in Peter King，*The Life of John Locke*，vol. 2. London：Routledge/Thoemmes Press，2010，p. 202.

㊲ 《教育思议》，第 184 节。

㊳ 同上书，第 190 节。

神的法律、人应当遵守的道德规范和公民社会的历史。但在学习这方面知识之前，洛克再次强调，孩子道德品质的培养要远早于学习道德知识，并且要"更多以实践而不是以规则的方式来教他"，德性要早早通过习惯成为自然而然的秉性。㊪ 另一方面，基本的道德训诫也要早早让孩子背诵下来。从伦理学中学习道德，只是在孩子成长到一定阶段、具备一定理解能力之后，让他在理智上更充分地认识德性。而且不应当让孩子阅读过多的伦理著作，这反而容易使他产生知性的迷惑。所以洛克认为，如果养成了好的习惯和秉性，并不需要读太多伦理著作，圣经中的《新约》和《福音书》部分以及西塞罗的《论义务》也就够了。㊫

　　掌握了人类的历史和人应承担的道德义务，就可以从更抽象的角度来认识人类社会的发展过程。社会有其自身的起源和发展，存在着"社会的自然进程（natural course of society）"，社会的自然史既不是纯粹的描述性历史，也不是纯粹个人的自然史。人类会自然地形成社会共同生活。将现实的人性条件和人应当遵守的自然法两方面结合起来考察，就能够看到社会从最初的自然状态向政治社会发展的演进，在《政府二论》中，洛克阐述的正是这一过程，即洛克在《教育思议》中所说的"一般市民法和历史（general part of civil law and history）"，包括"人的自然权利、社会的起源和基础以及由此衍生的义务"，政府的起源和建立也包含其中。㊬ 在这方面，他推荐孩子学习普芬道夫和格劳秀斯等自然法哲学家的著作，在"思议绅士的阅读和学习"中他也推荐了自己的《政府论两篇》。除了对各个社会普遍适用的一般的市民法及历史，洛克认为孩子也应当学习本国特殊的法律和历史，把两者结合起来。他强调，对英国特有的法律和政体的认识，要结合古人关于普通法的论述和近代作者的阐述，在"获得了真正的观念之后"，

____

㊪ 《教育思议》，第 185 节。
㊫ 同上。
㊬ 同上书，第 186 节。

再去阅读英国各个时代的历史和相关的法律演变。⑱

在学习了伦理学和社会的历史之后，最后一门学科是自然哲学（natural philosophy），洛克也称它为物理学（physics）。它是"关于事物自身的本原、属性及其运作的知识，我想它有两部分，一部分包括有关精神的本性和质的内容，另一部分则是关于物体的。前一部分一般称为形而上学"。⑱需要注意的是，洛克将关于精神的形而上学也算作自然哲学，这部分内容包括上帝、人和其他精神。因此，所谓自然哲学或物理学，并不只是有关物体而是包含精神的科学，是关于万物本性的知识。并且在洛克看来，对精神的研究"应当先于对物质和物体的研究，不能系统化为体系并基于知识的本原来处理，它是对我们心智的扩展，以求更为真实和充分地领悟理智世界"。⑭洛克十分清楚，"因为我们的感觉始终接触着物质存在，容易使它占据心智，排斥物质以外的其他存在，基于这种本原的偏见常常不给精神留任何余地，也不会承认自然中的非物质存在（immaterial beings in rerum natura）这样的东西。但是显然，光靠物质和运动无法来解释自然界中的伟大现象，比如普通的重力（gravity）就是这样"。⑮所以孩子对精神的了解应当先于物体，"在进入自然哲学的殿堂前，先要好好吸收圣经的学说"。⑯孩子在此之前对《圣经》和圣经史的学习，正是为他们理解精神奠定基础。在这里我们要看到，洛克引导孩子理解精神，并不是依靠传统的经院神学和形而上学，而只是圣经中的原文及其反映的历史。洛克并不主张让孩子通过抽象的神学和形而上学思辨去把握精神，而是将其严格限制在圣经中的部分学说以及自然和历史的范围之内。

在关于物体的自然哲学方面，洛克坦承："虽然世间充斥着这方面的理论体系，但我仍然不能说，我知道有哪种体系可以作为科学来教

---

⑱ 《教育思议》，第 187 节。

⑱ 同上书，第 190 节。这个定义与《人类理解论》第 4 卷第 21 章第 2 段的自然哲学的定义基本相同。

⑭ 同上书，第 190 节。

⑮ 同上书，第 192 节。

⑯ 同上。

给年轻人,他在其中一定能找到一切科学都期望找到的真理和确定性。"[397]在他看来,能够对事物本原提供完善解释的自然科学尚未出现,各家各派的学说都建立在并不充分的假设之上,因此对于各种自然哲学的理论,孩子只需稍加了解即可,不能指望从中"获得有关自然作品的全面、科学和令人满意的知识"。[398]但洛克绝不是要反对孩子去认识自然,他只是反对以抽象思辨的方式,主张要从经验入手:"自然界中有许多东西,绅士知道它们是有用的,也是必须要知道的,还有许多东西会用快乐和好处,来充分地回报绅士的辛苦和好奇心。不过,这些东西我以为只能在那些亲身从事理性的实验和观察的作者那里去找,而不该在那些从纯粹思辨的体系开始的作者那里去找。"[399]所以,孩子应当去读玻义耳的著作,理解基于实验和观察的物理学是什么样的,并阅读他关于农耕、园艺和种植方面的著作,将自然的认识与实用的知识结合起来。[400]另一方面,牛顿的《自然哲学的数学原理》由于能够将数学和"为事实所证实的本原"结合起来,去获得"不可理解的宇宙之特定领域的一些知识","对我们这个行星世界,以及可观察到的、最值得重视的现象,给予正确而清楚的说明",也为洛克所称赞。[401]洛克清楚地看到,关于自然的理论只有扎根经验来形成解释和论证,我们才能获得可靠、有用的知识。渺小的人或许永远也不可能洞悉宇宙之本质,但只要实实在在地去观察和推理,就能够发现支配事物的真实规律。

从词到物,从语言到知识,从故事到思想,洛克向我们勾勒了绅士孩子学习的基本内容。经过了这样的教育,孩子白板一样的心智得到了许多观念,也开始能够逻辑地进行思考。但只要我们仔细考察就能够发现,洛克并没有给孩子的心智填充许多观念和思想。他所推荐孩子学习的知识,与具体事物相关的更多一些,集中于物的自然史,与人

---

[397] 《教育思议》,第193节。

[398] 同上。

[399] 同上。

[400] 同上。

[401] 同上书,第194节。

相关的则是一些历史著作,在道德方面只限于基本的基督教道德和西塞罗的《论义务》,讨论自然法和社会一般历史的抽象理论著作并不多,抽象的自然哲学更是不做推荐。洛克清楚地看到,在社会中成长的孩子,不得不通过学习现有的知识来认识世界,但绝不能给孩子灌输一堆抽象的知识,将孩子的"白板"写得工工整整,而应当尽可能让孩子自己去形成对物和人的经验,即便是借助书本,也要尽量让孩子形成对具体对象的感觉和观念。原本就高度主观抽象的人,决不能上来就学习抽象知识,必须敞开其经验,努力去把握对象本身。对世界更为抽象的认识,必须以对事物和事情的经验观念为基础。有了这个基础,再加上对神圣的信仰和求真的意志,有心向学的孩子去读更多的书、学习更多的知识,才不会在抽象的理论中迷失方向。

如果打下了这样的理智基础,孩子还能有旺盛的求知欲和好奇心,那他就有了做一名生产知识的脑力劳动者的基本条件。所以在《教育思议》中理智教育的最后部分洛克强调:"教师的事业不在于把一切可以知道的东西都塞给学生,而在于培养他对知识的爱和尊重;在于将他带上求知的正道,使他在有心向学的时候可以提升自己。"[402]虽然不能要求绅士的孩子个个都称为学者,但洛克还是希望那些"祖先留下了丰裕的财富,从而免除了某种为在此世维生而需要承担特定天职"的绅士,能够"以治学为自己合宜的天职和事业"。[403] 在他看来,打下了良好理智基础的孩子,可以依靠自己来进行进一步的学习,培养起自己的理性,形成对事情更深入的理解。但是洛克仍然不认为,应当让孩子脱离开一切去"凭空"创造知识。要培养起理性、形成自己的思想,仍然要借助对他人经典著作的阅读。

在《教育思议》中有关理智教育的最后一节中,洛克引用了一位作者的话,认为这是适合家庭教师让孩子自己学习的好规则:

---

[402]《教育思议》,第 195 节。

[403] John Locke: "Study", in Peter King, *The Life of John Locke*, vol. 2. London: Routledge/Thoemmes Press, 2010, p. 181, p. 185.

研究原典(the original text)是怎么推荐也不为过的一项建议,这是通往各门学问的最短、最可靠又最合宜的道路。要从源头来引出思想,不可接受二手的东西。大师的作品不可搁置一边,要细加思索,牢记心头,时常征引。要彻底弄懂它们,要整体而充分的理解,考虑所有的情况;要熟谙原作者的各项原则,使它们连贯起来,然后作出您自己的推论。第一流的评注家就是这样做的,您若没有达到同等的境地便不要止步。除非您自己实在走不通了,前面一团漆黑,您不可满足于从别人那里借来的灵光,亦不可用别人的观点来作您的指引。别人的解释不是您的,它们终究会从您的身上溜走。相反,您自己的观察才是自己心智的产品,在与人交流、咨议和争辩的时候,它们随时都在您的手边。除非遇到评注家和学者们自己也束手无策、无话可说的不可克服的困难,决不停下自己的阅读,这样才不会失去研究的乐趣。⑭

在洛克看来,肯定人对知识的自由创造绝不意味着前人的知识都是谬误和意见。恰恰相反,其中的经典是人类心智创造出的宝贵的共同财富。想要以治学为天职的孩子,应当通过阅读来将这些财富变成自己的储备。在《思议绅士的阅读和学习》中,洛克为具备了一定理智基础的绅士推荐了更多的著作。这些著作包括:人性哲学、社会的一般历史、政治的制度和治理、英国和各国的历史;地理志、年代学和游记;修辞学和词典,还有塞万提斯的《堂吉诃德》。具体书目我就不在这里一一列举了。⑮ 对于承担着知识生产、思想传播和政治治理职责的绅士来说,这些知识是他需要学习和掌握的。但在这里我们要看到,洛克绝不是要让绅士成为两脚书柜,脑子里塞满教条的知识,只会重复前人的话语。正如他在上面的引文所说的,对原典的阅读,为的是形成自己的思想。这些书并不是可以现成拿来用的财富,相反,它们就像蕴含着宝藏的矿脉,只有"细加思索,牢记心头、时常征引","整体而充

---

⑭ 《教育思议》,第 195 节。
⑮ 见吴棠译《理解能力指导散论》,第 98—104 页。

分的理解,考虑所有的情况;熟谙原作者的各项原则,使它们连贯起来,然后作出自己的推论",才能从中提炼出属于自己的财富。洛克清楚地看到,高度主观抽象的人,只有在心中有了自己的观念和思想,才能获得真正的确定性。别人拥有的真理,只是"他们的占有物,不属于我,也不能转达给我,除非使我同样地知道;它是不能出借或转让的财宝"。[406]

但是,要获得这样的财富,仍然要依靠心智自身的力。所以,阅读和思考经典著作就是让心智面对材料进行劳动。在创造思想产品的过程中,心智自身的"手艺"也得到了锻炼和提高:"阅读是为了改善理解"。[407] 通过读书我们能够获得需要的观念,但更重要的是理解力的真正提高:

> 改进理解的下一步,必须是在这些书中提出的并且声称要当做真理来教的诸多命题中,观察到这些观念之间的联系。一个人在能够判断这些命题是否是真理之前,他的理解没有什么改进;他只会按照他读过的书来思考和谈话。这样不会获得任何知识。因此,读书多的人可能看似渊博,其实无知。
>
> 改进理解的第三步,也是最后一步,是要找出任何命题的根本基础;要发现将这个命题和它借以建立的基础或它所由之导出的那个本原联系起来的那些中介观念的联系。简言之,这就是正确的推理;只有以这样的方式,才能通过阅读和学习获得真正的知识。[408]

所谓通过阅读来提高理解力,其实就是要能看清任何书中命题所蕴含着的那些观念及其联系,在自己的心智中将它们重新建立起来,并由

---

[406] John Locke："Study"，in Peter King，*The Life of John Locke*，vol. 2. London：Routledge/Thoemmes Press，2010，pp. 196 – 197.

[407] 见《理解能力指导散论》，吴棠译，第 97 页。

[408] 同上。

此判断其是否为真。当我们能够作出这样的判断,那些命题就成为了我们自己的。因为我们不是盲目赞同或反对他人,而是用自己的理性做出的判断。洛克理智教育的最根本目的,不在于让孩子接受某个具体的真理,而在于培养起孩子理性的自由。

(4) 理性的自由

在洛克看来,人的真正自由正在于能够超越当下欲望和激情的支配,用理性来规定欲望,进而引导意志和行动。人的意志只有受理性的引导才具有规定性,才能实践真正的德性和善。"人作为行动者,基于理解中的某种先在的知识或知识的表象,决定自己做出这样或那样的行动。……意志自身,无论以为有多么地绝对和不可控制,也一定要服从理解的指示。"[409]洛克理智教育的最根本目标就在于培养起心智理解力的理性品质,从而使人达到真正的自由。对高度主观的人来说,"我不能借助别人的理解而知道,正如我们不能用别人的眼睛看见东西"。[410] 由自己的理性之眼引导的人才是真正自由的人。未能摆脱偏见或他人意见支配的人,并未达到真正的自由。《教育思议》中的学习是为孩子奠定理性的基础,更广泛的阅读可以促进理性,而在《论指导理解力》这篇文章中则着重说明如何培养起理性的品质。

理性要合理地发挥作用,需要有观念做基础。因为可以说观念是理性发挥作用的材料和对象。心智要形成复杂观念,主要是要发挥分辨(discerning)的能力,对简单观念进行比较、复合与抽象。[411] 因此,一方面要避免风俗造成的错误观念,另一方面是通过经验和学习来形成和获得正确的观念。人会基于自身的经验,以外界实体为原型,形成自己的实体观念。比如说随着经验的扩展,孩子会自然地将构成苹果这个物质实体的那些简单观念结合在一起,他会咿咿呀呀地要"那个东西",即使他不懂得用"苹果"这个词和相应的声音来指代它。而在

---

[409] 《论指导理解力》,第 1 节。

[410] John Locke:"Study", in Peter King, *The Life of John Locke*, vol. 2. London:Routledge/Thoemmes Press,2010, p. 196.

[411] 《人类理解论》,第 2 卷第 12 章。

混合样态和关系方面,孩子先是学到指代那个观念的词,而后再基于自己的经验或他人的解释,在心智中形成相应的观念。⑫ 所以,一定要避免将不当的观念灌输给孩子。一方面要摆脱风俗和社会的不良影响。"要尽可能地注意,在孩子年幼的时候,不要让那些没有自然结合的观念在他们的头脑中联合在一起,要经常用这一规则来教诲他们,让它指导他们生活和治学的整个过程。"⑬另一方面,要让孩子借助自己的经验来形成观念,或是从好的著作中、从对事物具有正确概念的那些人那里获得正确的观念。"应当注意用道德的或更为抽象的观念来充满心智,因为这些观念并不自行呈现于感觉,而是基于理解力而形成。"⑭在前面对理智教育的讨论中,我们已经看到洛克在这方面是如何做的。

有了良好的观念做基础,理性才能够得到发挥。洛克所说的理性是人特有的高等理智能力,"这种能力,正是人和畜类差异之点所在"。⑮ 要获得知识,除了依靠感觉和直觉,就要凭借理性。前两种能力相对单纯,洛克谈得也比较少,单凭感觉和直觉就能获得的知识也极为有限,大部分知识的形成需要理性发挥作用。此外,无论是限于外在条件而只评价他人的意见,还是超越理性的启示真理,都要经过理性的审核与中介。"它对我们的别的一切理智能力,都是必需的,有助力的。"⑯所以洛克始终将人称为"理性的造物"。

理性的真正含义"实际就含着机敏(sagacity)和推论(illation)两种能力。它借前一种发现出中介观念,借后一种加以整理,因此,它就可以发现出一系列观念中各环节间的联系,将两端连接起来。"⑰在上面我们已经指出,知识根本表达的是观念之间存在的联系,无论这种联系是基于对自然的观察,还是数学性的逻辑。因此要发现相隔遥远

---

⑫《人类理解论》,第 2 卷第 22 章第 9 段。

⑬《论指导理解力》,第 41 节。

⑭ 同上书,第 9 节。

⑮《人类理解论》,第 4 卷第 17 章第 1 段。在《政府二论》中洛克也将它等同于神圣的自然法。

⑯ 同上书,第 4 卷第 17 章第 2 段。

⑰ 同上。

的观念间的联系，必须凭借理性来建立具有必然性或概然性的论证，从而达到确定的知识。洛克将理性发挥作用的过程分成四个部分："第一个最高的阶段就是发现出证明来；第二就是有规则地配置起各种证明来，以明白的秩序，使它们的联系和力量为人所明白地知觉；第三就是知觉它们的联系；第四就是形成一个正确的结论。"⑱他强调，这种理性论证并不需要依赖三段论的刻板形式。理解力"有一种天然的能力来知觉其观念是否连贯一致，并将它们排列整齐，无需任何复杂的程序"。⑲

在前面有关知识和理智教育的讨论中可以看到，观念间的联系，或是基于人观察自然获得的经验，或是一种抽象概念之间的数学式的逻辑联系。村妇对天气和自己健康之间关系的了解属于前者，从"来世受罚"推出人的"自由决定"则属于后者，因此理性也可以分成经验理性和逻辑理性两方面来考虑。⑳后者很类似于我们做数学或几何题时的情况：面对需要求证的结论和给出的已知条件，我们通过思考，在条件和结论之间建立起联系来。在两个或多个抽象概念之间，因彼此内涵之间相互中介的关系，存在着隐藏的链条。逻辑理性只是以已知内涵的概念为基础，顺着这链条推演出需求证的命题。所以洛克称数学和道德知识是一种论证性知识，理性则是获得确定的论证性知识的主要手段。

数学和道德知识，虽然可以借助逻辑理性来发现确定的论证，但在现实中有许多不能借助理性而达到确定知识的情况。在自然实体方面，人受制于外部环境而只能达到概然性的知识，不能达到绝对的确定性。有的时候理性没有条件来审察，却仍然需要对他人的意见表示赞同和反对。在这些情况下，理性虽不能达到完全的确定性，却同样发挥着重要的作用。现实中存在着很多概然性的因果联系，同一件事情可能有不同的原因，也可能导致不同的结果。所以，经验理性既

---

⑱《人类理解论》，第 4 卷第 17 章第 3 段。
⑲ 同上书，第 4 卷第 17 章第 4 段。
⑳ 同上。

要看到现实中自然的因果律,也要对事情的整体(whole)做全面的考察,在不同的因果联系之间加以权衡,以判断最可能的情况是什么。[21] "日常的行为,事业的经营,都不让我们迟延",在很多情况下,人们必须依靠意见,"虽没有确定的、论证的知识,可是我们仍不得不来选择一面"。[22] 人不可能在任何事情上都由自己来作充分的判断。但这同样并不意味着人们得完全舍弃理性而盲目服从,决定在何种情况下同意何种意见,尽量作出最为合理和可靠的选择,这仍然是理性的职责。理性要把握经验事物的恒常性、证人证言的可靠性、类比的合理性等基本原则,用这些原则来衡量具体情况,谨慎地施加自己的同意。[23] 洛克甚至认为,即使在超乎日常经验的事情上,理性也有其地位:"我们必须依靠理性,必须借理性来审察那个命题是否是由上帝而来的启示。"[24] 虚假的狂热和真正的启示应当区分开来,前者试图不经理性的劳动和中介就达到直接的确定性,而后者同样要接受理性的审察。"上帝虽然以超自然的光来照耀人心,可是他并不曾熄灭了自然的光。"[25] 奇迹(miracle)可以超越日常的经验,启示可以超越理性的论证,但却不能与理性揭示出来的明白的知识和神圣的法律相悖。[26] 因此,理性居于一切合理判断的核心。在洛克看来,理性之人绝不是僵硬刻板、脱离生活、唯我独尊的人,而是同时具有逻辑理性和经验理性,善于观察事物和人情,思维清晰明确,坚持真理,既懂得求教于他人又不盲目轻信,时刻保持开放心态的通情达理之人。

那么,如何获得和完善理性能力呢? 这里同样只有不断的运用和实践:"是实践让它成为了那个样子……大多数被看成自然禀赋的优异之处其实是练习的产品,只有通过反复行动才能臻于至致",经过反复的练习而养成习惯,"最终在不知不觉中,他达到了轻而易举的地

---

[21] 《论指导理解力》,第 7 节。
[22] 《人类理解论》,第 4 卷第 16 章第 3 段。
[23] 同上书,第 4 卷第 16 章第 5—12 段。
[24] 同上书,第 4 卷第 19 章第 14 段。
[25] 同上。
[26] 同上书,第 4 卷第 18 章第 4—5、10 段。

步，虽然不知道是如何做到的"。[427] 用什么方式来练习最合适呢？在逻辑理性方面，"没有比数学更能培养推理能力的了"。[428] 逻辑理性与数学推理相同，只不过在与人相关的事情上，用具有某种含义和现实指涉的概念代替了数字和符号概念。所以数学是最好的培养理性的练习。"学了数学的人的心智，一遇到机会，就能把这种推理方法挪用到知识的其他部分中去。"良好的数学思维习惯，使人学会弄清概念，将无关紧要的概念放在一边，再集中思考关键概念之间的联系是什么。这种思维方式既灵活又清晰，不会陷入到刻板的程序和模糊的感觉之中。[429] 另一方面，数学式的思维习惯还有助于我们找到理论借以建立的基本真理，并推演出可靠的命题，形成连贯的知识体系。[430] 擅长这种逻辑思考的人，很容易知道一套理论中最核心的概念是什么，这些概念包含着的结论和倾向又是什么。而在数学训练之外，阅读经典著作同样能够提高人的逻辑思维能力，上一节中那两段关于读书的引文正是对这一点的说明。弄清作者概念和论证逻辑的过程，也就是训练自己逻辑理性的过程。

在经验理性方面，最好的锻炼方式则是观察事实。因为"特殊的事实是我们的公民和自然知识得以建立的毋庸置疑的基础，理解力得到的益处在于，从它们之中引出结论，建立起知识和实践的规则"。[431] 现实的经验观察，使人能够懂得事物和人情的各种一般规律。不过洛克并不认为孩子一定非得亲身体验才行，直接投身社会进行观察也会有许多危险。所以，孩子一方面可以从"自然和公民的史家所做的记录"那里获得相关的信息，故事、历史、游记和各种自然史著作，都是扩展孩子经验、培育他们经验理性的很好途径。此外，如果有好的导师的从旁指导，孩子也可以进行社会交往，在现实中来观察人性。[432]

如果理性得到了很好的锻炼和培育，那么孩子就可以自主地进行

[427] 《论指导理解力》，第 4、6 节。

[428] 同上书，第 6 节。

[429] 同上书，第 7 节。

[430] 同上书，第 43—44 节。

[431] 同上书，第 13 节。

[432] 《教育思议》，第 94 节。

反思，对自己原先自然接受的意见、习以为常的做法和来自师长权威的教诲进行独立的判断了。这并不是意味着要全然否定它们，那同样是一种不合理的态度，而是要用自己的理性来审视和考察，将它们真正变成自己的想法。在《论指导理解力》中，洛克多次反复强调，要对来自外界的意见加以悬置，再运用自己的理性来思考和审察，而后再给予同意或反对。心智经过如此的劳动，人才能够摆脱意见的约束，实现理解的自由：

> 理解的自由，由这两点构成：对于一切真理无差别地平等对待，也就是只出于对真理的爱而接受它，而不是在我们知道它为真理之前，出于某些别的原因而偏爱它；审察自己的本原时，除非作为理性造物的我们，完全信服其坚实性、真实性和确定性，否则既不接受也不基于它们建立什么。这种自由对于理性造物来说是必要的，没有它，就不是一种真正的理解力。㊸

真正自由的人，应当努力摆脱偏见即未经自己的理性审察而接受的先入之见，无论它是来自风俗、权威、党派（party）还是自己。正如人有能力悬置自己的欲望，不让它来决定意志一样，人也有能力悬置自己对任何命题和意见的同意（assent）。同意就像是理解力的"意志"，是对某种命题或意见的纯粹肯定。洛克之所以要捍卫理解的自由，恰恰不是要让人唯我独尊、独断专行，而是看到处于高度主观抽象状态的人与知识和真理相分离，却又急于获得知识和真理，所以反而容易将随手抓住的一切都当成真理，陷入狂热和盲从。所以，理解的自由是让人不要急于赞同和否定，而是要将意见悬置起来，再运用自己的理解力来进行劳动，从而达到确定的知识和真理。因此，自我抽象的肯定性才能成为对真理的坚持和服从，理解才真正获得内容，真理才能成为照耀人心的上帝之光。

㊸《论指导理解力》，第12节。

所以,虽然人主观抽象的心智脱离事情本身,但依靠理性获得的观念和思想足以作为通向事情本身的中介,安定我们的心智。这些观念和思想的自明性(self-evidence),反映的是事情自身:"事情自身应当按照事情自身来加以考虑,这样它们就会向我们表明,应当用什么样的方式来理解它们。要对它们有正确的想法,我们必须将自己的理解引向事情不变的本性和不可更改的关系,不要让事情去迁就自己预先构想的概念。"[34]心智和真理的关系就像眼睛和光,我们借助前者来发现后者。但是,此世之人虽然有心智之眼,而真理就是神圣之光,人却不是生来就能看到这光明。相反,人生来处在黑暗之中,有眼却看不到事情自身所包含的真理之光。只有依靠自己心中理性的烛火来照亮世间的一切,才能让心智的眼明亮,看到事情所闪耀的真理之光。洛克清楚地看到,人处于"此世的平凡和等待的状态",心中的烛火只能提供"一种概然(probability)的黄昏之光",但这支"我们心中所燃的蜡烛已经足够明亮来满足我们的所有目的。我们用它所得的发现就应该使我们满意",让我们"在这个旅行的日子内,勤劳谨慎,追求达于更完美境界的正道"。[35] 我们不应做"游惰顽固的仆役","不在大天白日,就不肯用烛光来做事"。[36] 否则习惯了在黑暗中生活,我们的视力就会逐渐退化,渐渐忘记光明的存在:"心智逐渐丧失了它对真正坚实的真理的自然兴味,不知不觉地安于那些只能扮作真理晦暗表象的东西。"[37]拥有真正理性之光的人,善于观察现实、乐于倾听他人、勤于阅读和思考,却不会陷入盲从和迷失。洛克的理智教育,正是要点亮人们心中的那盏烛火,使人的心智之眼能够看到神圣的光明。

但是,洛克虽然肯定人的理性自由,却并不认为个人的理性足以达到完善。在他看来,事情本身并不是写在纸上、对所有人都一样的清楚明白的答案。事情本身可能包含着不同的方面,每个人自己特殊

---

[34]《论指导理解力》,第24节。着重号为笔者加。
[35]《人类理解论》,第1卷第1章第5段;第4卷第14章第2段。
[36] 同上书,第1卷第1章第5段。
[37]《论指导理解力》,第33节。

性的局限，又使他只能看到其中的一个方面：

> 我们的视力都很有限，常常只看到事情的一面；视野扩展不到
> 与之相连的各个方面。这个缺陷，我想没有人能够幸免。我们只能
> 看到一部分，只能知道一部分，因此，从片面的见解达不到正确的结
> 论，就不足为奇了。对于那些过于看重自己那部分的骄傲之人，这
> 或许能教训他们来懂得，与他人谈话、向他人请教是多么有用，即便
> 那些人不如他有才能、思想敏捷和洞察精细。因为没有人能看到一
> 切方面。同一件事情，根据我们相对于它的不同位置，我们往往看
> 到的是不同的样子。去想一想或试一试，是否别人有些事情的概
> 念，他自己却没想到过，这些概念如果进入自己的心智，他的理性该
> 怎么利用，这样想是合适的，这样做也并不贬低自己。⑱

真正的全体、完全的事情本身，并不是单凭一个人的理性就能够把握
到的，人心创造出的"永恒真理"也是无限的。所以，我们应当具备一
种"博大、健全和周延的感觉"，乐于同他人交流，看到事情不同的方面
和自己的局限："心智的这种全面理解和拓展，装点了人的灵魂，使他
投身于真理，得到学问的帮助，并且自由地思考各个领域有思想的人
们的各种观点和见解。"⑲这才是治学之人应当具备的品质。理智世界
是由不同的心智各自的劳动共同构成的整体，但每个人却容易只重视
自己的思想而忽略了这世界的全体，轻蔑或忽视其他人的工作。在应
当采取不同方法来处理不同材料的地方，反而僵化地坚持自己的理
解，套用自己习惯的方法。所以，思想的人应当彼此交流，通过了解不
同的观念、方法和角度，让心智获得更大的自由："对于整个理智世界
有一种公正而平等的看法，从中看到整体的秩序、等级和美丽，并根据
适当的次序和各自的用处，对不同领域的学科给予恰当的考虑。"⑳具

---

⑱《论指导理解力》，第 3 节。
⑲ 同上。
⑳ 同上书，第 19 节。

备理性自由的人，既不主观专断、唯我独尊，也不敝帚自珍、固步自封。既坚持自己的见解，也知道自己的有限。他愿意和其他人交流思想，能灵活地从不同的角度和观点来看待事情。他知道，真理的世界无限广阔，自己只是一个渺小的人。也只有知道了这一点，他才能更加珍视自己的独立自主，明白自己的本分和责任。

结语：自然权利与理性自由人

长期以来，对洛克的教育思想有一种批评，认为它只是针对 17 世纪英国绅士阶层的教育。[41] 从表面上看似乎确实如此。洛克自己在献词中坦承，这本书讨论的内容是如何教育绅士的孩子，如果"这一等级的人一旦经由教育上了正轨，他们将会很快带领其他人走上正轨"。[42] 在前面的讨论中，我们也能看到，无论是聘请家庭教师，还是教孩子学跳舞，这些教育内容，都只有绅士阶层才能付诸实践，而在理智教育方面似乎更是如此。在《人类理解论》中洛克承认："人类的大部分都交给了劳动，受恶劣处境必然性的奴役，不得不消耗其生涯，求得衣食借以糊口。……他们的全部时间和辛苦既然都消耗了去，以求平息枵腹的空鸣、饥儿的哭泣，那么他们的理解不免难受教导。……正如一匹驮货的马日日被人赶赴市上，一来一往，只经过狭窄的巷子和污秽的路途，不能明白那个地方的地理似的。……大部分人类既然都要竭力谋生，因此，他们再无暇晷，在学问方面做那些烦重的研究。"[43] 只有衣食无忧、不必每日从事体力劳动的人才有闲暇来进行充分的阅读和思考。所以，对于那些"祖先留下了丰裕的财富，从而免除了某种为在此世维生而需要承担特定天职"的绅士来说，"以治学为自己合宜的天职和事业，是其职责和义务所在"。[44] 绅士既然拥有闲暇和知识，那么也

---

① 参见《教育思议》中译本《教育片论》，第 46 页。
② 同上书，第 93 页。
③ 《人类理解论》，第 4 卷第 20 章第 2 段。
④ John Locke："Study", in Peter King, *The Life of John Locke*, vol. 2. London: Routledge/Thoemmes Press, 2010, p. 181, 185.

理应承担社会和政治方面的义务。治理国家、从事政治活动,制定和执行法律,维持社会的秩序和繁荣,"绅士的正当天职是为国家服务"。㊺ 所以,对洛克式教育的"阶级局限性"批评,似乎确是理所当然。不过,事实是否确实如此呢?

在写于 1693 年的一篇短文"劳动"中,洛克指出,绅士和学者每天都应该拿出一定的时间来从事体力劳动,这一建议,有出于身体健康方面的考虑,为了防止"久坐不动、长期治学可能产生的疾病"。㊻ 但洛克在这篇文章中同样指出,体力劳动者应当每天拿出一定的时间来从事脑力劳动。在他看来,绅士和工匠同时从事两种劳动并不是什么不合理的事情,相反,"由此,一切人类可以由此获得的生活所需的真正必需品和便利品,应当会比现在拥有的多得多,并且能够摆脱可怕的无知和野蛮,在许多人身上,那种情况当前仍然随处可见"。㊼ 洛克并不认为体力劳动和脑力劳动有什么等级贵贱之分,与懒惰闲散和无益的娱乐相比,"从事有用工艺的诚实劳动"更加光荣,而大众也可以通过运用理解力而"在自己的义务方面得到良好的教导,摆脱无知造成的对他人的盲目信从"。㊽ 洛克眼中的理想的人,既能通过体力劳动来满足身体方面的需要,也能够运用理智来认识真理,生产知识:"如果此世的劳动能够得到正当的指导和分配,那么知识、和平、健康和物产,必然会比现在更多。人类也将比现在更为幸福。"㊾完整的人应当同时从事这两种劳动,让身心都得到运用和充实。虽然在现实中这样的理想不容易实现。

带着这样的视角来重新考察洛克的绅士教育,我们就能看到他试图在教育中实现自己的理想。绅士的孩子同样应当学习一两门手艺。在学习之余,他不应当虚度光阴,去做无聊的消遣娱乐,而是应当从事体力劳动。当然,他并不需要以此为生,但真正的人应当能够且乐于

㊺ 见吴棠译《理解能力指导散论》,第 97 页。

㊻ John Locke:*Political Eassys*,Mark Goldie ed.,Cambridge University Press,1997,p. 326,"labour"。

㊼ 同上。

㊽ 同上。

㊾ 同上。

从事两种劳动。如果我们再看看洛克的教育力图培养的品质就能够发现,他想要培养的其实是普遍的人,并不是单单属于某个阶层的绅士。受过良好教育的人,应当体格强健,节制坚强,自尊自重,诚实正直。他心中应当具有对神圣的坚定信仰,并勇于追求和坚持真理。他应当懂得尊重他人,待人真诚有礼,能与他人愉快地交流,对同胞造物抱有博爱和人道之心。他应当具有基本的自然和道德方面的知识,思维清晰、敏锐,善于观察,喜欢读书和思考。他应当谦虚谨慎,善于听取他人的看法,但不轻信盲从,独立思考并能够坚持自己的合理见解。这些品质,我们今天不会自然地将它们与"绅士教育"联系在一起,并不是因为洛克的教育已经过时,而是因为这些品质已经不再属于"绅士",而是一个普通人也应当具有的品质。洛克的"绅士教育",更多只是在外在条件方面依赖于"绅士"的财富。他所力求培养的人的品质,却不限于任何特殊阶层和身份。因此,洛克的教育并不是属于某一阶层的教育,而是针对现代人的普遍教育。

身处 17 世纪英国的洛克十分清楚,现代人高度主观抽象的特点是造成贪婪、狂热、骄傲和任性的根源。上帝已经隐匿不显,人也与事情本身相分离。他来到这个世界,却只是空虚而无规定的存在。他不断地思考和欲求着,却不知道自己是谁,该要什么。他冲动地寻求着光明和幸福,但趋于无限膨胀的内在的力,却将他带进自我激情和冲动的深渊。因此,教育的首要目标是要使人重新获得规定,使人成为人。通过不断的实践和行动,塑造孩子的秉性和品质,这就是"习惯成自然"的重要意义。在经验生活和行动中,人飘忽的心智逐渐稳定了下来,这就是所谓"本原的植入"。

但是,习惯成自然并不仅仅意味着"自然而然",风俗本身仍然是无规定的抽象。洛克所要塑造的秉性和品质,要符合上帝为人安排的自然的生活。人赤条条地来到这个世界,充满了迷茫和不安。他想要保存自己、获得内心的安定和生活的幸福,就必须通过体力和脑力的劳动,去改造外界和内心中的对象,制造物质和精神的产品,满足自己的各种需要。并通过与他人的交易和交流,将物质产品和精神财富广泛传播于社会,以促进人类的普遍福利。洛克的教育,正是要培养这样合格的劳动者。他自我节制,尊重他人的人格和财产;勤劳坚强,善于创造物质和精神财富。这种生活才是人在此世应当过的自然生活。

不过,对于主观抽象的人来说,这样的自然生活同样是自由的。自然权利概念既包含着实质价值,但同时也是对自由的形式规定。洛克清楚地看到,自由是现代人难以逃脱的限制,但也是运用自己的力实现善的可能。没有河床的河流不成其为河,那只是恣肆的洪流。但是,只有河床没有流水同样不是河。河既是不断流动和变化的存在,又始终"在那里"。洛克的教育是对自由之流的引导,它并不是要消解自由,而是要实现自由。使人成为合格的自然权利的行使者——理性自由人,用自己的力量和创造去获得人的规定。这规定才是属于个人的财产的真实意义。

由此,我们也就可以理解洛克民主政治的根本意涵。保护财产,不是保护自私自利,社会的成员结合在一起形成政治共同体,是基于对自然权利的理性共识而非抽象的一致同意。所以,当洛克指出最高权力根本属于人民的时候,他所说的人民不是只知自利的小民或狂乱的暴民,而是有理性的公民。现代的公民社会,应当是一个由理性之人组成的自由社会,借助交流和分工,每个人都用自己的劳动和产品来丰富社会的公库,也从他人的贡献中获得利益。

现代人的世界是个荒芜的世界,人不再拥有平静的自然生活或丰足无忧的伊甸园,贫乏是他难以逃脱的生身处境。但这个世界又是个无限丰富和宽广的世界,有着取之不尽、用之不竭的资源。它们能否变成人的财富,完全取决于人能否借助自己和他人的经验和传统,运用自己的力将它们做出来以资人生当下的利用。但躺在前人留下的财富上面安然享受,幻想着自己的完善,或者拿它们去驱策奴仆,这都不是通向幸福的道路。要支撑起充满冲突和张力的世界、使人能够坦然面对种种恶魔的力量,其根本并不在于那表面的丰富,而是洛克的教育要造就的磨粗的手掌、心中的纯真。

敌基督的基督教
——从尼采笔下耶稣的双重形象说起

林丽娟[①]

■ 目 录

---

① 作者单位：德国慕尼黑大学哲学系。

引言：尼采与耶稣的双重形象问题

在《敌基督者》一书中，尼采揭示了耶稣的双重形象，即耶稣一方面宣扬内心和平，主张爱所有人，另一方面又极富攻击性和报复欲，是一场叛乱的领头人。前者意味着教人去爱去和平的新郎形象，他即便对敌人都毫无反抗意识，完全返回内心的平静和爱。"要爱你们的仇敌，为那逼迫你们的祷告。"（《马太福音》5:44）②而后者则意味着有强烈仇恨和报复欲的伐木者形象，他恰恰因为过于激烈的反对和抨击而被钉死在十字架上。"我来，是要把火丢在地上，倘若已经着起来，不也是我所愿意的吗？我有当受的洗还没有成就，我是何等地迫切呢？你们以为我来，是叫地上太平吗？我告诉你们：不是，乃是叫人纷争。"（《路加福音》12:49—51）

深受尼采影响的希腊作家尼可斯·卡赞扎基斯，曾在他的小说《基督最后的诱惑》中对耶稣的双重对立形象进行了极其生动的描绘。最初向人传道的耶稣"面含微笑，声音轻柔，像透明似的清澈"，"这人好像是只初学鸣啭的雏鸟，眼睛不是火炭而是充满了亲切的爱抚"。③"他像个新郎，而大地则是同他订了婚的新妇。"④他教人们相爱，他眼中的上帝是一阵清风。他的天国在人们心里，只要爱，就总已经身处天国："天国并不在空中，它在我们身体里面，在我们心中"，"把你们的心改变一下，天地就会拥抱在一起"。⑤然而这个身披白袍，口衔桃花的青年，后面却变成一个目光坚决的伐木者："这个世界必须彻底毁灭，才能建设一个新世界"⑥，"弥赛亚为了播种，先要把荆棘、莠草和荨

---

② 本文对《圣经》的引用，主要来自简化字现代标点和合本。以下引文仅在文中括号注出，不另外脚注，特此说明。

③ ［希腊］尼可斯·卡赞扎基斯：《基督最后的诱惑》，董乐山、傅惟慈译，南京：译林出版社，2007年，第157页。

④ 同上书，第166页。

⑤ 同上书，第167页。

⑥ 同上书，第309页。

麻连根拔掉"⑦。天国的实现要以烈火、麻风、疯狂三只獒犬开道,救世主手中拿着斧子。显而易见,新郎与伐木者的形象不仅不相同,甚至截然对立。

在《敌基督者》中,尼采同样注意到了这个差别。正是从这个差别入手,尼采阐释了有史以来关于基督教的最大误解,并进而揭示出敌基督者的真正意涵。但是,与此相对的是,在宗教研究史上,耶稣的双重形象问题却向来没有被真正当作问题来看待。这一点在信仰者那里并不难理解:信仰者不关心事实,并且相信神意不可揣测。而问题在于,即使在哲学家那里,耶稣的双重形象问题似乎也不成其为问题。卡尔·雅斯贝尔斯在《大哲学家》中仅仅将耶稣的矛盾形象解释为:"在耶稣要求信仰的形式之中,显示出来的是温和性和争强好斗的必然性的独特的双重含义。"⑧而即便是一些权威的耶稣传记(比如大卫·施特劳斯的《耶稣传》和欧内斯特·勒南的《耶稣的一生》),这些试图对神圣之事做出理性检验的大胆之书,也仅仅以简单化的方式来处理这明显的矛盾之处。施特劳斯在《耶稣传》中将这个问题一笔带过:"正因同上帝和解只能通过纯粹内在手段,所以对唯物主义献祭制度的不满才越发自然。"⑨他认为,在耶稣的人格中,爱与恨是相辅相成的。这一点同样适用于勒南的《耶稣的一生》。勒南也认为,爱与恨可以并行不悖,极端的爱必然对应着极端的恨。"虔信几乎总在造成激烈与温和的奇特矛盾。"⑩不同的只是,在勒南那里,耶稣是一个有清醒头脑和健全理性的天才式人物。他不仅创立了一种信仰,并且知道如何来尽可能传播这种信仰。出于伟大的领导力和清醒的现实认识,耶稣决定对一部分人施予诅咒,而将信仰的中心单单指向作为大多数的下层民众。爱要因恨而愈发成其为爱。一切不重视爱、不注重心灵圣

---

⑦ [希腊]尼可斯·卡赞扎基斯:《基督最后的诱惑》,第 215 页。

⑧ [德]卡尔·雅斯贝尔斯:《大哲学家》,李雪涛主译,北京:社会科学文献出版社,2005 年,第 169 页。

⑨ [德]大卫·弗里德里希·施特劳斯:《耶稣传》,吴永泉译,北京:商务印书馆,1999 年,第 295 页。

⑩ [法]欧内斯特·勒南:《耶稣的一生》,梁工译,北京:商务印书馆,2000 年,第 65 页。

洁的宗教教派不仅不配得到爱，且恰恰应被诅咒和焚烧。由此，勒南容许耶稣的上帝之国同时拥有两种含义，即一方面指精神王国：在此意义上的上帝之国总已开始，人人都在自身怀有它，人人都以心灵的真正皈依默默地创造着这个国度；而另一方面则指弥赛亚的各种启示异象，这里包含着耶稣最狂热的思想，足以吸引大批追随者。事实上，勒南以为，单单宣传爱和忍耐而不带半点狂热启示的耶稣，将不可能是那场伟大宗教革命的领导者。

尼采对耶稣的双重形象这一问题的回答则完全不同。尼采认为，耶稣的真正形象是湖畔的传道者形象，是内心充满爱与和平的孩子，而极富攻击性的狂热分子形象则完全出于早期基督徒（尤其是保罗）的虚构，与耶稣的真正形象完全相反。在此意义上，基督教在本质上是敌基督的，"只有一位基督徒存在过，而且他已经死在十字架上。'福音书'死在十字架上。从那以后，所谓的'福音书'早已成为他真实生活的对立面：一个'坏消息'，一种反福音"（《敌基督者》，第39节）[11]。

尼采的观点之所以与施特劳斯和勒南如此不同，根本一点在于，后者的研究仍然建立在尊重信仰和《圣经》的基础上，而尼采则更为彻底，他将福音书仅仅视作半真半假的传说，从一开始就对《圣经》持批判态度和质疑眼光。在《敌基督者》中，尼采自己指出了他和施特劳斯的不同："《使徒行传》是现存文献中最含糊不清的文献：在没有任何原始资料的情况下，用科学方法研究《使徒行传》，在我看来一开始就注定失败——这仅仅是学术的懒惰"（第28节）。而勒南在《耶稣的一生》中透露了他对基督教研究的暧昧态度："为一种宗教撰写历史，首先，有必要信奉它（否则我们会无法理解，它怎样吸引了人类的良心并使之满足）；其次，又不以绝对的方式信奉，因为绝对的信仰和真实的

---

[11] 本文对《敌基督者》的引用，主要来自吴增定、李猛译本（吴增定著《〈敌基督者〉讲解》所附《敌基督者》译文，北京：三联书店，2012年），部分引文参照了德文版 *Der Antichrist* (der Goldmann Verlag)有所改动。引文中黑体词句来自尼采在德文原文中以斜体表示强调的部分。以下引文仅在文中括号注出所属小节，不另外脚注，特此说明。

历史无法兼容。"⑫而在尼采看来,这样的一种中立立场(其实也是施特劳斯的立场),将意味着既无法成就绝对信仰,又不能还原真实历史,并进而意味着理智的懒惰与不诚实。勒南对福音书(主要是《马太福音》,勒南认为这部福音具有最高的可靠性)的过于信任,使得他解读耶稣灵魂历史的努力一开始就必然陷于失败。勒南不再称耶稣为神,但是仍然谦卑地称他为"天才"和"英雄",而这与尼采对耶稣心理学类型的解读恰恰相反。

不过,对于尼采来说,耶稣的双重形象问题也仅仅是一个引子,从这里真正要引出的是基督教敌视生命的意涵。基督教作为犹太教的必然后果,代表了犹太人作为弱者而否定实在,伪造自然的本能。基督教徒仇恨现实,歪曲自然因果,将世界道德化和软弱化,并且最终扼杀理性,用信仰一劳永逸地遮蔽了真理之路。基督教的起源及其全部历史是一场彻头彻尾的误会,是少数作为弱者的僧侣(首要的是保罗)利用耶稣去颠覆高贵秩序的造反运动。而仅仅是这个误会,竟然将真理之路遮蔽得如此彻底和如此之久,竟然如此成功地去教导地球上接近一半的人反对大地和生存——在此意义上,尼采称基督教是"一幕献给诸神的表演"(第40节),它令这个世界在高贵的诸神面前成为前所未有的滑稽喜剧。

我们将首先从尼采对耶稣的心理学类型的解读开始。

一、耶稣的真正形象:崇高、病态和幼稚的混合

和施特劳斯和勒南一样,在敢于对神圣之事进行理性检验的尼采看来,耶稣首先不是神。耶稣只是一个特别的人。在此意义上,真正让尼采感兴趣的,不是耶稣的神性,而是他作为人的心理学类型(der psychologische Typus)。

说到耶稣的心理学类型,首先要对福音书中那些自相矛盾的说法

---

⑫ 勒南:《耶稣的一生》,第43页。

做出取舍，揭示出耶稣的真正形象；接着便要说明耶稣作为这样的类型如何可能，简言之，即这样的人如何可能存在。在尼采看来，耶稣首先是一位充满爱的新郎形象，正是这位新郎所倡导的博爱以及他所带来的全新的信仰形态，使得基督教成为史无前例的具有普遍价值的精神性宗教。然而，关键问题在于，这种极端的爱和宽恕如何可能在人那里出现？如果我们承认人在自然上会倾向于感谢那促进他的，报复那使他遭受的，那么耶稣这种"爱仇敌，为逼迫者祷告"的逻辑恰恰是最不自然的逻辑。在此意义上，耶稣的心理学类型是极其特殊的类型。在《敌基督者》中，尼采对耶稣的心理学类型进行了界定。耶稣之所以宣扬博爱与和平，首先因为他是一个尚不了解现实的孩子，是一个对时代精神毫无所知的白痴。耶稣与佛陀有些相似之处，但是就清醒程度而言又有天壤之别。此外，耶稣还是一位象征主义者，他将一切实在，整个自然作为其内心世界的隐喻表达。最后，耶稣又是一位行动者，终其一生他都在用实践来表达他对信仰的独特理解，而非将希望寄予彼岸。

耶稣的真正形象远比我们想象的要复杂得多。用尼采本人的话来讲，他是"崇高、病态和幼稚的混合"。

1. 孩子

根据福音书的记载，耶稣对孩子有着特别的喜爱："让小孩子到我这里来，不要禁止他们，因为在天国的，正是这样的人"（《马太福音》，19：14）。而在尼采眼中，耶稣正是一个尚未长大的孩子。耶稣之所以走向信仰，完全转向内心世界，不加分别地爱一切人，恰恰是因为一个尚未成长的孩子对现实所存的极端畏惧。

尼采认为，耶稣的博爱基于他的两个生理学事实，即：一方面耶稣具有一种"极端的痛苦和刺激感受力"，这种特殊的感受力使得他在每次与现实的触碰中都会对痛苦有着过深的感受，并进一步使得他再也不想和外界有任何接触，一味退守内心世界；另一方面，耶稣具有"排斥一切反感、一切敌对、一切情感界限和距离的本能"，这使得耶稣在任何一种对立和斗争中都会感觉不快,因此他愿意选择最为便捷的途径来保护自己,即对一切都不加取舍地去爱(第30节)。总而言之,对痛苦的过于敏感让耶稣在现实面前却步,转而退回到内心的和平和爱中去寻求安慰。

这样的一个孩子根本不知道否定是怎样一回事,因为他还没长大,还没有意识。他还没有认识现实就先躲开了它,因为对现实一无所知而无法否定。"对他来说,否定是完全不可能的东西。"(第32节)而恰恰因为这样,他才能体现出最大程度的宽容和爱:"他在法官、在官吏、在告发者、在一切中伤和嘲讽面前的行为——他在十字架上的行为。他没有抵抗,他没有捍卫自己的权利,他不做任何努力以避免最极端的惩罚;更有甚者,他主动招徕惩罚⋯⋯而且,他和那些折磨他的人一起,在他们中间去乞求、受苦、爱。"(第35节)

另一方面,正因为完全返回内心世界,耶稣发现了信仰的新含义。上帝之国指的是心的一种状态:"神的国来到,不是眼所能见的。人也不得说,'看哪,在这里','看哪,在那里';因为神的国就在你们心里。"(《路加福音17:21》)尼采对此说道:"真实的生命、永恒的生命被发现了——它不是应许,它就在当下,它就在你们心中。"(第29节)"'上帝之国'不是期待的对象;'上帝之国'没有昨天和后天,不会在'千禧之年'到来——'上帝之国'是一种心的体验;它无所不在,又无处存在⋯⋯"(第34节)也在此意义上,每个人都是上帝的孩子。"这种信仰的见证既不依靠奇迹,也不依靠奖赏和应许,更不'依靠经书':在任何当下时刻,信仰本身都是自己的奇迹,自己的赏赐,自己的证明,自己的'上帝之国'。"(第32节)上帝之国并非某种死后或彼岸的世界。因为出于完全的内在化,耶稣对生命的理解超越了生死和时间:"对'福音'的教导者来说,'时刻'、时间、身体生命及其大限完全不存在⋯⋯"(第34节)

所有这些爱与信仰的起源,尼采都归到耶稣的尚未成熟——"青春期发育迟缓并且得不到有机发展的情况,作为一种退化的结果"(第32节)。耶稣对于现实极度贫乏苍白的了解,是一种极端之爱的真正

原因。基于此,在《查拉图斯特拉如是说》一书中,尼采发出了如下的感叹:

> 确实,那些宣讲慢死的说教者们所尊敬的那个希伯来人死得太早了:他死得太早,从那以后,对许多人成了一种灾难。
>
> 正由于他只知道希伯来人的眼泪和忧伤,以及善人和义人的憎恨——那个希伯来人耶稣:因此使他突然感到对死亡的憧憬。
>
> 如果他留在旷野里,远离善人和义人,那就好了! 也许他会学会生存,学会爱大地——还能学会笑!
>
> 相信我说的话,我的弟兄们! 他死得太早;如果他活到我的年纪,他自己可能会收回他的教导! 他是太高贵了,要他收回是困难的。
>
> 可是他还没有成熟。这个青年没有成熟,就去爱,也没有成熟,就去仇恨人和大地。他的心情和精神的翅膀还被捆紧,还很沉重。⑬

2. 白痴⑭与佛陀

勒南在《耶稣的一生》中把耶稣塑造为一个天才,尼采对此反唇相讥,称耶稣为白痴更合适。"白痴"仅就尚未长大的孩子对现实一无所知而言。"我们关于'精神'的整体概念,我们关于'精神'的文化概念,在耶稣所生活的世界中没有任何意义。"(第 29 节)"无视一切宗教,一切崇拜概念,一切历史,一切自然科学,一切世界经验,一切知识,一切政治学,一切心理学,一切书本,一切艺术——他的'知识'恰恰是纯粹的愚蠢,是对有这类东西存在的事实一无所知。"(第 32 节)在《耶稣的

---

⑬ [德]尼采:《查拉图斯特拉如是说》,钱春绮译,上海:上海三联书店,2007 年,第 79 页。

⑭ 可参见陀思妥耶夫斯基的小说《白痴》(王卫方译,南方出版社,2003 年)。小说主人公梅诗金公爵即以耶稣为原型。梅诗金公爵有着爱所有人的金子般的心,却对现实所知甚少,只喜欢和孩子们待在一起。这样一个白痴在成人世界的出现最终酿成了所有人的灾难。

一生》中，勒南承认，耶稣的早期教育非常有限，他很可能不懂希腊语，没有接触过任何希腊文化（包括希腊科学），除了犹太教之外他一概不知。耶稣甚至可能不了解犹太教内其他教派的努力。⑮ 但勒南恰恰称赞这种"一无所知"："他的精神保持着不受拘束的纯真，一种广博而多变的文化往往会将其削弱"⑯。

尼采避免美化这种无知，他尖锐地指出，这种无知是理智不成熟的表现，它几乎必然不能提出对其他学说的反对：不是不愿意反对，而是没有能力反对。"这样一种学说不可能提出反对，它根本不知道有其他学说存在，不知道可能有其他学说存在，它甚至不能想象一个对立的判断……"（第32节）

在此意义上，尼采将耶稣与佛陀相区分。在耶稣的孩子形象中有颇多成分，令人觉得他"似乎是一位生活在非印度土地上的佛陀"（第31节）。耶稣的宣传和平，不抵抗恶，以及他的返回内心和精神，在现实面前的避苦态度，都让我们想起佛陀。在《敌基督者》中，尼采提醒我们注意佛教的两个生理学事实，即对痛苦的极端敏感性和极度的精神化（第20节）。前者使佛陀尝尽世间诸般苦，而后者则为从痛苦中的解脱提供了途径。这二者和前面耶稣的两个生理学事实出奇相似。从二者的极端痛苦敏感性和避苦逃世倾向（不抵抗和返回内心都是出于这一事实）看来，他们确实存在共通之处。

但是，耶稣形象中的白痴成分又使他和佛陀判然有别。在尼采看来，佛教首先是客观、冷静的，是哲学运动的产物，是"实证主义宗教"、"严格的现象主义"（同上）。"——佛教比基督教要百倍地现实主义——佛教的活生生遗产，就是客观而冷静地提出问题；佛教是持续几个世纪的哲学运动之产物；当佛教出现时，'神'的概念已经遭到废黜。佛教是历史向我们显示过的唯一真正的实证主义宗教，甚至就其认识论（一种严格的现象主义——）来说，也是如此；佛教不再谈论'同罪的斗争'，相反，在完全承认现实的正当性时，佛教谈论的

---

⑮ 勒南：《耶稣的一生》，第84—85页。
⑯ 同上书，第5页。

是'同受苦的斗争'。"（同上）佛陀对于现实有着清醒的认识，他看透了现实即是受苦；只是因为对痛苦的极端敏感性，佛陀无法忍受这现实，他不爱这现实。正是因为佛陀把现实看得太清楚了，所以他厌世了。

耶稣则不同。耶稣不是因为清醒而厌世，而恰恰是因为无意识而避世。如果说佛陀是看尽世间悲苦的老人，那么耶稣则是尚不谙世事的孩子。耶稣恰恰因为对现实一无所知而躲避现实。另一方面，我们说佛陀厌世，却不可说耶稣厌世。不爱这现实，只有在清醒知道这现实是什么之后才有可能；而耶稣尚无意识，尚不知否定，不知对立，耶稣所知道的唯有爱而已。

在佛陀与耶稣的类型中，尼采欣赏佛陀的冷静和清醒，但如果清醒的认识注定意味着厌世，那无疑是尼采所最不赞同的。在此意义上，尼采或许更同情耶稣，因为耶稣的类型意味着无限可能：这个孩子尚未长大，如果他没有死得那么早的话，或许他能学会去爱大地和生存。

3. 象征主义者与行动者

尼采指出，正因为耶稣的纯粹内在性，所以一切外在表达对他而言都仅仅是象征或隐喻。根本上说，这种纯粹内在性的信仰，这种只关注心的状态的信仰无需表达。"他能说话的前提就是不在字面意义上使用任何词语。"（第 32 节）言词意味着通过外在形式表达出确定性，而"耶稣是一个'自由精神'——他不关心任何确定的东西：言词死亡，一切确定的东西死亡。在耶稣那里，生命的概念、经验以一种只为他所知的方式，同一切形式的词语、规则、法律、信仰和教义相冲突"（同上）。因此，耶稣拒绝一切外在仪式，他强调天国只是一种心的状态："神的国来到，不是眼所能见的。人也不得说，'看哪，在这里'，'看哪，在那里'；因为神的国就在你们心里。"（《路加福音 17:21》）

对于耶稣这位反实在论者来说，一切外在言词的表达，所有关于外在世界、关于自然和生活的言说都只作为内在世界的象征才有意义。"……整个实在、整个自然，甚至语言本身，对他来说只有作为一种象征、一种隐喻才有价值。"（第 32 节）"他仅仅把内心的实在当作实在，当作'真理'，——他把其余的东西，把一切自然、时间、空间、历史之物都仅仅理解为象征，理解为隐喻的契机。"（第 34 节）耶稣并非在实在的意义上谈论他与天父的关系，也并非在实在的意义上谈论生死。父子关系表达的只是心的状态："'儿子'一词表达的是进入某种将万物全面美化的感觉（福祉），'父亲'一词表达的是这种感觉本身，是永恒的感觉，是完美的感觉。"（同上）而耶稣之赴死恰恰是死亡对内在性毫无损伤的象征，在此意义上他根本不恨杀死他的人。

抗拒一切外在规定，意味着仅以自己的生活为准则。一种无需表达的信仰所需要的仅仅是一种生活方式。在此意义上，尼采称耶稣为行动者。"基督的不同之处不在于一种'信仰'：基督行动，他通过一种另类的行动显得与众不同。"（第 33 节）行动者注重的是当下，而非许诺或彼岸的希望。上帝之国总已在一种心的状态中实现，以故生命本身就应该是一种实践，而非在一整套仪式中、在忏悔和祈祷中等待救赎。由此，耶稣的无分别对待所有人，耶稣的对恶人不抵抗，都是他生命实践的部分。他向人们表明要怎样生活才会觉得自己进入天堂，才会在当下身处上帝之国。这位行动者并不希望让自己的言说变成新的教条和仪式，他对那些外在化的程式是十足陌生的，他真正的教导在于他的行动。"这不是一种信仰，而是一种行动，首先是不做太多行动的行动，一种不同的存在……"（第 39 节）这种行动将实际的尘世幸福实现在每个当下，并不在乎彼岸的许诺。而当下心的状态首先是爱。"我赐给你们一条新命令，乃是叫你们彼此相爱；我怎样爱你们，你们也要怎样相爱。你们若有彼此相爱的心，众人因此就认出你们是我的门徒了。"（《约翰福音》13：34—35）

以上尼采对耶稣心理学类型的解读在福音书中有其根据。福音书中的耶稣正如尼采所说的，他喜欢孩子，主张不加区别地爱一切人，强调信仰的内在性，拒绝仪式和外在规定。总的来说，在尼采那里,耶稣的真正形象是一个教人爱与和平的新郎,他因为不知否定而从不否定,并由此不加区别地去爱和宽恕。⑰ 这就解释了耶稣之新郎形象如何可能的问题。而现在新的问题在于,耶稣在福音书中还有另外一个形象,即眼中喷出怒火的伐木者形象。这个伐木者形象恰恰和新郎形象截然相反:他要扔火在地上,引人纷争,他要让强者感到羞耻,他向人们预言末日审判,并许诺一个在彼岸的天国。如果承认耶稣的真正形象是充满爱的新郎,那么尼采就必须对伐木者做出解释。

二、耶稣被虚构出的形象:伐木者

尼采认为,伐木者形象出自门徒和保罗的虚构。福音书的一半出自虚构:"对于我们来说,救世主的类型只是以一种极端扭曲的形式被保留下来。……救世主的类型不仅必然留下他作为陌生形象而行动的环境之痕迹,而且更多地打上原始基督教团体的历史、命运之印迹:从这一命运之中,救世主的类型被追加了某些特征,而这些特征只能被理解为出于论战和宣传的目的。"(第 31 节)如果承认这一点,那么对于伐木者形象的分析,就不应再根据福音书的记载,而应诉诸门徒的心理学和保罗的僧侣本能。

1. 门徒的心理学

尼采认为,耶稣的被曲解始于他在十字架上的死。"基督教的历史——甚至从十字架的死亡事件开始——就是以越来越拙劣的方式对一个原始象征主义进行误解的历史。"(第 37 节)耶稣的门徒多来自下层民众,他们无法真正理解他们的老师,也无法理解他的死的象征含义。"他们感到震惊和深受侮辱,他们开始怀疑,并希望这样的死亡

---

⑰ 我们这里暂且没有涉及对耶稣真正形象的评价问题,因为此时对这方面的论述会导致文章暂时偏离主题。事实上,在耶稣的真正形象这一节之中,已经隐约地涉及了一些评价性的内容。我们在后面会有更详细的阐发。

是对死亡之客观事实的反驳,他们心中有一个可怕的问号:"为什么会这样?"(第40节)

人是因果性的动物,善于为所有事情找寻因果联系,因为莫名其妙的事情意味着不安全感。"这里所有的一切都必须出乎必然,必须拥有某种意义、理性、最高理性;一位门徒的爱容不得任何偶然。"(第40节)但是,门徒浅陋的资质令他们不能知晓耶稣之死的真正含义,他们只找到了耶稣之死的最为外在的形式原因:占统治地位的犹太教,犹太教的上层阶级杀死了他! 自此,等级意识和反抗精神才被注入了耶稣的人格类型。耶稣本人不恨任何人,即使在死亡面前也从没有过反抗,但是他在死后恰恰成为颠覆现存秩序的典型。

还有另外一个问题:"上帝怎么能够允许这件事的发生!"(第41节)门徒们找到的理由是,"为了宽恕原罪,上帝献出自己的儿子作为牺牲"(同上)。至此,罪的观念被引入,随之而来的是审判与重临说(复仇说),死亡作为牺牲说、复活说。上帝将在世界末日之时扬善罚恶,作为最大复仇精神的代表为世界伸张"正义"。"人们需要'报复',需要'审判'。对一位弥赛亚的庸俗期待再一次浮现出来;一个历史性的时刻就在眼前:'上帝之国'即将到来,对敌人进行审判。"(第40节)而耶稣本人却不讲罪和报复:"耶稣否认上帝和人之间存在鸿沟,他的生活就是上帝与人的统一,这种统一是他的'福音'。"(第41节)耶稣口中所称的是爱和宽恕:"为什么看见你弟兄眼中有刺,却不想自己眼中有梁木呢?"(《马太福音》,7:3)此外,正是因为门徒们始终无法接受耶稣被钉死的事实,所以他必须复活——虽然在耶稣那里,生死根本无差别。

门徒们不是耶稣,他们不知道纯粹的内心世界是怎样一回事。跟耶稣相比,门徒们都是再现实不过的人。他们尝到现实的苦味,却没有力量去克服痛苦。他们是现实中的弱者,他们向拥抱生命的强者投以怨恨的目光。在耶稣之死这件事上,这种怨恨本能再一次体现出来了。"当早期基督徒团体为了对抗神学家们而需要一位审判、报怨、发怒、恶意诡辩的神学家时,他们便根据自己的需要创造了自己的'上帝'：他们借'上帝'之口毫不犹豫地说出的那些概念，如'重临'、'末日审判'以及任何形式的时间性期待和应许，尽管在今天都必不可少，但同福音书却完全相悖。"（第 31 节）"人们开始把对法利赛人和神学家的蔑视与愤恨，灌输到大师的类型之中，——由此把他变成一位法利赛人和神学家！"（第 40 节）耶稣以爱和宽容而区别于法利赛人，但是在死后他却变得同法利赛人一样狂热。而门徒们真正敬拜的正是这样一位富于攻击性的狂热分子。

门徒们无法理解"每个人都是上帝的孩子"的真正含义，无法理解作为心的状态的上帝之国，他们表达信仰的唯一方式就是将耶稣抬高到神的位置。"这些神经错乱之灵魂的野蛮崇拜，再也不能忍受耶稣关于每个人都有平等权利变成上帝孩子的福音教诲：他们的复仇就是以一种夸张的方式抬高耶稣，从而使耶稣远离他们……"（第 40 节）成为神的耶稣将给他的信徒带来实际的好处。除了报复他们的仇人之外，上帝将给他们天堂的幸福作为实质的奖赏。耶稣的精神性价值到了门徒那里完全变成了具体的物质性概念。对他们来说，上帝之国指的是将来的酬报。更形象地来说，如卡赞扎基斯在《基督最后的诱惑》中所描述的，门徒们所期待的酬报是永恒的食物、家庭和权力。在耶稣的门徒中，因为失去羊群而皈依的牧羊人腓力想的是在天国放牧永恒的羊群；鞋匠拿但业想的是在天国修补天使的金鞋；彼得想的是坐在耶稣旁边拥有审判万人之权。他们心中都有商贩多马的那一杆秤：天国的一头更沉。

总之，耶稣的门徒们从一开始"就把某种完全在象征和'不可理喻之事'中闪烁不定的存在，翻译成为自己的一知半解，以期对这种存在获得一定程度的理解，——对他们来说，救世主的类型只有被改造为他们所熟悉的形式才能存在……"（第 31 节）。而作为一个象征主义者和一个不做太多行动的行动者耶稣则被掩埋于这些粗浅的理解之下。门徒对耶稣的粗浅理解，使得《新约》，尤其是福音书的可信性成了问题。施特劳斯在《耶稣传》中指出"第四福音书所谓的'耶稣最爱的心腹门徒'，对耶稣的理解之差，实在令人悲伤"，而《启示录》中所充满的"暴怒复仇的以利亚精神",亦与耶稣本人的思想相差甚远。⑱

2. 保罗的心理学

在尼采看来,保罗是耶稣形象的最大歪曲者。保罗虽然不是耶稣的门徒之一,却是基督教形态的确立者。在《罗马书》中,保罗将人类之原罪、上帝之审判、因信称义等教义一劳永逸地确定下来。正是保罗,以最终的形式将耶稣的"天国即在当下"篡改为"永远无法实现的许诺",将耶稣的爱替换为世人之罪,将耶稣的宽恕更改为审判与重临说。在《敌基督者》中,尼采认为真正将耶稣钉上十字架的是保罗本人,因为他颠覆了耶稣的所有学说,抹掉了早期基督教的历史,而发明出一种新的宗教——这种新的宗教在本质上与法利赛人的犹太教一样狂热。

保罗原来是犹太教祖传制度的狂热信奉者,并曾对基督教这种全面叛离传统且势力日益增长的新教派怀有毫不留情的敌视态度。后来保罗在前往大马士革迫害基督徒的途中,自称得耶稣启示而转信基督。而在尼采看来,保罗的皈依基督教基于一个生理学事实,即他的易生幻觉和神经紊乱。"当保罗将某种幻觉装扮成救世主仍然活着的证明时,倘若认为这样一位保罗诚实无欺,甚至相信保罗获得了幻觉这一故事的真实性,这对一位心理学家来说,似乎都是一种真正的愚蠢。"(第42节)在《耶稣传》中,就保罗从最狂热的基督徒迫害者到最虔诚的基督徒的转变,大卫·施特劳斯有过精彩的心理学分析。施特劳斯认为,在保罗对基督徒的迫害中,那些被迫害者的信心逐渐令他感到不安,进而开始怀疑:

> 那些相信耶稣的人不仅深信耶稣复活就像深信他们自己的存在一样,而且以公开这样承认为荣,即使是在受苦的情况下,他们也是平静安稳,心情舒畅,使得像他自己那样烦躁不安,内心毫

⑱ 大卫·施特劳斯:《耶稣传》,第377页。

无快乐的迫害他们的人不得不感到惭愧。难道有这样信徒的人能够是一个伪教师吗？难道心灵如此安详宁静的人能够是伪装出来的吗？一方面他看到这个新教派，尽管受到迫害，而且正是由于受到迫害，其影响反而越来越大；另一方面，作为一个迫害他们的人，他看到他们的安详宁静在多方面表现出越来越大，而他自己内心的安宁反而越来越少。所以，如果在沮丧失望，内心不安的时刻，他向自己提出："究竟谁对，是你呢，还是这些人如此热忱相信的那个钉上十字架的加利利人呢？"这样的问题，我们是不会感到奇怪的。一旦他达到这种地步，从他的身体和精神特征来说，其结果自然会是在一种心醉神迷的情况下，他看到了一直到那时他还在热心迫害的同一耶稣，以他的门徒所说的非凡光荣向他显现，指出他的悖谬和愚昧行径，并号召他转变立场为他服务。⑲

　　自称得主启示而皈依的保罗，对如下事实仍旧无能为力：耶稣生前从未和他有过亲密关系，甚至很可能从来没见过他。这向我们说明了，保罗所皈依的基督缘何会与耶稣本人有如此大的差别。"耶稣不是在简单的历史真实中向他显现的，而是在他迫害耶稣的从者时从从者的激情所反映的光辉中向他显现的；这种由于受到压迫而高涨起来的激情令他们想到的，不是那位离别了他们的导师，而是行将驾云降临的人子。因而保罗就仿佛在异象中见到了他，这就是说，通过他本人神魂颠倒了的想象力见到了他；因此对他来说，耶稣从一开始就是一个超自然的天上人物。"⑳"耶稣的神化是由不认识耶稣为人的保罗开始的，由那些处境类似希伯来书作者的人们继续下来，最后由在时间和空间方面距他更远的第四福音书作者完成的。"㉑
　　处境类似希伯来书作者的人们和保罗有一个共同特点，就是遭受

⑲　大卫·施特劳斯：《耶稣传》，第412—413页。
⑳　同上书，第377—378页。
㉑　同上书，第378页。

迫害,身处险境,在痛苦中他们将复仇精神倾泻在对基督的言说中。实际上,保罗本人并不因为他不认识耶稣而感到遗憾,他并不关心耶稣本人,他的幻觉对于他的信仰来说足够了。尼采指出保罗就复活说的颠倒因果:"保罗怀着一种他身上无处不在的拉比式狂妄,将复活说、将这种说法的猥亵特征变得合乎逻辑:'假如基督不是死后复活,那么我们的信仰就纯属徒劳'。"(第41节)即,为了信仰,耶稣必须复活,而事实上耶稣是否真的复活了根本就不重要。真相不再重要,重要的是信以为真,"因信称义"。

在尼采看来,不顾一切地抓住幻觉,并在其中倾注对现实的仇恨,即是保罗的类型:"保罗身上所体现的是与'福音的使者'对立的类型,是恨的天才、恨的形象、恨的残酷逻辑。"(第42节)《罗马书》以人的原罪和上帝的审判为开端,在这之后才是"因信称义"。此外,在保罗身上体现了犹太僧侣的伪造本能,如同以斯拉伪造以色列的历史,保罗"简单地抹掉了基督教的昨天和前天,他自己发明了一个原始基督教的历史"(同上)。在这个全新的历史上,信仰不可能像耶稣说过的那样在当下实现,而恰恰在于盼望那永远不可实现的:"我们得救是在乎盼望;只是所见的盼望不是盼望,谁还盼望他所见的呢?但我们若盼望那所不见的,就必忍耐等候"(《罗马书》,8:24—25)。在保罗之后,"救世主的类型、教诲、死亡、死亡的意义,甚至死亡以后的事情——没有任何东西原封不动,没有任何东西保持同现实的相似性"(同上)。总而言之,"保罗所创造的上帝,是对上帝的否定"(同上)。

在《耶稣的一生》中,勒南曾对耶稣的领导才能进行了高度赞美,他认为耶稣为了尽可能大范围地传播自己的信仰,而有意将传教对象指向大多数下层民众[22],并且正是为了最终成就自己的领导性角色而选择去耶路撒冷赴死[23]。而在尼采看来,有这种天才的并不是耶稣,而是保罗。正是保罗天才的组织能力,将基督教由一个名不见经传的犹太小教派发展为世界性宗教。"他看出,可以如何借助基督教运动这

---

[22] 勒南:《耶稣的一生》,第165页。
[23] 同上书,第183页。

个业已脱离犹太教的小教派的帮助,点燃'世界之火',借助'钉在十字架上的上帝'的象征,帝国中所有的隐秘派系,所有的地下骚乱,所有的无政府主义阴谋的遗产,都能汇集成一股前所未闻的力量。"(第58节)耶稣无论如何也想不到,他的毫无反抗意识的内心信仰有一天会酿成一场史无前例的造反运动,以至于准备经受千年考验的伟大的罗马帝国也只能在基督教面前轰然倒塌,并且几乎再无重建的可能。

而正是保罗决定了基督教的形态。没有保罗,就没有后来的基督教。在此意义上,全部基督教的历史都背离了那个最初的基督徒:耶稣。所以尼采才会说:"'基督教'一词就已经是一个误解——,说到底,只有一位基督徒存在过,而且他已经死在十字架上。"(第39节)

三、敌基督的基督教意味着什么?

施特劳斯在《耶稣传》的"结论"部分承认,福音书中关于耶稣"只有很少的事我们可以确定地说是发生过的"[24]。但这并不妨碍信仰的伟大。真正的信仰所关乎的是理性,"从每个人内心获得的必要知识",而非"从外在历史获得的偶然知识"[25]。施特劳斯认为,由信仰历史的基督转向理想的基督是"近代精神发展的不可避免的结果"[26],而理想的基督意味着理性,意味着分别真假好坏的能力,也意味着崇高的人性,意味着忍耐、仁爱和温和。

而在尼采看来,施特劳斯无疑是又一个僧侣,又一个保罗,即认为耶稣本人及其历史——即事实——并不重要,而将信仰和真理混为一谈。在尼采那里,基督教非但不意味着理性和德性,反而是迄今为止人类历史上对理性和德性的最大的一次败坏。在《敌基督者》中,尼采对基督教发出了史上最为骇人听闻的诅咒:基督教对现实犯罪,对生命犯罪,对理性犯罪……

[24] 大卫·施特劳斯:《耶稣传》,第369页。
[25] 同上。
[26] 同上书,第370页。

1. 基督教作为犹太教的必然后果

要理解基督教如何对生命的犯罪和对理性的败坏,要先从它的起源入手。尼采指出,保罗确立的基督教是犹太教的必然后果。犹太教作为被征服者和弱者的宗教,作为不断自我否定的宗教,必然导致基督教。"基督教不是对犹太人本能的反动,而是后者的必然结果,是其恐怖逻辑的结论。"(第 24 节)

尼采认为,犹太人的本能,即否定实在,伪造自然,无可救药的自欺欺人的本能。这种本能在道德上体现为怨恨,即奴隶道德。具体说来,因为犹太人不肯正视自己的苦难,不肯正视被征服的事实,不肯正视作为弱者的自己,所以他们转而虚构出一套逻辑来否定这种现实。这套逻辑即——只有我们是耶和华的选民,只因我们曾经背离耶和华,所以耶和华才用苦难不断考验我们,然而最终我们将得拯救。以这种方式,犹太人走向了现实的反面,对一切向上的、愉悦的、高贵的、美丽的、有力的东西,对一切象征着权力和自我肯定的东西,加以否定。

而这种敌视现实的逻辑最初仅仅来自一个简单的自然现实,即在外族入侵时由于力量的相对弱小而被征服。在此之前,和别的民族一样,犹太人也拥有自己健康的原始神的观念。健康的原始神是人存在的投影,作为人对自己力量的感激而存在,以故这些原始神的形象往往并不尽善尽美,也并非超离人世、永恒不变。相反他们往往富于激情,暴戾无常,和人一样有着七情六欲。他们并不以违反伦理纲常为忤,对人间事横加干涉,动辄以征服和毁灭来显示伟力。原始神的典型是古希腊的奥林匹亚诸神。而在犹太人那里,原始神的形象是耶和华:"他们的耶和华表达的是权力意识、快乐本身和对自己的希望:正是耶和华让人期望胜利与得救,正是耶和华让人们相信,自然会给予他们这个民族以他们必需之物"(第 25 节)。但在列王时代之后,犹太人经历了被入侵和被征服的惨痛历史,并在这之后长期处于无政府状态。入侵者的力量如此强大,以至于犹太人所有的反抗与起义都归于失败。这种不幸的现实令他们无法接受,而他们尤其无法接受对于这种不幸原因的真实解释,即他们的软弱是不幸的根源。犹太人最终学会从神那里找自己不幸的答案,神由此开始道德化。"人们改变了神的概念,——人们将神的概念非自然化。"(同上)非自然化的神将颠倒一切自然因果逻辑(强大,所以战胜;弱小,所以失败),将用"罪"来玷污生存的力与美,用"道德"来使生命变成重负,用"恩典与审判"来使彼岸成为唯一值得期待的。自此,一切力量的匮乏,即弱者的价值变成了善,将受到神的拣选和祝福;一切力量的强大,即强者的价值成了恶,将在末日审判之时受到永恒惩罚。"一位发布命令的神,取代了那位援手相助、提出忠告,并且在根本上象征一切勇气和自信之幸运灵感的神。道德不再是一个民族之生命和成长条件的表达,不再是其最原始的生命本能,而是变得抽象,变得与生命相悖——道德成为想象的彻底败坏,成为投向万物的'恶毒目光'。"(第25节)

在《论道德的谱系》中,尼采将奴隶道德还原为一个简单的生理事实:"怨恨来自这样的存在物,他们不能用行动做出真正的反应,而只会通过幻想中的复仇获得补偿"[27],"其形成来自一个对立的外部环境,其行为从根本上说是一种反应"[28]。犹太人以幻想否定现实、自然、一切实在性。而这种否定的最终结果就是连同自己的民族性也一同否定掉,最终成为基督教:"这个民族为自己的本能创造了某种终极公式,其逻辑彻底到了自我毁灭的地步:这个民族作为基督教甚至否定了实在性的最后形式,否定了'神圣的民族'、'受拣选的民族',甚至犹太人的实在性自身"(第27节)。

作为犹太教后果的保罗的基督教,继承了犹太教一切有毒的东西。首先是对现实的仇恨和对自然因果的颠倒:"无论道德还是宗教,在基督教之中都没任何一点触及现实。纯粹想象的原因('上帝'、'灵魂'、'自我'、'精神'、'自由意志'——或者毋宁说'不自由的意志');

㉗ [德]尼采:《论道德的谱系·善恶的彼岸》,谢地坤、宋祖良、刘桂环译,桂林:漓江出版社,2000年,第20页。
㉘ 同上。

纯粹想象的结果（'原罪'、'救赎'、'恩典'、'惩罚'、'恕罪'）……"（第15节）伴随着这种想象，现实受到谴责。㉙ 人谴责他的祖先亚当，自愿背负原罪，并"诅咒自然"，最终"要求进入虚无"。㉚ 尼采指出，这种虚构世界甚至不如梦幻世界，"因为后者折射了现实，而前者则伪造、贬低并否定现实"（同上）。生命变得没有价值。"这样的生命导致生命不再拥有任何意义，而这一点现在成为生命的意义。"（第43节）而伴随着生命本身的被否定，与此岸有关的全部传统、社会、共同体价值都失去了意义。自然法则被超越了，真正的生命在彼岸才开始。

其次是有害的德性概念。德性的原初概念，正像尼采所认为的，"必然是我们的发明，必然是我们的最富个人性的自卫和需要"（第11节）。作为发明的德性首先指的是"好"，即一切高贵、高尚、美丽、有力的东西。它的对立面则是"坏"，即一切平凡、俗气、低级、软弱的东西。作为弱者宗教的基督教颠覆了德性的概念，德性恰恰成为了它的对立面，恰恰成为软弱的东西，并随之被更名为善。而那些高贵的价值则相应地被命名为恶。从此，善成为钳制生命之伟力的枷锁。基督教最显著的德性在于同情，而同情恰恰是古典德性中"懦弱"的代名词——因为"同情危害生命"："同情保存的是那些成熟至衰亡的东西；同情为了剥夺生命和谴责生命而进行战斗；同情充溢着形形色色的失败者，它靠这些失败者维生，由此给生命本身带来一种阴郁和可疑的面相"。（第7节）同情消解一切奋发有力的精神，而让生命变成一种软弱的、

㉙ 在《论道德的谱系》中，尼采指出这种想象的因果使人们陷入"良心谴责"："他让自己横跨在'上帝'和'魔鬼'的对立之中，他对自己、对自然、对自己本质的质朴性和事实性加以否定，但是对产生于自己的东西却加以肯定，把它们视为存在的、生动的、现实的，视为上帝、上帝的神圣性、上帝的审判、上帝的处决，甚至还视为彼岸、永恒、无休无止的磨难、地狱、无边无际的惩罚和罪孽。这是发生在残酷心灵中的一种绝无仅有的意志错乱。这样一种人的意志，认为人是有罪的和可卑的，甚至是不可救赎的；这种意志设想人理应受到惩罚，而惩罚决不可能与罪孽相等；这种意志用惩罚与罪孽的问题来影响和毒化事物的最基本原因，以此来一劳永逸地堵住脱离这个'固执理念'迷宫的出路；这种意志企图建立'神圣上帝'的理念，以便确证人在上帝面前的一文不值。"［德］尼采：《论道德的谱系·善恶的彼岸》，第68页。

㉚ ［德］尼采：《论道德的谱系·善恶的彼岸》，第67页。

可怜巴巴的东西。但是恰恰这种软弱被标榜为善，神成为"穷人之神"、"罪人之神"、"病人之神"，并开始普世化。而当软弱被吹捧为德性，生命就失去了意义。"上帝蜕化为生命的对立，而不是生命的美化和永恒肯定！上帝是对生命、自然、生命意志的宣战。"（第 18 节）基督教的德性概念夷平了一切高贵价值，从而使得上升不再可能："从低劣本能的最阴暗角落，基督教对人与人之间的一切敬畏感和距离感，即是说对文化之一切上升、一切成长的前提，发动了一场殊死的战争"（第 43 节）。

而所有这些还不够，基督教对人类的最大败坏在于它对理性的败坏。

2. 信仰与真理

信仰以理性为敌。在《敌基督者》第 48 节中，尼采对《创世记》做了别出心裁的解读：上帝之所以将人逐出伊甸园，在地上发起洪水，并毁掉巴别塔令人类永远相争，根本原因在于上帝对吃了智慧果的人类感到极度恐惧，上帝对理性感到恐惧。"科学是禁忌中的禁忌——它是唯一的禁忌。科学是原始的罪，是一切罪的萌芽，是原罪。"（第 48 节）"'信仰'意味着，不愿意知道什么是真的。"（第 52 节）

理性与信仰代表着两条完全不同的道路。前者指向的是真理，而后者则仅仅意味着信以为真。"真理和信以为真的信仰：两个风马牛不相及的兴趣世界，几乎完全对立的世界——到达两者的道路完全不同。"（第 23 节）对于基督教来说，真并没有意义，重要的是信以为真。必要前提"不是人事实上有原罪，而是他觉得自己有原罪"（同上）。而一旦承认这一点，真理之路马上就变成了禁止之路。信徒们都相信自己获得了真理，而事实上，这真理不过是一种相信而已。他们对于信仰之真理性的论证是无效的循环论证："信仰带来了福祉：因此信仰是真的。"（第 50 节）但是这福祉并不是现实，而仅仅是许诺，也就是说仅仅依赖于信仰。信仰之真最后仍旧要靠信仰证明。但是，让人们为之付出鲜血代价的，却往往正是这些信以为真。殉道者为他们的信仰洒下热血，他们认为这就足以证明它是真理。尼采指出，殉道者的鲜血非但证明不了真理，反倒败坏了真理："让某些人都为此付出生命，是否能改变那项事业的价值？"（第53节）真理之路与信仰之路完全不同，真理与疯狂毫不相干。

要让人们去信仰，而非求真理，首要的是要人们觉得不幸——这便是僧侣的心理学。"科学在整体上只能在有利的条件下成长，——必须有多余的时间，必须有多余的精神，才能进行'认识'，……'因此，必须使人变得很不幸福'，——这一点，在任何时代都是僧侣的逻辑。"（第49节）从这一点出发，僧侣发明了罪和惩罚的概念，并相应地造出恩典、拯救和宽恕等学说。这样人们才会成为弱者，而像弱者那样厌弃此世，人们才会需要信仰。"教会的全部拯救机制的真正隐秘动机都是让人犯病。"（第51节）在此意义上，信徒们都首先是病人："一个人并不是'皈依'基督教——他首先必须病重到有'皈依'的资格"（同上）。这些病人共同的病症是，不再具有理智的诚实，丧失了精神的独立性。"坚持信仰的人，形形色色的信徒，必然都是依附性的人——这种类型的人不可能把自己看成目的，他在自身中也不可能发现任何目的。'信徒'不属于自己；他只是达到目的的手段；他必须被利用；他需要有人利用他。"（第54节）这些人对自己的此世生活采取一种置身事外的态度，明明变得越发苍白却自以为健康。㉛

但是，基督教的最大成就不在于败坏了那些天性软弱、本就不能承受理性重量的人，而在于它连在它之后的哲学家——那些据说最有理性的人——也一同败坏掉了。尼采指出这当中最令人痛心的是帕斯卡："帕斯卡的败坏，他认为自己的理性已经被原罪败坏，但却恰恰被基督教败坏！"（第5节）帕斯卡之所以皈依基督教，是因为他最终发现理性并不能达及真理，理性自身也是盲目的。他没有足够的力量去

㉛ 关于这类逃到信仰中躲避现实的人，罗曼·罗兰在小说《约翰·克利斯朵夫》中以反讽的语气这样写道："……皈依上帝的生活是多么幸福，可以远离世界，远离吵闹，远离强暴，远离讥讽，远离那些零星的小灾难，每天守着信仰那个又温暖又安全的窝，对遥远的不相干的世界上的苦难，只消心平气和地取着静观的态度。"（［法］罗曼·罗兰：《约翰·克利斯朵夫》(第一册)，傅雷译，北京：人民文学出版社，1985年，第258页）

爱这盲目的理性,爱这黑暗的命运,所以选择了信仰,因为信仰为生命提供温床。在此他无需再努力分辨,而只需相信。"一劳永逸地闭上眼睛,就是为了不再忍受无可救药的虚假面相。"(第9节)但一个理智诚实的人又如何能相信可以通过信仰走向真理? 在尼采看来,帕斯卡的选择无疑是饮鸩止渴。另一方面,即便那些尚在从事哲学思考的哲学家,也被尼采尖锐地讽刺为"神学家以及所有身体里流着神学血液的人"(第8节)。如同基督教之划分尘世与天国,康德划分出表象世界和真实世界(物自体世界);又如同基督教之钳制生命本能的道德诫令,康德发明出作为义务的"善本身"——而所有这些概念都是否定现实的形式。理性造出背后世界,将上帝作为必要的假设,用以约束现实本身。德国的唯心主义哲学家们把玩诸如"精神"、"理性"等宏大概念的方式,同基督教敬拜上帝启示的方式如出一辙。理性之路在此同样被封闭,因为"当道德、当'你应该'的崇高要求发出声音时,一个人根本不关心理性"(第12节)。

而尼采指给我们的真理之路又是什么呢? 真理之路并不意味着存在绝对真理,因为一旦有所谓绝对真理,就必然重新构成对现实本身的否定。在此意义上,"伟大的精神都是怀疑者"(第54节)。这些怀疑者并不反对信念,但是他们仅仅将信念视作手段,而非让信念来消耗他们。这些怀疑者用巨大的激情拥抱信念,因为"惟有借助信念,一个人才能实现许多目标";但是他们仅仅将信念视作一种手段,"它从不屈服于信念——它把自己看成是主权者"。(同上)

而并不存在绝对真理,意味着信念与谎言并无实质差别。世上本无所谓真理,信的人多了,就成了真理;这世上也本无所谓谎言,不信的人多了,就成了谎言。"每个信念都拥有其历史,拥有其原始形式、尝试阶段和错误:在它成为信念之前,它很长时间都不是信念,更长时间后几乎不可能成为信念。""父亲所谓的谎言,在儿子那儿变成了信念。"(第55节)历史上的传统信念,往往尽是些高贵的谎言。在此意义上,基督教之有害并不在于它编制谎言;基督教之有害在于它撒谎的目的是可鄙的,在于它"对生命的毒害、中伤和否定"(第56节)。这种可鄙的目的使得手段本身也变得不神圣。一切高贵的谎言,比如周公之礼乐、摩奴之法典等等,都以肯定生命本身为前提——而基督教恰恰背离了这个前提。

因此,首要的真理是一种肯定,是即便知道不存在绝对真理,即便知道根本无所谓真理,但仍然热爱生命本身。只消这一点,就足以解决帕斯卡的难题。一个神圣的肯定足以应付一切,包括盲目的理性以及黑暗的命运——而无需信仰之岛③②。肯定生命之苦,正如肯定生命的快乐一样:"你们可曾对一种快乐肯定地说'行'吗?哦,我的朋友们,那么,你们就对所有的痛苦也肯定地说'行'吧"③③。肯定生命,哪怕如现在所是的生命要轮回上万次,也要肯定它,肯定生命的永恒轮回!"现在你们自己来唱这首歌吧,歌题叫'再来一次',意思是'万古永恒'!"③④

现在我们可以回头再来看耶稣的形象。尼采毫不留情地批判以耶稣门徒和保罗为代表的基督徒对生命的敌视和伪造,但尼采对最初这一位基督却不无同情。正如尼采所说的,耶稣首先是爱的形象,他拒绝一切否定,并在此意义上与基督徒判然有别。然而,这种拒绝否定却并非就意味着肯定,因为耶稣只是无意识的孩子,他不像佛陀那般因洞察世间万种苦处而返回内心,而只是因不知否定而返回内心。如果说耶稣有过肯定,那仅就他不知否定而言,他的肯定是无意识的;而新的肯定意味着要付出更多努力,因为它对现实之苦有着再清醒不过的认识,却仍要肯定。③⑤ 毫无疑问的是,这肯定的真理将势必与基督

---

③② "如今他(克利斯朵夫)看到,这种信念之美是在于能在这个世界上另造一个世界,跟这个世界截然不同的世界,好比海洋中间的一个小岛。可是他自己受不了这种信念,他不愿意逃到这个死人的岛上去……他要的是生命,是真理!他不愿意做一个说谎的英雄。"参见,罗曼·罗兰:《约翰·克利斯朵夫》(第二册),第236页。

③③ 尼采:《查拉图斯特拉如是说》,第395页。

③④ 同上书,第396页。

③⑤ 耶稣的爱和宽恕,恰恰是因为出于无意识。这也意味着,极端的爱和宽恕在有意识的成人世界中绝不可能。耶稣的心理学类型是特殊的,这意味着,耶稣关于爱和宽恕的讲法是非自然的。耶稣的肯定因为其无意识而变得极端,它要人不加区别的爱一切人,要人爱仇敌,又视父母如众生。耶稣出于无意识的爱背离了人的自然,在此意义上,就连最初这一位基督,也并没有给人指出真理之路。就新的肯定将正视自然而言,它与耶稣的肯定将判然有别。

教为敌：因为基督教否定和伪造现实。

结语

在尼采看来，基督教不过是一个彻头彻尾的误会。"基督教的历史——甚至从十字架的死亡事件开始——就是以越来越拙劣的方式对一个原始象征主义进行误解的历史。"（第 37 节）耶稣连同他的信仰早就一齐被钉了十字架，从而成为历史上绝无仅有的唯一一位基督徒。而基督徒们所信的并非基督本人，基督教的全部历史不过是少数人利用鼓动弱者去颠覆现实和理性的历史。在此意义上，尼采讽刺基督教是"一幕献给诸神的表演"（第 40 节），它令这个世界在高贵的诸神面前成为前所未有的滑稽喜剧。而照尼采所说的，从基督教以及一切否定现实的信仰形式中摆脱出来的真正的自由精神，必定是敌基督教的，必定将以最高的热情去肯定现实，去爱生存和大地，拥抱一切力量、美与自然。对他们来说，"生命本身就是追求生长、追求持存、追求力量的积累、追求权力的本能"（第 6 节）。他们知道真正的好，那是"提升人之权力感、权力意志、权力自身的一切"；他们知道真正的幸福，那是"权力增长的感觉"；他们具备最成熟的理性，并只用它为生命服务。（第 2 节）他们将是具有更高价值、更值得生活、更确知未来的人。他们是生活在极北、冰雪之外的许佩伯雷人，在很长时间之内，他们可能因为注定孤独，但他们"足够勇敢"，从来都处在"力的充沛、紧张和高昂"中，他们"渴望闪电和行动"。（第 1 节）他们不断克服和超越自己，他们不倦地创造；最重要的，他们爱生活。他们将教导世人："别再把头插进天国事物的沙里，而要自由地抬起头，这大地之头，给大地赋予意义的头！"㊱

㊱ 尼采：《查拉图斯特拉如是说》，第 29 页。

陀思妥耶夫斯基的"孩子"

杨维宇[1]

目 录

　　对陀思妥耶夫斯基作品的研究呈现出了异常繁复的解读模式。在作品内容的梳理上,对德国理性主义的迷恋,深沉的基督教信仰,尼采或弗洛伊德的先声,对果戈理、狄更斯和巴尔扎克所反映出来的差异、深度以及传统所怀有的浪漫兴趣等解读,都能够在陀思妥耶夫斯基的作品中找到引起共鸣的内容;而从叙事学和言说者的身份展开的研究,或以一系列作品中陀思妥耶夫斯基对意义随着真理无限延宕,直至变为一个文本消失点的现代式理解,或从对话式小说中多种非客体的意识的复调式构成,抑或通过梦境心理分析的方法,都可以对陀

---

① 作者单位:北京大学哲学系。

思妥耶夫斯基的思想面貌进行完形重塑。

无论是对陀氏作品的深刻内涵的探寻，还是对其作品的完整图景的描述，都不是本文的写作目标。在对陀思妥耶夫斯基的作品的编年次序的阅读中，一个意象成为新的解释可能，这就是反复在各部小说中出现的"孩子"这一形象。这个孩子的形象在其早期作品中非常明确，而在中后期的长篇作品中，这一形象仍然是参与小说情节发展的重要动因。陀思妥耶夫斯基在不同的层次上使用"孩子"这一词语，有时是作为巴赫金意义上的多重话语中某个声音一时的感叹，有时是在一个明晰的个体命运线索中反复地强调，有时故事的主人公自身就是"孩子"最好的代表。最终，这个始终萦绕着作者创作灵感的形象，在《卡拉马佐夫兄弟》的"宗教大法官"中完全地发出了他的声音。

根据上述几种不同的"孩子"的意象，本文将追随这个"孩子"的声音，对陀思妥耶夫斯基的思想进行阐释。正是在这个"孩子"身上，寄托着陀思妥耶夫斯基对人类命运的设想与希望。

一、脆弱的心

在陀思妥耶夫斯基早期的作品中，"孩子"的形象往往以非常重要的身份出现。在《小英雄》、《涅朵琦卡》中，故事的叙述便是依据一个孩子的记忆展开的，而在更早的《穷人》、《脆弱的心》、《诚实的小偷》和《白夜》②中，作者更是倾力刻画了饱经沧桑的人生褶皱中完好保藏着的"孩子"的心③。这些小说，都是一个个孩子的故事。本文已经先行断定，在上述提及的六部作品中，孩子的形象非常重要。因此，有必要对这些作品做些概述，指明究竟作品的何种内容明确体现了陀思妥耶夫斯基对"孩子"的理解，以及"孩子"的形象对于作者而言，在这一系

---

② 均见《陀思妥耶夫斯基选集·中短篇小说选》，文颖、曹中德等译，北京：人民文学出版社，1983年。

③ 这点在杜勃罗留波夫对陀思妥耶夫斯基的评价中，已得到印证。在杜勃罗留波夫看来，陀氏的《穷人》细致的揭示了一个穷人"那种容易受委屈的特点和'自尊心'"。

列作品中究竟意味着什么。

《穷人》里的玛卡尔·阿里克谢耶维奇，是一个对自己在世界上的地位没有任何追求，但却可以为了一个无法和他最终生活在一起的人倾尽自己一切的小职员。《白夜》中喜爱梦想，平生从不同人交往④的青年，为了自己一见动心的女孩娜斯晶卡和别人的爱情奔走，最后带着同娜斯晶卡离别的痛苦和对她的祝福，再次回到自己晦暗的，只生长想象的角落之中。《脆弱的心》中的瓦夏·舒姆科夫，在对未来幸福的期待与不安中，在工作上失误，被充军服役。在《诚实的小偷》中，叶梅利扬努什卡在穷困潦倒中死去，而使他的死变得无比痛苦的原因，正是无私帮助过他的退伍老兵。这个老兵既认定是叶梅留申卡偷了自己的裤子，却又不予追究。在老兵这种态度的关照下的叶梅留申卡之死，其痛苦远甚于得不到任何帮助而直接死于贫困。而在《小英雄》和《涅朵琦卡》中，两颗孩子的心⑤刚刚对感情的世界开启，他们激烈地回应着他们所碰触到的一切。

上面列举的这六部作品中的人物形象，已经显明了陀思妥耶夫斯基笔下"孩子"的心的特征：在最本质的意义上，这是一颗"脆弱的心"。这颗心并不具有高超的思考和判断力，它看不出什么事情、什么意愿在这个现实世界里并不现实，并不具有存在的价值；这颗心并没有丰富的记忆，无论是人类历史还是个人阅历，对于这颗心而言都尚是空白，因此，它无法为自己的命运，在时间和空间伸展的可能维度上，作出合乎现世经验理性原则的规划⑥。这颗心几乎是毫无内容的。它所具有的，是最完整的、尚未浮现在意识自我反思领域中的、生命存在的全部可能性。但也正因为这全部的可能性没有进入意识的主动活动

---

④ 用这个梦想者自己的话来说，"我在睡梦中也想不到有一天竟然会同某一个女性说话。"（《陀思妥耶夫斯基选集·中短篇小说选（上）》，第287页）

⑤ 指《小英雄》中的叙事主体"我"和《涅朵琦卡》中的回忆主体涅朵琦卡。

⑥ "你善良、温顺，但是软弱，软弱到不可原谅的地步"（《陀思妥耶夫斯基选集·中短篇小说选（上）》，第180页）《脆弱的心》中的阿尔卡季·伊万诺维奇对瓦夏·舒姆科夫的这一评价，看似是对瓦夏"软弱"的失望，其实更是对极端善良、温顺必然带来生存能力的软弱这一事实的绝望。

领域,它们也最容易被改写、被扭曲、被诱变⑦。

这颗心也对一切现实毫无抗拒力;生命中的细节,其意义对于一个陷入麻木生活的心、对于一个接受了不完美的现实,已经掌握了生活技艺的人而言,是一次次使用技巧来避免赤裸地面对生命的现实。但是对于完全不理解这种生存技艺的"孩子"而言,现实的不完美变成了凶狠异常的残酷猛兽,直接撕咬生命的根基,这个根基本身也可以看作一个"孩子气"十足的问题,"为什么生命最终是不完美的? 为什么要接受这不完美的生命?"现实的生活和在生命前方若隐若现的幸福的纠结,对于这样一颗完全赤裸的心,成了无法承受的负担。

这颗心如果能保持原本的状态而存在,恐怕只有让孩子在出生一瞬间就死去。因为这样一个纯净的心,无法在空间和时间架构下的现实中获得持存⑧。事实上,这种没有内容,只能在绝对的完美中才不会

---

⑦ 《白痴》中纳斯塔西娅·菲利波芙娜在梅什金公爵和罗戈任之间的一次次抉择,并不该简单理解为,一个曾经受到侮辱和损害的女子,从受伤的心中生长出来的任性和报复,而是她作为生存在不能违犯矛盾律的时空结构中的现实生命,无力承担破坏了完美可能,但又无可奈何的选择。纳斯塔西娅·菲利波芙娜的性格一方面表现在她的任性和歇斯底里,这是她对于"自己的存在必定是完美理想上的一道伤疤"的现实做出的抗拒;而另一方面,陀思妥耶夫斯基也不惜笔力地表达了她心灵脆弱的一面:

"她过的大半是离群索居的生活,读书,甚至还学习。"

"她结识的人不多,结交的净是些既贫穷又可笑的小公务员的太太。"

从这些细节之中,这个曾经受到伤害的"孩子"仍然保持着对这个世界中那些令人心动的微小细节的爱。当这颗受伤的心面对着曾经的痛苦(托茨基的伤害),在公爵同罗戈任之间上演一次次的背叛和甚至近乎荒诞的戏弄时,真正在承受伤痛的,恰恰是纳斯塔西娅·菲利波芙娜那颗被美好的理想和残酷的现实折磨以至疯狂的心灵。孩子脆弱的心被扭曲,是这颗心在世界上经历痛苦的重要表现。公爵和罗戈任的困境,只是指示出他们作为纳斯塔西娅·菲利波芙娜苦难的承受者的身份。(这里对纳斯塔西娅·菲利波芙娜在《白痴》中苦难的真正承受者的地位的描述,参考了安德烈·纪德的对陀思妥耶夫斯基作品的理解。《陀思妥耶夫斯基》,(法)安德烈·纪德著,沈志明译,北京燕山出版社,2006年)

⑧ 在基督教神学历史上,对于这个问题曾有过明确的讨论,如奥古斯丁曾在《忏悔录》中对初生的婴儿的罪做过描述:"谁能告诉我幼时的罪恶? 因为在你面前没有一人是纯洁无罪的,即使是出世一天的婴儿亦然如此。"

"可见婴儿的纯洁不过是肢体的稚弱,而不是本心的无辜。我见过也体验到孩子的妒忌:还不会说话,就面如死灰,眼光狠狠盯着一同吃奶的孩子。谁不知道这种情况? 母亲和乳母自称能用什么方法加以补救。不让一个极端需要生命粮食的弟兄靠近丰满的乳源,这是无罪的吗?"

通过对婴儿行为的观察和对其心灵活动的体会,奥古斯丁认为婴儿也是有 (转下页)

受伤的"脆弱的心",也是所有人类生存处境的反照。在人类的思想史中,成功安置这颗"脆弱的心",成了思想的重要使命。而在基督教神学中,上帝的天国就是这"脆弱的心"唯一适宜的居所。⑨ 只有像孩子一样的灵魂,才有资格进入天国。在这个意义上,陀思妥耶夫斯基的"孩子"并不是真实生活着的孩子,只是对作者在现实生活中的人类活动进行了犀利的解剖。陀思妥耶夫斯基的作品,暗中完成了伟大的使命:在充斥各种恶的现实中,小心地寻找天国的影子。

　　纯粹的"孩子",在陀思妥耶夫斯基的小说中的使用更近于比喻义,例如佐西玛的告诫,"要特别爱儿童,因为他们也是无罪的,如同天使一般;他们是为抚慰,净化我们的心灵而生,是给我们指路的。"⑩这是对"脆弱的心"的尘世形象——"孩子"——的绝对化。而在已经接受了现实、投身于不完美之中的人们身上,陀思妥耶夫斯基通过社会地位和时代等具体因素为其促成的苦难,显露出人心中尚存的那些细腻柔软、属于"孩子"的部分。这些破碎的残存在人们心中的"孩子气",仍然坚守着可以使他们的生命变得完美的可能性⑪。而坚持将这种完美的希望实现在尘世,生命就开始了它的"受难"之旅:有的"孩子"追求高尚无私的爱,为了看护爱情不可侵犯的高尚无私,他们可以牺牲

---

* （接上页）罪的,是不完美,不纯洁的存在。在整个《忏悔录》中,奥古斯丁通过对时间和永恒的追问,在形而上学的意义上得出了最终的结论,在时间空间的流动变化结构之下的现实存在,是不可能获得完美的存在形式的。奥古斯丁对完美的理解来自"永恒"观念,这固然和陀思妥耶夫斯基笔下的孩子所追求的完美不同,但奥古斯丁的时间性证明同样适用于陀思妥耶夫斯基笔下追求幸福的孩子命运。对于任何一种理想的价值而言,在时间中展开的现实世界,都因其必然包含的变化、矛盾冲突,成为致命的毁灭性力量。正因为这个原因,基督教超越时空的上帝观念是理性的必然。而陀思妥耶夫斯基的作品,是终究无法接纳这种"无情必然"的人类,对于生命意义的进一步追问。

⑨ "天国里面谁为大?"这个问题在《圣经》中有基督耶稣的明确回答:"让小孩子到我这里来,不要禁止他们,因为在神国里的,正是这样的人。"《新约圣经·马太福音》18:1—5;《马可福音》9:33—37;《路加福音》9:46—48)

⑩ 佐西玛长老的谈话及训示摘要,第七部分,关于祈祷,关于爱,关于和别的世界的接触。(《卡拉马佐夫兄弟》,第352页)

⑪ 当然,有些生命似乎对其本身的意义采取了既非"孩子气"亦非接受现实的态度。群魔中的基里洛夫坚持认为,对生活的意义的追求是一场骗局,他坚持要毁灭这个作为"骗局的支撑者"的生命。基里洛夫的特例,在接下来的脚注中还会涉及。在完成对宗教大法官的理解时,也将完成对这个人物的理解。

自己的生活基础[12]、牺牲自己的生命[13]，甚至牺牲自己获得这份高尚爱情的机会[14]。他们的爱情早已偏离了获得尘世的爱和获得爱的结果的道路。对于他们而言，人类的感情是完全同尘世生活不相融的东西。这些脆弱的心在追求自己认为完美的爱情时，所考虑的并不是这份爱情在尘世中如何实现，如何留存，而是这份爱情绝对不可侵犯的高尚。[15]

爱情只是在文学作品中一个适宜的例子。只要是可以实现完美生命的事物，他们在尘世中的"影子"，都成为隐秘在人们身上的"脆弱的心"跳动的希望，同时也成为这些隐身于尘世的"孩子们"受苦的根源。因为确切而言，这些脆弱的心对价值的追求方式，是不属于人世的：他们对这种美好的执着并不能增加其在尘世的美好程度。相反，他们对美好的追求方式，反而会毁掉这种美好在尘世中所能产生的幸福[16]，这是因

---

[12] 具体的例子如《穷人》中信件中的柔声责备："您的性格多么古怪，马卡尔·阿列克塞耶维奇！您对什么事都过分关切，所以您永远是一个不幸的人。我仔细地读了您的全部来信，发现每一封信里您对我真是关怀备至，可是从来不替您自己着想。当然，大家会说您有一颗善良的心，但是我要说，这颗心是过分善良了。""直到现在，您还只是为我而活着，为我的欢乐而欢乐，悲伤而悲伤，为我的情意而活着，您叫我作何感想呀。既然您如此关怀别人，如此强烈的同情别人，那么，说真的，您就必定是个最不幸的人了。"（《陀思妥耶夫斯基选集·中短篇小说选（上）》，第 90 页）

[13] 《小英雄》中的"我"，就是不顾生命的危险，跨上那匹烈马的。

[14] 《白夜》的活在幻想中的青年，就做出了带着祝福，安心离开的选择。

[15] 《脆弱的心》中的瓦夏·舒姆科夫，在即将跨入美好生活的瞬间，因为自己工作的失职而毁掉了自己的美好生活。在他一步步走向自我毁灭的过程中，其内心中一直纠缠的，正是一个关于完美结局的设想：

"两个朋友分了手。阿尔卡季·伊万诺维奇整个上午都心不在焉，老挂念着瓦夏。他了解他那脆弱而容易动感情的性格。'对，我没错，这是幸福使他晕头转向了！'他自言自语地说。'我的天，他也引起了我的忧愁。不管什么事，一到他身上都可以成为悲剧！'"（《陀思妥耶夫斯基选集·中短篇小说选（上）》，第 176 页）"你希望在你结婚的时候，世上再没有不幸的了……老弟，你也承认，你很希望我，你的好友，突然拥有十万家财；你希望世上所有的敌人突然间言归于好，兴高采烈地在大街上拥抱接吻，然后又上你家做客。""由于你很幸福，你就希望所有的人，一定是所有的人立刻都变得很幸福，如果只有你一个人幸福，你就感到痛苦、难受！"（《陀思妥耶夫斯基选集·中短篇小说选（上）》，第 180 页）

这样一种对完美的设想，对世间的价值提出了绝对高尚的要求，也是绝对不可能的要求。无视这绝对的"不可能"的孩子，也就必然要"痛苦、难受"。

[16] 在安德烈·纪德的作品《窄门》中，这个特点更加明晰，一个朝向完美圣洁的爱情，最终成为尘世爱情的终结。《脆弱的心》中没有明确的基督教因素，但也同样也表现了尘世爱情不堪完美理想重负的悲剧。

为脆弱的心对价值的设想近乎一种形而上的意义规定,他们将和现实世界经验相悖的绝对完美的要求加诸现实价值之上:人可以在自己的错误和他人的谅解之下活着,但脆弱的心忍受不了这种同绝对的善相悖的不义[17],人可以在和爱人的分离、与爱的情感无关的工作中活着,但脆弱的心忍受不了哪怕一瞬间的爱的缺席[18]。将超越时空、绝对完美的价值认定为唯一值得追求的价值,强迫尘世现实的价值同自己幻想的绝对价值同一,甘愿承受自己这一厢情愿的幻想带来的现实痛苦,是这些"孩子"永远不曾长大、这些"脆弱的心"总在受伤的原因。

这些脆弱的心,对个体生命在尘世中具体的生活原则毫无顾忌,他们完全没有契合世俗生活的节拍。相反,他们以最激动的颤抖,追随曾在瞬间向他们闪现的完美梦境,而他们这种近乎偏激的对价值的追求,非但不能在尘世间使自己追求的价值高扬,反而要将必须在世俗经验中才能获得的价值彻底毁于自己手中。这些脆弱的孩子,提出了最无法妥协的价值要求;这些脆弱的心,是最不适合生活在处处有不完美的尘世的存在。

因此,这些沉沦尘世的脆弱的心,他们的存在方式,是将尘世间使他们激动的美好等同于"天国"中的绝对完美,无论这个尘世的美好多大程度上必然的与世俗的不完美相关甚至并生,他们都只会让心来承受这种现实痛苦,而不愿否认这两种并不同一的价值的等同[19],哪怕他们对尘世价值与绝对价值同一的坚信,会使他们的行为为自己增加更深重的苦难,而这种苦难最深重的表现莫过于亲眼看着自己认定可以绝对完美的尘世价值,在自己坚决的形而上意义的

---

[17] 《诚实的小偷》中的小偷死掉了,但对于他的心灵而言,他并没有死于贫困和疾病;相反,他死于阿斯塔菲·伊万诺维奇知道他的偷窃行为后对他的宽容和同情。

[18] 《脆弱的心》中瓦夏·舒姆科夫的困境,在于为了爱情,他必须活下去,按照这个现实世界的游戏规则活下去,但是他又无时无刻的处在爱的激动之中,这份每一刻都在场的激动,否定了他可以正常地立足于对真正的生命意义毫无关联的现实社会地位的可能。

[19] 这个永远认定尘世价值和绝对价值同一的理想,也是脆弱的孩子最重要的特征。一旦脆弱的心变得足够坚强,能够让自己否定这一点,那孩子的心也就不被完整地保存了。

规定下，一步步离开现实的土壤，毁灭在自己不曾一刻妥协的对完美的梦想中。

个人的这种存在方式，是陀思妥耶夫斯基小说中主要人物心灵结构的基本模式。这个模式是由对尘世经验近乎无知的无忌、对美好事物的形而上学意义上的价值的极端肯定[20]和无内容近乎空洞[21]、婴儿般脆弱的心灵构成的。伴随着这颗"脆弱的心"可笑而又可怜的尘世之旅，我们可以听到更多关于孩子的声音。

二、"您简直还是个孩子！"

"您简直还是个孩子！"这样的评价在陀思妥耶夫斯基的作品中经常出现。

《白夜》中的娜斯晶卡会对自己说"我昨天的行为像一个小孩，一个小姑娘……"，《穷人》中的玛卡尔·阿里克谢耶维奇也这样地嘱咐自己的亲人："唉，我的亲人儿，您这是怎么啦！瞧您每一次都把我吓一跳，我在每一封信里都叮嘱您：多保重身体，衣服要穿得暖，天气不好不要出门，处处得谨慎小心，——可是你呀，我的小天使，就是不听我的话。唉，我亲爱的，您简直像个不懂事的孩子！"[22]，《白痴》中施奈

---

[20] "决不能小看任何一个瞬间，"在梅什金公爵看来，这个世界任何一个细节都有价值。都值得自己付出。但是在阿格拉娅对这样的生活状态提出疑问之后，公爵也承认："是的，不管为什么，反正不行，""我自己也感觉到这一点了……不过总好像没法相信似的……"（《白痴》，第 70 页），这个不愿相信的对于世界任何一个细节内在价值的肯定，正是"孩子"形而上学价值认定的一厢情愿。

[21] 对于自己的生活几乎就是"完全空白"的叹惋，《白痴》中的梅什金公爵、《白夜》中爱幻想的"我"都曾有类似的表达。

[22] 同样，在《穷人》中出现的爱怜般的抱怨："那么，为什么又送糖果呢？真的，从您的信里我马上猜到您的心情有点不大对头，什么天堂啊，春天啊，香气飞扬啊，鸟儿唧唧叫啊。'这是什么？'我想，'这不就是诗吗？'是啊，真的，您的信就差押韵了，玛卡尔·阿里克谢耶维奇！细腻的感受，玫瑰色的幻想——这儿全都有啦！窗帘的事我压根就没有想到过，看来是在我搬花盆的时候，它自己挂上的。就是这么回事！"（《陀思妥耶夫斯基选集·中短篇小说选（上）》，第 13 页）也是对孩子般的富于幻想，并带着幻想色彩看待生活中的每一处细节的描述。在这里，陀思妥耶夫斯基几乎要给"孩子"一个同样恰当的名字："诗人"——"孩子"就差给自己的生活加上韵脚了！

德对梅什金公爵的最后诊断是"完完全全是个孩子"。㉓"孩子"的评价并不仅仅限于孩子一样的人物形象。在《死屋手记》中，作者记载道："'流放犯就好比婴儿一样，见到啥就想要啥'——在西伯利亚，人们就是这样议论流放犯的"。在《群魔》中以自己的学问为豪的斯捷潘·特罗非莫维奇在庄稼汉看来"论聪明却像个小孩子，回答问题古里古怪的，就像从什么地人那里逃出来……㉔"

同样是在《死屋手记》中，囚犯发出了这样的感叹："常常有一种异常聪明的人，他们会有时产生一种完全反常的见解。可是为了这种见解，他们一辈子饱尝艰辛付出了十分高昂的代价。"在陀思妥耶夫斯基看来，这个带来苦难的"反常的"见解并不和"聪明异常"矛盾：这不幸的根源恰只有在拥有天真幻想力如幼儿的人那里才能产生。"您是孩子"这一"诊断书"并行于一部部小说中的不幸。如果陀思妥耶夫斯基的所有作品在塑造人物时尚有一贯倾向的话，那么恐怕非这个几乎伴随着其小说中所有人物的或明或暗的"您还只是个孩子"的声音㉕莫属。在巴赫金的解释框架中，陀思妥耶夫斯基中的对话式话语被当作"一种瓦解另一个人情感生活完整性和稳定性的手段而被频繁地使用"，而在罗斯玛丽·杰克逊（Rosemary Jackson）看来，陀思妥耶夫斯基的小说作为持续的对话㉖使用了"颠覆技巧"，"有效地挖空了真实

㉓ 在《白痴》中，作者让这一"诊断"由医生之口说出，这已经暗示了孩子一般脆弱的心灵，对于身处人类社会中的人而言，确实是一种严重的"病"。参见《陀思妥耶夫斯基选集·白痴》，臧仲伦译，南京：译林出版社，1994年。

㉔《陀思妥耶夫斯基选集·群魔》，南江译，北京：人民文学出版社，1983年，第849页。

㉕ 有的时候，这个"孩子"的断言并不付诸直接表达，但这个"脆弱的心"的特点总是会在恰当的时刻显露无遗。同前脚注⑳。

㉖ 这一对于陀思妥耶夫斯基作品的观点，几乎是陀思妥耶夫斯基的现代解读者的共识。如罗兰·巴特的理解："文本的统一不在于其原产地而在目的地"（《作家之死》；image, music, text），哈桑（Ihab Hassan）对"开放的、游戏的、渴望的、不关联的、错位的或者不确定的形式"，"破碎的对话"的后现代的转向（"the question of postmodernism"）而巴赫金的判断更为明确，"在陀思妥耶夫斯基的作品里，每一个看法或观点变成了一个活生生的东西，而且与一个具体的人类声音分不开。这个声音证实了另一个'我'是另一个主体，而不是客体"，"没有任何一个意识成为另一个意识的客体"（《陀思妥耶夫斯基的诗学问题》，第85页）

的世界,发现一种潜伏的空虚。"㉗其实,针对复调小说中多重话语核心的研究及其相关讨论,已经提示了这里的结论。

在多重话语下被颠覆的现实世界的价值,正是通过一个"脆弱的心"的观者视域来展现的,在不同的声音中,剧烈地摆动着、被放置在生存和无生存能力之间刀刃上的个体㉘,其具体的形象,正是陀思妥耶夫斯基在各部作品中塑造出的在尘世受难的"脆弱的心"。

据此,这些被公认为复调小说㉙、在人物、对话和叙事线索上自我解体,将世界图景呈现为"危险漩涡表面小心翼翼的连贯性"的文本,可以获得一个清晰的线索,即"您还是个孩子"㉚这一话语的多重反复,对小说主要人物形象心理意义上的"脆弱的孩子"形象的反复塑形,文本中更为繁复的叙事人和其他话语的纠葛,作为这一"脆弱的心"的苦难之旅所展开的世界被一并给出。陀思妥耶夫斯基的小说,在反复"您还是个孩子"的声音中就获得了可以进一步做思想内容探问的"连贯性"。这反复不止、在自己的回音中同自身纠缠的"孩子",在陀思妥耶夫斯基的毕生创作构想中,是渺小的个体面对广漠的人生意义问题所发出的最强音。

三、受伤的"孩子"和"不能接受"的世界

在《卡拉马佐夫兄弟》中,哥哥伊凡曾向天使一般的弟弟阿辽沙提出这样一个问题:

"我向你质问,回答我:你想象一下,你在建造一座人类命运的大厦,目的是最终让人们幸福,给他们和平与安宁,但为此目的必须而且

㉗ 马尔科姆·琼斯:《巴赫金之后的陀思妥耶夫斯基》,吉林人民出版社 2004 年,第 18 页。

㉘ 同上书,第 36 页。

㉙ [苏]巴赫金著:《陀思妥耶夫斯基的诗学问题复调小说理论》,白春仁顾亚铃译,北京:三联书店 1988 年。

㉚ 如前文所述,这个话语并不仅限字面出现的"孩子",事实上,在陀思妥耶夫斯基的对话小说中,几乎绝大多数对话内容都涉及着对"孩子"的暗示,尤其是对本文第一部分分析的"脆弱的心"这一特点的暗示。

不可避免地要摧残一个——总共只有一个——小小的生命体,就算是那个用小拳头捶自己胸部的小女孩吧,用她的得不到补偿的眼泪为这座大厦奠基,你会不会同意在这样的条件下担任建筑师,告诉我,别撒谎!"[31]

这个问题揭示了脆弱的孩子们在尘世中注定要受难的根本原因。在直面这个无可逃避的致命问题之前,我们应该从这场对话的开端出发,为可以经受这个问题的毁灭性力量做好准备。

这场对话的双方,哥哥伊凡、弟弟阿辽沙,都处于不稳定变动的"边缘"。伊凡即将离开流淌着"卡拉马佐夫"式力量的家乡,到欧洲那块"最昂贵的坟场"[32]去;而阿辽沙在佐西玛长老的指引下,将离开修道院,"返回尘世"。在阿辽沙看来,像谜一样的哥哥,"实际上还是个乳臭未干的小孩子"[33],这一看法得到了伊凡激动的同意。而在哥哥看来,阿辽沙无疑是个"孩子"[34],在这里展开的对话,是发生在已经深受重创的孩子(伊凡)和即将开始尘世之旅的孩子(阿辽沙)之间的对话。这也是陀思妥耶夫斯基的作品中,震荡最激烈的、共鸣最复杂的一组发自"孩子"、关乎"脆弱的心"的声音。

从内容上看,它展开于对生活的"超乎逻辑的爱"[35],这种对生活无可阻挡的爱作为生命的"一半"构成了孩子的内容,而在接下来的"另一半"中,受伤的孩子伊凡提出了自己对信仰的看法:"可以相信上帝的世界存在,但拒不接受这个世界。"围绕这个"拒不接受"的态度,"站得还挺稳的孩子"[36]提到了基督耶稣的信仰("唯一无罪的"和他的血)

---

[31] 陀思妥耶夫斯基:《卡拉马佐夫兄弟》,荣如德译,上海:上海译文出版社2006年,第272页。

[32] 同上书,第256页。

[33] 同上书,第257页。

[34] "我讥笑你? 我是不想使我那三个月来一直那样期待的瞧着我的小弟弟灰心丧气。阿辽沙,你毫不客气的瞧着我:我自己就跟你一模一样,完全是幼稚的小伙子,所差的只是不是修士。"在回应弟弟的疑惑时,伊凡的回答一方面明确了阿辽沙的在对话中"幼稚的孩子"的形象,一方面开启了两个"孩子"之间的"共鸣"。

[35] 同注31,第256页,"黏糊糊的树叶"作为生命的气息,是这种"爱"的具体比喻。在其后的对话中,"黏糊糊的树叶"反复出现暗示了对生命的爱不可磨灭。

[36] 同上书,第255页,这里伊凡甚至表达了对弟弟的羡慕。因为阿辽沙还是个"尚未来到人间的孩子",信仰的确是保护孩子脆弱心灵的坚固堡垒。

以治自己兄弟的病,这激起了受伤的孩子心中最深伤口的痉挛,于是他唱出了"宗教大法官"这部诗作。㊲

以上的内容梳理可以分为三部分:胜过爱生活意义的"爱活着"、"无法接受"的世界、宗教大法官的抉择。对话在这三部分中行进,但话语主导明确的是伊凡,甚至穿插于对话之间的"莫知所自的叙事人"视角也不断地使用"您还是个孩子"的声音,围绕着伊凡进行话语之间的衔接。㊳ 正如伊凡自己的说法:"我的好兄弟,我不想把你教坏,也不想把你从你的基石上推开,我或许还想用你来治我的病。"未涉尘世的阿辽沙首先是作为医治、复原一个完整、没有受伤的"孩子"的形象出现的。阿辽沙说"我的长老打发我返回尘世",提示了他纯洁完美的形象:这是个一直活在天国的梦想里,还从未走出自己同尘世、肉身及金钱荣誉无涉的心灵的孩子。这个来自天国的孩子,轻松地打开了"闷葫芦"㊴一样的伊凡的秘密场所,这颗受伤的心吐露出奇异的忧伤:强烈的、对能够活着的爱㊵。

这种爱是如此奇特,以至于它只能属于脆弱的孩子。在本文的第一部分,根据陀思妥耶夫斯基早期的作品中,"孩子"是依据于尘世生命的意义同绝对完美的意义在信仰上的绝对同一而活着的。但当一个"孩子"看到了很多孩子为世界设定的普遍、绝对,甚或形而上的价值注定不能在尘世中实现,而又无法面对残酷的现实世界并不完美的意义时,这个孩子就死掉了。剩余的是各种残存着孩子般脆弱部分的心灵在尘世中为自己塑造的生活方式:

一、为自己的尘世生活找到相对的价值评价,在对绝对价值的悬置或遗忘中完成生命,这是陀思妥耶夫斯基所反对的、现代人普遍的

㊲ 参考《陀思妥耶夫斯基的"大法官"》,[俄]罗赞诺夫著,张百春译,北京:华夏出版社2002年。

㊳ 贯穿这部对话的,是一个什么可以理解,但又什么也不愿意接受的"孩子"在痛苦和希望之间的挣扎。在这个对话中,我们可以找到一个开启了永无止境的持续对话的统一形象,即这个爱一切,却又无法接受一切的受难的"孩子"形象。

㊴ 同注㉛,第255页。

㊵ "即使我不再相信生活,即使我对珍爱的女人失去信心,对常理失去信心,相反,甚至确信一切都是混乱、可恶乃至被魔鬼操纵的一团糟,即使一个人绝望时的种种恐怖统统临到我头上——我还是要活下去"。

现实人生态度；

　　二、坚持某种特殊的价值的绝对存在可以在尘世间获得，为自己这一坚信历尽毕生痛苦，这便是早期陀思妥耶夫斯基作品在现代成人身上找到的可笑可怜的"孩子"形象；

　　三、在超出尘世的维度中安置完美的上帝，尘世生活和完美的神之领域通过语言、时空等属于当下这个世界中的永恒界限获得区分，又通过理性提供的完美概念，最终统一④。这是为陀思妥耶夫斯基深深敬佩的基督教对人类存在意义的伟大创造。④

　　四、看清尘世中的一切价值最终都绝非完美，这不完美的现实已经破坏了永恒完美的可能，思想中的完美带来永恒的绝望。活在尘世不再需要任何完美或相对价值的支撑，"已经活着"同"已经存在不完美"一样变成了无可逃遁的，不再需要任何意义进行解释的现实。

　　在以上的四种对生命意义的理解之中，前三者的关系更近于逻辑上并列的可能性，分别是对尘世价值、永恒价值的肯定及对二者的双重肯定。而同这三者逻辑上并列的可能性是对尘世价值和永恒价值的双重否定，但这种逻辑上并列的可能性并不是事实存在的人类生命意义在"孩子死掉之后"的第四种塑造方式。对所有价值进行简单否

---

④　语言、时间、对象和经验，是现实世界具有意义的前提，是属于我们生活意义得以充实的条件，甚至可以说，我们生活的本质就在其中。而我们对于上帝的信仰，正需要这些对于永远限制着我们这个世界的界限来获得理解，在这个世界中经受的不完美，正如亚当和夏娃的堕落一样，使人类离上帝更近，而不是更远。这是基督教神学对世界苦难的神义论回答的精致形式。

④　可以认为，伊凡在这段对话中所说"如果上帝不存在，必须把他造出来"，以及对于伏尔泰"老罪人"的称呼，表达了一个深深理解着（甚至是"爱"着，但这样的"爱"并不能阻止伊凡对基督教的完美结局的拒绝，正如纳斯塔西娅·菲利波芙娜，她"爱"着公爵和罗戈任，但仍会一次次的拒绝他们）基督教思想的孩子独特的感情结构："如果上帝不存在，必须把他造出来"是一种独特的思想，它认识到基督教的信仰是理性的必然，是热爱一切的孩子们平安的活下去的必要保证；在伊凡，一个受伤而不愿妥协的孩子看来，这样的思想无异于魔鬼一般的"罪恶"，可是正如基督耶稣对"罪人"的爱一样，伊凡的孩子般的心灵也深深地"爱怜"着伏尔泰这样魔鬼般的智慧，而伊甸园中偷食禁果的人类，无疑是这魔鬼智慧的发明和拥有者。伊凡这个独特的心灵结构，证明了孩子有着清晰的耶稣的形象，陀思妥耶夫斯基的作品因此有其圣经注经学含义，这个特殊的感情表达，是对福音书"天国里面谁为大"的确切诠释。

定的存在并不能生存。对于一颗脆弱的心，所有的价值都变得值得怀疑，是因为现实的残缺质疑了完美的理想，同时完美也无法向现实妥协。而这颗脆弱的心也不能忍受生活被可疑的价值支撑（这同样是不完美的），因此对于伊凡而言，生命就像陀思妥耶夫斯基作品所显示出的一贯风格一样，成了"猛烈震荡着的深渊表面小心翼翼的连贯性"：一种超越的逻辑、无法解释的对"活着"的爱超越了一切对"活的意义"的爱，承担起了组建生命的重任。这种生存方式的存在，恰因为这样的生命，对所有可能的意义都从未放弃完美的设想。伊凡对无需意义支持的"活着"的爱，表达了陀思妥耶夫斯基在人类命运深处品尝到的最深沉的忧伤：纯洁、脆弱的孩子不但根本不能生活在尘世，更可怕的事实是，因为尘世的存在（哪怕只是曾经存在，完美的可能就因此已经破灭了），这颗脆弱的心也无法安宁的生活在天堂！这第四种选择，需要一颗比选择第二、三种生命更天真、脆弱的心㊸。

㊸ 同时这颗心还要承受一个直接的道德谴责，如伊凡对自己活着的看法所说："我还是要活下去，一旦从杯中抿了一口，便再也不愿舍弃它，直到把酒喝干为止！不过，到三十岁我一定把杯子扔掉，哪怕没有喝完也扔掉，然后离去……不知道去向何方！但是我坚信在三十岁之前我的青春将战胜一切，战胜对生活的种种失望和厌恶心理。我曾多次自问：世上有没有一种不顾一切的冲动能压倒我身上这份狂热的、或许有失体统的渴望——生的渴望？"在这段自白中，伊凡认为自己这种对生命的选择，不过是动物性的本能罢了。在伊凡对自己"生的渴望"的断言中，大哥德米特的"孩子"形象在暗中从伊凡的话语中走出。伊凡说起有一种力量可以战胜对不完美现实的失望，那就是"卡拉马佐夫式"的力量，而在卡拉马佐夫家族中最明显的体现着这一力量的大哥，却能坚决地选择结束自己的生命。这个决定发生在惨案发生、米剑卡（德米特里）驱车寻找自己深爱的格露莘卡的过程中。当对话发生在米剑卡和车把式赶往格露莘卡所在地的路上时，米剑卡的形象让抵不住生存渴望的伊凡感到惭愧：

"他的笑声突兀、短促。'安德烈，你这个憨小子，'他又紧紧抓住车把式的双肩，'你说：德米特里·费尧多罗维奇·卡拉马佐夫会不会入地狱？你看会不会？'

"'你瞧，大爷，地狱是给什么人准备的，'安德烈往左边一匹马身上抽了一鞭，'可是您的脾性，大爷，就跟小孩子一个样……我们都这样看您……'

"'主啊，接受我这颗无法无天的灵魂吧，但不要审判我。你高高手放我过去就算了……你不用审判我，因为我自己给自己定了罪；你不要谴责我，因为我爱你，主啊！我生性顽劣，可我爱你。即使你把我投入地狱，我在那里照样爱你，还在那里大喊大叫：我生生世世永远爱你……'"（《卡拉马佐夫兄弟》，第 456 页）这个"自寻灭亡"的"孩子"，带着对上帝（完美存在）的爱"处治"了自己的生命。这是一个清晰的孩子的形象。

同样面对生的渴望和死的恐惧，群魔中的基里洛夫也做出了自己的选择：（转下页）

对于这颗脆弱的心而言,活着唯一的选择是不将意义作为生命的支撑,而单单爱上生命本身。但是这依靠对"活着"的爱维持的生命,却要为自己的选择继续一生不断地对完美价值的追问,以及对现实残缺的承受。这是一颗受伤的孩子的心最终生长出的奇异而瑰丽的忧伤。这是用最勇敢的方式承担生命中最残酷的痛苦。陀思妥耶夫斯基在此用伊凡的形象,预言了人类"脆弱的心"在反复创伤后的命运。

据此来看,伊凡对弟弟关于"人类最终幸福的命运和小女孩的眼泪"的质问、对于坚定的基督信仰所做的"宗教大法官",分别从起因和结果的角度表白了一颗最脆弱的心的一生。"幸福的命运和小孩的眼泪",这个决定命运的起因,本质上是一个神义论问题:如果绝对完美

---

* (接上页)"人都是怕死的,因为他们热爱生活,这就是我的看法,"我指出,"这也是天性使然。"

"这是卑鄙的,完全是个骗局!"他两眼炯炯发光,"生活就是痛苦,生活就是恐惧,所以人是不幸的。如今一切全都是痛苦和恐惧。如今人们之所以喜欢生活,是因为他们喜欢痛苦和恐惧。他们就这样做了。如今人们是为了痛苦和恐惧而活着,这完全是个骗局。现在的人还完全不是他将来那个样子,将会出现一种新人,幸福而自豪的新人。谁能把生死置之度外,他就会成为新人。谁能战胜痛苦和恐惧,他自己就能成为上帝。因为真正的上帝也做不到这一点。"(《群魔》,第 151 页)对于基里洛夫而言,生命的一切意义都是虚假的,真正有意义的行为,是看到这一切的虚假之后,对承载这一切骗局的生命本身采取的态度。基里洛夫选择的,是彻底毁灭这个骗局的承担者。

其实,无论是作为爱着上帝处治自己的孩子:德米特里,还是拒绝一切不真实的价值而结束"骗局的承担者"的孩子:基里洛夫,都还没有走到伊凡所达到的深度,在德米特里那里,生命的积极意义在于通过自己对生命的最后时光的处治,他仍然完整地爱着格露莘卡,爱着上帝;在基里洛夫那里,生命的积极意义在于证明了真正的价值——自由。在这两个孩子的形象中,生命多少还是内在具有价值的事实,而且其价值真实不虚。而面对着这些处治生命的孩子提出的道德谴责的伊凡,却面对的是一个赤裸的、毫无意义的、单纯生命的事实。一如纳斯塔西娅·菲利波芙娜的问题:

"我身上代替我而活着的究竟是什么呢,只有上帝知道。"(《白痴》,第 542 页)

这个单纯的"活着",是一个最让人手足无措的事实,是对于人类而言,最陌生的事实。哪怕是处决自己的生命,都还在坚持一种绝对价值是可以实现的,甚至绝望的死,也说明生命将一切价值的虚无本质看作真实可信的。只有不愿意放弃一切价值,期待着所有的价值最终会有完美实现的一天,不忍心为一种价值牺牲哪怕其它任何一种微小价值的孩子,才会一件件剥下生命意义的外壳,将自己放逐在"单纯活着"的精神旷野之中。他们对于德米特里或基里洛夫的道德谴责,完全是无辜的负罪者,从伊凡"无法抗拒生的渴望"的自责中流淌出的,正是"无辜者的血"。

由此,我们再一次看得到"孩子"的形象中基督耶稣的面孔。

的确存在,那么不完美的存在如何解释? 由一个"欧几里得"式的大脑来思考这个问题,最终只能诉诸完美存在同人类理解之间的永恒界限[44],但对于一个对完美有着执着梦想的"孩子"而言,即使完美的确存在,这种完美也是不可接受的:这个"完美"抹不去已经存在的不完美给这个世界带来的伤痕。伊凡对阿辽沙质问的痛楚,正在于没有任何完美的结局可以安置"小女孩的眼泪"这样渺小而真切的尘世残缺。虽然完美的结果终将到来[45],一个脆弱的心却不会因为这个完美的结果而满意。他会因为这个尘世间最微小的一点不完美,而在这个完美的结局中感到受了委屈:脆弱的心所执着的尘世不完美,可能是获得最终完美结局所必需的条件,这种不完美也许只是尘世的心灵在对完美的错误认识下扭曲了完美的假相。即使所有的神义论思辨将这丝不完美以各种理论方式安置于同永恒完美的同一之中,伊凡的质问中那颗受伤的心也不能安宁。这颗心太脆弱了,曾经存在过的、几乎完全是一个假相的不完美对这颗心的重创,留下了微小但又是深深的、永远不可能愈合的伤口。伊凡的质问揭示了一个执着于绝对完美的生命的最终结局:所有的神义论都不可接受,所有的信仰都将失去对生命意义的解释力,人将成为以最精致的委屈[46]承受尘世残缺、爱上这个不再相信有意义可以支撑自身的、单纯得近乎迷茫了的生命。

阿辽沙试图用基督的信仰拯救自己的哥哥。这是一个尚未返回

---

[44] 在基督教的理解下,"上帝永恒的意志不可测度"的原则,便是这种神义论解决方式的具体表现。

[45] 在伊凡看来,完美的结果终会到来,这倒不是什么不可设想的事情,相反倒"干脆简单",可是理性原则下确证无误的"完美上帝",也仅能作为"干脆简单"的"完美结果"存在,对于一个以热烈的诗意爱着一切的"诗人"抑或"孩子"而言,恰是这个最终"居然"可以达到的"完美",让曾经的不幸变得备受委屈,无法妥协。

[46] 其实这个"委屈"也是陀思妥耶斯基作品表现人物的重要方面,在陀思妥耶夫斯基的小说中,在别人看来只是正常的生活着的小市民,而在自己的心中却受着莫大委屈的形象,作为"孩子"的重要侧面像反复地出现,如《地下室手记》中的回忆者,《穷人》中读到《外套》便觉得心里受到伤害的玛卡尔·阿列克谢耶维奇,甚至是《群魔》斯捷潘·特罗菲莫维奇。

尘世的孩子的幼稚④。基督给人自由意志反而成就人类的灾难。伊凡作为一个现实中的无神论者，在他的《宗教大法官》中，很自然地流露出对自由悲剧的思考，但这并不是伊凡拒绝接受"基督的拯救"而作出的决定。《宗教大法官》中最重要的内容，是继续讲述了一个深深地执着于完美生命，又在尘世中饱受理想挫折之苦的"孩子"最终的选择。

宗教大法官选择了基督当年所拒绝的魔鬼的三个诱惑，向人间分发"面包"而放弃"自由"，这维持生命的面包由通过奇迹、神秘、权威维持的政治手段来进行最有效的管理。这个只追求最大数量的"活着"的生命，只在意最高效率的"面包"，而拒绝思考生命意义的选择，正是伊凡"只是爱生活"在自身中延伸的结果。这也就是无数陀思妥耶夫斯基的"孩子"在尘世中生存的最终形式。这种生存形式，在宗教大法官那里得到了表达：

> 但是，我再说一遍，有多少人像你这样？难道你真的能设想——哪怕只是一闪念——人们顶得住这样的诱惑？人的本性岂会拒绝奇迹，在生死攸关的节骨眼上，在最根本问题上面临痛苦抉择的可怕时刻，岂会仅仅听从心的自由裁决？

> 你渴望自由的爱，而不是奴隶面对彻底把他镇住的权威表现出来的谄媚性狂喜。但这里你又把人们估计得太高了。④

宗教大法官同基督耶稣的这些对话，明确地表达了他接受"单纯生活"的原因：人类在本性上无法承担自由这一昂贵的礼物。

这个原因在其简单的表达方式中包含了一个可怕的误解：似乎自由是超出人类存在等级的天赋，面对自由，人类中的多数是"弱者"，是

---

④ 在伊凡看来，弟弟想拯救自己，但是自己"并未堕落"。如上注㊴、㊵，伊凡认为自己需要弟弟来医治，这更近乎基督受难时对圣父的呼告："父啊，我将我的灵魂交在你手里"（路加福音 23：46)，他仍然希望看到真正天国，使像他一样脆弱的婴儿可以存活的天国。

④ 陀思妥耶夫斯基：《卡拉马佐夫兄弟》，荣如德译，上海：上海译文出版社 2006 年，第 282—283 页。

低级的生物。人类存在方式的卑下决定了宗教大法官拒绝了自由这一属于"强者"的恩赐。但这个字面意义并不是宗教大法官真正要表达的态度。他也不可能凭此获得基督的吻⑭。这种对人类如此失望的结论，更近乎一句孩子般负气的话。这个悲观的结论并不针对全人类做出评价。拒绝承担自由的人，其实是宗教大法官，这个受伤的孩子自己。

"把人类估计得太高"，这的确是一句极具迷惑力的"孩子的气话"。如果人类真是如基督所估计的那样高贵的生物，那么这种高贵正显示于"最根本问题上面临痛苦抉择的可怕时刻"。人通过自由意志作出抉择，这高贵的自由恰是从毁灭和新生、罪恶与正义这样价值和价值毁灭的边缘上获得其独有的高贵形象⑮。基督为人类准备的"自由"，将人类塑造为在人性罪恶的艰苦斗争中终将获胜的斗士形象。基督将人类视为能够在有限，甚至是不幸的条件下承担自己生命价值的抉择者，这是宗教大法官对基督"把人类估计得太高"控诉的本意。而不像基督所估计的那样"高"的人类，可以分为两种情况。第一种是不承担可以自由选择其价值的生命，完全将自己的价值交付可朽、残缺的人性与尘世现实，这也是"把人类估计得太高"最容易引发的直接理解。但这并不是宗教大法官选择要与之生活在一起的人类的全体。这个伤心的孩子，看到了另一类人，他们曾经为自由的力量所振奋，他们渴望成为在善的峰顶和恶的深渊的剧烈摆动中"坚定"自身的斗士。但是在决断的瞬间，他们看到，凭着自由，人也具有倒向残酷的"恶"的深渊的可能性及现实；他们发觉就在这个高贵的自由斗士的左手，人性和世界的残缺始终如影随形，它们是自由抉择不可缺少的组成要素——当这些最坚强的自由斗士希望运用自由选择终极完

---

⑭ 对于宗教大法官的结尾，伊凡说："我想这样来结束它：宗教大法庭庭长说完以后，等了一会儿，看囚徒如何回答。囚徒的沉默使他难堪。他看到囚徒一直用心而平静的听他说，眼睛注视着他的眼睛，显然不想反驳什么。老人希望对方能对他说些什么，哪怕刺耳、可怕的话也行。但他忽然默默地走到老人跟前，在他没有血色的九旬嘴唇上轻轻地吻了一下。这便是全部答案。老人打了个寒颤。"（《卡拉马佐夫兄弟》，第 289 页）
⑮ 这个堕落中的希望般的"自由"，这个"来自深渊"的"决断"，正是基督教思想对人性的独特塑造。

美的理想时，“高贵”的自由却变成了对人类价值的一种嘲讽：在以“意志的决断”这样最伟大的方式许诺人类有权要求完美梦想的同时，也以“选择”这种来自残缺和完美张力下的斗争主题破坏了只有天真的孩子才会永远坚持的、最纯粹的善和美。正是这个赋予残缺世界希望的“自由”，将自己似乎对“孩子们”许诺过的完美梦想证伪。这几乎是人类意义领域中最可怕的矛盾。因此，这第二类人会以承担自由为追问生命意义的开始，但在发现“自由”这一嘲弄后，拒绝这个伟大的天赋。宗教大法官正是在自己身上发现了这第二类人，正如他自己的独白：

> 我也到过旷野，我也吃过蝗虫和草根，我也曾珍视你用以给人们祝福的自由，我曾向往加入你的选民行列，渴望成为强者中的一员。但我觉醒了，不愿为疯狂效命。
>
> 我离开了骄傲的强者，回到温顺的人们中来，(51)

这些勇士是同样被“估计过高”的，因为自由这份恩赐对于他们孩子般脆弱的心灵，还是太粗糙、太简陋了。而就超越时空的上帝而言，自由这份赠礼，实在是超出孩子们“欧几里得”(52)式的理解能力了：他们发现了自由中颠覆完美理想的可怕矛盾，这是他们只能在时空界限内进行的思考必然面对的灾难。

在这个支撑着对生命意义追问的“自由”瓦解之后，这些真正的勇士，正和伊凡，在无法理解无辜的小女孩的眼泪如何在最终的幸福命运中得到安置而退还了朝向完美的天堂的“入场券”(53)一样，因为在自由决断时面对了人性的深渊，无法理解最终完美的结局如何在出自深

---

(51) 陀思妥耶夫斯基：《卡拉马佐夫兄弟》，荣如德译，上海：上海译文出版社 2006 年，第 286—287 页。在大法官从强者回到弱者的选择之中，《圣经》的主题再一次回归，耶和华神必坚定弱者，打击骄傲的强者的意义得到诠释。宗教大法官，是从现实世界的旷野，走进了心灵的“旷野”。

(52) 伊凡所说的“退还入场券”，正是一个“欧几里得”式的大脑对超越时空的上帝的拒绝。

(53) 入场券，见上注。

渊一侧的人生中实现。

在必然落于时空界限的尘世，追求完美只会让脆弱的孩子受尽委屈。最终这些孩子们只能把自己最天真的爱，寄托在这个永远不会伤害他们，但也永远不会回应他们的完美梦想的"单纯事实"——活着——上面。这是他们在走遍所有追求价值的路途艰辛，最后作出的自由而又无奈的抉择。因此，勇敢而脆弱的勇士，就在最终结果上同第一类被"高估"的人类完全相同：同样只是为了"活着"而活着。只是这个"活着"对于第一类人而言，是完全正常的现实，而对大法官一样的勇士而言，却是世界上最陌生、最恐怖的折磨。这样，这个世界上最麻木不仁、最软弱的人和最脆弱敏感、勇敢的人便走到了一起，这便是宗教大法官的世界的真实面目[54]，是他断然拒绝自由的字面理由——"人类被高估"——之下暗藏的人类最精致、最沉重的痛苦。

"就算这样！你终于猜对了。确实如此，全部秘密确实尽在于此。但是，对于他这样一个毕生在旷野苦修而且始终没有治愈爱人类痼疾的人来说，难道还不算一大劫难？"在阿辽沙说出伊凡的大法官"不信上帝"的秘密后，伊凡如此回答。

最真诚的、对一切生命意义的爱，无疑是人间最顽强的痼疾。谁染上这样的痼疾，谁就必然会受到永远无法治愈的创伤。任何对生存意义的解释对于这个脆弱的心，都是一种让美好破灭的戕害。陀思妥耶夫斯基的"孩子"，只能在尘世中以自己全部生命的积极力量爱上已经不堪忍受任何意义支撑的"活着"本身。现代人类的单纯"活着"的事实，便是听从了深藏在内心中"孩子"的选择。对一切生命意义最真诚的爱，最终不得不带着深深的无助和无奈接受这个选择。在时间中流逝的生命，变成了看护对生命意义追问的最后防线。单纯的活着变成了承担生命意义的最后场所，在这个意义上，持续生命是为了纪念曾经对完美梦想的勇敢追求。生命因此获得了超出了时间性的意义，从曾经而又永远回荡着的、对完美和永恒的追问中，获得了自身的尊

---

[54] 这也是宗教大法官值得基督一吻的原因。

严。也正如此,即将告别自己"今天"的伊凡,说出了让天国的孩子阿辽沙无法理解的谜语:

　　"离开动身还有好多好多时间。容得下整个永恒,与灵魂不灭一样长久!"⑤⑤

---

⑤⑤ 伊凡的这句话对于这在赶往人间的"孩子"——阿辽沙而言,不啻为一句艰深的谜语。对于伊凡而言,他已经将自己放逐于"单纯的活着"这一生命意义的旷野。在这片陌生又无可奈何的旷野中,痛心疾首的保藏着一颗可爱可怜的、深沉的爱着一切的孩子受伤的心。

平庸的恶与现代情绪主体[①]
——阿伦特思想中的人性与社会

张国旺[②]

■目 录

---

① 本文缘起于读书小组的一次讨论会，大家的批评和追问使我意识到阿伦特对现代社会之洞察的重要位置。尤其要感谢渠敬东老师，他在核心问题的把握与谋篇布局上都给予了细心指导。同时，与李猛老师的多次讨论及奥古斯丁《忏悔录》的研讨课也对我启发良多。赵立玮老师、王楠、杨慧磊等提供了宝贵意见，在此一并致谢。最后，还要感谢那些互相教育、共同成长的朋友们，正是平淡的生活本身及其背后的道理使我们能够对文本进行切实的理解和思考。在某种意义上，这篇文章是写给爱与友谊的。当然，文责仍由作者承担。

② 作者单位：清华大学法学院。

对阿伦特来说，曾引起最大争议的著作无疑是《耶路撒冷的艾希曼——一份有关平庸之恶的报告》（以下简称《艾希曼》）。这本书不仅使她深陷于各种批评之中，而且也失去了几位相交多年的好友，尤其是一些犹太人朋友。而更具理论性的质疑涉及她思想的统一性问题，也就是说，如何理解"平庸之恶"（banality of evil）与她在《极权主义的起源》（以下简称《起源》）中所提出的"极端的恶"（radical evil）的关联。大致而言，《艾希曼》在当时成为焦点，主要是因为此书的性质：它一方面涉及诸多历史细节，比如纳粹组织的发展、德国反犹政策的变化以及"最终解决"方案的实施等，因而不免有许多纰漏和错误；另一方面，她又将阿道夫·艾希曼描绘成一个"庸碌平常"、"毫无特异之处"的普通人，并提出了"平庸之恶"的概念，而在一般人看来，艾希曼必定，甚至必须是一个嗜杀成性的"恶魔"，否则就难以理解。

然而，正是这种"难以理解性"一直吸引着她的探索。在一封写给密友玛丽·麦卡锡的信中，她谈起写作此书对她本身的意义，"执笔期间，我处于一种由求知而来的愉悦中，你是唯一一位理解这一点的读者。从那以后，我就一直感受着那种因理解整个事件而带来的轻松。不要告诉任何人，这会成为一种证明我没有'心肝'的积极证据吗？"③极为明显，这封信流露出一种如释重负的心情。在此，我们需要进一步追问，是什么让她如释重负，而又是什么曾压抑了她的思考。在去报道艾希曼审判之前，她曾去信洛克菲勒基金会解释暂时中止研究计划的原因，她说"你们将会理解，为什么我认为自己必须去报道这一审判；我错失了纽伦堡审判，我从来没有看到过这种人活生生的样子，而这可能是我唯一的机会了"。

由此看来，"极端的恶"这一表述并没有从根本上解开她的困惑。这一点，同样可以从她对"极端的恶"的论述中获得支持。在《起源》中，她认为纳粹的屠杀行为完全超出了人类的理智可以理解的范围，它是一种十足的恶，以至于没有任何道理，因此无法审判，也难以宽

---

③ Arendt to McCarthy，23 June 1964（in McCarthy's possession），转引自 Elisabeth Young-Bruehl，*For Love of the World*，p. 337。

恕,唯一能做的就是如《圣经》上所说的那样,"将磨盘拴在他们的脖子上,沉到水底"。在此意义上,"极端的恶"只是一种解释上的逃避和权宜之计。① 更为重要的是,"平庸的恶"所牵扯出的是人的现代处境问题,包括人如何面对自己的内在动机,如何面对内心的主观抽象性与自身的具体规定性之间的关系,而且,这些问题并非始于《艾希曼》,早在《法恩哈根——一位犹太女人的生命》(以下简称《法恩哈根》)一书中,阿伦特就触及了理解这些问题的线索,她通过书写一位犹太女子的传记,展现了浪漫主义与启蒙对现代主体的构成性影响,以及"社会"本身如何像人的"内在性"一样成为一个挥之不去的暗影。可以说,这些问题的实质内涵贯穿了阿伦特从《法恩哈根》到《心智生命》的所有重要著作,而它们所展现的多重张力,共同构成了上述那些问题的复杂形态。这将是下文要逐步展开的脉络。

---

① 在《极权主义的起源》中,她写道:"我们的整个哲学传统内在地就不能设想'极端的恶'(radical evil),基督教神学是这样——它甚至承认魔鬼本身有着神圣的起源,杜撰了"极端的恶"这个词的康德也是这样"。参见 Hannah Arendt, *The Origins of Totalitarianism*, New York, Schocken Books, 2004, pp. 591 - 592。对于这段话,需要特别指出的是,康德曾着重论述过恶的问题,而阿伦特在此提到了康德,因此许多研究者都将此作为一个重要问题,要么认为阿伦特关于平庸的恶的论述深化或挑战了康德关于"根本恶"的观点,要么为康德做某种辩护,但大多都忽视了两个事实:一是阿伦特此处的所针对的是魔鬼般的"极端的恶",而非康德的"根本恶"(因而我在上述翻译中用的是"极端的恶");二是在《纯然理性界限内的宗教》中,康德对"极端的恶"和"根本恶"做了非常重要的区分。可以说,对于深入理解康德在《道德形而上学的奠基》中所论述的"义务",以及由双重性所构成的人的形态,这个区分是一个重要的切入点,参见康德在《纯然理性界限内的宗教》第一至三章的内容,尤其他是对原初的"任性自由"的论述。理查德·J. 伯恩斯坦(Richard J. Bernstein)似乎注意到了第二个事实,但忽略了第一个事实。参见:《对根本恶的反思:阿伦特与康德》,宋继杰译,载于"中国现象学网"。有关于此的论述,还可参见 Berel Lang, "Hannah Arendt and the politics of evil"; John L. Stanley, "Is totalitarianism a new phenomenon?", *Hannah Arendt: critical essays*, eds. By Lewis P. Hinchman and Sandra K. Hinchman, State University of New York Press, 1994。同时,我们也必须敏锐地注意到,阿伦特的观点有着微妙的变化,这最深刻地反映了她的困境:一方面,她认为传统哲学关于"自爱"动机的种种理论无法解释这种恶,它似乎超出了人可理解的界限,而带有某种恶魔般的"伟大性";另一方面,她又认为其具有非常明显的"日常性"和"琐碎性"。她对平庸之恶的解释就是为了克服这种困境。对此问题细致的分析,参见 Richard J. Bernstein, *Radical evil: a philosophical interrogation*, Polity Press, 2002, pp. 209 - 222。

一、平庸的恶与现代人的状况

既然《艾希曼》涉及诸多复杂的问题，那么，它的核心问题究竟是什么呢？我们不妨从以下两个方面进行探究：一是，从整个审判报告的内容来看，它包含审判的正义问题、纳粹反犹的历史问题以及犹太人领袖的同谋合作问题。但它们并不是分散的，阿伦特的叙述本身有一条贯穿始终的主线，即"她要看看这种人活生生的样子"，她对这些问题的论述最终都是围绕着"艾希曼是一个什么样的人"展开的。也正是基于此，我们才可以理解，为什么她做的最重要的工作是对艾希曼个性的描述，为什么她要以艾希曼的人生历程为线索叙述反犹政策的发展，因为正是这些生活史细节恰恰能够反映和展现艾希曼的"为人"。二是，从极端的恶到平庸之恶的转变并不单纯是一种观点的改变，而是一种深化和修正。因为无论是前者还是后者，它们的出发点都是一样的：什么样的人才能够做出这种恶行，何种动机才能为此"负责"。它们的差别仅仅意味着，在论述极端的恶时，她认为没有什么人能够"配得上"这种恶行，人的任何动机（intention）都无法为此种恶行负责，因而她将注意力放到了极权政体的组织形态上；而在艾希曼身上，她在一种吊诡的夹缝中找到了这种动机，即他的恶恰恰来自于邪恶动机的缺乏（lack of basic intention）。由此而言，阿伦特在《艾希曼》中所首要关心的并不是平庸之恶在形而上学层面的理论特征，也不是像《起源》所做的那样，追究造成极权主义的诸多社会、历史线索，而是将艾希曼作为一个范例，在责任主体的意义上，追问他人格的日常形态。因此她在《艾希曼》后记中写道：

> 当我谈及平庸之恶的时候，我仅仅是在严格的事实层面上指向一种在审判中引人关注的现象。即艾希曼不是伊阿古，也不是麦克白……除了一种旨在个人升迁的特别的勤奋之外，他再没有其他的动机了……通俗地说，他完全没有意识到他在做什

么。……如果这是"庸常的",甚至还有点滑稽,如果一个人用尽了最大的努力都难以从艾希曼身上找到任何恶魔似的或魔鬼般的深刻性,那么,就还远远不能称之为"司空见惯"。⑤

上述这段话说得再明白不过了,正是责任主体动机的缺失,使得阿伦特将其称为"平庸的恶",而这种现象本身并不是"司空见惯"的行为,因为人们还没有从理性上对此做出解释。正是在这个意义上,杨布鲁厄在《爱这个世界》中论述说,阿伦特延续马克思的传统⑥,曾在《起源》中将帝国主义的根本特征解释为"多余的人"的输出,而在艾希曼身上,她又看到了一种"多余",即动机变成了多余的东西。⑦

然而,我们必须做出进一步的澄清,因为艾希曼并非完全没有自己的想法,他至少有着个人升迁的动机,只不过这种个人动机和屠杀犹太人之间没有直接的关系,或者说他没有将屠杀行为作为实现个人升迁的积极手段。在谈论这种"无所谓"(indifferent)状态之前,不妨结合米歇尔·福柯在《法律精神病学中"危险个人"概念的演变》中的相关论述。尽管福柯所关注的主题与《艾希曼》有着很大的不同,如其题目所示,他所关注的是法律精神病学中的问题。但二者在更为根本的层面上有着相合之处:都叙述了一种审判困境。在阿伦特的叙述

---

⑤ Hannah Arendt, *Eichmann in Jerusalem: A Report on the Banality of evil*, Penguin Books, 1965, pp. 287 - 288.

⑥ 根据阿伦特研究专家 Margaret Canovan 的精细梳理,她对马克思主义的研究是《起源》一书的后续工作,即考察"马克思主义中的极权主义要素"。尽管没有作为专著面世,但《人的条件》中的许多内容呈现了这一成果。参见 Margaret Canovan, *Hannah Arendt: A reinterpretation of her political thought*, Cambridge University Press, 1992, pp. 63 - 68. 亦可参见根据阿伦特手稿整理出版的《马克思与西方政治传统》,孙传钊译,江苏人民出版社,2007 年。

⑦ Elisabeth Young-Bruehl, *For Love of the World*, p. 369. 不能将"平庸之恶"理解为制度之恶,进而推论出恶的集体责任,这是阿伦特在《艾希曼》中所明确反对的。伯恩斯坦非常准确地说明了这一点,"阿伦特早先坚持认为根本的恶无法用人的可理解动机来解释,这或许很容易让人以为,其中包含的动机要么是不可理解的,要么是(在一般的意义上)非人的(nonhuman)。但她对艾希曼的描绘却表明他是'人性的,太人性的'(human-all-too-human)"。参见 Richard J. Bernstein, *Radical evil: a philosophical interrogation*, p. 220.

中,艾希曼站在法庭上,对控方所指控的事实本身没有异议,他也愿意为此接受绞刑,但是他却辩解说,他没有罪(no guilty),因为他在行事之时并没有控方所指控的那种邪恶动机,他做那些事,只是因为极为个人性的、偶然性的因素。而在福柯的论述中,困境是这样的,"如果一个人除了他的犯罪之外一无所有地来到法官面前,除了承认'这是我干的'外一言不发,对自己的情况什么也不说,而且他也并不像法庭所希望的那样向他们吐露某些诸如他自身的秘密,这时,这个司法机器就停止了运转"⑧。在这两个情景中,法官都面临同样的尴尬:他们无法在责任主体与罪行之间建立连贯的推演,因为作为推演中介的"动机"出了问题,一个是动机过于个人化和表面化而难以为恶行负责,一个是没有吐露动机,甚至在实际上根本没有动机。由此而言,阿伦特和福柯都意识到了一个更为根本的问题,即若要做出正当而合理的审判或判断(judgement)⑨,就必须将他当成具体而活生生的个人,因而就必须从道理上知道他是"谁"(who),即他是一个什么样的人。

但麻烦的是,动机是一种内在性(innerness),难以从行为本身来判别。对福柯而言,犯罪控制中的这种"内在性"转向为精神病学介入司法铺就了道路,而对阿伦特来说,这种内在性涉及更为复杂的问题,即官僚科层制与个体之间的张力、现代社会中的个人与社会本身之间的张力。这一点,可以从阿伦特对艾希曼所做的"审判词"中看出来。

---

⑧ 福柯,《法律精神病学中"危险个人"概念的演变》,苏力译,《北大法律评论》,第二辑第2卷,法律出版社,1999年,第470—495页。

⑨ 面对艾希曼身上所表现出来的"无所谓"和"无思性(thoughtless)",阿伦特认为这是理解现代状态的一个入口,她的晚年著作《心智生命》就是试图从思想史与意识哲学层面来解答这一问题。其中,最核心的第3卷《判断》成为未竟之作,其《康德哲学讲义》成为理解其判断理论的重要文本。法兰克福学派人士韦尔默对其判断理论做了富有启发性的分析,他与哈贝马斯商谈理论的分歧构成了其解释的优势,参见〔德〕阿尔布兰希特·韦尔默,《阿伦特论判断:未成文的理性学说》,载于《后形而上学现代性》,应奇、罗亚玲编译,上海译文出版社,2007年。此外,还可参见 Ronald Beiner, Judging in a world of appearance: a commentary on Hannah Arendt's unwritten finale, *Hannah Arendt: critical essays*, eds. By Lewis P. Hinchman and Sandra K. Hinchman, State University of New York Press, 1994。

阿伦特接受法庭审判的结果,但她拒绝审判所使用的理由。因为官方审判的理由是艾希曼恶行的反人类性,以及艾希曼恶魔般的"邪恶性"。这恰恰是阿伦特所反对的:如果一个人是"恶魔般的",他的行为超出人们所能理解的范围,这就意味着它已经不被当成一个"人"了,那么,人们也就无法对此做出审判。也就是说,一般的社会意见对艾希曼的审判恰恰立基于把他设定为"非人",而这与艾希曼本身的陈述完全不同。但是,这并不意味着阿伦特对现代个体的要求与艾希曼的自我理解是一样的,相反,它们之间有着截然的不同。

如果联系《人的条件》中关于"行动者是谁"(who)的论述,我们可以说,阿伦特对现代社会的诊断恰恰在于,正是这种平庸的恶意味着现代社会的根本危机,也就是说,艾希曼及其"无所谓"(indifferent)的状态正是现代人的普遍可能性⑩。在这个意义上,艾希曼不过是一个她所谓的"劳动动物",他没有自我,更谈不上自我意识。而且,之所以说这种情景对每一个现代人都是一种普遍的可能性,是因为每个现代人一出生就在身心两个层面进入了所谓的"社会",这使得其在没有任何自我作为根基的情况下接受了纷繁复杂的社会意见,而它们本身就是互相冲突的,这种简单的"价值内化模式"并无法造就自主的个体。⑪在某种意义上,这样的人的确是一个完全的"社会人",但由于没有自我作为根基,他所呈现的不过是各种流变的意见和情绪⑫。艾希曼以

---

⑩ 尽管,伯恩斯坦(Bernstein)在分析时将平庸之恶与康德意义上的自发性(spontaneity)联系起来,认为这种恶的根本性是它对自发性的消灭。但他没有进一步追究自发性的灭失对人的现代构成意味着什么。也就是说,我们并不能简单地认为无所谓(indifferent)就是某种"消极"的东西,尽管其在社会—伦理层面往往如此。如果说"无所谓"(indifferent)是对自发性的一种闪避和掩盖的话,那么,我们必须思考这种闪避得以发生的基础和机制是什么。在笛卡尔的哲学里,这是由"怀疑"所带的某种结果,而且它与人的自由、上帝的自由有着深刻的关联,参见笛卡尔,《第一哲学沉思集》,庞景仁译,商务出版社,1996年,第四沉思,pp. 55 - 66。当然,阿伦特似乎更倾向于将其看作消极的东西,参见她对笛卡尔的论述:Hannah Arendt, *Human Condition*,(Chicago:University Of Chicago Press, 1998),pp. 273 - 280。

⑪ 在《爱弥儿》中,卢梭以最为深刻的方式理解了现代人面对社会的困境。有意思的是,阿伦特并非简单地接受这一教诲,而是将卢梭本人看作与正在兴起的现代社会做抗争的典型。参见 Hannah Arendt, *Human Condition*, pp. 39 - 40。

⑫ Elisabeth Young-Bruehl, *For Love of the World*, p. 368。

一种极端的形态展现了这一点。如同阿伦特在《艾希曼》里所说，集中营里的纳粹党员既可以"很好"，比如富有爱心地和那些孩子们玩耍，也可以很坏，比如屠杀。所以如此，原因仅仅在于他们作出判断和决定的依据只是"流动的心情"，而不是思考，他们的内在自我本身就是空洞和混乱的。

二、情绪性主体与现代个人主义的起源

如果说像艾希曼一样没有自我的个人只是随着流动的情绪而行事，那么，无论他们做的是好事还是坏事，都必定是一种表面的、平庸的善与恶。只不过，这种现象的现代起源却并不是《艾希曼》一书能够解答的问题。阿伦特的中晚期著作也未能提供更多的线索，倒是《法恩哈根》一书为我们打开了进入此问题的缝隙。

这本书很少为人注意，也难以在传记作品中加以归类。[13] 它没有太多关于时间、地点等传记特征的交待，而是充满了对相关信件、日记的大量引用，并在核心章节《白日与夜梦》中复原、分析了主人公的夜梦，由此在爱与情的主线下展现了这个犹太女人纠结而富有"浪漫主义格调"的一生。英国小说家希比立·贝德福德在 1958 年对此评论道，这是"一本冷酷的抽象之书——缓慢、散乱、死寂，充满难以理解的压抑；阅读的时候，感觉就像是坐在一间没有钟表而闷热的屋子里。它使你感觉到一位沉浸在主观中、情绪错乱的女人，她仿佛在等待着什么；它使你意识到，几乎是让你从身体上意识到，她激烈的温柔，她的浮沉挫败"。[14] 这个评论准确地捕捉到了它的实质特征，即主人公主

---

[13] 阿伦特本人中后期著作表面的政治性，使得大多数研究都集中其政治思想，因而很少有人关注《法恩哈根》就不那么奇怪了。同时，也有一些研究者注意到了此书对阿伦特此后思想的影响，但主要是从"犹太问题"的角度着手的，如书名所示，这是一位"犹太女人"的传记。的确，阿伦特在此书中区分了"有意识的贱民"（conscious pariah）与"新贵"（parvenu）她后来的许多政治思考都是以此为基础的。对此问题的细致研究，参见 Richard J. Bernstein, *Hannah Arendt and the Jewish question*, Cambridge, 1996. 但麻烦在于，这种以犹太问题为主线的研究难以与阿伦特本人对犹太问题的整体看法相一致。

[14] 转引自 Elisabeth Young-Bruehl, *For Love of the World*, p. 87.

观性的抽象性。而阿伦特令人费解的叙述方式也由此而来,她在前言中解释说,"我不关心她在浪漫主义思潮中的位置,也不关心对歌德的崇拜在柏林所产生的影响","我唯一感兴趣的是像她本人可能会去讲述的那样去叙述这个关于法恩哈根之生命的故事","只有当这些事情对法恩哈根的生命事实来说是本质性的,我才会触及它们"。⑮ 因此,本书编者在导读中精炼地总结说,阿伦特的写作目标不是一本"事实性传记",而是一份有关主人公内在生命(inner life)的描绘。

那么,在她看来,这位"女英雄"的内在生命是什么样子的呢? 概括地说,这个主人公始终认为自己是特别而不同寻常的,并一直试图展现这种"例外性",但同时她又认为所有有关她个人的具体特征和规定性都是多余的,比如相貌、身份、地位等。在她看来,这些具体规定都无法代表她,她所要展现的是:她是一个特别的"人"(human being)。阿伦特引用法恩哈根本人的一个说法来传达这种自我理解,"我在做什么? 我什么都没做,而只是让生命的雨水从我身上冲刷而过"⑯,她的全部努力不是别的,就是将这个去除了所有具体规定的自我暴露在生活和命运的侵袭中,就像不带雨伞地感受一场暴雨的冲洗。因此,她的生命便呈现为一种完全顺其自然的、"无所谓"的日常状态:在生活中,她不作选择,也不去行动,因为选择和行动本身就是一种对生活的参与,这必定会扰乱和污染生命事件本身所具有的纯净。如果说有行动的话,唯一可以算得上的就是她通过书信、日记对自己生命经历的叙述。而在阿伦特看来,她的叙述方式本身也同样值得注意,因为她所使用的方式不是记述,而是内省和冥想(introspection),即内在自我的反思。

不止于此,阿伦特在叙述这个生命故事的过程中,展现了更为根本的悖谬:如果一个人不承认所有关于自身的日常而固定的具体规定性,这就意味着他在每一刻都不生活在具体的"当下",而是以想象的

---

⑮ Hannah Arendt, *Rahel Varnhagen*: *The Life of a Jewess*, tr. by Richard and Clara Winston, ed. by LilianeWeissberg, The Johns Hopkins University Press, 1997, p. 82.

⑯ Hannah Arendt, *Rahel Varnhagen*: *The Life of a Jewess*, p. 155.

方式逃离到了时间之外，那么，她内省的内容会呈现怎样的形态呢？阿伦特对此评论道，内省完成了两件功业：它消除了现实的存在状态，它将现实消解在情绪（mood）之中，同时，它为每一件主观事物都涂抹上一种客观与公共性的油彩。在内省之中，私密事物与公共事物之间的界限变得模糊了。这是一种"暧昧性"（ambiguity）。这其实并不奇怪，因为私密与公共之间最实质的区分并不是事件之间的区分，而必须以具体的自主性作为前提，当法恩哈根否认一切具体规定性时，她便极为危险地消解了自我，而只剩下一个以想象方式呈现出来的空洞的意志，能够将其充实起来的，不过是每时每刻都不相同的心境和情绪，就像她本人在信件与日记中所理解的那样，"我什么都不是，我只是体验着生活"。事实上，这并不是个体主义（individualism）的体现，更谈不上黑格尔意义上的个体性（individuality），而只是一种抽象的个人主义。杨布鲁厄认为这并不是真正的生命，而是一种"冥想的生活"（thought life）。在此，我更愿意将其称为"情绪主体"（moody subject），一种不稳定的、由情绪所主导的个人形态。

尽管阿伦特说她并不关心她的主人公在浪漫主义思潮中的位置，但这并不等于她不关心法恩哈根身上的浪漫主义因素。实际上，阿伦特当时正是从有关浪漫主义的研究转向这本传记书写的。而法恩哈根也曾将自身比作"伟大的艺术家"，对她来说，艺术的任务和作品不是别的，就是生命本身，这恰恰是浪漫主义最清晰的特征。因此，阿伦特评论道，"将生命当作艺术作品，并且相信通过'培育'，一个人能够将自己的生活造就为艺术作品，这是法恩哈根与其同代人共同分享的一个最大的错误，或者说，这是一种对自我的误解（misconception of self）。只要她想在这个时代的概念与范畴之内理解并表达自身生命的意义，这种误解就是不可避免的。"[17]也就是说，正是这个时代的整体性浪漫主义，为法恩哈根式的"情绪主体"提供了思想土壤。在这个意义上，她与艾希曼有某种类似，他们都是十足而纯粹的一般性"社会人"。

---

[17] Hannah Arendt, *Rahel Varnhagen：The Life of a Jewess*, p. 81.

　　然而,阿伦特所理解的浪漫主义并非如此简单,一向以倡导理性而著称的启蒙同样是一种浪漫主义。如同杨布鲁厄已经精准地看到的那样:她所叙述的这个故事尽管是以引用主人公的信件开篇的,但其实际的展开却是对启蒙理性的描绘。在这里,有必要将作者的描述详细摘录下来:

　　　　启蒙将理性高举到权威的位置。它声称"思考"(thought)与莱辛所谓的"独立思考"(self-thinking)是一种每个人都可以独自行使的最高能力……独立思考(self-thinking)将人们从客观事物与他们的现实中解放出来,为他们创造出一个由纯粹观念(pure ideas)组成的领域,以及一个所有理性存在者不依靠任何知识和经验都能够抵达的世界。就像浪漫主义式的爱情将爱人者(lover)从被爱者(beloved)所具有的实在性中解放出来一样,这种理性思考将人们从客观事物中解放出来。浪漫主义之爱造就了"伟大的爱者",他们的爱根本不会被其爱人身上的特定特征和具体规定性所扰乱,他们的感受和情感也不再是那种与现实相连的、需要不断磨合与历练的东西。与此类似,这样一种独立思考为"有教养的肤浅之人"(cultivated ignoramuses)提供了基础。在那种让他们感到疏离的文化环境中,他们从一出生便远离了对所有人的义务。为了让彼此变成同代人,他们所需要做的仅仅是剥掉旧有的偏见,并让自己自由地畅游在冥思中。[18]

　　这样说来,在阿伦特的脉络里,启蒙理性与浪漫主义在实质上是一样的,它们在人心的层面上遵循着相同的逻辑,即他们都会使人们远离具体现实,而陷入抽象的想象之中。在这里,无论是独立思考带来的想象,还是爱情所带来的想象,它们都属于内在自我在情绪或意见的主导下所进行的循环衍生。此时,思者所抵达的新领域和新世界

---

[18] Hannah Arendt, *Rahel Varnhagen: The Life of a Jewess*, p. 90.

不过是自造的幻觉，而爱者也并未触及其爱人，不过是爱着自己，甚或是某种有关爱的幻影。然而，这种自身之内的想象衍生并不能造就具有统一性的个体，反而会在每一刻都形成一个片段性的自己，最终会像阿伦特所提示的那样，"生命没有任何统一性可言，而是一堆没有关联的碎片。既然这每一个碎片都被无尽的内省所强化，生命本身便呈现为一种浪漫主义的碎片"。[19]

当然，阿伦特显然不会认为理性必然如此，而只是意味着此阶段的理性与浪漫主义的同构性，就像黑格尔在《精神现象学》中所理解的那样。进一步说，这里的思考与笛卡尔意义上的"我思"并不相同，虽然二者都会使人们否定现实世界，但不同的是，前者马上就会被各种情绪或社会意见所劫持，而且并不自知，而后者则要借助上帝的力量再次恢复世界的实在性，并意识到我思与世界各自的限度。或者说，前者不过是后者在社会层面所呈现的某种低劣版本。但正是因此，笛卡尔式的"唯我论"迷障对它来说才更为严重和危险。它的危险不是别的，恰恰就是容易变成法恩哈根式的情绪主体。同时，这段引文的最后两句也提出了更进一步的问题：这样的个人能够形成一个新的社会吗？如果答案是肯定的话，那么，原有的传统和习俗对这个新的社会来说意味着什么呢？

三、多种形态的社会及其抽象性本质

应当说，有关"社会"（society）或"社会的"（social）的论述是阿伦特思想中最具洞察力的部分，因为正是这些内容展现出个体与社会在现代语境中的张力，以及她对现代人灵魂秩序的理解。[20] 但她的论述极为繁复和模糊，这或许是源于"社会"本身的某些特性。让我们再次

---

[19] Hannah Arendt, *Rahel Varnhagen*: *The Life of a Jewess*, p. 99.

[20] 很少有人注意到阿伦特关于"社会"的思考，这也是阿伦特研究尽管非常热闹但却难有深入的原因。对此主题的细致分析，参见 Hanna Fenichel Pitkin, *The attack of blob*: *Hannah Arendt's concept of the social*, Chicago, 1998, 此书系统梳理了阿伦特著作中有关"社会"的论述，并展现了其中的矛盾和张力。

重新回到上述那段引文,它提供了极为重要的线索。

首先,我们需要对"有教养的肤浅之人"(cultivated ignoramuses)做一个更为深入的说明。所谓"有教养",指的是某个人生长于某种文化、传统和习俗之中,而被"培育"成符合此文化之标准的样子。教养并不是与生俱来的"自然",而是文化所造就的"第二自然"。在阿伦特这里,其具体的所指乃是 18 世纪中后期的欧洲贵族,他们组成了所谓的"上流社会"或"宫廷礼貌社会"。但"有教养的肤浅之人"却并非典型的贵族,他是某种新出现的类型。所谓肤浅,并非真正的"无知"或"愚蠢",而是像引文中所说,他们骤然抛弃了由习俗养育而成的"第二自然",而直接以所谓的"本性"示人,表现出某种放浪与率性的特征。这样我们就可以清楚地看到,它所指的是那些"被启蒙的"、追求新潮的贵族,他们厌倦了上流社会繁复而彬彬有礼的礼仪,试图"赤裸裸"地展露出自己的人性。而正是这些人与中产阶级文人、演员、犹太妇女等共同构成了当时的"沙龙",一种有待考察的"社会"。如上文所述,法恩哈根即是当时柏林最为著名的沙龙女主人,许多新潮贵族与浪漫派知识分子都是其间的常客。这些沙龙在当时并不属于受尊重的上流社会,它们是某种"时尚"。无论就其定义,还是就其建立的意图,它们都处于上流社会之外的边缘地带,但却与上流社会共同构成了某种张力。

既然他们轻蔑地打碎了各种礼仪,那么,当他们展露自己的自然人性时,他们用何种方式来表达这种内在人性呢?他们所展现出的内容又是什么呢?这便涉及我们要考察的第二个问题,他们能够形成一个社会吗?或者说,沙龙在何种意义上是一个社会呢?我们不妨先来看看法恩哈根的第一次婚姻,此时她的沙龙正处于繁盛时期。正是她的这次婚姻,为我们考察沙龙的日常状态、它与上流社会的关系提供了一个关键场景。无论是在《起源》中,还是在《法恩哈根》中,阿伦特都着重提到了这位女主人与其沙龙的同构性。按照当时的标准,作为一个犹太女子,她处于社会边缘,既无贵族身份,也没有接受过人文主义教育。她有着严重的自我嫌恶,她想摆脱这些或肯定或否定的具体规定性。但尽管如此，她的真正理想并不是成为上流社会的一员。就沙龙而言，这恰恰是她的优势。"早期柏林沙龙的魅力在于除了个性、独特人格、才智和表现之外，其他一切实际身份都无关紧要。唯有人的独特性才构成无边的交流能力和亲和力，这是身份、金钱、成功或文坛名声都不能取代的"。[21] 因此，她说话的机智、措词的原创性、表达的直接性使她在沙龙中如鱼得水。她的未婚夫福肯特斯（Finckensteins）是一位贵族，其家族是普鲁士最为古老的家族之一。他受到了时代风潮的影响，但并没有完全成为新潮贵族；他对礼仪传统、家族强加于个人的束缚有些抵触，但还没有达到激烈的程度。阿伦特这样描述沙龙的日常状态：

> 沙龙是这样一些人风云际会的地方，即他们已经通过谈话学会了如何表现（represent）自身。演员能够一直让自己就是外表"看上去"的那个样子；中产阶级是一个一个的个人，他们已经学会了如何表现自身，不是表现某种超出自身的东西，而只是表现他自己。在启蒙时期，贵族正在逐渐失去他们所代表（represent）的东西，而被抛回到自身，"瘦身为中产阶级"。当一个人真的脱离了自己的家庭，他唯一能够不受指责地进入的"圈子"就是这些没落贵族组成的圈子，在那里，其他人仅仅需要知道一下他是"某个家庭的成员"就足够了，而不再询问别的东西，人们完全以他本身之所是（being what he was）接受他，评价他。[22]

在这里，问题的关键是，当这些人屏蔽或丧失了自身的具体规定性，完全以"本身之所是"呈现自己，并以此种标准评价他人的时候，他们所表现出来的"本身之所是"是什么样子？这种行为背后的内在逻辑是什么？当福肯特斯（Finckensteins）进入法恩哈根的沙龙的时候，他的切身感受似乎可以回答我们的问题。"在沙龙所营造的氛围里，

21 汉娜·阿伦特，《极权主义的起源》，林骧华译，三联书店，2008 年，第 104 页。
22 Hannah Arendt，*Rahel Varnhagen：The Life of a Jewess*，p. 112.

他感到自己的伯爵身份像幻觉一样蒸发掉了"。当他对"自身之所是"感到困惑的时候，他意识到，"纯粹作为一个个人，他什么都不是（nothing），剥去了贵族头衔和身份，他再也没有什么东西来表现自身了"。㉓ 也就说，贵族头衔、身份等本来是定义"他之所是"的全部内容，在沙龙里，当这种具体的规定性都剥去之后，他发现自己仅剩空荡荡的内心和空洞的人性。于是，他退缩了，开始远离法恩哈根及其沙龙。但法恩哈根感到难以理解。事实上，法恩哈根也有着各种具体的规定性。尽管她的"自我唾弃"有助于她在"表现人性"的沙龙中得心应手，但是，并不能仅仅用他们对自身特征的态度来解释他们之间感受的差别，至少这不是决定性的。在我看来，更为核心的焦点乃是，就人心秩序而言，这种以去除具体规定性来表现"人性"的逻辑本身有着某种特定的困难，正是这种内在的困难决定了沙龙的命运。如果是这样，法恩哈根本人的成长恰恰说明了这一点：后来，她自己也逐渐意识到了这种沙龙式"私密社会"的虚幻性，因为她发现沙龙里的每个人都是有着特定内容的，只要他们的交往突破了沙龙本身的界线，她就会感受到各自的现实生活所带来的冲击，她发现没有一个人是她所希望的"纯粹的爱人"。实际上，她本人也难以做到这一点。当她的未婚夫决定抛弃一切身份地位、隔断一切家族联系而与她在一起时，她同样退缩了。她并没有意识到，她所期望于福肯特斯的是他既保持贵族身份和家族地位，而又能将彼此的具体特征看得一文不值，同时又以完全"人性"的方式与她相爱。对福肯特斯而言，这要求的确太高了。

现在，我们可以再次考察前面所提出的问题：他们所组成的社会是什么形态？首先来看看福肯特斯。基本而言，他仍然是上流贵族社会的代表，他的特殊性在于他恰巧处于两种社会之间。就上流社会而言，如果能够称之为"社会"的话，单独的个人几乎没有位置，个体与其家族地位、身份、地产是合在一起的，而维持贵族之交往的是等级式的

㉓ Hannah Arendt, *Rahel Varnhagen：The Life of a Jewess*, p. 112.

礼仪。可以说,如果一个人没有附身其上的地产,他就无法在公共交往中表现自身。因此,也就可以理解为什么福肯特斯在踏入沙龙的时候感到了一种"存在"的恐慌。另一方面,启蒙所开展出来的人心"内在性"在他身上也有所体现,这一点集中体现在他与其家庭成员的关系上。那么,个人在贵族家庭中处于什么位置呢?"只要你踏入家门,你就变成了这个极为欢愉的家庭的一员;另一方面,你也失去了所有的自由;在整体上,你便不是一个为自身而存在的单独个体,你也确实没有属于你自身的意志。"[24]因此,如阿伦特所说,尽管福肯特斯很疼爱他的一个妹妹,但他感到这种爱却仅仅是一种特定的、表面化的表达,或者说个人情感仅仅成了家庭整体团结的一种表达。当他的父母兄妹欢愉地沉浸在这种传统关系中的时候,他却感到了原有礼仪、仪式、表达方式的局限和束缚,他需要一种新的秩序。因此,就贵族本身而言,家庭内部的关系与贵族间的交往共同构成了所谓的"上流社会",它用特定的礼仪承担、疏导了交往和情感表达的压力。而就这种礼仪本身而言,它并不是表面化的程式,只有当它面对一种新的内在性所带来的需要时,它才变成了表面的和抽象的,这恰恰是因为这种内在性本身就是普遍和抽象的。

在这一点上,沙龙的所有参与者,包括法恩哈根和福肯特斯,并没有实质性的差别。但考虑到沙龙本身在当时的繁盛程度,我们不免感到困惑,为什么它没能给这些"新人"提供一种新的秩序,或者更准确地说,他们为什么没能创造出一种能够应对内在性要求的秩序。按照阿伦特的理解,沙龙中的确曾出现过一种应对这种困境的方式,即"表演式教育",它要求每一个进入沙龙的人都要学会像演员一样自如地表达自身之所是,歌德的《威廉·麦斯特》表达了这一教育理想。表演式教育与传统的礼仪教育并不相同,如果说传统的礼仪教育是惯习、习俗在个体身上的"养成"的话,是以习惯去造就人的"第二自然",那么,表演教育的基础却是摒弃一切具体、特定的习俗和习惯,它不过是

---

[24] Hannah Arendt, *Rahel Varnhagen: The Life of a Jewess*, p. 110.

想要一种能够直接地表现"第一自然"的方式。㉕ 但表演与沙龙成员对"真诚性"的要求之间有着不可回避的紧张。对于一个抛弃了具体特征的个人而言，对于一个试图表现"人性"的个人而言，表演式地展现自己就意味着戴上一个似是而非的面具，这是对真诚性的直接否定。当它变成一种程式化的东西之后，必然会遭到个体内在性的强烈反对。在很大程度上，这不是表演式教育的失败，而是昭示了这种内在性要求本身的困难，即它在根本上排斥任何外来的固定性，同时，又因自身的空洞而无法提供任何稳定的机制。在这个意义上，沙龙根本不是一种坚实的"社会"，而只是抽象内在性的外在映射。阿伦特在《人的条件》中陈述说，"现代的个人及其无休止的内心冲突，使他既无法适应现代社会又无法完全脱离社会，他不断变化的情绪和他情感生活的极端主观主义，都来自他心灵的这种反叛"。上一节曾说到，由于缺乏坚实的自我，情绪性主体的灵魂模糊了私密与公共之间的差别，现在我们看到，正是这一点导致了沙龙社会的暧昧性和抽象性。这也正是法恩哈根式的个人与沙龙的同构性所在。

按照一些学者的说法，在现代早期，对这种内在性（包括各种现代激情）的驯服最终是通过"利益"完成的，即贸易的推展和交换体系的形成塑造了整个社会的生活风格，当利益驯服激情的时候，个体的内在性也实现了外在的对象化，成为一个行为可以预期的理性个体，同时，他们之间的联系也呈现为一种"利益社会"或"礼貌社会"。㉖ 但在阿伦特看来，这种"利益社会"不过是大众社会的雏形而已，它应对人

㉕ "威廉·麦斯特试图以接受最宽泛意义上的教育这一方式学会如何表现自己。如果他成功了，他就不再是一个仅仅是其所是的人，而将成为一个'公共人'。但是他获得这样一种公共人格的方式却是私人化的。麦斯特是从这样一些人那里获得他的教育的：他们处于资产阶级社会与贵族社会之外，他们可以表现得像任何东西，或者看起来像所有的东西。"Hannah Arendt, *Rahel Varnhagen: The Life of a Jewess*, p. 111. 有关表演与人的公共性这一主题，还可参见理查德·桑内特，《公共人的衰落》，李继宏译，上海译文出版社，2008 年，pp. 134－138，pp. 250－264。

㉖ 参见李猛，"论抽象社会"，载于《社会学研究》，1999 年第 1 期；Nannerl O. Keohane, *Philosophy and the State in France: The renaissance to The enlightenment*, Princeton University Press, 1980, pp. 151－162。

的内在主观性与情感表达的方式并不令人满意。具体说来，她在两个方面提出了质疑。一方面，虽然如赫希曼所说，"利益"驯服了人的多种激情，为人们控制激情提供了有效机制。但是，利益的内容以及对利益的追求并不是由每个个体自主确定的。换句话说，对利益的追求的确能够将各种激情统摄起来，但这并不意味着这个利益主体是自由而自主的，他恰恰是受到了利益本身的控制，而利益背后的力量乃是更为一般的社会力量。如此一来，就会如卢梭所批判的那样，"社会"倒是形成了，但个体却无法成为其自身，而不过是变成了由意见所填满的纯粹的"社会人"㉗。因此，这并没有真正为人的内在性提供出路，卢梭所代表的人心对社会的反抗也证实了这一点。另一方面，这种贸易体系本身并不是自足的，它的形成伴随着民族国家的崛起和国家对人的科学治理。因此，利益的背后不仅有社会意见，而且还有国家政策和治理目标。这种治理目标不再是人的善好和幸福，而仅仅是对身体的规训和对人口的管理。在现代科学的意义上，国家不再关注每一个具体的个人，而是运用国民经济学与统计学等现代社会科学实现行政化的治理，这本身即是国家政治的"社会化"和"经济化"。㉘ 因此，就这两方面而言，在这个巨大的社会—政治系统中，并没有个体的位置，对内在性进行疏导和培育这一任务完全落在了个人身上。如果这种

㉗ 阿伦特在一个脚注中提到，这一点也反映在古典经济学到现代经济学的转变上。她说，政治经济学最初作为一门科学的概念要追溯到亚当·斯密，它不仅不为古代和中世纪所知，而且也不为经典学说所知，首个"最完整的经济理论""不同于现代经济学之处在于它是一门艺术，而非一门科学"。古典经济学假定了人，就他是一个行动的存在而言，完全处于自我的利益而行动，并只被占有的欲望所推动。亚当·斯密引入一双看不见的手来推动一个不是任何人之意图的目的，证明了即使这种有一致动机的最低限度的行动，对于一门科学的创立来说也仍然包含了太多不可预测的自发因素。马克思对古典经济学的发展进一步用群体或阶级利益取代了个人利益，并把阶级利益简化为两个主要阶级，资本家与工人，以至于在古典经济学家还看到矛盾冲突的地方，留给他的就只有一种利益了。马克思主义经济学体系更首尾一致，因而显然比他的前辈的经济学更为科学的地方在于：他建构了"社会化的人"，一种比自由主义的经济人更少去行动的存在者。

㉘ 参见汉娜·阿伦特，《人的境况》，王寅丽译，上海人民出版社，2009 年，第 23—31 页。对此主题更为详细和精彩的论述，可参见福柯《安全、领土与人口》，钱翰、陈晓径译，上海人民出版社，2010 年，第 200—299 页。

利益社会以某种方式应对了人的内在抽象性的话，那么它不过是用社会意见填充了人的内心。它既无法应对内在性的丰富要求，比如对善好的向往、情感的培育等，也使得国家内部的政治、经济、社会团体等多个层次的丰富性荡然无存。

我们不妨做个对比，如果说沙龙团体试图以人性与内在的真诚性建立一种亲密联结的话，那么利益社会则是试图以社会意见实现人的"社会化"；前者的结果是亲密联结的虚幻性，后者的结果是人的同质化，或者说是"劳动的胜利"[29]。二者都难以从根本上关照内在性的个人与实体性的社会之间的张力。不过，阿伦特的看法似乎更为悲观，无论是上流贵族社会，还是后来出现的利益社会，都对个体施加了一种一致性的要求。前者是结构性的等级和身份，后者是由意见形成的行为期待，而这恰恰是人的内在抽象性难以容忍的，它对丰富性的需求使它要么打破这种外在的平均机制，要么退回自己的内心，像布鲁斯特的小说所描写的那样，以回忆、反思和想象的方式营造一个主观化的世界。而这后一种选择就是沙龙式社会的形态。由此而言，浪漫主义和启蒙理性所开展出的现代人的内在性从开始就有一种对象化的需求，但这种需求在根本上是一种对丰富性的要求，任何简单化的模式都会遭到其"内在深度"的抵制。阿伦特曾严厉批判现代社会的夷平化，[30]但这并不意味着现代社会本身必然就是"下降的"，而恰恰表明了人的内在性还没有得到丰富的养育和对象化。在此，上文所提及的法恩哈根对福肯特斯的潜在要求就有了一种特殊的意义。尽管这种要求对福肯特斯来说的确太高了，但它却表达了人的内在性的某种理想，甚至是，每个现代人都或许会遭遇的一种理想。但是，只有在论述了上述状况的政治效果之后，我们才能更为充分地理解这一理想。

㉙ 汉娜·阿伦特，《人的境况》，第60—69页。

㉚ 阿伦特对于社会所暗含的平均机制的批评，大量见于《人的境况》。此外，还可参见 Arendt, "The threat of conformism", *Essays in Understanding*: *1930—1954*, ed. by Jerome Kohn, Harcourt Brace, 1994, pp. 423 – 427。

四、上述状况的政治效果：极权主义的阴影

表面看来，阿伦特有关极权主义的论述全部体现在《起源》一书中，但接下来我们将会慢慢发现，极权主义对她来说乃是一个挥之不去的"噩梦"，在某种意义上来说，她所有的重要著作都是在试图"解梦"。如同许多研究者都意识到的那样，《起源》一书的内容极为繁杂，其所展现的线索也关涉多个领域。但有两个方面需要特别注意。一方面，这不是一本历史著作，尽管她也援用了许多资料，但呈现所谓的"历史真相"并不是她的目的，她想要做的，"不是叙述极权主义的历史起源，而是勾画那些后来聚化成极权主义的众多根本性要素"，即历史事件中的精神性要素。甚至在极权主义本身已经倒塌之后，这些精神性要素依旧存留在当下的普遍人心里。另一方面，她后来专门写了一篇《意识形态与恐怖：一种新型政府形式》的文章，从政治哲学与哲学人类学的层面对极权主义政体做了精彩的分析。此书再版时，这篇文章便被收入其中。

在那里，她集中探讨了：作为一种新型政体形态，极权主义所具有的性质和行动本原。这无疑是受到了孟德斯鸠关于政体性质与本原之理论的影响。在孟德斯鸠那里，政体的分类和定义的标准是统治者的形态和守法与否，即共和政体、君主政体和专制政体。而政体的本原是一种与政体性质不同的东西，前者是"使政体运动的人类的激情"，后者只是"政体本身的特定结构"。[31] 比如，共和政体的本原是德性，是对德性的追求。按照阿伦特的看法，划分政体性质的关键是守法与否，正是这一点决定了政体的稳定性和延续性。但是仅仅具有守法的制度形态并不足够，还必须有灵魂层面的激情赋予制度以生命，让其充满活力。正是法所确立的稳定结构和灵魂激情所提供的动力共同构成了一个稳定政体的全部。而极权政体的全新之处是：

---

[31] 阿伦特，《极权主义的起源》，第582—583页。

不再使用恐怖作为威吓手段，而它的本质就是恐怖，要使这个政体开始运动的话，没有哪一种来自人类行动范围的行为指导原则——例如德性、荣誉和恐惧——是必要的和有用的。相反，它在公共事务中采用一种全新的本原，完全不用人类的行动意志，只渴求洞悉运动的法则，根据此法则，恐怖产生了作用，使得一切个人命运完全取决于恐怖……取代了行动本原的，是意识形态。②

可以看出，在试图用孟德斯鸠的模式界定极权主义政体时，后者的全新性已经使得前者变得支离破碎。因为，如果政体的稳定与延续是一种本质性要求的话，极权政体的本质恰恰是"不断的运动"，如果政体的本原是一种人类激情的话，极权政体的本原恰恰是去除了一切意志与激情因素的意识形态逻辑。

然而，当阿伦特用"行为的指导原则"来理解孟德斯鸠所说的"政体本原"时，她似乎偏离了行动本原的激情性质，她似乎忽略了"政体本原"的源泉并不在个体理性的指导中，而恰恰是在社会学意义上的"风习和民情"中，即孟德斯鸠所强调的现代政体的根基不是纯粹的个人，而是 mores。③ 而另一方面，当她用"意识形态"作为一种本原取代了此前由德性、恐惧所占据的位置时，她似乎又看到了"政体本原"的社会学色彩，因为在阿伦特的论述里，意识形态并不是纯粹政治层面的东西，无论是它的组织，还是它的宣传，它所针对的都是"社会"。或者更准确地说，意识形态必须化身为某种社会性的东西，才能起作用，而在极权主义政体中，意识形态构成了社会的全部。因此，她才说，极权主义最为需要的并不是忠诚的党卫军成员，而是散落的社会民众。这样看来，问题的关键并不是阿伦特是否恰切地理解了孟德斯鸠，而是极权主义政体本身的悖谬性对孟德斯鸠的论述构成了某种质疑。

---

② 阿伦特，《极权主义的起源》，第583页。
③ 有关 mores 的分析，参见渠敬东，"教育的自然基础"，载于《思想与社会》第七辑，上海三联书店，第42—45页。

如果说，就现代政体的确立而言，孟德斯鸠并没有给单个的个体留出明确位置，而是将 mores 意义上的社会及其自然作为政体的基础，那么极权主义政体却展现了另一个方面，即政治对社会的塑造作用，政治直接在社会中寻求、创造自身运动的本原。㉞

不过，这里有一个危险，那就是把极权政治理解为某种政治对社会的宰制，这是过于简单的看法。事实上，个人、社会与政治在极权政体中的位置和层次需要更进一步的阐述。对阿伦特而言，极权主义政体本身并不是最大的危机，因为按照它的内在逻辑，它的极端"反现实性"会让它和专制政体一样自动走向崩溃。她真正的忧虑在于：

> 人们的共同生存中，什么样的基本经验渗透进了一种政府形式，它的本质是恐怖，它的行动原则是意识形态的逻辑性……在一切政体中，即使是这种最具"原创性"的政体也是由人发明的，多少回应了人的需要。㉟

我们不禁要问，这种"基本经验"是什么？极权政体所回应的是一种什么样的需要？阿伦特认为，这种经验不是别的，就是一种现代社会所普遍存在的"孤独"（loneliness）。孤独与孤立（isolation）是不同的，孤立所涉及的只是人的有组织的生活，它最多只能使得人们成为分散的个人，但这些个人仍然有可能在精神的层面上享有"自我对话"的快乐，甚至这种快乐本身就需要某种"独处"（solitude）作为前提。但孤独则不同，它在本质上是身心的双重孤立，既失去了人们之间有组织的联系，又无法享受独处的快乐。仅仅做出概念上的辨析，似乎并不能使我们完全理解所谓"孤独的人"是一种什么样的日常状态。遗憾的是，这篇文章本身并没有提出更为明确的线索，而如果我们对照《人的条件》中有关"公私领域"之论述的话，就会发现孤独的人最为

㉞ 这里对孟德斯鸠的理解，借鉴了涂尔干的论述，参见涂尔干，《孟德斯鸠与卢梭》，赵立玮译，上海人民出版社，2006 年，第 27—34 页。

㉟ 阿伦特，《极权主义的起源》，第 590—591 页。

典型的形态就是沉浸于私人生活中的"单向度的人"。

不可否认,阿伦特在论述"私人领域"与"公共领域"的时候,严重曲解并简化了希腊城邦生活的形态。因此,如果我们想要理解"公私领域"在现代社会的实质意义的话,就必须抛弃她对希腊生活的论述。事实上,她对现代处境的敏锐直觉已经使她的论述超出了怀旧的层次,并具有独立的意义。㊱ 这里的关键之处在于,私人领域指向的并不是具体的家庭,而公共领域也并非超出家的"公共事务",它们所指向的乃是人的内心。因此,在她的论述里,现代处境的要害并不是家与公共事务的冲突,而是人心的"私密性"(intimacy)。更为悖谬的是,与这种私密性相对的,既不是家,也不是政治,而恰恰是所谓的"社会"。她说,"更重要的是,与其说现代的私密性与政治领域相对,不如说与社会领域相对。"那么,这就意味着,当个人完全沉浸于个人事务之时,他的内心反而处于一种极端的"社会状态";而当他忙于"公共事务"时,他所想到的却仅仅是他自己,也就是凌乱的社会意见。因为,她私密的内心中所填满的并不是个体性的东西,而是繁杂的意见和对意见的想象。基于此,她在《人的条件》中对劳动、制作和行动的论述便有了实质意涵,而之所以现代社会在她看来已经变成了一个"劳动动物"的时代,也是因为在上述那种个人成为一种普遍状况时,制作和劳动之间的差别就荡然无存了。同时,这样的人或许会随波逐流,但却很难进行决断和行动。㊲ 只不过,在极权主义政治中,情况更为糟糕,意

㊱ 更准确地说,阿伦特对于现代社会的分析不仅仅是公私领域的二分,而是公共性(the public)、私人性(the private)、私密性(the intimate)之间的三分。参见《人的境况》第二章的论述。

㊲ 阿伦特的行动理论是对其政治思想进行研究的核心内容,重要研究参见 Michael G. Gottsegen, *The political thought of Hannah Arendt*, State University of New York Press,1994,这本书以行动理论为主线,贯通地梳理了她的政治思想;她的行动理论与权力、民主思想的关系参见 Habermas, "Hannah Arendt's communications concept of power", Marry G. Dietz, Hannah Arendt and Feminist Politics, in *Critical Essay*。但是这些研究很少注意到阿伦特行动理论中的深层张力,尽管哈贝马斯的研究触及了这一点,但其拘泥于自身的商谈理论,解读难免失之偏颇。她的行动理论之所以引起诸多学者的关注,一方面是因为她的行动理论被认为是 20 世纪实践哲学复兴的重心,甚至被认为是所谓的"新亚里士多德主义者",另一方面是其行动理论的革命性和直接性(转下页)

识形态通过宣传变成了主导的社会性意见,但它同样回应了人的主观抽象性对客观对象化过程的需要。在这个意义上,单向度的孤独人,正是一个"社会人"。

事实上,这也应和了前文对内在性与对象化、情绪主体与社会形态的论述。在这里,需要再次提及孟德斯鸠。个体的位置在孟德斯鸠那里并不明显,这是因为他认为社会本身的逻辑不同于人的自然,或者准确地说,人并没有什么固有的自然,而需要探究的是社会的自然,它甚至可以强加在个体身上。⑱ 而在这里,我们看到另一种"人与社会"之间的同构性,但却是一种让人悲观的同构性,一种为主观性所劫持的同构性。当孟德斯鸠看到现代贸易对民情与社会的塑造时,极权主义经验展现的是更为纠缠的关联。但在两者之中,处于要害位置的都是"社会",它打断了在私人与公共、人与公民之间做出简单选择的可能性。在这个意义上,所谓极权主义的阴影,即是"社会"的阴影。

---

* (接上页)与共和主义对自由主义代议制的批评有极大的亲缘性。但是,正是在她的理论为各派所用,却又难免发生抵牾的时候,恰恰能够看到她理论的内在张力:即她一方面接受了海德格尔对西方形而上学传统及整个现代处境的诊断,却又拒绝由此带来的伦理—政治思考上的彻底态度,甚至可以说她思想中几乎所有的矛盾,都由此而来,对此无法在这里详细展开。韦尔默非常敏锐地看到了这一点,他说"阿伦特的政治思想最好被描述成亚里士多德、康德和海德格尔之间戏剧性对话的场所……阿伦特对亚里士多德的依赖一方面相当于对海德格尔的政治(或反政治)的一种彻底批判,但另一方面,它又依赖于一种深刻的对亚里士多德思想的海德格尔式的重新思考……在某种意义上,她是在撰写她认为海德格尔作为一个后康德的思想家本应撰写的政治哲学"。参见阿尔布莱希特·韦尔默,《阿伦特论革命》,载《后形而上学现代性》,第 163 页。有关海德格尔对阿伦特的哲学影响,可参见 Dana R. Villa, *Arendt and Herdegger*: *The Fate of The Political*, Princeton University Press, 1996。

⑱ 参见涂尔干,《孟德斯鸠与卢梭》。可以说,"人与社会"之间的张力,或者说人的双重性之间的张力在涂尔干对卢梭的解读中表现得更为明显。他想要在卢梭那里找到某种有别于个体的"社会"及这种社会的逻辑,但是他却遇到了极大的困难。一方面,对卢梭而言,正因为人们脱离了自然的自由,才落入了社会,那么这意味着社会的确是有着一种自身的逻辑,它不同于自然人的"自然"。另一方面,这种"坏的社会"又不是卢梭满意的,他所满意的社会恰恰是要有某种自然性作为基础。如何为"社会"找到一个自然的基础,这在其他人看来似乎是一个不可能的任务,但这是卢梭的核心关注。

五、对陌生性的爱：内在生命的本体论

在勾勒现代个体与社会之间复杂的同构关系的过程中，我们的论述较多地落在了"社会"上，这不过是凸显了卢梭一再警示的危险，社会意见对个体无所不在的奴役。对卢梭而言，这种奴役在本质上是一种自身对自身的奴役，而要抵御这种危险，就要在个体身上培养和造就出一种"自然"——一种由自然教育所提供的道德自我。正是在这一点上，彰显了问题的要害，也就是说，在现代个体那里是否存在一个所谓的"自我"，它的内在性是一种什么形态。就整体而言，阿伦特对这些问题并没有给出一种贯通的讲法，相反，她的著作里有着多重线索，而彼此之间又不免冲突。但是，我们要做的并不是单纯地展现这些矛盾，而是要通过这些线索触及上述那些基本问题。

我们需要再次回到文章的开头，看看艾希曼的自我形态究竟意味着什么。我们曾将艾希曼称为"情绪主体"，一个由意见构成的毫无深度的个体。它的实质是没有"自我"，因此随着日常情绪的流动而行事。然而，一个没有自我的个人如何还能够被称为"主体"呢？这一表述本身已经反映出某种悖谬。事实上，这种悖谬同样体现在法恩哈根的身上，当她像浪漫主义所揭示的那样，将全部的关注投向自己独特的人性和内心时，她似乎挖掘出了一种内在自我的深度，但她的结果为什么会和艾希曼如此的类似？也就是说，不管是浮在意见表层的"情绪主体"，还是挖掘内心深度的主观性努力，这种界定和描述都还没有直面问题的困难："没有自我"或"非自我"的状态对个体本身意味着什么？"没有自我"是现代个人不得不承担的生存结构吗？如果是这样，那么被社会意见所奴役似乎就是一个必然的推论。或者，这不过是一种海德格尔所说的沉沦的常人专政，它需要的是一种本真性的绽出。[39]

---

[39] 对以自我为基点的主体意识哲学的批判是海德格尔展开其存在分析的前提工作，他对笛卡尔的"我思"、康德的哲学人类学和基督教人类学的批判，参见《存在与时间》，第 28—29、54—58、72—73、235—236 页。

不过，对阿伦特而言，上述的这些追问若要成为可能，就需要面对一个更为根本的前提：我们所说的"自我"的实质含义是什么，它是指一种柏拉图意义上的灵魂，还是一种能够将生活片段收拢在一起的"统一性"，或者，它指的是某种固定不变的"本性"，在此基础上，人们可以理解这个人的所作所为。在艾希曼的故事里，线索的丰富性有些出人意料。我们不要忘记，她曾在《艾希曼》中用大量的篇幅来勾勒艾希曼个人的生活史，在这个过程中，她找到了艾希曼的自我统一性，也正是这一点使她在道理上理解了艾希曼的恶。但问题在于，这并不是艾希曼本人做出的"自我梳理"，而阿伦特之所以能够从各种文件、访谈中梳理出一个统一的艾希曼，是因为她对人的"活法儿"有着一种不同的、更为本真的理解脉络，而这一点艾希曼是没有的。同样，这一点也体现在法恩哈根的故事里，而更有意思的是法恩哈根终其一生都在自问"我是谁"，这毫无疑问是一种"寻找自我"的努力。而她与艾希曼不同的是，她后来获得了上述那种更为本真的理解"如何生活"的钥匙。但在这里，更为关键的是，"寻找自我"并不意味着要在艾希曼的日常沉沦与更为本真的理解脉络之间做出简单的选择，就像法恩哈根意识到那种更为本真的脉络后，她对日常生活的承担反而变得更大了，或者说她要同时支撑起这两种脉络，即外在的自然—社会规定性与内在自我的主观性。她既要对具体的自然—社会生活负起某种责任，又要深刻地意识到自己的内在生命的无限与限度，这意味着，她需要以某种精致的自我技术，时刻生活在二者的张力之中。同样，"寻找自我"也不是简单的"知与能"、"知与善"之间的关系。尽管可以说，艾希曼在意识到那种本真的理解脉络后，可能依旧无法走上更好的生活。但在这里，更有理论意义的问题是，对现代生活而言，这种清醒的"知"是重要的基础和力量。而且，这种"知"恰恰构成了寻找自我的真正起点，这是现代意义上的"次航"。对阿伦特来说，那支撑起两种脉络的力量不是别的，而就是"爱"。

为了理解爱的问题，我们就必须返回到阿伦特的博士论文《奥古斯丁与爱》。可以说，这是她理解现代人性的最为重要、也最为深入的一次努力。^⑩ 在此,需要从两个方面来澄清这一点。一方面,如何界定奥古斯丁的位置,一直都是极具争议的问题,而阿伦特的看法深受海德格尔的影响,她说:"只有我们考虑到奥古斯丁既是一个罗马人又是一个基督徒这一存在的模糊性,充分地意识到他刚好站在衰落的古代与勃兴的中世纪之间,我们才能理解他思想的宽广和丰富"^⑪。不过,对她来说,奥古斯丁面对罗马帝国所开启的这个中世纪并不是教会,而是一个"内在生命的帝国"(the empire of inner life)。在她眼里,希腊人所熟知的灵魂观念与"内在生命"相去甚远,而在奥古斯丁身后,灵魂变成了一个"神秘且不可测知的内在世界",它对自身与外在世界都是隐藏着的。因此,这是一种对人心经验全新理解的开始,它决定性地塑造了现代人的灵魂结构。

另一方面,在"导言"里,她对自己的理论抱负做了明确的界定。她既不涉及奥古斯丁所处的社会—历史背景,而且有意忽略了他本人独一无二的皈依经历,甚至也不关心纯粹的宗教与神学问题。面对奥古斯丁著述之间的冲突,她并不想建立某种完整的理论框架,而是要将那些冲突铺展出来,使问题本身的困难和张力得以凸显。这意味着,在切入奥古斯丁的文本时,她有着明确的问题意识,也就是一种对现实的理论意识。换句话说,除非她有着对现实处境的理论思考,否则她所呈现的那些冲突就会成为简单的罗列,同样,她把问题的内部张力展露出来的过程,也正是她更为深入地理解现实的过程。在这里,现实不是别的,就是上文一直在探究的主题:现代人的自我,以及如何寻找自我。也正是因此,她才将奥古斯丁的困惑"我对我自己成了问题"作为思考的主线。^⑫

---

⑩ 这篇文章直接受到海德格尔对奥古斯丁《忏悔录》第 10 卷解读的影响,这就是后来出版的《宗教生活的现象学》,收录了他解读奥古斯丁的手稿。在此书出版之前,阿伦特的这篇论文一直被认为是海德格尔解读奥古斯丁的一个直接成果。具体内容,参见 Martin Heidegger, *The phenomenology of religious life*, tr. By Matthias Fritsch and Gosetti-ferencei, 2004。

⑪ Hannah Arendt, *Essays in Understanding*, p. 25.

⑫ Hannah Arendt, *The Life of the Mind*, Harcourt Brace and Company, vol. 2, pp. 55 – 112.

我们不禁要问,面对这样一种处境,人如何成就自我、如何去成全生活呢? 换句话说,当人的"心灵"对自身而言都是不可确知的时候,也就意味着自我本身成了问题,那么"寻找自我"就成了一种不得不承担的命运。这一点最为集中地体现在《忏悔录》里,奥古斯丁并不是因为信了基督教的上帝才去忏悔,也不是在皈依之后就获得了心灵的安宁,忏悔并不是纯粹的悔罪和告白,而是一种寻找自我的方式。在阿伦特的分析里,这种寻找的动因和意义,并不能简单地归结为原罪,而是要在人的现世生活里来理解爱的三种关联,即爱的三种形态:对上帝的爱、对邻人的爱与对自己的爱。不过,这三个方面并不是等同的,她在导言中写道:

> 邻人之爱是基督的诫命,它依赖于对上帝的爱,而在人们践行这些爱时,却形成了一种有关自我的全新看法……对信仰上帝的人来说,他已经远离了这个世界和各种欲求,那么,与邻人之间的关联对他意味着什么呢? ……对奥古斯丁来说,他对爱的所有看法和评论都至少部分地与这一邻人之爱相关。因此,邻人问题总是会变为一种批评和挑战,它既批评了爱的通行概念,又挑战了人对自身与上帝的态度……将此文内容贯通在一起的不是别的,而就是这样一个问题:一个人与其他人类存在的关联。⑬

这段话是理解这篇文章的一把钥匙,它清楚地展现了作者的问题意识与问题本身的张力。我们可以从三个方面来分析。首先,是爱与寻找自我的关系。在奥古斯丁那里,他思考的起点是一种对自身的困惑,即"我对自己成了问题",他不知如何在最根本的层面上界定自己是"谁",他已经无法像希腊罗马人那样按照一个贯通的自然—政治秩序来理解自身。而当他努力在现实层面为自己找到某种自然的规定

---

⑬ Hannah Arendt, *Love and Saint Augustine*, Chicago, 1996, pp. 3 - 4.

性时,他发现自己像碎片一样散失在各种各样的外物上,这就是阿伦特所谓的"贪爱"(cupiditas),一种欲求式的关系。同时,这种困局构成了自身之爱的起点。但既然自身还是一个不被确知的"问号",那么自身之爱不过是一种向内的、对自我的寻找。在阿伦特眼里,此时的人无异变成了一个"深渊"(abyss),既无法整全地探测和把握自己内在世界的深度,也与外在世界隔离开来。进而言之,她非常敏锐地洞察到,对上帝的爱始终是一条隐匿的主线,正是这种力量,既能把迷失在外物中的"我"拉向内在世界,又使得这一内在转向不至于变成斯多葛式的逃避。更为关键的是,寻找自我与对上帝的爱不过是一个问题的两面,上帝既是人的创造者,构成人绝对的过去,又是人最终幸福的所在,构成人绝对的未来[44]。可以说,正是"爱"构成了"寻找自我"这一主题的内在结构。

不过,对阿伦特来说,对上帝的爱具有宗教和神学意味吗? 这就涉及第二个方面,即"上帝"在这里并不具有神学意义,它所象征的是人向内在世界寻找自我时所面临的处境:他发现自己的"内心"是不可理解的,尽管能够触及,但却无法完全把握,这与上帝的不可理解如出一辙。第三,当人的自我变成了一种像上帝一样需要用全部的爱来寻求的东西,那么,这就意味着一种新形态的人和社会出现了。因为,如阿伦特所说:"一种新的自我的形态,必定会塑造一种新的与他人的关系"。而这一点,正是她的关心所在:"一个人与其他人类存在的关联"。

如果说上面的讨论有较多的哲学意味的话,我们接下来要做的则是要考察其社会—伦理意义,即如何在社会层面上理解这种新的关系。在上面的引文中,阿伦特的追问彰显了其中的张力:"对信仰上帝的人来说,他已经远离了这个世界和各种欲求,那么,与邻人之间的关联对他意味着什么呢?"如果这个世界对信徒来说仅仅具有"使用"(uit, use)层面的过渡性意义,而不具有"享受"(frui, enjoy)层面的意

---

④ 参见 Hannah Arendt, *Love and Saint Augustine*, pp. 45 – 76。

义,那么他如何去践行邻人之爱呢?"信仰上帝"这样的表述带来了某种假象,它容易让人以为信徒处于绝对的安宁中。事实恰恰相反,对阿伦特来说,奥古斯丁式的信徒必定要生活在"不安"之中,上帝需要他用永不停歇的忏悔和呼告来寻找。而更重要的是,寻找自我的状态在实质上就是这种不安的状态。

当我们试图用这种"不安"理解现代人的处境时,问题变得更为复杂了。如阿伦特所说,一般而言,"不安的人"在社会意义上大致可分为两种,要么沉浸在寻找自我的孤独中,把外在的自然—社会世界仅仅当成被使用的手段;要么在这种寻找的过程放弃了寻找,而完全以一种无所谓(indifferent)的态度对待他人[45]。但二者都丧失了邻人之爱的维度。而且,后者比前者更为糟糕,因为他甚至连最基本的对他人的"欲求"(desire)之爱都没有了。阿伦特曾这样批判后一种状态,当一个人丧失了对世界的欲求和对世界的爱,他便不再是一个人类存在[46]。这并非一种隐喻式的批判,而是意味着在她的思想里,爱对现代人的存在结构而言是构成性的,包括欲望之爱。但严格说来,这两种状态都是一种"下降",在宗教的意义上,这意味着教徒的"堕落",无能肩负上帝的荣光。而在社会的意义上,则意味着现代人的"平庸",无法支撑起一种有待实现的新社会。由此而言,如果一个人想要摆脱这种平庸,承担起自身的内在生命和外在的新社会,那么,他就必须成为一个社会层面的新教徒。

> 若要正确地理解我的邻人,前提是必须正确地理解自身。只有当我已经清楚地知道自我存在的真理,我才能去爱同样生存在自身真理中的邻人,而其真理就是其生存的"被造性"(createdness)。而且,就像我不爱那隶属于现实世界的自己一样,我也不在具体的、现世的遭遇中爱我的邻人,相反,我所爱的是他的被造性。我所爱的是他里面的某种东西,也就是这样一种东西,一种有待实

---

[45] Hannah Arendt, *Love and Saint Augustine*, p. 67.

[46] Ibid, p. 18.

现的东西,它属于我的邻人,但我的邻人又还不是(not yet)这种东西。㊼

这是对奥古斯丁邻人之爱的阐释,"你在他身上所爱的,不是他所是的东西,而是你所期望的、他可能是的某种东西"。不仅如此,如果将它与阿伦特所关心的邻人问题放在一起,我们就会发现里面包含着关于爱的复杂线索。首先,很明显,这里的邻人已经不再是一般而言的邻居,他既与血缘、地缘无关,也与现实政治无关,邻人之间的关联是一种存在上的、"被创造"上的关联。或者说,邻人之间并没有什么实质关系,他们只是因为彼此都和造物主有着独特的关联,因而彼此之间才有了相关性。正是每个人与造物主之间独特的"亲缘关系",才造就了他们彼此之间的"陌生性"。但是,这不仅是宗教层面的陌生性,更是一种人类意义上的陌生性。这与阿伦特所关心的现代社会密切相关,当进入社会的人仅仅因为彼此与社会本身相关,因而才与彼此有所关联的时候,"社会"就取代了上帝的位置,而成为某种"社会神"。㊽

其次,如果说正确理解邻人的前提是正确理解自身的真理,那么,这种陌生性归根结底就是自我的陌生性,一种仅仅由于"被创造"才有

㊼ Hannah Arendt, *Love and Saint Augustine*, p. 95。在这里,同样可以看出海德格尔对她的影响,海德格尔在不安和操心的基础上分出"操劳"和"操持"两种日常样式,而阿伦特在此所关心的"一个人与其他人类存在的关联"更多的是属于"操持"的范畴,当然,她对"利用"和"享用"的分析也涉及"事用"意义上的"操劳"。有意思的是,由于海德格尔进行的是关于存在的"基础存在论"分析,因而很难直接理解其思想的伦理—政治意涵,而恰恰是其学生的这篇博士论文为我们提示了其中的一个面向。参见海德格尔关于"共在"的分析,尤其是关于"操持"的两种积极的极端样式,海德格尔,《存在与时间》,陈嘉映译,三联书店,2006 年,第 139—142 页。

㊽ "因此,人们之间彼此相关、相互属于这一事实并不是由代际决定的,而是由对上帝的模仿决定的";"相互之间的爱缺少选择的因素,我们不能选择我们的爱和被爱";"在这样一个新的社会共同体中,人类消融在它的诸多个体之中,因此,这种形态的人类并没有危险,处于危险中的是每一个个体",Hannah Arendt, *Love and Saint Augustine*, pp. 110-111。这种形态是阿伦特极力关注的,此书第三部分的标题即是"社会生活"(social life)。关于社会本体论更为丰富的论述,可参见涂尔干,《宗教生活的基本形式》,渠东译,上海人民出版社,2006 年。

的存在可能性,用海德格尔的话来说就是一种"被抛处境"。更准确地说,这种陌生性是一个人对"自我"的陌生,对内在生命之无限性的惶恐不安。正是基于这个"真理",对自我的寻找才构成了现代人的存在结构。同时,对自我陌生性的爱为爱邻人奠定了本体论基础。由此而言,如同阿伦特一直所强调的,这里的爱已经不是一种对"欲求之物"的爱,因为它不是个人意志选择的结果,尽管这种爱在实质上依旧是一种"欲望"结构,但它所欲求的已不再是具体的物,而是寻找自我的过程本身,也即是这种陌生性本身。

尽管可以说,在陌生性所奠定的基础上,爱的秩序有了新的含义,邻人问题所蕴含的张力得到了缓解,但这并不意味着这种新的共同体能够一劳永逸地实现。因为对陌生性的爱是一种彻底去除人在自然—社会—伦理意义上的具体规定性的努力,它始终要面对后者的阻扰,"只有通过一场至死方休的、与旧生命的持续搏斗,新生命才能获胜"[49]。因此,这种新形态的爱并不是一种结束或完成,而仅仅是一个新旅程的开始。

六、结语

阿伦特曾用"既属于(of)这个世界,又超出(out of)这个世界"来形容新形态的爱,而且,这种悖谬的态度将会贯穿在所有爱的秩序里。如上所述,这种"不安"意味着现代人是一种"没有本质"的存在,每一个人的内在生命都是一个需要挖掘的深渊。在这个意义上,奥古斯丁的困惑"我对自身成了一个问题"也蕴含了某种答案:我不再是那种具有固定本性的存在,而是变成了一个"问题",它所需要的不是答案,而是不断的探究和呈现。面对这种处境,阿伦特所选择的不是强调"上帝"对"我"的给予和注入,而是强调个体对这种处境的承担。在个体的意义上,这是一种对自身"真理"的承担,它需要小心翼翼地面对和

---

⑭ Hannah Arendt, *Love and Saint Augustine*, p. 107.

珍视"内在生命"的不安,以及内在生命与外在世界的张力。在邻人的意义上,这是一种对他人"内在生命"的理解和尊重,一种对他人之陌生性的敬畏。在社会——政治的意义上,这是一种对复杂性的承担,不是简单地陷入各种分化的子系统,而是要在承担系统功能的同时,保持一种整全的视野。但这种整全,又不是古典意义上由政治生活带来的整体性,而是一种内在生命的丰富性,它需要个体在承担各种社会、政治、经济功能和角色的同时,又不落入单面的系统人格。

事实上,在现代社会,应对内在生命的制度安排有很多种。在此,我们仅仅提及科层官僚制,它在艾希曼的故事里有着重要位置。如果暂且撇开具体细节,我们就会发现,艾希曼式的罪犯之所以愿意以科层官僚制作为辩护的理由,根本原因在于,对他们来说,官僚制的确是一种简单的、应对内在性的方式。换句话说,当他仅仅将自身作为官僚制中一个细小的"零件"时,他实际上是在对自身做一种"非人化"的处理,他回避了现代人的构成性要素:一种新形态的爱与责任。毫无疑问,科层官僚制,作为一种形式化、理性主义的制度安排,它是一种阿伦特所谓的"无人式统治",它所预设的人同样是一种形式化的人,或者更露骨地说,所有的人最好都变成一种没有感情的零件或机器。但麻烦就在于,人不是机器,尤其是现代人,更无法变成形式化的制度要件。因此,当他在表面上成功地将自身变成"服从指令"的制度零件时,他仅仅是回避了"自我问题"。因为,他所回避的东西并不会消失,而是会以其他方式爆发出来,比如自然冲动、情绪、伦理狂热。由此而言,能够担负起官僚制之压力和要求的人,能够使形式化、理性化的抽象制度充满活力地运行起来的,恰恰不是艾希曼式的个体,而是那种怀抱爱与责任,并对陌生性有所敬畏的人。正是在这里,阿伦特为艾希曼所下的判词才具有更深的意义,我想,以此作为结尾是合适的。

为了论证的缘故,让我们假定,使你在大屠杀组织中成为一个意志工具的原因仅仅是某种坏运气,但这里仍旧有一个事实,即你已经实施了一个大屠杀政策,因此也就是在积极地支持这一政策。因为,政治不是儿戏场,在政治中,服从就等于支持。你和你的上司实施了一项政策,即拒绝与犹太民族或其他民族分享这个地球,好像你们有决定谁是否应该居住在这个世界上的权利似的。我们发现,没有一个人,没有一个人类的成员想要与你们共居于此。这就是理由,唯一的理由,你必须上绞刑架。㊿

㊿ Hannah Arendt, *Eichmann in Jerusalem*, pp. 278 - 279.

图书在版编目(CIP)数据

洛克与自由社会/吴飞主编. —上海：上海三联书店，2012.12
(2025.5 重印)
(思想与社会)
ISBN 978-7-5426-4026-0

Ⅰ.①洛⋯ Ⅱ.①吴⋯ Ⅲ.①洛克，J.(1632～1704)—思想
评论—文集 Ⅳ.①B561.24-53

中国版本图书馆 CIP 数据核字(2012)第 255970 号

洛克与自由社会

主　编／吴　飞

责任编辑／黄　韬
装帧设计／鲁继德
监　制／姚　军
责任校对／张大伟

出版发行／上海三联书店
　　　　　(200041)中国上海市静安区威海路 755 号 30 楼
邮　　箱／sdxsanlian@sina.com
联系电话／编辑部：021-22895517
　　　　　发行部：021-22895559
印　　刷／上海颛辉印刷厂有限公司

版　　次／2012 年 12 月第 1 版
印　　次／2025 年 5 月第 2 次印刷
开　　本／655mm×960mm　1/16
字　　数／350 千字
印　　张／25.75
书　　号／ISBN 978-7-5426-4026-0/C·454
定　　价／88.00 元

告读者，如发现本书有质量问题请与印刷厂联系：021-56152633